IFCT185PO

ADMINISTRACIÓN DE SERVIDORES LINUX

IFCT185PO

ADMINISTRACIÓN DE SERVIDORES LINUX

Sebastián Sánchez Prieto

Óscar García Población

La ley prohíbe
fotocopiar este libro

IFCT185PO - ADMINISTRACIÓN DE SERVIDORES LINUX
© Sebastián Sánchez Prieto, Óscar García Población
© De la edición: Ra-Ma 2025

Editado por:
RA-MA Editorial
Calle Jarama, 3A, Polígono Industrial Igarsa
28860 PARACUELLOS DE JARAMA, Madrid
Teléfono: 91 658 42 80
Fax: 91 662 81 39
Correo electrónico: *editorial@ra-ma.com*
Internet: *www.ra-ma.es* y *www.ra-ma.com*
ISBN: 979-13-8764-259-4
Depósito legal: M-5116-2025
Maquetación: Antonio García Tomé
Diseño de portada: Antonio García Tomé
Filmación e impresión: Safekat
Impreso en España en febrero de 2025

A todos nuestros lectores

Índice general

PARTE II: ADMINISTRACIÓN DEL SISTEMA   233

9. Introducción a la administración   235

10. Administración de usuarios y grupos   243

11. Servicio de directorio   259

12. Administración del sistema de archivos   287

Índice de figuras

Prólogo

Los orígenes de Linux debemos buscarlos en un sistema operativo mucho más antiguo denominado UNIX[1]. UNIX es un sistema operativo cuyos comienzos se remontan a principios de los años setenta. No surgió como un producto comercial, sino más bien como un proyecto personal de Ken Thompson y Dennis Ritchie, que trabajaban en los Laboratorios Bell. La idea básica que inspiró su nacimiento fue la de crear un entorno de trabajo simple y, a la vez, agradable para el desarrollo de aplicaciones. Para ello, dotaron al nuevo sistema operativo de la capacidad de soportar multiprogramación o, lo que es lo mismo, permitir que hubiese en un mismo instante varios programas cargados en memoria. También aportaron al nuevo sistema la capacidad de tiempo compartido, lo cual implica que el tiempo total del procesador se reparte entre todas las aplicaciones en rodajas o cuantos de tiempo, mejorando con ello los tiempos de respuesta. De este modo, se puede tener a varias personas conectadas al mismo tiempo, y desde distintos terminales, al mismo ordenador. Estas dos características hicieron que el sistema tuviese muy buena acogida, tanto en entornos universitarios como en laboratorios dedicados al desarrollo de software. Desde sus orígenes hasta la actualidad, UNIX ha sufrido multitud de modificaciones. Se le han ido añadiendo nuevas posibilidades, tales como el soporte para diferentes arquitecturas, la capacidad de interconexión en red, los entornos de ventanas o las extensiones de tiempo real.

Como ya hemos indicado, la idea básica de los creadores de UNIX fue la de disponer de un entorno adecuado para desarrollar programas. Aunque hoy en día UNIX tiene muchas más capacidades, tales como actuar de servidor (de archivos, de impresión, de noticias, de páginas web, etc.) o como servir de plataforma de aplicaciones CAD-CAM o multimedia, uno de sus puntos fuertes continúa siendo la de ofrecer un entorno muy bueno para programar aplicaciones. Debido a estas ventajas, muchas compañías e instituciones se han interesado por este sistema operativo, al cual le han añadido sus propias adaptaciones y mejoras. Como consecuencia, podemos encontrarnos con diferentes versiones y adaptaciones del mismo. Por ejemplo, Sun Microsystems lo comercializa para sus ordenadores con el nombre de Solaris, IBM como AIX, HP como HP-UX, etc. También, y debido a la evolución del hardware de los ordenadores personales, existen versiones de UNIX para PC, de las cuales conviene resaltar aquellas que son de libre distribución, como OpenBSD, FreeBSD o el propio Linux. El caso de Linux merece especial atención, debido a la aceptación que está teniendo y al gran auge que va tomando. Linux surgió como un desarrollo de una única persona, Linus Torvalds, quien en la actualidad controla todo el código que se añade al núcleo de Linux, realizando este trabajo de forma altruista.

---

[1]UNIX es marca registrada por The Open Group.

Actualmente, Linux soporta prácticamente cualquier hardware presente en ordenadores personales. Linux incorpora además infinidad de utilidades y programas, como soporte para redes, entornos de ventanas, compiladores de diferentes lenguajes, procesadores de textos, manuales, etc. Debido a eso, podemos decir que Linux es una buena opción para todas aquellas personas que, disponiendo de un ordenador personal, desean embarcarse en el mundo UNIX.

La razón de que Linux se haya convertido en un sistema operativo de amplia difusión se debe fundamentalmente a la licencia con que se distribuye. Ésta es la licencia GPL o (GNU Public License). GNU es un acrónimo recursivo (GNU is Not UNIX) y hace referencia a un movimiento cuyo propósito es desarrollar herramientas de libre distribución. La licencia GPL garantiza que cualquier modificación realizada al código fuente quede accesible a los usuarios en forma de código fuente. Con otras licencias como la licencia BSD, se distribuye el código fuente, pero cualquiera puede modificarlo y no verse obligado a distribuirlo de nuevo junto con las modificaciones.

Como hemos indicado anteriormente, Linux se puede conseguir de forma gratuita. Existen multitud de distribuciones que pueden obtenerse a través de Internet, en CDs o a través de múltiples canales de distribución.

Descripción del libro

Este libro ha sido escrito con el fin de servir de referencia a aquellas personas que desean introducirse en el manejo del sistema operativo Linux. En él se ofrece una visión sencilla de todas aquellas órdenes y utilidades que los autores consideran útiles. No se va a hacer un repaso de todas las opciones de cada orden (para ello tenemos el propio manual en línea), sino que sólo se citarán aquellas que se utilicen más asiduamente. Con ello se pretende ofrecer una guía útil y manejable que oriente al lector y que le haga comprender los conceptos básicos de este sistema operativo.

El libro está estructurado en dos partes. La primera, dedicada a exponer los fundamentos y órdenes de Linux para el usuario, y la segunda, dedicada a introducirnos en la administración del sistema. Existe una amplia bibliografía que trata cada una de las dos partes por separado (consúltese la bibliografía incluida al final del libro), pero es difícil encontrar algún libro que trate ambos aspectos de forma conjunta, como se hace en este texto. Asimismo, se ha intentado evitar que el libro se convirtiera en un mamotreto inmanejable, y para ello se ha reducido al máximo su extensión, sin perjuicio de que los temas que comprende hayan sido tratados con la profundidad suficiente. A grandes rasgos, los contenidos del libro son los siguientes:

Primera parte: Linux para el usuario

- Introducción a Linux

- El sistema de archivos

- El editor de texto vi (visual)

- El intérprete de órdenes

- Expresiones regulares y filtros

- Programación del intérprete de órdenes

- Servicios de red

- El sistema X-Window

Segunda parte: Administración del sistema

- Introducción a la administración de sistemas

- Administración de usuarios y grupos

- Servicio de directorio

- Administración del sistema de archivos

- Parada y arranque del sistema Linux

- Administración de la red

- Miscelánea

Si el lector quiere profundizar en los conocimientos de este sistema operativo o desea crear sus propias órdenes o aplicaciones, existe un libro publicado en esta misma editorial que le servirá de gran ayuda. Su autor es Francisco Manuel Márquez García, y su título, *UNIX: programación avanzada* (3ª edición).

Erratas

En el proceso de gestación del libro hemos intentado evitar que aparezcan errores, pero probablemente, como ocurre en cualquier obra humana, los habrá. Así pues, si usted como lector encuentra alguno o bien propone alguna sugerencia o mejora, no dude en dirigirse a los autores a la siguiente dirección:

Universidad de Alcalá.
Departamento de Automática.
Edificio Politécnico.
Campus Universitario, Ctra. Madrid-Barcelona, km. 33,600.
28871 Alcalá de Henares (Madrid).

También es posible dirigirse a los autores a través de la siguientes direcciones de correo electrónico:

Sebastián Sánchez Prieto `<ssp@aut.uah.es>`
Óscar García Población `<oscar@aut.uah.es>`

Herramientas empleadas

Este libro ha sido escrito utilizando `vim` junto con el complemento `latex-suite` como editor de textos, LaTeX como herramienta de procesamiento, `aspell` como corrector ortográfico, `xfig` como herramienta para producir los gráficos vectoriales, `gimp` para retocar imágenes y `svn` como herramienta de control de versiones. El sistema operativo empleado ha sido Linux con el núcleo 2.6. Todas las herramientas empleadas son de libre distribución, por ello queremos agradecer a todos los grupos de trabajo los esfuerzos realizados para lograr unos programas de una calidad tan alta, que son accesibles sin restricciones, para todo el mundo.

Agradecimientos

Cuando un libro alcanza una cuarta edición son muchas las personas a las que hay que agradecer su ayuda y apoyo. En primer lugar citaremos a nuestros revisores, a nadie le gusta que le encuentren sus defectos, pero en este caso estamos más que agradecidos por ello a Óscar López Gómez por su paciencia y por el tiempo que le hemos robado. También queremos mostrar nuestro más sincero agradecimiento a todas aquellas personas que participaron con sus sugerencias y ánimos en previas ediciones y queremos agradecer explícitamente a nuestros lectores, porque gracias a ellos, este libro va por su cuarta edición.

Alcalá de Henares. Mayo de 2008.
Sebastián Sánchez Prieto.
Óscar García Población.

Parte I

Linux para el usuario

Introducción a Linux

El sistema de archivos

El editor de textos `vi`

El intérprete de órdenes

Expresiones regulares y filtros

Programación del intérprete de órdenes

Servicios de red

El sistema XWindow

Capítulo 1

Introducción a Linux

1.1. Historia

Los antecedentes de Linux hay que buscarlos en el sistema operativo y los orígenes de UNIX se remontan a 1964. En este año, *Bell Telephone Laboratories* de AT&T, *General Electric Company* y el MIT (Instituto Tecnológico de Massachusetts) se plantearon desarrollar un nuevo sistema operativo en tiempo compartido para una máquina GE 645 (de *General Electric*) al que denominaron MULTICS. Los objetivos marcados inicialmente consistían en proporcionar a un conjunto amplio de usuarios una gran capacidad de computación y la posibilidad de almacenar y compartir enormes cantidades de datos si éstos lo deseaban. Todos esos objetivos eran demasiado ambiciosos para la época, sobre todo por las limitaciones del hardware. Como consecuencia de ello, los trabajos en el nuevo sistema operativo iban muy retrasados. Debido a eso, *Bell Laboratories* decidió dar por terminada su participación en el proyecto. A pesar del fracaso de MULTICS, las ideas empleadas para su diseño no cayeron en el olvido, sino que influyeron mucho en el desarrollo de UNIX y de otros sistemas operativos posteriores.

Ken Thompson, uno de los miembros del *Computing Science Research Center* de los *Laboratorios Bell*, encontró un computador DEC (*Digital Equipment Corporation*) PDP-7 inactivo y se puso a desarrollar en él un juego denominado *Space Travel*. El desarrollo de ese juego propició que Thompson adquiriese muchos conocimientos relacionados con la máquina en la que estaba trabajando. Con objeto de crear un entorno de trabajo agradable, Thompson, al que posteriormente se le unió Dennis Ritchie, se propuso la creación de un nuevo sistema operativo, al que denominó UNIX. Ritchie había trabajado anteriormente en el proyecto MULTICS, de mucha influencia en el nuevo sistema operativo. Como ejemplos de esa influencia podemos citar la organización básica del sistema de archivos, la idea del intérprete de órdenes (shell [1]) como proceso de usuario (en sistemas anteriores, el intérprete de órdenes formaba parte del propio núcleo del sistema operativo), e incluso el propio nombre UNIX deriva de MULTICS.

---

[1]A lo largo del texto utilizaremos el término shell a la hora de referirnos al intérprete de órdenes de Linux. Hemos optado por no emplear la traducción de concha o caparazón porque en la mayoría de los textos aparece el término original.

MULTICS *Multiplexed Information and Computing Service.*

UNICS *Uniplexed Information and Computing Service.*

Realmente, el término UNICS se empleó por la similitud de esta palabra con la palabra inglesa *eunuchs* (eunuco), con lo cual se venía a indicar que este nuevo sistema operativo era un MULTICS capado. Posteriormente, UNICS dio lugar al nombre definitivo UNIX. El nuevo sistema también se vio influenciado por otros sistemas operativos, tales como el CTSS (*Compatible Time Sharing System*) del MIT y el sistema XDS-940 (*Xerox Data System*) de la Universidad de California en Berkeley.

Aunque esta primera versión de UNIX prometía mucho, su potencial no pudo demostrarse hasta que se utilizó en un proyecto real. Así pues, mientras se planeaban las pruebas para patentar el nuevo producto, éste fue trasladado a un computador PDP-11 de Digital en una segunda versión. En 1973 el sistema operativo fue reescrito en lenguaje C en su mayor parte. C es un lenguaje de alto nivel (las versiones anteriores del sistema operativo habían sido escritas en ensamblador), lo que propició que el sistema tuviera una gran aceptación por parte de los nuevos usuarios. El número de instalaciones en *Bell Laboratories* creció hasta 25, aproximadamente, y su uso también se difundió gradualmente a unas cuantas universidades con propósitos educacionales.

La primera versión de UNIX disponible fuera de *Bell Laboratories* fue la Versión 6, en el año 1976. En 1978 se distribuyó la Versión 7, que fue adaptada a otros PDP-11 y a una nueva línea de ordenadores de DEC denominada VAX. La versión para VAX se conocía como 32V.

Tras la distribución de la Versión 7, UNIX se convirtió en un producto y no sólo en una herramienta de investigación o educacional, debido a que el *UNIX Support Group* (USG) asumió la responsabilidad y el control administrativo del *Research Group* en la distribución de UNIX dentro de AT&T.

En el periodo comprendido entre 1977 y 1982, *Bell Laboratories* combinó varios sistemas UNIX, de la Versión 7 y de la 32V, dando lugar a un único sistema cuyo nombre comercial fue UNIX System III. Ésta fue la primera distribución externa desde USG.

La modularidad, la sencillez de diseño y el pequeño tamaño de UNIX, hicieron que muchas entidades, tales como Rand, varias universidades e incluso DEC, se pusieran a trabajar sobre él. La Universidad de Berkeley en California desarrolló una variante del sistema UNIX para máquinas VAX. Esta variante incorporaba varias características interesantes, tales como memoria virtual, paginación por demanda y sustitución de páginas, con lo cual se permitía la ejecución de programas mayores que la memoria física. A esta variante, desarrollada por Bill Joy y Ozalp Babaoglu, se la conoció como 3BSD (*Berkeley Software Distributions*). Todo el trabajo desarrollado por la Universidad de Berkeley para crear BSD impulsó a la *Defense Advanced Research Projets Agency* (DARPA) a financiar a Berkeley en el desarrollo de un sistema UNIX estándar de uso oficial (4BSD). Los trabajos en 4BSD para DARPA fueron dirigidos por expertos en redes y UNIX, DARPA Internet (TCP/IP). Este soporte se facilitó de un modo general. En 4.2BSD es posible la comunicación uniforme entre los distintos dispositivos de la red, incluyendo redes locales (LAN), como *Ethernet* y *Token Ring*, y extensas redes de ordenadores (WAN), como la Arpanet de DARPA.

Los sistemas UNIX actuales no se reducen a la Versión 8, System V o BSD, sino que la mayoría de los fabricantes de micro y miniordenadores ofrecen su UNIX particular.

Así, Sun Microsystems los ofrece para sus ordenadores y lo denomina Solaris, Hewlet Packard lo comercializa con el nombre de HP-UX, IBM lo implantó en sus equipos RISC 6000 y lo denomina AIX, etc. Con el gran incremento en prestaciones de los ordenadores personales, también han aparecido versiones para ellos. Dentro de estas nuevas versiones cabe destacar aquéllas de distribución libre, como pueden ser FreeBSD, OpenBSD o el propio Linux, obtienen un alto rendimiento de los procesadores de la familia 80x86 de Intel (del 80386 en adelante).

1.2.   Aparición de Linux

Linux es un sistema operativo de distribución libre desarrollado inicialmente por Linus Torvalds en la Universidad de Helsinki (Finlandia). Una comunidad de programadores expertos en UNIX, han ayudado en el desarrollo, distribución y depuración de este sistema operativo. El núcleo de Linux no contiene código desarrollado por AT&T ni por ninguna otra fuente propietaria. La mayoría del software disponible en Linux ha sido desarrollado por el proyecto GNU de la *Free Software Foundation* de Cambridge (Massachusetts). Sin embargo, es toda la comunidad de programadores la que ha contribuido al desarrollo de aplicaciones para este sistema operativo.

Con la aparición de ordenadores personales potentes aparece Linux. Inicialmente se trató sólo de un desarrollo llevado a cabo por Linus Torvalds por pura diversión. Linux se inspiró en Minix, un pequeño sistema UNIX desarrollado por Andrew S. Tanenbaum, de hecho, en el grupo de noticias `comp.os.minix` aparecen los primeros comentarios que tenían que ver con el desarrollo de un sistema operativo académico que fuese más completo que Minix.

Los primeros desarrollos de Linux tenían que ver con la conmutación de tareas en el microprocesador 80386 ejecutando en modo protegido, todo ello escrito en lenguaje ensamblador. En este punto, Linus comentaba:

> *"Después de esto la cosa era sencilla: todavía era complicado programar, pero disponía de ciertos dispositivos y la depuración resultaba más fácil. En este punto comencé a emplear lenguaje C y esto aceleró en gran medida el desarrollo. Esto supuso tomar en serio mis ideas megalomaniacas con intención de desarrollar 'un Minix mejor que Minix'. Deseaba ser capaz de recompilar gcc bajo Linux algún día..."*

> *"El desarrollo básico supuso dos meses de trabajo, disponía de un driver de disco (con muchos errores, pero en mi máquina funcionaba) y un pequeño sistema de archivos. En este punto es cuando desarrollé la versión 0.01 (a finales de agosto de 1991): no estaba contento, no disponía de driver para disquete y no podía hacer muchas cosas todavía. Creo que nadie compiló nunca esta versión. Pero estaba enganchado y no quería parar hasta deshacerme por completo de Minix."*

No se llevó a cabo ningún anuncio de la versión 0.01 de Linux. Por sí misma, esta versión sólo podía compilarse y ejecutarse en una máquina que tuviese cargado Minix.

El 5 de octubre de 1991 Linus dio a conocer la primera versión "oficial" de Linux, ésta fue la versión 0.02. En este punto Linux podía ejecutar el intérprete de órdenes `bash` (*Bourne Again Shell* de GNU) y `gcc` (el compilador C de GNU) pero no mucho más. Seguía siendo una versión utilizable solamente por *hackers*[2] y no por personal "no cualificado".

Linus escribió en `comp.os.minix`:

> *"¿Añoras aquellos tiempos con Minix-1.1 cuando los hombres eran hombres y escribían sus propios drivers de dispositivo? No tienes ningún proyecto y deseas hincarle el diente a un sistema operativo para adaptarlo a tus necesidades? ¿Te frustras cuando todo funciona bajo Minix? ¿No quieres perder más noches poniendo en marcha un apestoso programa? Entonces puede que este mensaje sea para ti."*
>
> *"Como ya comenté hace un mes, estoy desarrollando una versión de libre distribución de un sistema similar a Minix para ordenadores 386-AT. Al fin he alcanzado un estado en el que el sistema incluso puede ser utilizado (dependiendo de lo que desees), y dejaré todos los programas fuente de libre distribución. Es solamente la versión 0.02... pero he conseguido ejecutar con éxito bash, gcc, gnu-make, gnu-sed, compress, etc. bajo él."*

Después de la versión 0.03, Linus pasó a lanzar la versión 0.10, en este punto fue cuando aumentó considerablemente el número de personas que se apuntó al desarrollo del sistema. Después de varias versiones intermedias, Linus incrementó el número y pasó directamente a la versión 0.95 para reflejar sus deseos de que pronto pasaría a ser una versión "oficial" (generalmente al software sólo se le asigna como número de versión la 1.0 cuando se supone que está en su mayoría libre de errores). Esto ocurrió en marzo de 1992. Un año y medio después, a finales de diciembre de 1993, el núcleo (*kernel*) de Linux estaba en la versión 0.99.pl14, aproximándose asintóticamente a 1.0.

Actualmente Linux es un UNIX en toda regla, compatible POSIX, capaz de ejecutar X-Window, TCP/IP, Emacs, UUCP, correo electrónico, servicios de noticias, etc. La mayoría de los paquetes software de libre distribución han sido portados a Linux y cada vez son más las aplicaciones comerciales disponibles. Actualmente Linux soporta casi todo el hardware existente en el entorno PC y ha sido portado con éxito a otras plataformas como PowerPC de IBM, SPARC de Sun Microsystems o Macintosh. Su robustez y el hecho de ser gratuito ha propiciado que Linux lo empleen como herramienta de desarrollo desde entidades de investigación como la NASA, hasta DreamWorks, Pixar o Industrial Light and Magic. En el campo de los servidores, Linux tiene en la actualidad una importante cuota de mercado y es en el ámbito de escritorio donde está teniendo un crecimiento importante. En resumen, Linux ha pasado en breve de ser un sistema operativo marginal a convertirse en una alternativa a sistemas comerciales como Windows o MacOS X.

Razones del éxito de Linux

Las razones del éxito de Linux hay que buscarlas en la idea de su diseño. Las características más relevantes del sistema son:

---

[2] El término *hacker* debemos entenderlo en su sentido estricto: gurú o experto en el tema. Muchas veces este término se aplica erróneamente a aquellas personas que operan con "no demasiadas buenas intenciones" en sistemas informáticos. El término correcto para este tipo de personajes es el de *crackers* (siempre en terminología anglosajona).

- Linux ha sido diseñado como un sistema multiusuario en tiempo compartido; es decir, un sistema en el que pueden trabajar varios usuarios simultáneamente compartiendo el procesador y todos los demás recursos del sistema. Cada usuario puede ejecutar varios procesos (programas en ejecución) a la vez.

- El sistema operativo está escrito en un lenguaje de alto nivel (lenguaje C), lo cual hace que sea fácil de leer, entender, modificar y transportar a otras máquinas con una arquitectura completamente diferente.

- La interfaz de usuario (shell) es sencilla y potente, y puede ser reemplazada por otra en cualquier momento si se desea.

- Proporciona primitivas que permiten construir grandes programas a partir de otros más sencillos.

- El sistema de archivos tiene una estructura de árbol invertido de múltiples niveles que permite un fácil mantenimiento.

- Todos los archivos de usuario son simples secuencias de bytes (8 bits), no tienen ningún formato predeterminado.

- Los archivos de disco y los dispositivos de entrada y salida (E/S) se tratan de la misma manera. Las peculiaridades de los dispositivos se mantienen en el núcleo (*kernel*). Esto quiere decir que impresoras, discos, terminales, etc., desde el punto de vista del usuario, se tratan como si fuesen archivos normales.

- La arquitectura de la máquina es completamente transparente para el usuario, lo que permite que los programas sean fáciles de escribir y transportables a otras máquinas con hardware diferente.

- Linux no incorpora diseños sofisticados; de hecho, han sido seleccionados por su sencillez y no por su rapidez o complejidad.

- Linux ha sido desarrollado por y para programadores, por lo tanto siempre ha sido interactivo, y las herramientas para el desarrollo de programas han tenido siempre mucha importancia.

- Desde un principio, los programas fuente estuvieron a disposición del usuario, facilitando en gran medida el descubrimiento y eliminación de deficiencias, así como nuevas posibilidades en su realización.

Todas estas características han hecho de Linux un sistema operativo de referencia, aceptado por completo tanto en el mundo empresarial como en ambientes educacionales.

Esquema de un sistema Linux

La configuración básica de un sistema Linux, de equipos se refiere, es la mostrada en la figura 1.1. A grandes rasgos, podemos distinguir las siguientes partes:

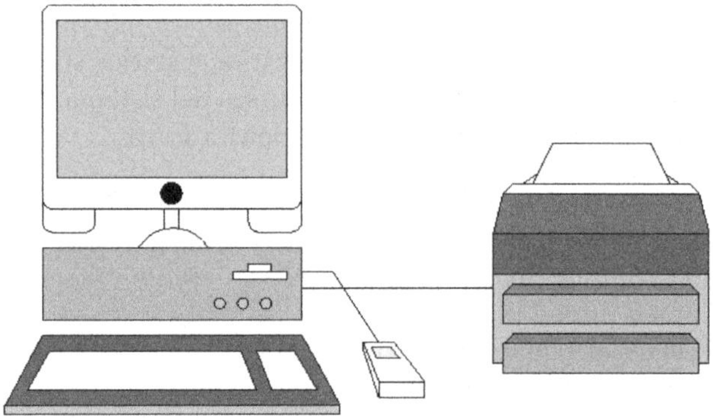

Figura 1.1: Esquema básico de un sistema Linux.

Unidad de proceso. La unidad de proceso es el verdadero corazón del sistema, puesto que en ella se ejecutan todos los programas, tanto los de los usuarios como los del propio sistema. El término unidad de proceso debemos entenderlo en un sentido amplio; es decir, al hablar de él no nos referimos únicamente al procesador, sino que debemos englobar dentro de él elementos tales como la memoria, la unidad de manejo de memoria (UMM), los procesadores en coma flotante, los dispositivos de acceso directo a memoria (ADM), etc. De esta unidad depende el resto del sistema, así como el conjunto de funciones ofrecidas.

Dispositivos de almacenamiento secundario. Los dispositivos de almacenamiento secundario son los elementos en los que vamos a guardar toda la información de forma permanente. Todo el sistema de archivos de Linux que describiremos en capítulos posteriores está montado sobre estos dispositivos. Los medios más comunes de guardar grandes cantidades de información suelen ser los discos rígidos, los discos flexibles, las cintas magnéticas y los CD-ROM.

Dispositivos periféricos. Son aquellos elementos que añadidos al sistema computador realizan, sobre todo, funciones de comunicación con las personas, y entre ellos podemos citar el ratón, la pantalla, el módem, la impresora, el lápiz USB, etc. Todos estos dispositivos están conectados a la central de proceso, la cual se encarga de manejarlos y planificarlos para que puedan ser compartidos sin problemas entre los usuarios.

1.3. Inicio de una sesión Linux

Antes de iniciar nuestra primera sesión de trabajo, debemos tener instalado Linux. Habitualmente, la instalación requiere que tengamos conocimientos de administración del sistema, con lo cual nos metemos en un círculo vicioso, ya que no podemos aprender porque no tenemos el sistema instalado y no podemos instalarlo porque todavía no conocemos el propio sistema.

Para ejecutar Linux en su máquina, tendrá que instalarlo previamente a partir de cualquiera de las diferentes distribuciones libres de este sistema operativo (Ubuntu, Fedora, RedHat, Debian, S.u.S.E., etc.). El proceso de instalación de Linux ha mejorado muchísimo desde las primeras versiones. Actualmente casi es inmediato (mientras no se presente ningún problema), pero requiere que nos carguemos con una pequeña dosis de paciencia y de tiempo. Para aquellas personas que no tienen instalado Linux en su sistema, será necesario llevar a cabo la instalación del mismo previamente. Para ello será necesario leer la documentación proporcionada por el distribuidor o cualesquiera de los múltiples manuales que pueden encontrarse fácilmente en Internet. Un consejo que debería seguir en este punto es el de solicitar ayuda a alguna persona que conozca el proceso de instalación de Linux. Esta instalación puede suponer entre treinta minutos y una hora si no surge ningún problema.

Suponiendo que Linux está instalado en nuestro ordenador, después de iniciar el sistema aparecerá en la pantalla un mensaje similar al siguiente:

```
Ubuntu 7.10 valdebits /dev/pts/0

valdebits login:
```

En este punto teclearemos nuestro nombre de usuario (suponiendo que tenemos cuenta en el sistema) y pulsaremos la tecla ENTRAR. A continuación aparecerá un mensaje como el siguiente.

`password:` *(no se visualiza)*

En este momento, teclearemos nuestra clave y pulsaremos la tecla ENTRAR. Si la clave de acceso es correcta, iniciaremos la sesión, si no es así, no podremos entrar. La clave tecleada no se visualizará en pantalla para evitar que algún curioso pueda verla.

Si todo es correcto, una vez introducidos nuestro nombre de conexión y nuestra palabra clave, aparecerá una presentación similar a la siguiente:

```
Last login: Tue May 29 13:24:48 on tty1

[chan@valdebits chan] $
```

El símbolo `[chan@valdebits chan]$` *(prompt)* que aparece al final es generado por el intérprete de órdenes o shell (caparazón) para indicarnos que está esperando que le demos alguna orden. Este *prompt* puede ser cambiado por el usuario; más adelante veremos cómo, pero por defecto en nuestro sistema es el símbolo mostrado. Como podemos apreciar se compone de dos partes separadas por el carácter `@`. La primera parte coincide con nuestro nombre de conexión (`chan`) y la segunda con el nombre de nuestro ordenador (`valdebits`). A continuación aparece la cadena `chan` que nos indica el directorio donde nos encontramos situados, el cual inicialmente coincide con nuestro directorio de conexión. En otros sistemas el *prompt* por defecto es el carácter `$`. Nosotros a lo largo del libro mostraremos todos los ejemplos con el *prompt* `$` que es el empleado por defecto en muchos sistemas.

Si su sistema utiliza un procedimiento de conexión gráfico porque utilice X-Window con algún gestor de pantalla del tipo `xdm`, `gdm` o `kdm`, el procedimiento de conexión será similar. En este caso, también será necesario introducir un nombre de conexión (`login`) y una palabra clave (`password`), en una ventana similar a la presentada en la figura 1.2. Tal y como ocurría con el inicio de conexión en modo texto, si todo es correcto iniciaremos una

Figura 1.2: Ventana de inicio de sesión presentada por GNOME en Ubuntu.

sesión de trabajo, pero en este caso utilizando ventanas. Para poder comenzar a trabajar con las órdenes del sistema, será necesario iniciar una aplicación de tipo terminal como puede ser `xterm`, `gnome-terminal`, `kterm`, `eterm` o similar. Todas las órdenes que comentemos funcionarán del mismo modo, tanto si trabajamos en un terminal alfanumérico, como si trabajamos con un terminal gráfico.

1.4.   Ejecución de órdenes

La forma de invocar cualquier orden y, en general de ejecutar cualquier programa, consiste en teclear su nombre y a continuación pulsar la tecla ENTRAR. Lo más común es que todas las órdenes admitan opciones modificadoras que suelen comenzar con un signo – (menos), además de los parámetros adicionales que necesite, tales como nombres de archivos, dispositivos físicos, nombres de usuario, etc. Los distintos parámetros deben ir separados por espacios en blanco para que sean identificados como tales. Debemos tener cuidado con las letras mayúsculas y minúsculas, puesto que Linux, al contrario que otros sistemas operativos, las distingue. Éste es un aspecto muy importante que debemos tener en cuenta.

Ejemplo de orden:

```
$ ls -l parser.c parser.h

-rw-r--r--   1 oscar     oscar        2657 Apr 23  2007 parser.c
-rw-r--r--   1 oscar     oscar         292 Apr 23  2007 parser.h
```

Como veremos en capítulos posteriores, la orden `ls` muestra los archivos que residen en un determinado directorio. En el caso del ejemplo le hemos añadido tres parámetros: `-l`, `parser.c` y `parser.h`. `-l` es un parámetro modificador que advierte a la orden `ls` que debe mostrar los archivos en formato largo, con toda la información referente al archivo. `parser.c` y `parser.h` son dos archivos que queremos visualizar en el formato anteriormente indicado.

En el caso de utilizar varios parámetros modificadores, éstos pueden ir seguidos sin necesidad de colocar espacios en blanco entre ellos.

Ejemplo:

```
$ ls -li parser.c parser.h

1079321 -rw-r--r--   1 oscar  oscar  2657 Apr 23  2007 parser.c
1079322 -rw-r--r--   1 oscar  oscar   292 Apr 23  2007 parser.h
```

En el caso del ejemplo, los modificadores -l y -i los hemos agrupado en uno solo: -li. También sería válida la expresión ls -l -i parser.c parser.h, aunque requiere escribir más.

Si intentamos ejecutar la orden anterior, pero empleando letras mayúsculas, ocurre lo siguiente:

```
$ LS -L

/bin/bash: LS: orden no encontrada
```

ya que, como hemos indicado previamente, Linux diferencia entre letras mayúsculas y minúsculas.

Si al teclear una orden nos equivocamos, tendremos tres modos de solucionar el problema para eliminar los caracteres que no son válidos:

<BackSpape> Elimina el último carácter tecleado.

<Ctrl-w> Elimina la última palabra.

<Ctrl-u> Elimina toda la línea de órdenes.

1.5. Algunas órdenes para comenzar

Vamos a ver a continuación la sintaxis y función de algunas órdenes sencillas con objeto de familiarizarnos con la técnica general utilizada en Linux para invocar programas.

exit

```
    Sintaxis: exit
```

Cuando deseamos finalizar una sesión de trabajo, deberemos informar de ello al sistema. La orden exit se emplea para avisar al sistema de nuestro fin de sesión en modo terminal. Cuando ejecutamos esta orden, UNIX libera el terminal que estamos utilizando para que pueda conectarse otro usuario. Es aconsejable desconectarse del sistema siempre que nos alejemos del terminal. De esta manera, evitaremos que cualquier curioso pueda aprovechar esta circunstancia para acceder a nuestros archivos como si fuese el propietario. Si ocurriera eso, el sistema entendería que el usuario sigue conectado, y el intruso tendría plenos derechos para visualizar nuestros archivos, hacer copias, modificarlos y, en el peor de los casos, hasta borrarlos.

En sí mismo, Linux es un sistema muy seguro, porque proporciona todo tipo de mecanismos para protegernos de posibles enemigos. Pero, en última instancia, es el usuario el que se debe servir de las posibilidades que el sistema le brinda para protegerse. No sirve de nada que tengamos una caja fuerte de alta seguridad si la combinación para abrirla se puede conseguir fácilmente. El usuario debe cuidar mucho el que alguien pueda obtener su contraseña. Una forma de disminuir el riesgo es cambiarla periódicamente. También es buena costumbre desconectarse del sistema cuando debamos abandonar el terminal temporalmente.

Como decíamos, la forma de finalizar una sesión es tecleando `exit` o también pulsando Ctrl-d (^d), lo cual provocará el mismo efecto.

Ejemplo:

```
$ exit
Ubuntu 7.10 valdebits /dev/pts/0

valdebits login:
```

Al finalizar la sesión, vuelve a presentarse por pantalla el mensaje `login`. Con ello, el sistema nos invita a que iniciemos de nuevo otra sesión. La persona que inicie la nueva sesión puede ser cualquiera de las que tenga cuenta en el sistema. Los terminales de acceso, en caso de disponer de varios, no están asignados de forma fija a cada usuario; así pues, podremos iniciar la sesión desde distintos terminales, siempre con la misma identidad. Con Linux, tenemos la posibilidad de trabajar con terminales virtuales. Para conmutar de uno a otro, si trabajamos en modo texto, no tendremos más que pulsar simultáneamente las teclas Alt+F1, Alt+F2, Alt+F3, etc., de modo que conmutaremos a los terminales virtuales uno, dos, tres, etc., respectivamente. De este modo, y en la misma máquina, podremos tener iniciadas distintas sesiones de trabajo perfectamente diferenciadas.

who

Sintaxis: `who [am i]`

La orden `who` nos informa acerca de quién o quiénes están conectados actualmente al sistema. También muestra información, en la segunda columna, relativa al terminal asociado a cada usuario, y por último, en la columna tercera, la fecha y hora en la que el usuario entró en sesión. No debe extrañarnos el hecho de que pueda haber varias personas trabajando simultáneamente con el mismo ordenador. Incluso un mismo usuario puede tener varias sesiones abiertas simultáneamente. Esto anterior es factible por el hecho de que Linux es un sistema operativo multiusuario y multitarea.

Ejemplo:

```
$ who

oscar     tty7          2008-05-05 23:34 (:0)
oscar     pts/0         2008-05-08 01:45 (:0.0)
oscar     pts/1         2008-05-08 02:00 (:0.0)
oscar     pts/2         2008-05-08 02:09 (:0.0)
```

Si la orden who se ejecuta con el parámetro am i, visualizará por pantalla su nombre de conexión (login), su terminal asociado (al que está conectado) y la fecha y hora de inicio de sesión. Esta opción es útil en el caso de que hayamos modificado previamente nuestra identidad varias veces y queramos saber quiénes somos en cada instante. Posteriormente veremos cómo podemos modificar nuestra identidad.

Ejemplo:

```
$ who am i

oscar     pts/0        2008-05-08 01:45 (:0.0)
```

Podría darse el caso de que un usuario estuviese conectado de forma remota al sistema. En tales circunstancias, la orden who visualizaría también el nombre de la máquina desde la que el usuario se encuentra conectado. Dicho de otro modo, no es necesario estar físicamente conectado al terminal Linux, una sesión en el sistema.

mail

Sintaxis: mail [usuario(os)]

El sistema UNIX proporciona un mecanismo de correo electrónico o *e-mail* que permite enviar mensajes de unos usuarios a otros. Para enviar un mensaje, no es necesario que el usuario destinatario esté conectado en ese instante, ya que toda la correspondencia será depositada en su buzón, que podrá consultar posteriormente. Si tenemos correo pendiente, en el inicio de sesión podrá aparecer un mensaje como el siguiente You have new mail (tiene correo nuevo), indicándonos que tenemos mensajes en el buzón.

Esta orden puede utilizarse con o sin parámetros. Si la empleamos sin parámetros, visualizará en pantalla los diferentes mensajes, con su correspondiente remitente, que contenga nuestro buzón. Para pasar de un mensaje a otro, pulsaremos ENTRAR sin más, y si queremos eliminar el mensaje, pulsaremos d (*delete*). También tenemos la posibilidad de imprimir el mensaje visualizado pulsando p (*print*), o de guardarlo en un archivo pulsando s y a continuación el nombre del archivo (s nombre_de_archivo). Para salir de mail, simplemente pulsaremos q (*quit*). Todas estas opciones de mail, y algunas más, las podemos visualizar si pulsamos ? (*help*) dentro de la propia orden.

Ejemplo:

```
$ mail

Mail version 8.1 6/6/93. Type ? for help.

"/var/spool/mail/chan": 2 messages 1 new 2 unread
 U 1 lucas@valdebits.aut.uah Mon Nov 16 12:47 14/368 "Prueba"
>N 2 lucas@valdebits.aut.uah Mon Nov 16 12:51 17/413 "Comida"
&
```

Si queremos leer el mensaje número 2, pulsaremos el número 2 y daremos ENTRAR:

```
& 2

Message 2:
From lucas Tue May 29 17:51:38 2004
Date: Tue May 29 17:51:38 2004 +200
From: lucas@valdebits.aut.uah.es
To: chan@valdebits.aut.uah.es
Subject: Comida...

Quedamos a comer a las dos...

¿Te parece?

Un saludo!

&
```

Si queremos ver la ayuda en línea que proporciona esta utilidad daremos la orden ?.

```
& ?

Mail Commands

t <message list> type messages
n goto and type next message
e <message list> edit messages
f <message list> give head lines of messages
d <message list> delete messages
s <message list> file append messages to file
u <message list> undelete messages
R <message list> reply to message senders
r <message list> reply to message senders and all recipients
pre <message list> make messages go back to /usr/spool/mail
m <user list> mail to specific users
q quit, saving unresolved messages in mbox
x quit, do not remove system mailbox
h print out active message headers
! shell escape
cd [directory] chdir to directory or home if none given
A <message list> consists of integers, ranges of same, or user names
separated by spaces. If omitted, Mail uses the last message typed.
A <user list> consists of user names or aliases separated by spaces.
Aliases are defined in.mailrc in your home directory.

&
```

Para salir daremos la orden q:

```
& q
Saved 2 messages in mbox
$
```

También podremos usar la orden `mail` pasándole como parámetro el nombre de un usuario, y así podremos enviarle correo. Por ejemplo, si queremos contestar a Lucas operaríamos del modo siguiente:

```
\$ mail lucas

Subject: comida sí
De acuerdo.
Nos vemos a las dos,
un saludo.
.

Cc:
$
```

Después de invocar a `mail`, todo lo que tecleemos será interpretado por `mail` y no por el shell. Podremos incluir en el mensaje el número de líneas que queramos. Para finalizar el mensaje, pulsaremos el carácter punto "." o Ctrl-d (^d).

Existen muchas variantes de `mail`, cada una de ellas con sus propias peculiaridades, entre ellas podemos citar `mailx`, `elm`, `ean`, etc., aunque las más utilizadas actualmente son aquellas que disponen de una interfaz gráfica como `thunderbird`, `kmail` o `evolution`.

write

Sintaxis: write usuario

La orden `write` se utiliza para comunicarnos con otros usuarios que estén en ese momento conectados a nuestro mismo sistema (`write` no sirve para comunicarnos con usuarios ubicados en sistemas diferentes aunque se disponga de una red). El mensaje puede ser todo lo extenso que deseemos, y para terminar pulsaremos Ctrl-d (^d). Si intentamos enviar un mensaje a un usuario no conectado, se nos advertirá de que dicho usuario no se encuentra en sesión. Puede ocurrir que el usuario al que le enviamos el mensaje tenga desactivados los mensajes, en cuyo caso `write` también fallará. El usuario destinatario recibirá una cabecera como la siguiente, acompañada de un pitido.

```
Message from lucas@valdebits.aut.uah.es on ttyp1 at 13:06...
¿Estás ahí?
EOF
```

Para contestar a un mensaje enviado del modo anterior, debemos hacer algo similar a lo siguiente:

```
$ write lucas
Claro que estoy. Pásate por mi despacho
- Ctrl-d -
$
```

Lo normal es que cuando iniciamos una comunicación con otro usuario, éste nos responda también invocando a `write`, de tal manera que se establece una comunicación bidireccional. Es muy común que en momentos en que el sistema está muy cargado la salida de `write` se vea retrasada considerablemente, con lo que un usuario puede decidir responder a la persona que llama sin haber recibido el mensaje completo. Para evitar esta situación, lo normal es seguir un protocolo ampliamente difundido, que consiste en añadir una "o" (*over*) para cambiar, y emplear dos oes "oo" (*over and out*) para cambiar y cerrar la comunicación. Este protocolo no lo impone `write`, sino que se trata solamente de una norma muy común entre usuarios de Linux.

mesg

Sintaxis: mesg [y/n]

Esta orden se utiliza para modificar los derechos de escritura por parte de otros usuarios en nuestro terminal, de tal manera que si alguien nos quiere enviar un mensaje y tenemos desactivados estos derechos, no seremos interrumpidos. La prohibición de acceso de escritura no afecta al administrador del sistema. La orden `mesg` sin parámetros nos dirá si tenemos o no activa la recepción de mensajes.

Ejemplos:

```
$ mesg
is y
$ mesg n
$ mesg
is n
$
```

Cuando tenemos los mensajes desactivados, no recibiremos ninguno aunque alguien nos los envíe. Estos mensajes se perderán incluso si después volvemos a habilitar la posibilidad de recibirlos.

date

Sintaxis: date

La orden `date` informa sobre la fecha y la hora actuales. Para ello, `date` consulta previamente el reloj hardware del sistema, el cual incrementa su valor a intervalos regulares de tiempo. Estos intervalos suelen ser pequeños, de manera que pueda obtenerse bastante resolución. Este reloj sigue funcionando por medio de una batería aunque se apague el ordenador, para que siempre podamos tener una noción del tiempo correcta sin necesidad de actualizar dicho reloj cada vez que iniciamos el ordenador. Existen multitud de órdenes y programas que también utilizan este reloj para consultarlo y tomar decisiones en función del valor leído. Existen distintas opciones de la orden `date` que afectan al formato de salida. Colocando un campo determinado a continuación del operador %, precedido del signo +, podemos obtener respuestas como la del ejemplo que mostramos seguidamente.

Ejemplo:

```
$ date +"Son las \%r del \%d de \%h de \%y"
Son las 02:56:42  del 08 de may de 08
$
```
Los operadores asociados a % son:

r Hora en formato AM-PM

d Día del mes

m Mes

y Año

w Día de la semana

H Hora

M Minuto

S Segundo

De todas formas, la manera más común de utilizar la orden es la siguiente:

```
$ date
jue may  8 02:57:25 CEST 2008
```

La orden date también puede utilizarla el administrador del sistema para modificar el valor de cuenta del reloj hardware, y en consecuencia, la fecha y la hora. Los usuarios normales no pueden modificar ni la fecha ni la hora. Sólo podrá hacerlo la persona que posea los privilegios adecuados. Estos mecanismos de protección aseguran que el sistema funcione correctamente. Si todo el mundo que tiene acceso al sistema pudiese hacer lo que le viniese en gana, probablemente el sistema se convertiría en algo totalmente descontrolado.

echo

Sintaxis: echo cadena de caracteres

La orden echo repite todo lo que le pasemos como parámetro. Esta orden se utiliza mucho dentro de los programas de shell que veremos más adelante, y también para visualizar las variables del intérprete de órdenes. Las variables comentadas las utiliza el propio shell para almacenar valores de configuración e información.

Ejemplos:

```
$ echo Esta orden repite todo
Esta orden repite todo
$ echo $TERM
xterm
$
```

El ejemplo `echo $TERM` nos dice qué tipo de terminal estamos usando en ese momento. En este caso, vemos que se trata de un terminal `xterm`. `TERM` es una de las variables del shell comentadas anteriormente. Si a la orden `echo` le pasamos como parámetro la opción `-n`, entonces la salida no terminará con el carácter de nueva línea, de manera que el cursor queda colocado al final de la línea.

cal

Sintaxis: cal [mes] [año]

Sin ningún parámetro, `cal` visualiza el calendario correspondiente al mes actual. Si le pasamos como parámetro un año, por ejemplo 2004, mostrará el calendario completo correspondiente al año en cuestión. También podremos indicarle que nos informe sobre un mes en particular del año deseado, pasándole como primer parámetro el número del mes (1, 2, 3,..., 12), y como segundo parámetro, el año. Seguidamente se muestra un ejemplo que ilustra el uso de esta orden.

```
$ cal 5 2008

    mayo de 2008
do lu ma mi ju vi sá
             1  2  3
 4  5  6  7  8  9 10
11 12 13 14 15 16 17
18 19 20 21 22 23 24
25 26 27 28 29 30 31
```

Si no especificamos ningún mes del año, esta orden visualizará todos los meses del año que le indiquemos.

uname

Sintaxis: uname [-amnrsv]

La orden **uname** se utiliza para obtener información acerca de nuestro sistema UNIX. Con ella podemos saber el tipo de máquina que estamos utilizando, la versión del sistema operativo, el tipo de procesador, etc. Las opciones más comunes se muestran a continuación:

-a Visualiza todo acerca de la máquina que estemos utilizando. Es equivalente a todas las opciones que se muestran a continuación

-m Tipo de hardware utilizado

-n Nombre de nodo

-r Actualización del sistema operativo

-s Nombre del sistema

-v Versión del sistema operativo

Ejemplo:

```
$ uname -a
Linux cabezon 2.6.22-14-generic #1 SMP
Tue Feb 12 07:42:25 UTC 2008 i686 GNU/Linux
```

Obviamente, si ejecutásemos esta orden en otra máquina, los resultados serían diferentes. Suponiendo que estuviésemos en otro sistema, los resultados podrían ser similares a los siguientes:

```
$ uname -a
Linux fatboy 2.6.24-16-generic #1 SMP
Thu Apr 10 12:47:45 UTC 2008 x86_64 GNU/Linux
```

passwd

Sintaxis: passwd [usuario]

La orden passwd se utiliza para modificar nuestra clave de acceso. El cambio de palabra clave debe hacerse con frecuencia por razones de seguridad. Cuando solicitamos un cambio de clave, passwd nos pide siempre nuestra antigua palabra de acceso, y lo hace así para comprobar nuestra identidad. De este modo, evita que alguien pueda cambiar nuestra contraseña si abandonamos temporalmente el terminal. Normalmente, en muchos sistemas no puede utilizarse cualquier contraseña, sino que ésta debe cumplir ciertas condiciones como las siguientes: poseer una longitud mínima, tener algún carácter especial, diferenciarse de la última clave en un mínimo de caracteres, no coincidir con el nombre de conexión (*login*), etc. Sólo el administrador del sistema no está sujeto a estas reglas. Cuando introducimos una palabra clave que cumple todas las especificaciones, se nos pide que la repitamos para evitar que nos confundamos al teclear.

Ejemplo:

```
$ passwd

Changing password for chan
(current) UNIX password: (No se visualiza lo escrito)
New UNIX password: (No se visualiza lo escrito)
BAD PASSWORD: case changes only
New UNIX password: (No se visualiza lo escrito)
BAD PASSWORD: it's WAY too short
New UNIX password: (No se visualiza lo escrito)
Retype new UNIX password: (No se visualiza lo escrito)

$
```

A la hora de elegir la palabra clave es bueno tener en cuenta ciertos aspectos que resumimos seguidamente:

- La palabra clave debe tener al menos seis letras, aunque es recomendable que tenga ocho o más.

- La palabra clave no debe aparecer en un diccionario. Si tenemos acceso a la palabra clave encriptada y poseemos un diccionario donde aparezca la contraseña, función `crypt` y un poco de paciencia, podremos descubrir la clave del usuario. Si la clave no aparece en ningún diccionario y además tiene la longitud adecuada, el proceso de descubrirla es algo muchísimo más complicado. Por este motivo es bueno elegir claves que combinen letras, números y caracteres especiales y además sean fáciles de recordar.

lpr

Sintaxis: lpr [-m] [-h] [-#n] archivo(s)

La orden `lpr` permite enviar archivos a la impresora que haya por defecto para que sean impresos. Estos archivos se colocarán en la cola de impresión en el orden en que se los pasemos. La cola de impresión es una cola que mantiene Linux, y en ella figuran todos los archivos que deben ser impresos.

Las opciones más comunes de `lpr` son:

-m *(mail)* Con esta opción, cuando se termina de imprimir el trabajo, `lpr` envía correo avisándonos de que podemos ir a recoger el trabajo.

-h Se utiliza para eliminar la cabecera del trabajo que se envía por defecto.

-#n Sirve para indicar el número de copias que queremos hacer. Si, por ejemplo, queremos tres copias, debemos indicárselo a `lpr` del modo siguiente:

```
$ lpr -#3 nom_archivo!
```

Ejemplo:

```
$ lpr programa.c
$
```

script

Sintaxis: script [-a] [archivo]

Esta orden se utiliza para almacenar en un archivo todo lo que el usuario teclee a partir del momento en que sea invocada, así como todo lo que es enviado a la pantalla. Para dejar de grabar información en el archivo, tenemos que invocar a la orden `exit`. Si deseamos guardar todo el contenido de una sesión en un archivo denominado `csesion`, daremos la siguiente orden:

```
$ script csesion
Script iniciado; el archivo es csesion
$
```

Si a `script` no se le especifica ningún archivo, enviará toda la salida a un archivo denominado `typescript`. La opción `-a` la emplearemos cuando queramos añadir información a un archivo. Esta orden puede ser muy útil para usuarios principiantes, ya que de este modo se les permite analizar con posterioridad todas las órdenes ejecutadas y sus resultados.

man

Sintaxis: man [sección] [-k] orden

Todas las órdenes vistas, y las que veremos en subsiguientes capítulos, están descritas en lo que se conoce como Manual del Programador de Linux. Dicho manual está dividido en secciones, que contienen lo siguiente:

- Sección 1. Órdenes y programas de aplicación.

- Sección 2. Llamadas al sistema.

- Sección 3. Funciones de biblioteca.

- Sección 4. Dispositivos.

- Sección 5. Formatos de archivos.

- Sección 6. Juegos.

- Sección 7. Miscelánea.

- Sección 8. Procedimientos de mantenimiento y administración del sistema.

Lo normal es que el manual esté cargado en el disco, con lo cual podremos consultarlo en todo momento para solventar cualquier problema. Así, para informarnos acerca de la orden `clear`, debe teclearse:

```
$ man clear

Formatting page, please wait...

clear(1)                                        clear(1)

NAME

       clear - clear the terminal screen

SYNOPSIS

       clear

DESCRIPTION
```

```
        clear clears your screen if this is possible. It looks in
        the environment for the terminal type and then in the ter-
        minfo database to figure out how to clear the screen.

SEE ALSO
        tput(1), terminfo(5) clear(1)
$
```

Como podemos observar, man nos ofrece una información bastante completa acerca de la orden especificada. La expresión clear(1) quiere decir que clear se encuentra en la primera sección del manual. La explicación nos indica que clear sirve para borrar la pantalla, y que para ello se sirve de la información de entorno y de la base de datos terminfo. Por último, nos dice que si queremos más información consultemos la palabra tput y terminfo, cuya explicación reside en las secciones 1 y 5 del manual respectivamente.

Generalmente, la explicación no es tan breve como la del ejemplo, sino que suele ser mucho más amplia, y en esos casos es conveniente conocer lo siguiente:

- Si pulsamos ENTRAR, visualiza la siguiente línea.

- Si pulsamos espacio, visualiza la siguiente pantalla.

- Si pulsamos u, visualiza la pantalla anterior.

- Si pulsamos Q o q, salimos.

En algunos casos es necesario especificar la sección del manual donde se halla la información deseada; en esos casos, la forma de especificar esta sección es la siguiente: man n_seccion orden.

Ejemplo:

```
$ man 2 chmod

CHMOD(2)          Manual del Programador de Linux        CHMOD(2)

NOMBRE

        chmod, fchmod - cambia los permisos de un fichero

SINOPSIS

        #include <sys/types.h>
        #include <sys/stat.h>

        int chmod(const char *path, mode_t mode);
        int fchmod(int fildes, mode_t mode);
```

DESCRIPCION

> Cambia el modo del fichero dado mediante path o
> referido por fildes
>
> Los modos se especifican mediante un O logico
> de los siguientes valores:
>
> S_ISUID   04000 asignar ID de usuario al ejecutar
> S_ISGID   02000 asignar ID de group al ejecutar
> S_ISVTX   01000 bit pegajoso (sticky bit)

:

Los dos puntos que aparecen en la parte inferior izquierda de la pantalla sirven para indicarnos qué orden deseamos dar (espacio, u, q, etc.).

También podremos obtener información acerca del propio manual, para lo cual daremos la orden **man man**. Existe una orden, denominada **apropos**, que permite obtener información acerca de cualquier término que desconozcamos y que aparezca en el manual de Linux. La orden **apropos** tiene la misma funcionalidad que la orden **man** con el parámetro -k. Esto puede sernos útil cuando deseemos información acerca de alguna orden que desconozcamos y que tenga relación con el término que pasamos como parámetro. En el ejemplo siguiente vamos a obtener todas las órdenes, archivos y términos relacionados con la palabra **terminal**. Siempre se nos dará información sobre la sección del manual donde se encuentra el elemento relacionado con el término buscado.

```
$ man -k ftp

apt-ftparchive (1)     - Utility to generate index files
cftp (1) [conchftp]    - Conch command-line SFTP client
conchftp (1)           - Conch command-line SFTP client
curlftpfs (1)          - mount a ftp host as a local directory
ftp (1)                - Internet file transfer program
lftp (1)               - Sophisticated file transfer program
lftpget (1)            - get a file with lftp(1)
lsftp (1)              - Client for the sftp subsystem
Net::Cmd (3perl)       - Network Command class (as used by FTP, SMTP etc)
Net::FTP (3perl)       - FTP Client class
netkit-ftp (1)         - Internet file transfer program
netrc (5)              - user configuration for ftp
obexftp (1)            - Mobile Equipment file transfer tool
pam_ftp (8)            - PAM module for anonymous access module
pftp (1)               - Internet file transfer program
Regexp::Common::URI::ftp (3pm) - - Returns a pattern for FTP URIs.
sftp (1)               - secure file transfer program
sftp-server (8)        - SFTP server subsystem
```

1.6.   Ejercicios

1.1 Inicie una sesión de trabajo en Linux. ¿Qué *prompt* aparece? Intente ejecutar alguna orden. Finalice la sesión con `exit` o con Ctrl-d para comprobar que todo es correcto. ¿Qué pasaría si invocásemos a `exit` pero utilizando letras mayúsculas?

1.2 Vuelva a iniciar sesión y compruebe quién o quiénes están conectados al sistema y en qué terminal. Envíe un mensaje por correo al usuario que desee. Envíe otro mensaje, pero utilizando la orden `write`. ¿Qué diferencias hay entre `mail` y `write`? ¿Cómo se pueden evitar los mensajes enviados desde otro terminal con `write`?

1.3 ¿Tiene correo pendiente? Léalo.

1.4 Impida que otros usuarios le envíen mensajes. Habilite de nuevo la comunicación.

1.5 Intente enviar un mensaje de correo a un usuario que no exista. ¿Qué ocurre? ¿Dónde está el mensaje?

1.6 ¿Qué ocurre si invocamos a la orden `date` con la opción `-l`? Si la fecha y hora no son correctas, ¿cómo pueden ser modificadas?

1.7 Visualice la hora en el formato siguiente: `Son las HH horas y MM minutos`.

1.8 ¿Qué tipo de terminal está utilizando?

1.9 Visualice el calendario de 1950 y el del mes actual.

1.10 Visualice el mes de septiembre de 1752. Consulte mediante el manual la orden `cal` para comprobar qué pasó en el año 1752.

1.11 Determine el día de la semana en que nació.

1.12 Modifique su palabra de acceso y reinicie la sesión. ¿Qué ocurre si intenta acceder con su antigua palabra clave?

1.13 Visualice la siguiente información relacionada con su sistema: nombre, versión del sistema operativo y hardware que lo soporta.

1.14 ¿Qué órdenes están relacionadas con `uname`? ¿Y con `passwd`? Utilice el manual para resolver las anteriores preguntas.

1.15 Utilice el manual para consultar las opciones de `banner`. Obtenga información relativa al término `time`. Obtenga información de la llamada al sistema `open`.

1.16 Busque los juegos que estén cargados en su máquina. Para ello, consulte el manual y localice la sección de juegos.

1.17 ¿Dónde se localiza la orden `login`? ¿En qué sección del manual se halla? ¿Para qué puede utilizarse?

Capítulo 2

El sistema de archivos

2.1. Concepto de archivo y de sistema de archivos

Podemos definir de forma genérica el término archivo como un conjunto de datos con un nombre asociado. Los archivos suelen residir en dispositivos de almacenamiento secundario, tales como cintas, discos rígidos o disquetes. La razón de asignar un nombre a cada archivo es que de este modo tanto los usuarios como los programas pueden hacer referencia a los mismos de una forma lógica. Los procesos o programas en ejecución disponen de un conjunto de funciones proporcionadas por el sistema operativo para poder manipular esos archivos. Ese conjunto de funciones se conoce con el nombre de llamadas al sistema o *system calls*. El concepto de llamada al sistema es más amplio, pues engloba también funciones relacionadas con la manipulación de procesos y dispositivos. Un proceso o programa en ejecución puede escribir datos en un archivo mediante la llamada al sistema *write* y leerlos más tarde, o bien dejarlos allí para que otros procesos puedan leerlos mediante la llamada al sistema *read*. También los procesos tienen la posibilidad de crear archivos, añadir o eliminar información en ellos, desplazarse dentro para consultar la información deseada, etc., a partir del correspondiente conjunto de llamadas al sistema. En cierto modo, se puede entender un archivo como una extensión del conjunto de datos asociados a un proceso, pero el hecho de que estos datos continúen existiendo aunque el proceso haya terminado, los hace especialmente útiles para el almacenamiento de información a largo plazo. Hemos comentado el concepto de llamada al sistema como mero apunte informativo; el usuario final no tiene por qué ser consciente de la existencia de tales llamadas, ya que existen aplicaciones de más alto nivel que son las que las manipulan adecuadamente.

Algunos sistemas operativos imponen a todos sus archivos una estructura determinada bien definida. En Linux un archivo no es más que una secuencia de bytes (8 bits). Algunos programas esperan encontrar estructuras de diferentes niveles, pero el núcleo (*kernel*) no impone ninguna estructura sobre los archivos. Por ejemplo, los editores de texto esperan que la información guardada en el archivo se encuentre en formato ASCII, pero el núcleo no sabe nada de eso.

Un sistema de archivos debemos entenderlo como aquella parte del sistema responsable de la administración de los datos en dispositivos de almacenamiento secundario.

El sistema de archivos debe proporcionar los medios necesarios para un almacenamiento seguro y privado de la información y, a la vez, la posibilidad de compartir esa información en caso de que el usuario lo desee.

Entre las características más relevantes del sistema de archivos de Linux podemos citar las siguientes:

- Los usuarios tienen la posibilidad de crear, modificar y borrar archivos y directorios.

- Cada archivo tiene definidos tres tipos de acceso diferentes: acceso de lectura [r], acceso de escritura [w] y acceso de ejecución [x].

- A su vez, esos tres tipos de acceso pueden extenderse a la persona propietaria del archivo, al grupo al cual está adscrita dicha persona y al resto de los usuarios del sistema. Eso permite que los archivos puedan ser compartidos de forma controlada.

- Cada usuario puede estructurar sus archivos como desee, el núcleo de Linux no impone ninguna restricción.

- Linux proporciona la posibilidad de realizar copias de seguridad de todos y cada uno de los archivos para prevenir la pérdida de forma accidental o maliciosa de la información.

- Proporciona la posibilidad de cifrado y descifrado de información. Eso se puede hacer para que los datos sólo sean útiles (legibles) para las personas que conozcan la clave de descifrado.

- El usuario tiene una visión lógica de los datos, es el sistema el encargado de manipular correctamente los dispositivos y darle el soporte físico deseado a la información. El usuario no tiene que preocuparse por los dispositivos físicos, es el sistema el que se encarga de la forma en que se almacenan los datos en los dispositivos y de los medios físicos de transferencia de datos desde y hacia los mismos.

En Linux los archivos están organizados en lo que se conoce como directorios. Un directorio no es más que un archivo algo especial, el cual contiene información que permite localizar otros archivos. Los directorios pueden contener, a su vez, nuevos directorios, los cuales se denominan subdirectorios. A la estructura resultante de esta organización se la conoce con el nombre de estructura en árbol invertido. Un ejemplo típico de árbol de directorios Linux lo tenemos representado en la figura 2.1

El sistema de archivos de Linux tiene, para el usuario, una estructura en árbol invertido en el cual los archivos se agrupan en directorios. En él, todos los archivos y directorios dependen de un único directorio denominado directorio raíz o *root*, el cual se representa por el símbolo *slash* "/". En caso de que tengamos varios dispositivos físicos de almacenamiento secundario en el sistema (normalmente discos o particiones de disco), todos deben depender del directorio raíz, como un subdirectorio que depende, directa o indirectamente, de la raíz. A esta operación se la conoce con el nombre de montaje de un subsistema de archivos.

Los archivos se identifican en la estructura de directorios por lo que se conoce como *pathname* o camino. Así, la cadena /etc/passwd identifica a passwd como un elemento que cuelga del directorio etc el cual a su vez cuelga del directorio raíz (/). A partir de la

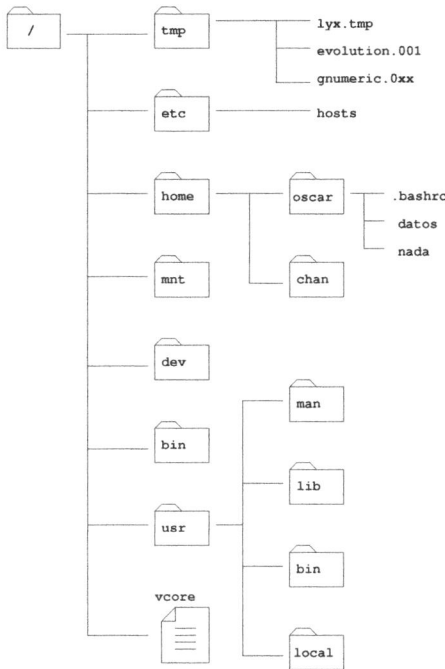

Figura 2.1: Esquema del árbol típico de directorios de Linux.

cadena /etc/passwd no podremos saber si passwd es un archivo o un directorio. Cuando el nombre del camino empieza con el carácter / se dice que el camino es absoluto. Linux también dispone de nombres de camino relativos, por ejemplo, si nuestro directorio actual es /usr, la cadena bin/troff identifica al archivo o directorio /usr/bin/troff. A esta cadena se la conoce, como hemos señalado antes, como camino relativo puesto que no comienza con el símbolo *slash*.

Cuando creamos un directorio, se crean automáticamente dos subdirectorios cuyos nombres son ".." (punto) y ".." (punto punto). "." es una entrada en el directorio que identifica al directorio mismo y ".." es una entrada al directorio padre, es decir, aquel directorio del cual cuelga el subdirectorio actual. Las cadenas "." y ".." también pueden ser utilizadas en el nombre de un camino relativo. Si por ejemplo actualmente estamos colocados en /usr/lib, la cadena ../include identifica perfectamente al archivo o directorio /usr/include.

Ejemplos:

Si consideramos el archivo xterm, éste puede ser referenciado tanto por su ruta absoluta como por la relativa. La ruta absoluta es algo que no depende de nuestra posición actual, y es de la forma:

/usr/bin/X11/xterm

La ruta relativa depende del directorio en que nos encontremos en cada instante. Por ejemplo, si estuviésemos colocados en el directorio /usr/lib, la ruta relativa de xterm sería:

`../bin/X11/xterm`

Si estuviésemos en el directorio `/usr/bin`, la ruta relativa sería:

`X11/xterm`

Volvemos a insistir en este punto en el hecho de que Linux diferencia entre letras mayúsculas y minúsculas también para las rutas de archivos. Así, el directorio cuya ruta es `/usr/bin/X11` no es el mismo que `/usr/bin/x11`, en el caso de que este último existiese.

2.2. Algunos directorios interesantes

Todos los sistemas Linux, a diferencia de otros sistemas operativos, tienen una estructura de directorios estándar semejante a la representada en la figura 2.1. Seguidamente vamos a comentar algunos directorios que merecen mención especial.

El directorio raíz / Como hemos señalado antes, hay una, y sólo una, raíz en un sistema de archivos Linux y se denota por el carácter "/". La raíz es el único directorio que no tiene directorio padre. En este directorio las entradas "." y ".." coinciden.

/boot En este directorio almacena un archivo que contiene la imagen binaria de arranque del núcleo de Linux; dicho de otro modo, contiene el código del propio sistema operativo Linux. Esta imagen se carga en memoria nada más iniciarlo, y se mantiene allí hasta que se apaga. El nombre de este archivo depende del sistema, pero unos nombres muy extendidos son `vmunix`, `Image`, `zImage` o `vmlinuz`. Es muy importante que no borremos este archivo, puesto que si lo hacemos, el sistema no podrá iniciarse. Solamente el administrador del sistema debe tener derecho para eliminar el archivo anterior.

/bin El directorio `/bin` (por binario) contiene muchas de las órdenes ejecutables utilizadas en Linux. Normalmente, aquí se encuentran los programas de uso más común para los usuarios, como la orden `/bin/cp` para copiar archivos, la orden `/bin/cat` para visualizar archivos de texto o la orden `/bin/ls` para visualizar los archivos de un determinado directorio.

/home Del directorio `/home` cuelgan los diferentes directorios de trabajo de cada uno de los usuarios. Cada usuario va a poder hacer lo que quiera con su directorio de trabajo (crear archivos, borrarlos, crear directorios, etc.), pero va a tener un acceso restringido al resto de los directorios. Un usuario normal, por ejemplo, no va a poder borrar un archivo del directorio raíz o copiar un programa en el directorio `/bin`.

/usr De este directorio colgaban en las primeras versiones de UNIX los subdirectorios de trabajo de los usuarios. Actualmente el directorio `/usr` contiene también archivos que posteriormente utilizan otras órdenes de Linux. De `/usr` cuelgan, además, algunos subdirectorios importantes como pueden ser:

/usr/bin Contiene fundamentalmente los programas ejecutables que de alguna forma son mayores en tamaño y se utilizan menos frecuentemente que las órdenes del directorio /bin.

/usr/lib Contiene los archivos de biblioteca utilizados por los compiladores de lenguajes como FORTRAN, Pascal, C, etc. Estos archivos contienen básicamente funciones, en un formato específico, que pueden ser invocadas desde estos lenguajes.

/usr/man Este directorio contiene las páginas del manual en el disco del ordenador. La orden man, que vimos en el capítulo anterior, lo único que hace es buscar en este directorio la información solicitada por el usuario y formatearla para que aparezca adecuadamente presentada por pantalla.

/usr/local/bin y /usr/contrib/bin Estos directorios son generalmente creados por el administrador del sistema para que contengan archivos ejecutables que no forman parte del Linux. Cualquier usuario que desarrolle una nueva utilidad, puede dejarla en uno de los dos directorios anteriores de modo que sea accesible al resto de los usuarios.

/etc Este directorio contiene órdenes y archivos de configuración empleados en la administración del sistema. Estas órdenes se guardan en un directorio aparte porque la mayoría de ellas sólo pueden ser ejecutadas por usuarios privilegiados. Normalmente, todos los archivos de configuración presentes en Linux son archivos de texto. La razón es que de este modo son fáciles de interpretar y de modificar, para lo cual necesitaremos únicamente un editor de texto.

/dev Este directorio contiene los archivos de dispositivo empleados para la comunicación con dispositivos periféricos, tales como cintas, impresoras, discos, terminales, etc. Un archivo de dispositivo es un archivo especial, reconocido por el núcleo, que representa a un elemento de entrada-salida (E/S). La idea de tratar los dispositivos de E/S como si se tratase de archivos es algo que se conoce con el nombre de independencia de dispositivo. La independencia de dispositivo es algo realmente interesante y, por otra parte, muy utilizado, porque de este modo emplearemos las mismas funciones tanto para trabajar con archivos ordinarios como para trabajar con elementos de E/S.

2.3. Nombres de archivos y directorios

Aunque ya hemos tratado con distintos nombre de archivos y directorios, todavía no sabemos qué reglas se utilizan para nombrarlos.

Los nombres de los archivos pueden contener hasta 255 caracteres. Los caracteres empleados pueden ser cualesquiera. En la práctica, sin embargo, se suelen evitar aquellos caracteres del código ASCII que tienen significado especial para el intérprete de órdenes. Como carácteres especiales podemos citar los siguientes:

```
* ? > < | [ ] \ $ " ( ) etc.
```

Todos los nombres de archivos que figuran a continuación son nombres adecuados:

```
direcciones
listado_de_notas
carta_a_los_reyes_magos
ordenar.c
.profile
```

Si queremos evitar problemas de interpretación por parte del shell, no deberemos utilizar nombres de archivos como los que se indican seguidamente:

```
$dinero$
?datos
<desastre>
50|60_nombres
```

2.3.1. Convenios en los nombres de los archivos

A pesar de que el nombre de un archivo puede elegirse libremente, ciertas aplicaciones toman como convenio que los archivos con los cuales trabajan se diferencien del resto en algún rasgo identificador. Entre estas aplicaciones podemos citar los programas fuente escritos en un lenguaje de alto nivel. De este modo, un archivo que termine en `.c`, indica que contiene código fuente en lenguaje C. Si termina en `.f`, indica que contiene código fuente FORTRAN; si acaba en `.p`, se trata de un programa escrito en Pascal, etc. Esto no impide que alguien llame a un juego, por ejemplo, `juego.p`, aunque no se corresponda con un programa fuente escrito en Pascal.

Los convenios anteriores no afectan a los programas que contienen código ejecutable. Tales programas pueden tener cualquier nombre, lo que despista mucho a las personas que están acostumbradas a trabajar con sistemas operativos en los que los archivos ejecutables tienen algún rasgo diferenciador del resto de los archivos.

Obsérvese que al hablar del nombre de los archivos no hemos mencionado el concepto de extensión, empleado en otros sistemas. En Linux un archivo puede no tener extensión, tener una, dos o siete. Así pues, los siguientes nombres de archivo son perfectamente válidos en Linux:

```
programa.ejecutable.uno
prog.ver.1.1.0.3
```

2.4. Manipulación de archivos y directorios

Vamos a ver seguidamente una serie de órdenes empleadas para manipular archivos y directorios. Mostraremos cómo podemos movernos por los diferentes directorios, cómo ver el contenido de cada directorio, contenido, proteger la información, etc. La mayoría de las órdenes que vamos a ver en el resto del capítulo son de uso muy frecuente, y es bueno familiarizarse con ellas.

```
ls
```

Sintaxis: `ls [-1FaRd] [archivo(s)]`

La orden `ls` se utiliza para listar los archivos contenidos en un determinado directorio. Si no se le especifica ningún archivo ni directorio como argumento en la línea de órdenes, por defecto se visualizará el contenido del directorio de trabajo actual. Además, `ls` admite diversas opciones, las cuales son optativas, y permiten mostrar diversa información relacionada con los archivos. Sólo consideraremos las opciones más comunes, pero ni qué decir tiene que existen muchas otras. Si quisiéramos obtener toda la información acerca de la orden, tendríamos que servirnos del manual.

Ejemplo:

```
$ ls
Desktop    X          cfg      gzs      mail     rpm      va
KMail      a.out      doc      html     mbox     sigops   vst
Linux      acm        draw     http     mso      sisfi    xntp
LinuxDoc   autosave   errors   imlib    nsmail   tgz      xpdf
Mail       backup     exa      kdeinit  prac     tk
Tesis      c          fs       14       ps       tmp
$
```

En algunos casos necesitaremos información adicional acerca de todo lo visualizado. En el ejemplo anterior no sabremos si el archivo `xpdf`, por ejemplo, es un archivo ordinario, un directorio o un programa ejecutable. Los archivos ejecutables en Linux no tienen ninguna extensión que los identifique, tal y como ocurre en otros sistemas operativos. Con la opción `-F`, `ls` añade un *slash* carácter "/" a cada directorio y un asterisco "*" a cada archivo que sea ejecutable.

Ejemplo:

```
$ ls -F
Desktop/    a.out{*}    draw/     imlib/      prac/      tmp/
KMail/      acm/        errors    kdeinit{*}  ps/        va/
Linux/      autosave/   exa/      14/         rpm/       vst/
LinuxDoc/   backup/     fs/       mail/       sigops/    xntp/
Mail/       c/          gzs/      mbox        sisfi/     xpdf/
Tesis/      cfg/        html/     mso/        tgz/
X/          doc/        http/     nsmail/     tk/
$
```

En el caso anterior, queda claro que `kdeinit` y `a.out` son archivos ejecutables y `Desktop`, `Kmail` o `Linux` son directorios.

Cuando queremos una información lo más extensa posible de cada archivo, utilizaremos la opción `-l` para que se visualicen los archivos en formato largo.

Ejemplo:

```
$ ls -l
total 50
drwx------    6  chan   igx    1024 may 15 17:17 Desktop
drwx------    2  chan   igx    1024 nov 25 13:24 KMail
drwxr-xr-x    2  chan   igx    1024 nov 17 16:22 Linux
```

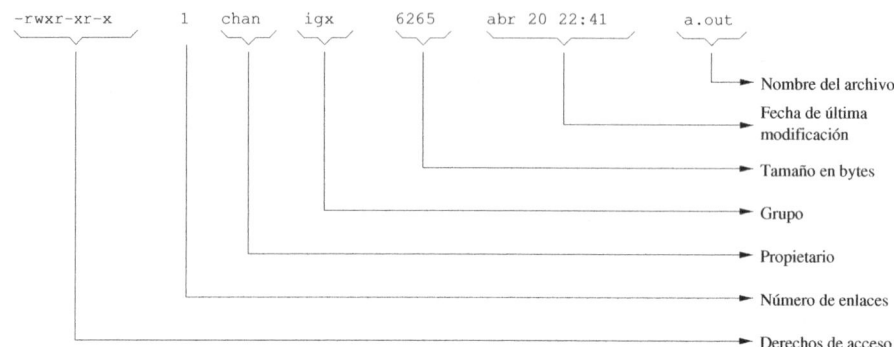

Figura 2.2: Información relacionada con un archivo Linux.

```
drwxr-xr-x   2  chan   igx   1024 nov 17 16:25 LinuxDoc
drwx------   2  chan   igx   1024 dec  4  2000 Mail
drwxr-xr-x   3  chan   igx   3072 nov  4 13:44 Tesis
drwxr-xr-x   2  chan   igx   1024 dec 13  2000 X
-rwxr-xr-x   1  chan   igx   5157 nov 17 16:31 a.out
drwxr-xr-x   5  chan   igx   1024 mar  7 21:48 acm
drwxrwxr-x   2  chan   igx   1024 abr 25 11:57 autosave
drwxr-xr-x   2  chan   igx   1024 abr  1 14:02 backup
drwxr-xr-x   2  chan   igx   1024 nov  3 10:03 c
drwxr-xr-x   2  chan   igx   1024 abr  2 17:23 cfg
drwxr-xr-x   2  chan   igx   1024 nov 28  2000 doc
drwxr-xr-x   2  chan   igx   1024 abr  1  2000 draw
drwxr-xr-x   3  chan   igx   1024 feb 26  1999 xntp
drwxr-xr-x   2  chan   igx   1024 may 29  2000 xpdf
$
```

La expresión `total 50` indica los bloques de disco (bloques de datos) ocupados por los archivos del directorio listado, que en este caso son 50. Generalmente el tamaño de bloque suele ser múltiplo de 512 bytes. Vamos a comentar a continuación cada uno de los campos que aparecen por cada archivo cuando damos la orden `ls` con la opción `-l`.

Los campos que aparecen por cada archivo (ver figura 2.2), de izquierda a derecha, son los siguientes:

- La primera columna comenzando por la izquierda es lo que se denomina modo de protección del archivo o lista de control de acceso. El primer carácter puede ser una "d", que indica que la entrada es un directorio, "-", que indica que se trata de un archivo ordinario. Si el archivo visualizado es un archivo de dispositivo (Linux trata a los dispositivos de entrada salida como si fuesen archivos), este primer carácter podrá ser una "c" o una "b", las cuales identifican a los archivos de dispositivo modo carácter y modo bloque, respectivamente. Los dispositivos modo carácter son aquellos en los que la transferencia de datos se hace carácter a carácter, como por ejemplo los terminales y las impresoras. Los dispositivos modo bloque son aquellos que utilizan memorias intermedias (*buffers*) para realizar estas transferencias, como ejemplo típico tenemos los discos. El resto de los caracteres del modo del archivo (`rwxr-x--x`) informan de los permisos que el propietario, el grupo de personas al cual pertenece el propietario y el resto de los usuarios tienen sobre dicho archivo (consulte la orden `chmod` descrita en este mismo capítulo para obtener mayor información).

- Número de enlaces (*links*): un enlace permite que un archivo pueda aparecer en lugares diferentes en la estructura de directorio sin necesidad de tener su copia física repetida en el disco, lo que permite un mejor aprovechamiento del espacio. Para archivos normales, este número de enlaces suele ser 1. Si es mayor que 1, el número de enlaces indicará cuántas copias idénticas del archivo existen en los distintos directorios del sistema. Cuando el archivo es un directorio, el número de enlaces (*links*) indica cuántos subdirectorios tiene ese directorio.

- Nombre del propietario: muestra quién es el dueño del archivo o directorio. En el caso del ejemplo, el propietario es "`chan`".

- Nombre del grupo: indica el nombre del grupo al cual está adscrito el propietario del archivo. En el ejemplo es "`igx`".

- Tamaño del archivo: indica el número de bytes que contiene el archivo. En caso de que se trate de un archivo de dispositivo, aquí aparecerán el número mayor (*major number*) y el número menor (*minor number*). Estos números se emplean para identificar el propio dispositivo, y serán vistos con mayor profundidad más adelante.

- Fecha y hora de la última modificación: señala cuándo fue modificado por última vez o cuándo fue creado.

- Nombre del archivo: es el nombre del archivo o directorio.

Al hacer un listado, podemos observar que hay dos archivos que no aparecen, el directorio actual "." y el directorio padre "..". Además, tampoco aparecerá ningún archivo cuyo primer carácter sea un punto. Si queremos ver tales archivos, tendremos que pasarle a `ls` la opción `-a`, que generalmente se combinará con la opción `-l`.

Ejemplo:

```
$ ls -al
total 181
drwx------  54  chan   igx    4096 nov 17 16:59 .
drwxr-xr-x  25  root   root   1024 nov 16 12:19 ..
-rw-------   1  chan   igx     161 may  8  2000 .Xauthorit
-rw-r--r--   1  chan   igx    1902 nov 20 12:30 .Xdefaults
drwx------   3  chan   igx    1024 nov  4 15:48 .ddd
-rw-r--r--   1  chan   igx     118 nov 22  2000 .desktop
drwxr-xr-x  12  chan   igx    1024 may  8  2000 .dt
etc.
$
```

La opción `-d` se utiliza normalmente junto con la opción `-l`. Esta opción la utilizaremos cuando queramos ver información relacionada con un directorio (propietario, derechos, fecha, etc.) y no con su contenido (archivos o subdirectorios que cuelgan del directorio cuya información deseamos conocer).

Ejemplo:

```
$ ls -ld /etc
drwxr-xr-x  50  root   root  4096 jun 13 13:29 /etc
$
```

En el caso anterior, si no hubiésemos colocado el modificador -d, se hubiesen visualizado todos los archivos contenidos en el directorio /etc y no el directorio en sí.

pwd

Sintaxis: pwd

Esta orden muestra nuestro directorio de trabajo actual, tal y como indican sus iniciales (*print working directory*), en forma de camino absoluto. Cuando nos movemos mucho por el árbol de directorios, esta orden es de suma utilidad.

Si queremos evitar la consulta de nuestro directorio actual de trabajo continuamente, podremos hacer que el *prompt* muestre el camino donde estamos ubicados haciendo lo siguiente:

```
$ PS1=`$PWD> '
/home/chan>
```

PS1, como veremos más adelante, es una variable del shell que representa al *prompt*. Esto anterior funcionará si nuestro intérprete de órdenes o shell es el *bash* (*Bourne another shell*) o el *Korn* shell (*ksh*). El resultado no será el esperado si cambiamos letras mayúsculas por minúsculas. Para saber qué intérprete de órdenes estamos empleando, tenemos que ejecutar la orden ps. Si el shell que empleamos es el *Korn* o el *bash*, aparecerá una información similar a la siguiente:

```
$ ps
PID TTY         TIME CMD
 289 ttys000    0:00.07 -bash
 357 ttys000    0:00.75 vim esquema.otl
 636 ttys001    0:00.06 -bash
 938 ttys001    0:05.80 vim 02_SistemaArchivos/lyx/SistemaArchivos.tex
$ ps
$
```

Ejemplo de uso de la orden pwd:

```
$ pwd
/home/chan
$
```

En el ejemplo anterior, como podemos observar, estamos situados dentro del directorio /home, en un subdirectorio denominado `chan`.

cd

```
Sintaxis: cd [directorio]
```

La orden `cd` (*change directory*) se emplea para poder movernos de unos directorios a otros. El camino que le pasamos como argumento a `cd`, tal y como se muestra en la sintaxis, puede ser un nombre de camino absoluto o relativo. Si a `cd` no le pasamos como argumento ningún camino, nos localizará en nuestro directorio de arranque también conocido como directorio HOME (HOME es otra variable del shell). Al directorio anterior se le conoce como directorio de arranque o directorio de inicio, porque cuando iniciamos una sesión, el sistema automáticamente nos sitúa en ese punto.

Ejemplos:

```
$ pwd
/home/chan/doc
$ cd ..
$ pwd
/home/chan
$ cd /etc
$ pwd
/etc
$
```

Inicialmente estamos situados en el directorio /home/chan/doc, ejecutando la orden `cd ..` nos vamos al directorio padre (recuerde que "`..`" representa al directorio padre), que en este caso es /home/chan. No olvide el espacio en blanco después de `cd`, si no lo colocamos `cd` no funcionará y se visualizará un mensaje de error.

mkdir y rmdir

```
Sintaxis: mkdir directorio(s)
          rmdir directorio(s)
```

El árbol de directorios de Linux no es estático, sino que los usuarios tienen la posibilidad de crear sus propios directorios para distribuir mejor su información en el sistema. Los nuevos directorios no pueden ser creados en cualquier nodo del árbol. La mayoría de las veces, cada usuario sólo podrá crear nuevos directorios a partir de su directorio de inicio o directorio `HOME`; de esta manera, cada persona organiza como desee su información sin perjudicar al resto. Para crear un nuevo directorio, emplearemos la orden `mkdir` (*make directory*).

Ejemplo:

```
$ pwd
/home/chan/tmp
```

```
$ ls -al
total 12
drwxr-xr-x   2  chan   igx   4096 jun 17 17:50 .
drwx------  93  chan   igx   8192 jun 17 17:50 ..
$
```

Esto es lo que tenemos actualmente en el directorio de trabajo, si queremos crear un nuevo directorio para poder guardar nuestros programas fuentes en C podríamos hacer lo siguiente:

```
$ mkdir src
$ ls -al
total 16
drwxr-xr-x   3  chan   igx   4096 jun 17 17:52 .
drwx------  93  chan   igx   8192 jun 17 17:50 ..
drwxr-xr-x   2  chan   igx   4096 jun 17 17:52 src
$
```

Como podemos observar, en este caso `mkdir` crea un directorio nuevo a partir del actual. Si por cualquier causa queremos deshacernos de un directorio, utilizaremos la orden `rmdir` (*remove directory*). Antes de eliminar un directorio debemos asegurarnos de que dicho directorio está vacío. Siguiendo con el caso anterior, vamos a eliminar el directorio recién creado:

```
$ rmdir src
$ ls -al
total 12
drwxr-xr-x   2  chan   igx   4096 jun 17 17:55 .
drwx------  93  chan   igx   8192 jun 17 17:50 ..
$
```

cat

Sintaxis: cat [archivo(s)]

La orden `cat` sirve para visualizar el contenido de archivos de texto (ASCII) por la pantalla. Si a `cat` no le pasamos como argumento ningún archivo de texto, entonces leerá caracteres de la entrada estándar (teclado) hasta que pulsemos Ctrl-d (ˆd). Una vez hecho esto, visualizará lo que acabamos de escribir. Podemos observar que `cat` es una orden que por defecto (si no le pasamos ningún argumento) lee en la entrada estándar y dirige su salida a la salida estándar (pantalla). Más tarde veremos que a toda orden que cumpla estos requisitos se la conoce con el nombre de filtro. El carácter Ctrl-d en Linux es la marca de final de archivo. En el caso anterior, al pulsar la combinación de teclas indicada, marcamos el final de la entrada de datos desde el teclado.

Ejemplo:

```
$ cat prog.c
#include <stdio.h>
main (int argc, char* argv[])
{
    int x;
    for (x = 0; x < argc; x++)
        puts(argv[x]);
}
$
```

2.4.1. ¿Cómo podemos controlar la salida del terminal?

Determinadas órdenes pueden provocar un volcado masivo de información a la pantalla (éste es el caso de `cat` cuando visualizamos un archivo grande). En estos casos, la información pasa tan rápido que no somos capaces de leer nada. Si queremos detener ese volcado de información, podremos hacerlo utilizando la combinación de teclas Ctrl-s. Para reanudar de nuevo la visualización, pulsaremos Ctrl-q. Si lo que deseamos es abortar la orden definitivamente, utilizaremos la combinación de teclas Ctrl-c.

more

Sintaxis: more [archivo(s)]

La orden `more` imprime por pantalla el contenido del archivo de texto que le pasemos como argumento. En este caso, y a diferencia de lo que ocurría con `cat`, que mostraba todo el archivo de forma continua, la visualización se hace pantalla a pantalla.

Cuando `more` detiene la visualización, para poder continuar con la pantalla siguiente debemos pulsar la barra espaciadora. Si lo único que queremos es ver la siguiente línea, pulsaremos ENTRAR, y si queremos terminar la visualización, pulsaremos la tecla `q` (*quit*). En todo momento `more` nos va informando sobre qué tanto por ciento del tamaño del archivo lleva mostrado.

Ejemplo:

```
$ more serv.c

/*********************************************************
* Antes de iniciar el servidor y los clientes hay que   *
* crear cuatro fifos de nombres: Fifo1, Fifo2, Fifo3    *
* y Fifo4, mediante la orden mknod "Fifo# pchar" en el  *
* mismo directorio donde están tanto los clientes       *
* como el servidor.                                     *
*********************************************************/

#include <stdio.h>
#include <fcntl.h>
```

```
main()
{
   int DescFifo1, DescFifo2, DescFifo3, DescFifo4;
   int CanalActivo, nwrite;
   char ch;

   /* Abrimos los cuatro fifos en modo sólo escritura */

   if ((DescFifo1 = open ("Fifo1", O\_WRONLY)) == -1)
   {
     perror ("Error de apertura del Fifo 1");
--More--(36%)
```

head y tail

```
Sintaxis: head [-N] archivo(s)
          tail [-N] archivo(s)
```

Las órdenes head y tail se pueden utilizar para visualizar las primeras N líneas o las últimas N líneas de un archivo de texto, respectivamente. Esto puede ser útil, porque muchas veces no necesitamos visualizar el archivo de texto por completo, sino que nos basta con algunas líneas.

Ejemplos:

```
$ head -5 prog.c

#include <stdio.h>
main (int argc, char *argv[])
{
    int x;
$
```

En el ejemplo anterior visualizamos las primeras cinco líneas del archivo de texto prog.c.

```
$ tail -4 prog.c
    for (x = 0; x < argc; x++)
        puts(argv[x]);
    }
$
```

En este caso hemos visualizado las cuatro últimas líneas del archivo prog.c.

od

```
Sintaxis: od [-bcdfox] [archivo(s)]
```

La orden **od** (volcado octal, *octal dump*) se utiliza para realizar un volcado, en octal, del contenido de un archivo. Si a **od** no se le especifica ningún archivo, leerá de la entrada estándar hasta detectar el final de archivo Ctrl-d, y después visualizará lo escrito, en octal. Con la orden **cat** sólo podemos visualizar archivos de texto. Con **od** podemos visualizar el contenido de cualquier archivo, incluidos, por supuesto, los archivos de texto.

La orden **od** acepta diversas opciones; las más comunes son las siguientes:

-b Visualiza los bytes como números en código octal.

-c Visualiza los bytes como caracteres.

-d Visualiza las palabras (16 bits) como números decimales sin signo.

-f Visualiza el contenido del archivo como números en coma flotante de 32 bits.

-o Visualiza las palabras como números en octal sin signo (opción por defecto).

-x Visualiza las palabras en código hexadecimal.

Ejemplos:

```
$ od -c datos
0000000   C   o   n   t   e   n   i   d   o       d   e   l       a   r
0000020   c   h   i   v   o       "   d   a   t   o   s   "  \n   C   i
0000040   f   r   a   s   :  \t   1   2   3   4   5   6   7   8   9   0
0000060  \n  \n
0000062
$
$ od -b datos
0000000   103 157 156 164 145 156 151 144 157 040 144 145 154 040 141 162
0000020   143 150 151 166 157 040 042 144 141 164 157 163 042 012 103 151
0000040   146 162 141 163 072 011 061 062 063 064 065 066 067 070 071 060
0000060   012 012
0000062
$
$ od -bc datos
0000000   103 157 156 164 145 156 151 144 157 040 144 145 154 040 141 162
            C   o   n   t   e   n   i   d   o       d   e   l       a   r
0000020   143 150 151 166 157 040 042 144 141 164 157 163 042 012 103 151
            c   h   i   v   o       "   d   a   t   o   s   "  \n   C   i
0000040   146 162 141 163 072 011 061 062 063 064 065 066 067 070 071 060
            f   r   a   s   :  \t   1   2   3   4   5   6   7   8   9   0
0000060   012 012
           \n  \n
0000062
$
```

En el primer caso, hemos hecho un volcado del archivo **datos**, en el cual se visualizan los bytes del mismo como caracteres ASCII. El carácter \n es el carácter de nueva línea, y el carácter \t es el tabulador. Como se puede apreciar, la primera columna indica el desplazamiento dentro del archivo (en octal). En el segundo caso hemos hecho otro volcado, pero ahora la visualización de cada byte se hace en forma de código octal. Del modo anterior podremos saber la correspondencia entre carácter ASCII y código octal asociado. En el tercer ejemplo, hemos utilizado las dos opciones anteriores simultáneamente. Aquí se puede apreciar aún mejor la correspondencia entre carácter ASCII y código octal asociado. Por ejemplo, el carácter a es el 141 en octal, y el carácter blanco es el 40 en octal.

cp

Sintaxis: cp archivo(s) destino

La orden cp se utiliza para copiar archivos de un lugar a otro en el árbol de directorios. Como mínimo, cp necesita dos argumentos, el primero es el archivo existente que queremos copiar en otro lugar, y el segundo es el nombre del destino. Las rutas de los dos archivos se pueden dar tanto de forma absoluta como relativa. Debemos tener cuidado a la hora de elegir el nombre del archivo destino, pues si previamente existía otro archivo con el mismo nombre, el original será sobreescrito. Si el nombre del archivo destino es un directorio, hará que el archivo fuente se copie dentro de dicho directorio con el mismo nombre que tenía el archivo original. Con cp también podemos copiar varios archivos fuente simultáneamente en un determinado directorio, destino debe ser obligatoriamente un directorio.

Ejemplo:

```
$ pwd
/home/chan/tmp
$ ls
datos prog prog.c serv.c
$ cp serv.c /home/chan/src/otro.c
$ cd ../src
$ ls
otro.c
$
```

Con ello hemos conseguido copiar el archivo /home/chan/tmp/serv.c en el directorio /home/chan/src, pero en este caso con el nombre otro.c.

mv

Sintaxis: mv archivo(s) destino

Esta orden tiene una sintaxis idéntica a cp. Con mv, lo que hacemos es mover los archivos de un lugar a otro. Como consecuencia, los archivos origen desaparecerán de su localización inicial. La orden mv la utilizaremos también para cambiar el nombre (renombrar) a un archivo. Para renombrar un archivo, no tendremos más que moverlo dentro del directorio en que esté localizado y éste adquirirá el nombre del archivo destino pasado como argumento.

Ejemplo:

```
$ pwd
/home/chan/tmp
$ ls
datos prog prog.c serv.c
$ mv prog.c ../src
$ ls
datos prog serv.c
$ cd ../src
$ ls
otro.c prog.c
$
```

Al mover el archivo `prog.c` desde el directorio `/home/chan/tmp` hasta el nuevo directorio `/home/chan/src`, vemos cómo el archivo inicial desaparece del directorio de origen. Al analizar el contenido del directorio destino, comprobamos que existe un nuevo archivo, denominado `prog.c`.

`ln`

Sintaxis: `ln archivo(s) destino`

La orden `ln` (*link*) tiene una sintaxis similar a las dos anteriores. Se utiliza para permitir que un mismo archivo aparezca en el sistema de archivos bajo dos nombres diferentes, pero con una única copia. Con `ln` no se hace una copia del archivo origen, solamente se crea otro nombre de archivo que hace referencia al mismo archivo físico. Eso permite que una única copia de un archivo aparezca en varios directorios con distintos nombres. De este modo, se puede compartir información de forma cómoda. Si en un momento eliminamos alguno de los archivos que hacen referencia a la misma copia física, sólo eliminaremos el nombre, pero no la copia real. Ésta sólo será definitivamente suprimida si eliminamos todos sus vínculos (*links*). El número de enlaces de un archivo lo indica el segundo campo de la información que obtenemos con la orden `ls -l`.

Ejemplo:

```
$ pwd
/home/chan/tmp
$ ls -l
total 8
-rw-r--r--   1  chan    igx      39 nov 18 16:05 datos
-rwxr-xr-x   1  chan    igx    4098 nov 17 18:24 prog
-rw-r--r--   1  chan    igx    1941 nov 17 18:29 serv.c
$

$ ln prog programa
$ ls -l
total 13
-rw-r--r--   1  chan    igx      39 nov 18 16:05 datos
-rwxr-xr-x   2  chan    igx    4098 nov 17 18:24 prog
```

```
-rwxr-xr-x   2   chan   igx   4098 nov 17 18:24 programa
-rw-r--r--   1   chan   igx   1941 nov 17 18:29 serv.c
$
```

En el ejemplo podemos ver cómo el campo que hace referencia al número de vínculos o enlaces varía de uno a dos, del primer al segundo ejemplo en el archivo `prog`. A partir de este momento, `prog` y `programa` son dos archivos diferentes que contienen la misma información y una única copia en el disco.

Vamos a insistir un poco más en esta orden, con objeto de dejar más claro su funcionamiento. Supongamos que tenemos un archivo, que denominamos `pss`. Usando la orden `ls -i` podemos visualizar su número de nodo-i. El número de nodo-i es un valor interno utilizado por el sistema de archivos que permite localizar toda la información relacionada con el propio archivo (tamaño, propietario, grupo, derechos de acceso, tipo de archivo, punteros a los bloques de disco, etc.).

```
$ ls -i pss
147468 pss
$
```

Nuestro archivo `pss` tiene un número de nodo-i igual a 147468 en el sistema de archivos. Ahora vamos a crear otro enlace a `pss` denominado `masp`. Para ello, daremos la orden:

```
$ ln pss masp
$
```

Vamos a ver de nuevo el número de nodo-i para el archivo enlazado `masp`.

```
$ ls -i masp
147468 masp
$
```

Como podemos comprobar, ambos archivos tienen el mismo número de nodo-i, de manera que accediendo a `pss` o a `masp` estamos accediendo al mismo archivo físico, ya que el sistema de archivos utiliza el mismo identificador de nodo-i en ambos casos. Cualquier cambio realizado en el primero de ellos se manifestará en el segundo, y viceversa.

A este tipo de enlaces se los conoce con el nombre de enlaces fuertes o *hard links*. El problema de este tipo de enlaces es que no sirven para archivos que se encuentren en sistemas de archivos diferentes (por ejemplo, diferentes particiones del disco). Los enlaces duros tampoco no son aplicables a directorios. Para solventar estos problemas, podemos hacer uso de otro tipo de enlaces, denominados enlaces simbólicos o *soft links*. Un enlace simbólico tiene una funcionalidad similar a un enlace duro, pero es posible utilizarlo en archivos que se encuentren en diferentes sistemas de archivos así como enlazar directorios. Para crear enlaces simbólicos, se utiliza la orden `ln` con la opción `-s` (*soft*).

Ejemplo:

```
$ ln -s pss assp
$
```

De esta forma, hemos creado un enlace a `pss` apuntado por `assp`. Si ahora utilizamos la orden `ls -i`, comprobaremos que ambos archivos tienen un número de nodo-i diferente:

```
$ ls -i pss assp
147469 assp 147468 pss
$
```

Utilizando la orden `ls -l`, podremos comprobar cómo `masp` es un enlace al primer archivo:

```
$ ls -l pss assp
lrwxrwxrwx   1   chan   igx      3 nov 19 17:48 assp -> pss
-rw-r--r--   2   chan   igx   4098 nov 19 17:50 pss
$
```

La primera `l` incluida junto con el campo de derechos del archivo `assp` indica que este archivo es un enlace simbólico a `pss`. Los permisos de un enlace simbólico no se utilizan (aparecen siempre a `rwxrwxrwx`). En estos casos, los derechos del archivo enlace son los mismos que los del archivo destino (en nuestro caso `pss`). En este caso, también tanto `pss` como `assp` hacen referencia a la misma información. Debemos tener cuidado con los enlaces simbólicos, ya que si eliminamos el archivo que actúa como destino del enlace, el archivo que lo enlazaba seguirá existiendo y apuntará a un archivo no existente. Esto es así porque el sistema, al contrario de lo que ocurría con los enlaces duros, no mantiene constancia del número de veces que un archivo se encuentra enlazado simbólicamente en el sistema de archivos.

rm

Sintaxis: rm [-irf] archivo(s)

La orden `rm` (*remove*) se utiliza para borrar archivos. Si alguno de los archivos referenciados no existiera, `rm` nos enviará un mensaje de aviso. Si el archivo no tiene derecho de escritura, aunque seamos su propietario, `rm` nos preguntará si realmente queremos eliminarlo. De otro modo, esta orden llevará a cabo su labor silenciosamente, sin enviarnos ningún mensaje. Debemos tener mucho cuidado con lo que vamos a borrar, puesto que Linux no permite que un archivo borrado pueda ser recuperado.

Las opciones más comunes de `rm` son:

-f (*force*) Fuerza el borrado de los archivos, incluso si están protegidos contra escritura (el archivo debe pertenecer al usuario que quiere borrarlo).

-i (*interactive*) Antes de borrar cada uno de los archivos, `rm` nos pregunta si realmente queremos hacerlo.

-r (*recursive*) Con esta opción `rm` borra los archivos de un directorio de forma recursiva, es decir, borra todos los posibles archivos localizados en subdirectorios dependientes del directorio especificado.

Ejemplos:

```
$ ls
assp     datos    masp     prog     programa pss     serv.c
$ rm programa
$ ls
assp     datos    masp     prog     pss       serv.c
$
```

file

```
Sintaxis: file archivo(s)
```

Como hemos indicado anteriormente, Linux no impone ningún formato especial a sus archivos. El formato depende únicamente de los programas o utilidades que utilizan dicho archivo. Como hemos visto antes, `cat`, `head` y `tail` trabajan con archivos de texto (en código ASCII), pero no pueden trabajar con archivos de otro tipo, ya que estas órdenes interpretan sólo archivos de texto. La orden `file` intenta darnos información acerca del tipo del archivo que le pasemos como argumento. Para determinar los tipos, `file` lee unos cuantos bytes al comienzo del archivo, y a partir de esto busca indicios que le indiquen el tipo de archivo. Los archivos ejecutables puros son fáciles de identificar, puesto que en su comienzo llevan una marca, denominada número mágico o *magic number*, que identifica al archivo como tal. Si el archivo contiene ciertos patrones, tales como la cadena `main()`, `file` identificará al archivo como un programa fuente en lenguaje C. Estos indicios, que algunas veces se encuentran más escondidos, son los que busca la orden `file` para identificar el tipo de un archivo.

Ejemplo:

```
$ file /etc/passwd assp prog.c
/etc/passwd: ASCII text
assp: symbolic link to pss
prog.c: ISO-8859 C program text
$
```

2.5.   Uso de archivos: permisos

El sistema Linux proporciona la posibilidad de proteger la información. Para ello, asocia a cada archivo una serie de derechos de acceso. En función de éstos, se determina qué es lo que cada usuario puede hacer con el archivo. Estos derechos se extienden a tres grupos de individuos: el propietario, el grupo del propietario y el resto. A su vez, estos grupos pueden tener diferentes posibilidades de acceso al archivo: para leer información del mismo, para escribir en él o para ejecutarlo, en el caso de que se corresponda con un archivo ejecutable. Estos derechos aparecen como una secuencia de nueve caracteres `r`, `w`, `x` o `-`. Una `r` indica derecho de lectura, una `w` de escritura, y la `x` de ejecución. El guión indica que el derecho correspondiente está desactivado. Estas secuencias de caracteres se agrupan de tres en tres. De izquierda a derecha tenemos lo siguiente: los tres primeros caracteres se corresponden con los derechos del propietario (*user*), los tres siguientes con los del grupo (*group*) y los tres últimos para el resto (*others*).

chmod

Sintaxis: chmod modo archivo(s)

La orden chmod (*change mode*) va a permitirnos modificar los permisos de un archivo. Para poder modificar estos derechos, debemos ser los propietarios del mismo. También el administrador del sistema o superusuario tiene la posibilidad de cambiarlos. Si no somos ni el propietario del archivo ni el administrador, chmod fallará. Para cambiar el modo de un archivo seguiremos estos pasos:

1. Convertir los campos de protección a dígitos binarios, poniendo un 1 en el caso de que queramos activar dicho campo (rwx), o un 0 en el caso de querer desactivarlo. Si, por ejemplo, queremos que los permisos finales del archivo sean rwxr-xr--, la secuencia de dígitos binarios sería: 111101100.

2. Dividir esos dígitos binarios en tres partes de tres bits cada una: una para el usuario (propietario), otra para el grupo y una última para el resto de los usuarios (otros), de tres dígitos cada uno.

3. Convertir cada grupo de tres dígitos a numeración octal.

4. Reunir los tres dígitos octal en un único número, el cual será el modo que le pasemos como argumento a chmod.

5. Si, por ejemplo, queremos dejar un archivo con el modo rwxr-xr--, lo haremos de la siguiente forma:

Modo	Usuario	Grupo	Otros
rwxr-xr--	rwx	r-x	r--
Valor binario	111	101	100
Valor octal	7	5	4

Ejemplo:

```
$ ls -l spcrun
-rw-r--r--   1  chan   igx   4098 nov 20 13:05 spcrun
$ chmod 754 spcrun
$ ls -l spcrun
-rwxr-xr--   1  chan   igx   4098 nov 20 13:05 spcrun
$
```

Otra forma de obtener el mismo resultado sería asignando a cada permiso de lectura, escritura y ejecución de cada usuario, grupo y otros, un número determinado y obtener el modo final que le pasemos como argumento a chmod sumando dichos números. Los valores asociados son los siguientes:

- Derecho de lectura del usuario, 400

- Derecho de escritura del usuario, 200

- Derecho de ejecución del usuario, 100

- Derecho de lectura del grupo, 40

- Derecho de escritura del grupo, 20

- Derecho de ejecución del grupo, 10

- Derecho de lectura del resto, 4

- Derecho de escritura del resto, 2

- Derecho de ejecución del resto, 1

Siguiendo con el ejemplo anterior, si queremos obtener la siguiente lista de permisos: rwxr-xr--, tendríamos que sumar:

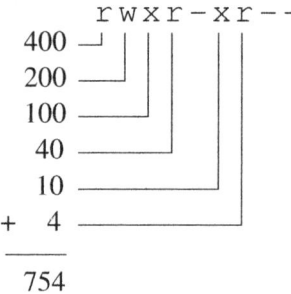

Como podemos observar, el modo 754 es el mismo que el obtenido utilizando la técnica anterior.

Existe una última forma de especificar los modos de forma simbólica. Veamos unos ejemplos:

Ejemplos:

```
$ ls -l foo
-rwxr-xr--   1  chan   igx      54 nov 20 13:19 foo
$ chmod -w foo Quitamos el derecho de escritura al archivo foo
$ ls -l foo
-r-xr-xr--   1  chan   igx      54 nov 20 13:19 foo
$ chmod o+x foo Añadimos el derecho de ejecución para el resto de usuarios
$ ls -l foo
-r-xr-xr-x   1  chan   igx      54 nov 20 13:19 foo
$
```

De forma general, las abreviaturas simbólicas que podemos utilizar son las siguientes:

u Usuario

g Grupo

o Otros

+ Añadir permiso

- Quitar permiso

umask

Sintaxis: umask [máscara]

Los permisos asignados a un archivo o a un directorio cuando son creados dependen de una variable denominada *user mask*. Podemos visualizar dicha variable dando la orden umask sin argumentos. El resultado son tres dígitos octales que indican, de izquierda a derecha, el valor de la máscara que determina los permisos iniciales para el propietario, para el grupo y para el resto de los usuarios. Cada dígito octal de la máscara contiene tres dígitos binarios, un 1 binario indica que cuando se cree un nuevo archivo el permiso asociado (rwx) será borrado, y un cero binario indica que se utiliza el permiso implícito. El permiso implícito es un permiso global que por defecto suele tener el valor rw-rw-rw- (modo 666). Si no deseamos que por defecto nuestros archivos y directorios se creen con estos valores, podremos cambiar el valor de la máscara de usuario dando la orden umask con el argumento oportuno. El valor del mismo puede ser calculado restando el modo deseado por defecto del modo actual. Por ejemplo, si queremos que nuestro modo por defecto para los nuevos archivos sea rw-r----- (640), entonces:

$$
\begin{array}{r}
6\,6\,6 \\
-\ 6\,4\,0 \\
\hline
0\,2\,6
\end{array}
$$

Donde:

666 es el valor por defecto

640 es el valor deseado

026 es el argumento necesario para umask

Ejemplo:

```
$ umask 26
$
```

A partir de ahora todos los nuevos archivos que creemos tendrán los permisos siguientes: rw-r-----.

```
$ umask 26
$ umask
026
$ > prueba1
```

```
$ ls -l prueba1
-rw-r-----   1  chan   igx      0 nov 20 13:42 prueba1
$
$ umask 22
$ > prueba2
$ ls -l prueba2
-rw-r--r--   1  chan   igx      0 nov 20 13:43 prueba2
$
```

which

Sintaxis: which archivo(s)

Esta orden se emplea para buscar en los directorios especificados en el PATH de usuario el archivo que le especifiquemos. Como resultado, visualiza en forma de camino absoluto el nombre del archivo. Si la búsqueda es infructuosa, seremos avisados de ello.

Ejemplo:

```
$ which vi emacs pine
/bin/vi
/usr/bin/emacs
/usr/bin/pine
$
```

whereis

Sintaxis: whereis [-b] [-m] [-s] orden(es)

La orden whereis acepta como parámetro únicamente el nombre de una orden. Devuelve el directorio donde reside dicha orden y la página correspondiente donde se encuentra en el manual. Los flags -b, -m y -s se utilizan para limitar la búsqueda a binario, página del manual o código fuente, respectivamente.

Ejemplo:

```
$ whereis vi
vi: /bin/vi /usr/share/man/man1/vi.1.gz
$
```

id

Sintaxis: id [-ug] [usuario]

La orden id devuelve el identificador (número) de usuario y de grupo del usuario que le indiquemos. Si no se le indica el usuario, id visualizará los identificadores asociados al usuario que invoca la orden. Estos identificadores los utiliza Linux para saber a quién tiene que aplicar los permisos. id es una orden intrínseca del shell. Que una orden sea intrínseca del shell quiere decir que se trata de una rutina incorporada dentro del código del propio intérprete de órdenes. No existe como programa ejecutable aparte, como puede ser cp, man o mkdir.

Opciones:

-u Visualiza sólo el UID (identificador de usuario).

-g Visualiza únicamente el GID (identificador de grupo).

Ejemplos:

```
$ id
uid=504(chan) gid=504(igx) grupos=504(igx)
$ id lucas
uid=519(lucas) gid=519(lucas)
$
```

Si el usuario indicado a id no existe, id visualizará un mensaje similar al siguiente:

```
$ id pascual
id:
$
```

su

Sintaxis: su [-] [usuario]

La orden su (*switch user*) permite cambiar nuestro identificador de usuario. Cuando se invoca, nos pide la palabra clave (*password*) del usuario al que queremos cambiar. Si a su no le pasamos como parámetro ningún nombre de usuario, asumirá que deseamos convertirnos en el administrador del sistema (*root*). Obviamente, si no conocemos la palabra clave del usuario, la orden fallará. La opción - se emplea para indicar a su que se tomen los parámetros de inicio (directorio de arranque, ruta de búsqueda de archivos, variables de entorno, etc.) definidos por el usuario al que nos convertiremos. Por defecto estos parámetros no se toman.

Ejemplo:

```
$ su - lucas
Password:
$ id
uid=519(lucas) gid=519(lucas) grupos=519(lucas)
$
```

newgrp

Sintaxis: newgrp [grupo]

La orden `newgrp` es similar a `su`, pero en este caso lo que se solicita es el cambio de identificador de grupo. Sólo nos podemos cambiar a los grupos permitidos por el administrador del sistema.

Ejemplo:

```
$ newgrp floppy
$ id
uid=504(chan) gid=19(floppy) grupos=504(igx)
$
```

2.6.   Ejercicios

2.1 ¿Cuál es su directorio de arranque o directorio HOME? ¿Existe algún archivo oculto en su directorio de arranque? Haga un recorrido por los directorios más importantes del sistema visualizando los archivos contenidos en ellos.

2.2 Localice algún archivo ordinario, directorio, modo bloque y algún enlace simbólico.

2.3 Determine el tipo de los siguientes archivos: /etc/hosts, /usr/bin, /etc/group, /bin/ls, /bin/login, /usr/lib/X11 y /usr/include/stdio.h.

2.4 Visualice las 7 primeras líneas y las 12 últimas del archivo /etc/inittab.

2.5 ¿Quién es el propietario del archivo /etc/passwd? ¿Y el grupo? ¿Cuántos enlaces tiene? ¿Cuál es la lista de derechos?

2.6 Cree en su directorio de arranque un subdirectorio denominado copia y copie en él el archivo /etc/passwd. ¿Quién es ahora el propietario del archivo? ¿Y cuál es su grupo?

2.7 Cambie el nombre del archivo `passwd` del directorio `copia` por el de `palabras_claves`.

2.8 Vaya al directorio /etc y cree un subdirectorio denominado prueba. ¿Qué ocurre? Compruebe los derechos que tiene en el directorio /etc.

2.9 Copie en su directorio de arranque un archivo cualquiera del directorio /bin y denomínelo `archivo1`. A continuación visualice el `archivo1` en formato largo. Haga un enlace del archivo anterior con un archivo denominado `nuevo`. ¿Cuántos enlaces tienen los archivos anteriores? ¿Es `nuevo` un archivo físico? ¿Qué ocurre si borramos el `archivo1`?

2.10 Vaya a su directorio de arranque, cree un subdirectorio denominado .oculto. ¿Qué ocurre si intenta visualizar el nuevo subdirectorio? ¿Qué opción debe emplear con `ls` para poder verlo? Copie en este directorio el archivo /etc/hosts. Visualice su contenido. Copie el archivo /bin/cp en el directorio .oculto que acaba de crear. Visualice el contenido de este archivo.

2.11 Mueva los archivos del directorio `.oculto` al directorio `copia`. ¿Qué archivos quedan en `.oculto`? Haga un enlace de los archivos que hay en `copia` al directorio `.oculto`. ¿Cuántos enlaces aparecen ahora por cada archivo? Borre los archivos de `copia`. ¿Cuántos enlaces aparecen ahora en los archivos de `.oculto`? Repita el proceso anterior, pero utilizando enlaces simbólicos.

2.12 ¿Puede cambiar el nombre de un directorio utilizando la orden `mv`? Compruébelo.

2.13 Cree un subdirectorio en su directorio de arranque denominado `tmp`. Copie en ese subdirectorio el archivo `/etc/group` con el nombre de `grupo`. Cambie los derechos de este archivo para que los usuarios de su grupo y el resto de los usuarios puedan modificarlo.

2.14 Cambie de propietario y de grupo al archivo `grupo` de su directorio `tmp`.

2.15 Elimine los tres subdirectorios que ha creado para realizar los ejercicios y compruebe qué ocurre.

2.16 ¿Qué valor deberíamos darle a la máscara de derechos para que todos los archivos se creasen con los atributos `rw-r--r--`?

2.17 ¿Cuáles son sus identificadores de usuario y de grupo?

2.18 Modifique sus identificadores de usuario y de grupo. ¿Qué utilidad tienen las órdenes anteriores?

Capítulo 3

El editor de texto `vi` (visual)

3.1. Qué es un editor

Un editor es una utilidad ofrecida por la mayoría de los sistemas operativos que nos permite modificar el contenido de un archivo. Cuando hablamos de editores o programas de edición, normalmente nos referimos a editores de texto; es decir, aquellos que trabajan con archivos que contienen cadenas de caracteres. Generalmente, los editores de texto son clasificados en dos categorías: los conocidos como editores de línea y los editores de pantalla. Un editor de línea es aquel en el que la unidad básica de trabajo es una línea o, lo que es lo mismo, una cadena de caracteres que termina con el carácter *newline* (\n en Linux). Un editor de pantalla nos permite visualizar una porción de un archivo (ventana de texto compuesta de varias líneas) en el terminal, así como que nos movamos con el cursor y efectuemos los cambios allí donde queramos.

Uno de los editores de texto más ampliamente utilizado en sistemas Linux es el editor de pantalla `vi` (visual), aunque `vi` sea un subconjunto de un editor mayor denominado `ex`. Este último incluye muchas más funciones y órdenes que el propio `vi`; sin embargo, raramente se utiliza. En un principio `vi` parece muy complicado de manejar, pero una vez que hemos practicado lo suficiente, veremos la potencia y la rapidez que posee. Un consejo práctico es que para aprender `vi` editemos textos. No por conocer todas sus opciones de memoria vamos a manejarlo mejor, lo más efectivo es practicar.

Cuando editamos con `vi`, trabajamos con una memoria intermedia (*buffer*); solamente cuando grabamos actualizamos el archivo en el disco. Son muchos los editores que hacen esto mismo, copiar el archivo inicialmente en una memoria intermedia y trabajar con él, porque tiene la ventaja de que si nos equivocamos podemos volver atrás sólo con salir sin grabar; de esa manera, el archivo inicial no se verá modificado. En contrapartida eso tiene el inconveniente de que si mientras estamos editando el sistema se viene abajo, los cambios hechos se perderán. Esta desventaja en el caso de Linux es menor, puesto que el sistema va haciendo a intervalos de tiempo una copia de esta memoria intermedia en el disco. Si cuando estamos editando el sistema cae, al arrancar de nuevo Linux nos enviará correo indicándonos cómo podemos recuperar dicho *buffer* perdido. Este método de utilizar un *buffer* también tiene la desventaja de que si el tamaño del archivo es mayor que el tamaño de la memoria intermedia, hay que dividirlo en partes para poder trabajar con él.

3.2. ¿Cómo podemos editar con vi?

Antes de invocar a vi, debemos asegurarnos de estar utilizando un terminal adecuado, ya que vi, como la mayoría de los editores de pantalla, necesita conocer el tipo de terminal para que funcione correctamente, de otro modo, los resultados pueden no ser los deseados. Para conocer el tipo de terminal, vi consulta al comenzar la variable de entorno TERM, y de esa manera, modifica la salida para que visualice el archivo eficazmente sobre el terminal. Nosotros podemos conocer el valor de esta variable del shell mediante la sentencia:

```
$ echo $TERM
vt100
$
```

la cual visualiza el valor de esta variable en ese instante. Si TERM no está iniciado a un valor correcto, podremos modificar su valor como indicamos a continuación. Suponiendo que nuestro terminal es ansi, para inicializar la variable de entorno de forma correcta haremos lo siguiente:

```
$ TERM=ansi
$ export TERM
$ echo $TERM
ansi
$
```

es necesario exportar la variable para que vi pueda acceder a ella. Si el lector quiere profundizar en el tema de las variables de entorno, deberá consultar el capítulo dedicado al shell. Si la variable TERM tiene ya un valor correcto, podremos comenzar a editar con vi dando la orden:

```
$ vi nombre_de_archivo
```

A partir de este momento, el archivo que queremos editar es copiado por vi en un *buffer*, la pantalla se borra y el cursor aparece localizado en el primer carácter de la primera línea del archivo. Si el archivo previamente no existía, vi lo creará (inicialmente vacío) con el nombre de archivo que le pasemos como argumento. Podemos también indicarle a vi desde la línea de órdenes que queremos que sitúe el cursor inicialmente al comienzo de una línea determinada del archivo; la forma de hacerlo sería:

```
$ vi +20 nombre_de_archivo
```

De esta manera, el cursor aparece ubicado inicialmente en el primer carácter de la línea número 20. Por último, si queremos que el cursor se sitúe al entrar en el primer carácter de la última línea, invocaremos a vi desde la línea de órdenes tecleando:

```
$ vi + nombre_de_archivo
```

De cualquier forma que llamemos a vi, éste nos ofrecerá una presentación similar a la siguiente:

```
$ vi carta
~
~
~
~
~
...
~
~
~
~
~
"carta" [New File]
```

Cuando vamos a editar un archivo nuevo, como ocurre en el ejemplo, el cursor inicialmente estará colocado en la primera línea y aparecerá parpadeante. El carácter ~ (tilde) indica que la línea está vacía, no contiene ningún carácter.

3.3.   Estructura de las órdenes de vi

El editor vi tiene dos modos de trabajo, son los que se conocen con el nombre de modo mandato o modo orden y modo edición. Hablamos de modo edición cuando podemos introducir texto, y de modo mandato cuando vi nos permite dar órdenes propias de cualquier editor, líneas de texto, mover bloques, buscar palabras, etc. Inicialmente, cuando entramos en vi, éste se encuentra en modo orden, y por lo tanto no podremos introducir texto hasta que no introduzcamos la orden adecuada para ello. Una vez que nos hallemos en modo edición, para pasar a modo mandato deberemos pulsar la tecla de escape (ESC) situada en la parte superior izquierda del teclado. Las órdenes de vi tienen la siguiente expresión general:

```
{[}contador] operador {[}contador] objeto
```

La diferencia entre operador y objeto a veces no es nada evidente. Por ejemplo, la orden w avanza el cursor una palabra hasta el comienzo de otra, mientras que la orden dw borra la siguiente palabra del texto. En el primer caso, w actúa de operador, y en segundo, de objeto. El campo contador indica el número de veces que queremos repetir la operación. Este campo puede aparecer indistintamente en cualesquiera de los dos lugares en que aparece entre corchetes. Si aparece en los dos, el efecto será multiplicativo. Poniendo unos ejemplos, esta estructura de órdenes quedará más clara.

w Avanza una palabra hasta el comienzo de la otra.

dw Borra una palabra.

3w Avanza tres palabras.

3dw Borra tres palabras.

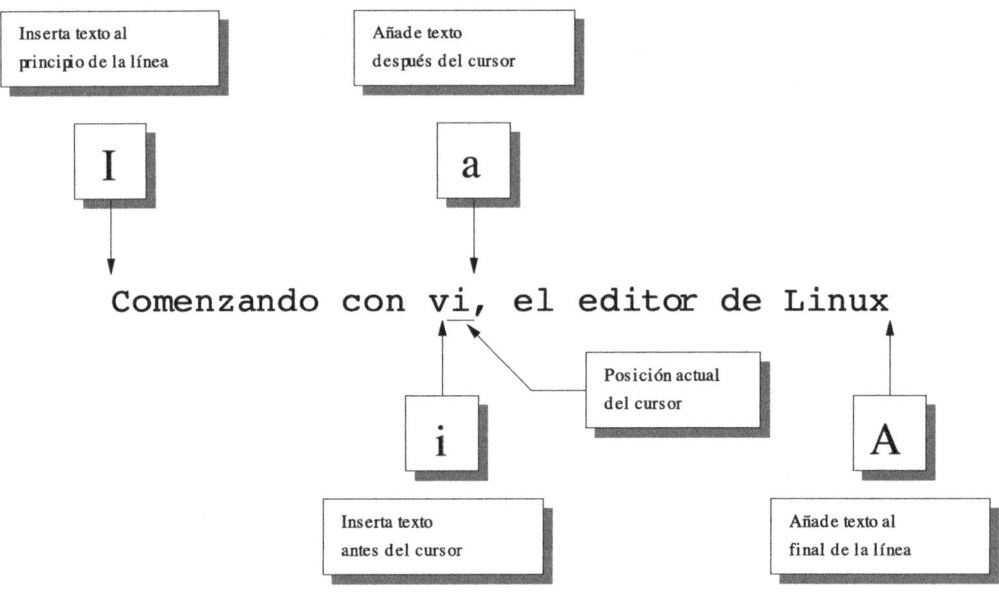

Figura 3.1: Órdenes básicas de vi.

d3w Borra tres palabras.

3d3w Borra nueve palabras (efecto multiplicativo, al aparecer el tres en los dos lugares).

3.4.   Órdenes más comunes de vi

Para comenzar a escribir texto (pasar de modo mandato a modo edición), lo más común es utilizar una de las cuatro opciones que aparecen a continuación, y cuya explicación queda aún más clara en la figura 3.1.

a Añade (*append*) texto después de la posición del cursor.

i Inserta texto antes de la posición del cursor.

A Añade (*append*) texto al final de la línea.

I Inserta texto al principio de la línea.

Otras órdenes interesantes son:

o Abre la línea posterior de donde se encuentra actualmente el cursor.

O Abre la línea anterior de donde se encuentra actualmente el cursor.

e Avanza una palabra y el cursor queda colocado al final de la misma.

b Se mueve hacia atrás, hasta el principio de la palabra.

dd Borra la línea en la que está situada el cursor.

U Deshace el último cambio realizado en una línea.

u Deshace el último cambio.

. (Punto) Repite la última operación efectuada.

x Borra un carácter. Si a continuación pulsamos ".", repite el borrado.

X (*Backspace*) Borra caracteres hacia atrás.

r Reemplaza un carácter. Después de escribir el nuevo carácter, seguimos en modo mandato.

R Reemplaza caracteres (sobreescribir), no vuelve a modo mandato.

ZZ Salimos del editor guardando los cambios.

3.5.   Movimientos del cursor

Para cambiar el cursor de situación, utilizaremos las teclas de cursor o, en su defecto, las teclas h, j, k y l (es fácil recordarlas porque están seguidas en el teclado).

h Cursor hacia la izquierda ($\leftarrow$).

j Cursor hacia abajo ($\downarrow$).

k Cursor hacia arriba ($\uparrow$).

l Cursor hacia la derecha ($\rightarrow$).

Existen otros modos para mover el cursor de forma más rápida, tales como:

$ Mueve el cursor al final de la línea.

^ Mueve el cursor al principio de la línea.

H (*Home*) Mueve el cursor al principio del texto de la ventana de texto.

M (*Middle*) Mueve el cursor a la mitad del texto de la ventana.

L (*Last*) Mueve el cursor al final del texto de la ventana.

3.6. Cambios de ventana

Todos los movimientos del cursor descritos se utilizan para movernos dentro de la ventana de texto ofrecida por `vi`. Existen órdenes que afectan al cambio de dicha ventana sin modificar la posición relativa del cursor en la pantalla. La orden z redibuja la pantalla, colocando la línea donde está situado el cursor en el medio, al principio o al final de la línea, dependiendo del carácter que siga a dicha orden.

z <ENTRAR> Coloca la línea donde se encuentra el cursor al principio de la pantalla.

z . Coloca la línea donde se encuentra el cursor en el medio de la pantalla.

z - Coloca la línea donde se encuentra el cursor al final de la pantalla.

Otras órdenes relacionadas con el cambio de la ventana son:

^E *Scroll up*, una línea.

^Y *Scroll down*, una línea.

^D *Scroll down*, media ventana.

^U *Scroll up*, media ventana.

^F *Forward*, avanza una página.

^B *Backward*, retrocede una página.

3.7. ¿Cómo salimos de `vi`?

Para salir de `vi` tenemos dos modos, el primero nos permite salir sin grabar, lo que haremos cuando nos hayamos equivocado y no queramos que el archivo original se vea afectado. Para salir sin grabar, desde modo mandato teclearemos:

`:q!<ENTRAR>`

Si al salir queremos guardar el archivo, desde modo mandato daremos cualquiera de las órdenes siguientes:

`:wq<ENTRAR>`

o

`:x<ENTRAR>`

Puede ocurrir que al querer salir grabando de `vi`, éste no nos permita guardar el *buffer*, porque al invocarlo estábamos situados en un directorio en el cual no tenemos derechos de escritura. Si nos vemos en un caso como el anterior, podremos indicarle a `vi` que grabe el archivo en un directorio en el cual sí tengamos la posibilidad de escribir. Un directorio que cumple este requisito puede ser el directorio de arranque del usuario, también conocido, como hemos indicado en otro punto, directorio HOME. La forma de hacerlo sería dando desde modo mandato la orden:

```
:w $HOME/nombre_del_archivo
```

y a continuación salir con la orden:

```
:q!
```

No hay problema al decir en este último caso que salimos sin grabar, puesto que previamente ya lo hemos hecho.

3.8. Opciones del editor

El editor vi tiene una serie de opciones accesibles por el usuario, el cual puede utilizarlas para personalizar en ciertos aspectos dicho editor. La forma de acceder a cada una de las opciones es teclear desde modo mandato

```
:set opcion
```

Con ello habilitaremos la opción deseada. Si posteriormente queremos desactivarla, también deberemos introducir desde modo mandato una orden del tipo

```
:set noopcion
```

El no delante de la opción deseada (y junto) provoca su anulación.

Para informarnos sobre el estado de todas las variables que pueden ser activadas o desactivadas, tendremos que usar la orden

```
:set all
```

De esta manera, vi nos informa sobre el estado de todas las opciones.

Ejemplos:

```
:set ai
```

Esta opción (*autoindent*) sirve, sobre todo, para facilitar la edición de programas. Si está habilitado, al pulsar ENTRAR el cursor no se vuelve a la columna cero, sino que se coloca alineado con el comienzo de la última línea. Para inhabilitar el *autoindent*, debemos dar la orden:

```
:set noai
```

Otra posibilidad interesante definible dentro de vi y muy usada también para la edición de programas es la opción conocida como *showmatch* o, escrita de modo abreviado, sm. Cuando esta opción está habilitada, cada vez que cerramos una llave, un paréntesis o un corchete, el cursor se coloca momentáneamente en la posición de la llave, paréntesis o corchete correspondiente, previamente abiertos (si se encuentran en la pantalla). Para activar la opción *showmatch*, debemos teclear desde modo mandato la orden:

```
:set sm
```

Para inhabilitarla, daremos la orden:

```
:set nosm
```

Para visualizar en todo momento el número de línea en la pantalla, debemos activar la opción `number` del siguiente modo (en forma abreviada)

```
:set nu
```

De esta manera, cada línea visualizada es precedida por su número correspondiente.

Si queremos que por defecto algunas opciones estén activadas al arrancar `vi`, debemos poner todas ellas en un archivo de configuración que lee el editor cuando lo invocamos. Dicho archivo reside en nuestro directorio `HOME` y se denomina `.exrc` (*ex run control*). Un ejemplo típico de archivo `.exrc` puede ser el siguiente:

```
$ cat .exrc
set autoindent autowrite showmatch report=1
set wrapmargin=8
$
```

3.9. Operaciones con palabras

Algunas de las operaciones más comunes con palabras son las comentadas en la lista siguiente:

`dw` Borra la palabra situada a continuación del cursor.

`cw` Cambia la palabra situada a continuación del cursor.

`D` Borra desde la posición del cursor hasta el final de la línea.

`C` Cambia desde la posición del cursor hasta el final de la línea.

`fa` Busca en la línea el carácter "a" (hacia adelante).

`Fa` Busca en la línea el carácter "a" (hacia atrás).

`;` Sigue buscando el mismo carácter en la misma dirección.

`,` Sigue buscando el mismo carácter en dirección contraria.

`J` Sirve para juntar líneas.

`G` Sirve para ir a la línea que le especifiquemos. Por ejemplo, 938G, colocaría el cursor en la línea 938.

`dG` Borra hasta el final del archivo.

3.10.   Órdenes más importantes en modo ex

Este modo, también denominado modo de última línea, se invoca desde modo mandato introduciendo : (dos puntos) y a continuación la orden ex deseada. Al hacer eso, el cursor se colocará en la última línea, y todo lo que tecleemos hasta pulsar la tecla ENTRAR será interpretado como una orden para el editor de línea ex. Ésta es la manera proporcionada por vi para acceder a órdenes de ex. Algunos ejemplos de órdenes de este tipo ya los hemos visto cuando explicábamos cómo salir de vi grabando o sin grabar. Veamos ahora otras capacidades del editor ex accesibles desde dentro de vi.

Para leer un texto procedente de un archivo o de una orden de Linux y cargarlo en la memoria intermedia, tenemos que utilizar la orden r (*read*) de ex seguida del nombre del archivo.

`:r archivo`

Lee el archivo `archivo` y lo carga en la memoria intermedia.

Si queremos editar un nuevo archivo vaciando la memoria intermedia actual, deberemos utilizar la orden e (*edit*) y a continuación el nombre del archivo.

`:e archivo`

Edita el archivo `archivo` vaciando la memoria intermedia actual.

En ocasiones quizá deseemos añadir el contenido actual de la memoria intermedia a un determinado archivo. En esos casos, debemos dar la orden:

`:w >> archivo`

Escribe el contenido de la memoria intermedia y lo añade al archivo `archivo`. El símbolo de redirección >> será explicado más profundamente cuando hablemos del shell.

Hay veces en que es necesario guardar en un archivo determinado parte de la memoria intermedia de edición. Para ello, disponemos de la orden siguiente, la cual escribe desde la línea M hasta la N de la memoria intermedia en el archivo especificado.

`:M,Nw archivo`

Escribe desde la línea M hasta la línea N desde la memoria intermedia al archivo `archivo`.

Para colocar el cursor en un determinado número de línea, tenemos que hacerlo de la forma siguiente:

`:número`

El cursor se va a la línea especificada en `número`.

Si, por ejemplo, tecleamos :15, el cursor se situará en la línea número 15. Esta orden es muy cómoda en el caso de que trabajemos en el desarrollo de software, porque si nos queremos situar en un determinado número de línea que nos ha indicado el compilador que contiene un error, lo haremos de una forma muy rápida.

Desde vi tenemos la posibilidad de ejecutar cualquier orden del shell sólo con teclear :! y a continuación la orden. Incluso desde el propio editor podemos lanzar un nuevo intérprete de órdenes, realizar las operaciones que deseemos y a continuación retornar a vi en el punto donde lo abandonamos simplemente tecleando Ctrl-d (^d) o exit.

Ejemplo:

`:!sh`

Con esto pasaremos a ejecutar un nuevo shell, y cuando estemos listos para retornar a nuestra sesión de edición, teclearemos `exit` o Ctrl-d, tal y como si fuésemos a desconectarnos del sistema.

3.11.   Búsqueda de patrones

Dentro de `vi` tenemos la posibilidad de buscar una determinada palabra y colocar el cursor en la línea en la cual está situada. La forma de hacerlo es la siguiente:

`/patrón`

En este caso, busca en el texto el patrón especificado a partir de la posición del cursor hacia adelante. Si queremos buscarlo a partir de la posición del cursor hacia atrás, la forma de hacerlo sería:

`?patrón`

En cualquiera de los dos casos, si queremos repetir la búsqueda en la misma dirección que la búsqueda original, pulsaremos `n`, y si queremos hacerlo en dirección contraria, pulsaremos `N`. También tenemos órdenes que nos permiten buscar una determinada palabra y sustituirla por otra nueva, éstas son:

`:1,$s /palabra_antigua/palabra_nueva/g`

Cambia cada ocurrencia de `palabra_antigua` por `palabra_nueva` en toda la memoria intermedia.

`:m,ns /palabra\_antigua/palabra\_nueva/`

Cambia la primera ocurrencia de `palabra_antigua` por `palabra_nueva` desde la línea `m` hasta la `n`.

3.12.   Marcas de posición

Cuando estamos editando un archivo con un tamaño muy grande, podemos marcar una posición determinada del archivo utilizando la orden `m` (*mark*) seguida de un carácter simple, el cual identificará dicha marca. Una vez puesta la marca, podemos retornar a ella simplemente tecleando el carácter ` (acento grave) y a continuación el nombre de la posición a donde queremos volver. Eso permite movernos de un lugar a otro dentro del archivo de una forma muy rápida. Como ejemplo podemos poner lo siguiente: `ma`, con lo cual incluimos una marca en la posición actual del cursor cuya etiqueta va a ser `a`. Si a continuación nos movemos con el cursor a otro lugar y posteriormente queremos volver al lugar original, deberemos teclear `'a`.

3.13. Mover bloques

Con el editor `vi` podemos copiar y mover bloques de texto de unas zonas a otras en el proceso de edición de un archivo. Para mover un bloque de un lugar a otro, colocaremos el cursor en la primera línea del bloque que queremos mover y a continuación borraremos con la orden `dd` el número de líneas que queramos trasladar. Por ejemplo, si damos la orden `10dd`, borraremos 10 líneas del texto; pero dichas líneas no son eliminadas definitivamente, sino que `vi` las lleva a un *buffer*. Posteriormente, colocaremos el cursor en el lugar donde decidamos colocar el texto borrado y pulsaremos `p` (*put*), con lo cual el *buffer* es restaurado en la nueva posición. Este procedimiento puede ser usado también para mover palabras o caracteres, pues al eliminar una palabra o un carácter, éstos son también llevados a un *buffer* auxiliar. El proceso de pegado del *buffer* puede repetirse tantas veces como sea preciso.

Para copiar bloques de texto, deberemos utilizar la orden *yank*, que nos permite llevar el texto a una memoria intermedia, pero manteniendo el texto inicial. Por ejemplo, si queremos llevar al *buffer* 5 líneas a partir de la posición actual del cursor, deberemos teclear `5yy` o `5Y`. Al hacer esto, `vi` mostrará un mensaje como el siguiente:

```
5 lines yanked
```

A continuación, para copiarlo, moveremos el cursor al lugar deseado y pulsaremos `p`. Los bloques también pueden ser guardados en *buffers* con nombre. Dicho nombre se compondrá de un solo carácter. Si queremos guardar 7 líneas en un *buffer* llamado `a`, deberemos teclear:

```
"a7yy
```

Con lo cual guardaremos 7 líneas en el *buffer* `a`. A continuación, para copiar el *buffer* en otro lugar, nos colocaremos con el cursor en la línea deseada, nombraremos el *buffer* y pulsaremos `p`.

```
"ap
```

Los *buffers* con nombre son mantenidos por `vi` aunque nos pongamos a editar otro archivo, siempre que no nos salgamos del editor. De esa manera, podremos copiar bloques de texto de unos archivos en otros.

3.14. Recuperación de archivos

Puede ocurrir que cuando estemos editando un archivo el sistema se venga abajo por un fallo de alimentación o que accidentalmente seamos desconectados. En estos casos, existe la posibilidad de recuperar el archivo que estábamos editando, incluso si no lo habíamos guardado. Si el archivo que perdemos tiene de nombre `tuberia.c`, la forma de recuperarlo sería la siguiente:

```
$ ex -r tuberia.c
```

Y de forma general:

```
$ ex -r nombre_archivo
```

3.15. La calculadora bc

Aunque este capítulo está dedicado al editor vi, con objeto de introducir algún texto de prueba para practicar con este editor, bc (*basic calculator*) que puede ser utilizado para realizar operaciones matemáticas. Esta calculadora puede operar de forma interactiva (leyendo en la entrada estándar) o bien procesar archivos que le pasemos como argumento. Estos archivos van a contener órdenes que son ejecutadas por la calculadora. La sintaxis de esta orden es la siguiente:

bc

```
Sintaxis: bc [-l] [-c] [archivo(s)]
```

-l Permite acceder a funciones de la biblioteca matemática.

-c No se invoca a dc, sólo se compila (realmente bc es un preprocesador que normalmente invoca a dc).

bc posee un lenguaje cuya sintaxis es muy similar a la del lenguaje C, posee identificadores, palabras reservadas, operadores y símbolos que serán descritos seguidamente. Antes de nada, vamos a poner un ejemplo de uso de la calculadora bc:

```
$ bc
bc 1.06
Copyright 1991-1994, 1997, 1998, 2000 Free Software Foundation, Inc.
This is free software with ABSOLUTELY NO WARRANTY.
For details type `warranty'.
123.132+75.64          orden
198.772                resultado
898.2345-34.23443      orden
864.00007              resultado
123*98                 orden
12054                  resultado
5^10                   orden
9765625                resultado
1000/3                 orden
333                    resultado
scale=10               orden
1000/3                 orden
333.3333333333         resultado
sqrt(978212381237812)  orden
31276386.9594589202    resultado
a=3.141592             orden
a*3                    orden
9.424776               resultado
quit                   orden
$
```

Inicialmente aparece una presentación que nos indica que la versión de bc que estamos utilizando ha sido desarrollada por la *Free Software Foundation*. Esta presentación no aparece en otras implementaciones de bc. Como podemos apreciar, con bc podemos hacer todo tipo de operaciones simples, pero, además, aporta operaciones más evolucionadas que veremos más adelante. Para terminar la sesión con bc daremos la orden quit. Aunque a primera vista bc parece una calculadora con poca potencia, la realidad es otra, ya que bc es capaz de llevar a cabo operaciones como las siguientes:

```
$ bc
bc 1.06
Copyright 1991-1994, 1997, 1998, 2000 Free Software Foundation, Inc.
This is free software with ABSOLUTELY NO WARRANTY.
For details type `warranty'.

19723189739217398217983712897389217.12398712897398271937891 2         +
31290812098309218093801298309.12398721389723189732198 7               orden
197232210300294965272018066986875 26.24797434287121461670 0899  resul
12^134                                                                orden
40764955294216304743794128079846299844235020571372407541675593946617\
72751249728065205173669089689216182244685486058202255169383625926645\
135704064                                                         resultado
sqrt(819237981278932798123789237189217937219873 98)                  orden
905117661566126328 6317                                           resultado
quit
$
```

Realmente bc es una calculadora simbólica que permite llevar a cabo operaciones no realizables en las calculadoras ordinarias. Seguidamente vamos a citar los elementos del lenguaje de la calculadora bc.

3.15.1. Identificadores

Un identificador es un carácter simple perteneciente al intervalo [a-z] en minúsculas. Un identificador se utiliza para representar variables, matrices (*arrays*) y funciones. Dos identificadores idénticos no interfieren si representan distintos objetos; es decir, x como variable no tiene nada que ver con x como función.

Ejemplos:

x   Variable x.

x[i]   Elemento i de la matriz x. El rango de las matrices va desde 0 a 4097.

x(a,b)   Función x con parámetros a y b.

3.15.2. Formatos de entrada-salida

Dentro de bc existen dos órdenes que nos permiten elegir la base del sistema de numeración que deseemos, tanto para el formato entrada de datos como para el de salida. Estas dos órdenes son:

`ibase = n` Indicamos que los números que introducimos desde el teclado están en base n. Por defecto, la base es 10.

`obase = n` La visualización de los resultados se hará en base n. También por defecto, n es igual a 10.

Otro punto que es posible definir en `bc` es el número de decimales con que se va a operar. La orden para definir este número de decimales es `scale`:

`scale = n` Los resultados se van a dar con n cifras decimales.

Vamos a poner un ejemplo en el que los números de entrada serán interpretados como números en binario. En este punto realizaremos una operación y el resultado será visualizado en decimal. A continuación haremos que los resultados se visualicen en octal y realizaremos la misma operación.

```
$ bc
bc 1.06
Copyright 1991-1994, 1997, 1998, 2000 Free Software Foundation, Inc.
This is free software with ABSOLUTELY NO WARRANTY.
For details type `warranty'.
ibase=2      Números de entrada en binario
1001+0011    Operación
12           Resultado en decimal
obase=8      Números de salida en octal
1001+0011    Operación
14           Resultado en octal
quit
$
```

3.15.3. Palabras clave

Vamos a describir a continuación las palabras clave que se pueden utilizar en el programa `bc`:

if

```
if (expresión) {
    sentencias
}
```

Esta sentencia de control ejecuta las sentencias dependiendo de si la evaluación de expresión retorna un valor verdadero o falso. Las llaves solamente son necesarias cuando agrupamos varias sentencias dentro de `if`.

Ejemplo:

```
if (a == b) {
  x = x + a
  y = x + b
}
```

while

```
while (expresión) {
    sentencias
}
```

Las sentencias anteriores se repiten mientras la evaluación de expresión devuelva un valor cierto.

Ejemplo:

```
while (i < 20) a = a + i
```

for

```
for (v = e; condicion; progr\_cond) {
    sentencias
}
```

Esta sentencia de control se utiliza cuando deseamos repetir algunas sentencias un número determinado de veces.

`v = e` v representa la variable que será iniciada con el valor de `e`.

`condición` Representa la condición de mantenimiento dentro del bucle.

`progr_cond` Es una expresión cuyo valor evoluciona en el sentido que se dé a la condición para finalizar la ejecución de la sentencia `for`.

Ejemplo:

```
for (i = 0; i < 100; i++) a = a + 2
```

break

```
break
```

`break` se utiliza para finalizar cualquier bucle `for` o `while` aunque no se haya cumplido la condición de terminación.

3.15.4.   Funciones

Es posible definir funciones dentro de `bc` con objeto de que puedan ser llamadas en cualquier momento. La forma de definir una función es la siguiente:

```
define f(x) {
    Cuerpo de la función
}
```

Aquí hemos definido una función denominada f, a la cual se le pasa como parámetro una variable que denominamos x. Es posible pasar varios argumentos a la función siempre que vayan separados por comas.

Si dentro de la función queremos utilizar variables propias de la función y que éstas no existan de forma global, deberemos declarar dichas variables en el cuerpo de la función de la siguiente manera:

```
c (a, b) {
    auto x
    x = a
    a = b
    b = x
}
```

La función anterior utiliza una variable denominada x que sólo existe dentro de la función c. Para indicar esto hemos hecho uso de la palabra reservada auto.

También podemos hacer que una función retorne valores, para lo cual debemos emplear la palabra reservada return.

Veamos un ejemplo. Supongamos que tenemos un archivo de texto donde está definida una función que interpretará bc, la cual calcula el cuadrado de un número. El contenido de este archivo es el siguiente:

```
$ cat cuadrado
define c(x) {
    auto a
    a = x^2
    return (a)
}
$
```

Ahora vamos a indicarle a bc que trabaje con este archivo, con lo cual dentro de la calculadora podremos utilizar la función indicada. Veámoslo:

```
$ bc cuadrado
bc 1.06
Copyright 1991-1994, 1997, 1998, 2000 Free Software Foundation, Inc.
This is free software with ABSOLUTELY NO WARRANTY.
For details type `warranty'.
n = c(3)
n          visualiza el valor de n
9
n = c(25)
n
625
quit
$
```

Como podemos observar, la función c calcula el cuadrado del número que le pasemos como argumento y devuelve el resultado con `return`.

En `bc` existen tres funciones predefinidas, además de las que se denominan funciones de biblioteca. Estas tres funciones son:

`sqrt(expresión)` Calcula la raíz cuadrada de `expresión`.

`length(expresión)` Calcula el número de dígitos de `expresión`.

`scale(expresión)` Calcula el número de dígitos decimales de `expresión`.

3.15.4.1.   Funciones de la biblioteca matemática

Estas funciones que vamos a citar a continuación sólo son accesibles si ejecutamos `bc` con la opción `-l`.

`s(ángulo)` Calcula el seno del ángulo expresado en radianes.

`c(ángulo)` Calcula el coseno del ángulo expresado en radianes.

`a(x)` Calcula la arcotangente de `n` y devuelve el ángulo en radianes.

`e(expresión)` Calcula $e^{expresión}$.

`l(expresión)` Calcula el logaritmo de `expresión`.

`j(n,x)` Calcula la función de Bessel de orden `n`.

3.15.4.2.   Operadores

Tenemos cuatro tipos de operadores: aritméticos, de asignación, relacionales y unarios.

- Aritméticos: $+ - * \% \wedge$

- De asignación: $= + = - = * = / = \% =^{\wedge} =$

- Relacionales: $<= >= == ! =$

- Unarios: $- ++ --$

Para terminar, hay que decir que es posible poner comentarios dentro de `bc`, para lo cual se utilizan los siguientes símbolos:

`/* Comentario */`

Como ejemplo final, vamos a crear un programa que nos puede servir para calcular las soluciones de una ecuación de segundo grado. El programa lo vamos a denominar `2o_grado`, y su contenido es el siguiente:

```
$ cat 2do_grado
/* Resolución de una ecuación de 2º grado */
/* a b y c son los coeficientes del polinomio */

/* Visualiza este mensaje */
print "Ecuación de 2º grado"

a = 1
b = 7
c = 12

r = b^2-4*a*c
s = sqrt(r)

y = (-b+s)/(2*a)
z = (-b-s)/(2*a)

print "Solución 1:"
y

print "\n"
print "Solución 2:"
z

print "\n"
quit
$
```

Para procesar el archivo anterior, tendríamos que invocar a la calculadora bc del modo siguiente:

```
$ bc 2do_grado

bc 1.06
Copyright 1991-1994, 1997, 1998, 2000 Free Software Foundation, Inc.
This is free software with ABSOLUTELY NO WARRANTY.
For details type `warranty'.
Ecuación de 2º grado
Solución 1:-3
Solución 2:-4
```

3.16. Ejercicios

3.1 Introduzca el siguiente texto con vi y guárdelo en un archivo denominado ext2.doc, colocado en un subdirectorio doc situado en su directorio de arranque.

```
                El sistema de archivos de Linux
                ---------------------------------


INTRODUCCIÓN


El sistema de archivos de Linux es la parte del núcleo (kernel)
encargada de gestionar los archivos del sistema. Entre sus funciones
podemos citar la creación y borrado de archivos y directorios, la
protección de la información, la lectura y escritura de datos, etc. Uno
de los objetivos planteados en su diseño es lograr la independencia de
dispositivo, de este modo las operaciones para acceder a los archivos
son siempre las mismas, independientemente de donde estén
localizados, disco, disquete o CD-ROM. Es más, el acceso a los
dispositivos de entrada y salida se realiza del mismo modo que el acceso
a archivos ordinarios.


CARACTERÍSTICAS DEL SISTEMA DE ARCHIVOS


El sistema de archivos de Linux tiene, cara al usuario, una estructura
en árbol invertido en el cual los archivos se agrupan en directorios. En
él, todos los archivos y directorios dependen de un solo directorio
denominado directorio raíz o root, el cual se representa por el símbolo
slash "/". En caso de que en el sistema tengamos varios dispositivos
físicos de almacenamiento secundario (normalmente discos o particiones
de disco), todos deben depender del directorio raíz y el usuario tratará
cada uno de los discos como un subdirectorio que depende de la raíz. A
esta operación se la conoce con el nombre de montaje de un subsistema de
archivos.

Los archivos se identifican en la estructura de directorios por lo que
se conoce como pathname o camino. Así la cadena /etc/passwd identifica a
passwd como un elemento que cuelga del directorio etc el cual a su vez
cuelga del directorio raíz (/). A partir de la cadena /etc/passwd no
podremos saber si passwd es un archivo o un directorio. Cuando el nombre
del camino empieza con el carácter / se dice que el camino es absoluto.
Linux también dispone de nombres de camino relativos, por ejemplo, si
nuestro directorio actual es /usr, la cadena bin/troff identifica al
archivo o directorio /usr/bin/troff. A esta cadena se la conoce, como
hemos señalado antes, como camino relativo puesto que no comienza con el
símbolo slash.
```

Cuando creamos un directorio, automáticamente aparecen en él dos entradas cuyos nombres son "." (punto) y ".." (punto punto). "." es una entrada en el directorio que identifica al directorio mismo y ".." es una entrada al directorio padre, es decir, aquel directorio del cual cuelga el subdirectorio actual. Las cadenas "." y ".." también pueden ser utilizadas en el nombre de un camino relativo. Si por ejemplo actualmente estamos colocados en /usr/lib, la cadena ../include identifica perfectamente al archivo o directorio /usr/include.

Linux trata a los archivos como simples secuencias de bytes. Algunos programas esperan encontrar estructuras de diferentes niveles, pero el núcleo (kernel) no impone ninguna estructura sobre los archivos. Por ejemplo, los editores de texto esperan que la información guardada en el archivo se encuentre en formato ASCII, pero el núcleo no sabe nada de esto.

Otra característica fundamental del sistema de archivos de Linux es que soporta diferentes tipos de sistemas de archivos: minix, ext, ext2, vfat, msdos, proc, iso9660, ntfs, smb, hpfs, xia, afs, etc. Ello permite que desde Linux podamos acceder a los archivos almacenados en sistemas de archivos diferentes de forma transparente. Por ejemplo, si en nuestro sistema tenemos una partición en /dev/hda1 del tipo msdos, esta partición puede ser montada en el sistema mediante la orden:

```
# mount -t msdos /dev/hda1 /mnt/dos
```

A partir de este momento, en el directorio /mnt/dos tendremos accesibles todos los archivos de la partición msdos. El acceso a esta información se realiza de forma transparente cara al usuario sin que éste deba conocer que los archivos de este directorio residen en otra partición. Para ver cuáles son los sistemas de archivos montados utilizaremos la orden mount.

```
# mount
/dev/hda2 on / type ext2 (rw)
none on /proc type proc (rw)
/dev/hda1 on /mnt/dos type msdos (rw)
```

HISTORIA

El primer sistema de archivos soportado por Linux fue el de Minix. Este sistema de archivos tiene varias limitaciones: el nombre del archivo no puede ser mayor de 14 caracteres (mejor que 8 + 3 de cualquier modo) y el tamaño máximo del archivo es de 64 Mbytes, además su rendimiento no es muy alto. Por este motivo, Rémy Card de la Universidad Pierre et Marie Curie desarrolló en 1992 el primer sistema de archivos nativo de Linux, el Extended File System o ext. El nombre de un archivo de ext puede tener una longitud variable de hasta 255 caracteres y el tamaño máximo del archivo puede ser de 2 Gbytes. En 1993 se introdujo una

```
variante de ext que se denominó ext2, que es el actual sistema de
archivos nativo de Linux que proporcionan la mayoría las distribuciones
de este sistema operativo.

Al introducir el sistema de archivos ext, fue necesario introducir un
cambio fundamental en la estructura del sistema. Los sistemas de
archivos reales (Minix y ext en ese momento) fueron separados de la
interfaz de llamadas al sistema por una capa denominada Virtual File
System (VFS). VFS permite que Linux soporte diferentes sistemas de
archivos con una única interfaz de acceso a los servicios del sistema.
```

3.2 Realice cada una de las acciones siguientes. Para cada una de ellas emplee únicamente una orden: sitúe el cursor al final del texto, vaya ahora al principio del texto, sitúe el cursor al principio de la línea 37, vaya ahora al final de la línea anterior, elimine la línea actual y la siguiente utilizando una única orden. Si a continuación se coloca dos líneas más abajo y da la orden p, ¿qué ocurre? Copie el primer párrafo del texto en un buffer de nombre "a" y coloque el buffer "a" al final del texto.

3.3 Sitúese al principio de la línea 30 del texto y copie a partir de ella 20 líneas en un *buffer*. Copie esas líneas al final del texto. Salga temporalmente al shell y copie el archivo ext2.doc en el archivo arch.doc. Sustituya en todo el texto la palabra Linux por GNU-Linux. Guarde el texto comprendido entre las líneas 50 y 60 en un archivo denominado texto.doc. Busque la palabra Linux en el archivo ext2.doc.

3.4 Dibuje una línea debajo de cada título de párrafo. La línea estará compuesta por 80 guiones '-'. Realice esta tarea utilizando la orden de repetición de vi.

3.5 Modifique el archivo .exrc que se encuentra en su directorio de inicio (si no existe, cree uno nuevo) para que siempre que iniciemos vi estén habilitadas las opciones de numeración automática de líneas y el *autoindent*.

3.6 Escriba un programa que desglose el I.V.A de un importe dado.

3.7 Escriba el programa que calcula las raíces de una ecuación de segundo grado y ejecútelo con bc para comprobar su funcionamiento.

3.8 Escriba un programa para bc que contenga una función que calcule el factorial de un número.

3.9 Escriba un programa que permita calcular las retenciones a realizar sobre una cantidad dada, sabiendo que la retención a aplicar será de un 10 % si la cantidad es inferior a 100, y de un 20 % si es superior a esta cantidad.

3.10 Realice un programa para bc que calcule el seno de los ángulos 0, 1, 2, ..., 360 expresados en grados. Como sabemos, bc nos permite calcular el seno de un ángulo, pero para ello el valor del ángulo debe estar expresado en radianes.

3.11 Copie el siguiente programa escrito en lenguaje c que calcula 2.400 cifras del número pi. El nombre del archivo ha de ser pi.c.

```
/***
* El siguiente programa calcula 2400 cifras decimales del
* número pi. Para poder ejecutar el programa, es necesario
* compilarlo previamente. La forma de compilarlo es la
* siguiente:
* $ cc pi.c -o pi
* Con ello (si no hay errores) se genera un programa
* denominado pi, y la forma de ejecutarlo es:
* $ pi
* Si cc devuelve algún error, es necesario volver a
* editar el programa y eliminar el error.
***/

#include <stdio.h>

long int a = 10000, b, c = 8400, d, e, f{[}8401], g;

main(){
  for (;b - c;)
    f[b++]=a/5;
    for (;
        d = 0, g = c * 2;
        c-=14, printf("%.4d", e+d/a), e=d%a)

    for (b = c;
          d+=f[b]*a, f[b]=d % --g, d/=g--, --b;
          d*=b);
}
```

Capítulo 4

El intérprete de órdenes

4.1. Introducción

Cuando iniciamos una sesión Linux respondiendo a `login` con nuestro nombre de usuario o de conexión y damos la clave de acceso correcta, el sistema ejecuta automáticamente un programa denominado shell, encargado de interpretar todas las órdenes que le indiquemos. El tipo de shell que se inicia es el indicado en el último campo de la línea del archivo `/etc/passwd` [1], correspondiente al usuario que inicia la sesión. El shell indica que está presente, esperando nuestras órdenes, mostrando una marca o *prompt*. Este *prompt* es por defecto el carácter $ en el caso del *Bourne shell* (`sh`) y el *Korn shell* (`ksh`). En el caso de que estemos utilizando el *C shell* (`csh`), el prompt es el carácter del tanto por ciento %. Linux utiliza por defecto como intérprete de órdenes una variante del *Bourne Shell* denominada *bash* (*Bourne Another Shell*) y su *prompt* por defecto es `bash$`. La traducción de shell sería algo parecido a concha o caparazón, la razón de denominarlo así queda reflejada en la figura 4.1. En ella vemos cómo el shell envuelve al resto de las capas del sistema (utilidades, núcleo o *kernel* y hardware), sirviéndole de caparazón. El shell es la capa más externa y actúa como interfaz entre el usuario y el resto del sistema.

Muchas personas tienden a confundir los términos de intérprete de órdenes y sistema operativo. Normalmente identifican al primer término con el segundo. Realmente, el intérprete de órdenes es un programa más, como lo pueden ser `cp` o `man`. La razón del malentendido comentado radica en que el shell actúa como interfaz entre el usuario y el sistema operativo, y a la larga, el usuario tiende a mezclar ambos conceptos.

El sistema operativo siempre está colocado en un nivel inferior a los programas (incluido el shell). Realmente, el sistema operativo puede considerarse como un conjunto de rutinas que pueden ser invocadas por todos los programas en ejecución. Las funciones del sistema operativo son muchas más que el hecho de servir de simple biblioteca de funciones. El sistema operativo es, además, un administrador y gestor de recursos, tanto físicos (impresoras, discos, terminales, etc.) como lógicos.

---

[1] El archivo `/etc/passwd` es un archivo de configuración que contiene una línea por cada usuario que tiene cuenta de conexión en el sistema. Cada línea tiene varios campos separados por dos puntos :. Entre esos campos tenemos el nombre de usuario, el identificador de usuario y de grupo, directorio de arranque (directorio `HOME`), y el programa de inicio, que es normalmente el intérprete de órdenes.

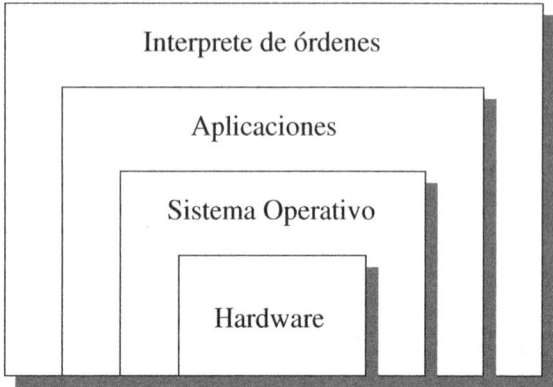

Figura 4.1: Diagrama de capas empleado en Linux.

Un shell, básicamente, es un intérprete de órdenes de línea. Su trabajo consiste en leer las instrucciones que le da el usuario (normalmente a través del teclado), realizar una serie de funciones de análisis y pasar la orden interpretada al sistema operativo (núcleo o *kernel*) para su ejecución. El mecanismo clásico de ejecución de una orden por parte del shell es realizar una llamada al sistema para crear un proceso hijo (*fork*) seguida por la llamada *exec* que inicia el programa que se quiere ejecutar. Las llamadas al sistema son el mecanismo de comunicación de los programas, en este caso el shell, y el hardware de la máquina. Todas las llamadas al sistema son manejadas por el núcleo, el cual también actúa como interfaz, en este caso entre el hardware y los programas en ejecución (procesos). El mecanismo de ejecución de una orden queda reflejado en la figura 4.2. Como podemos apreciar, cuando el intérprete de órdenes tiene que ejecutar un programa, lo que hace es duplicarse (aparecen dos intérpretes de órdenes gracias a la llamada `fork`). Una parte de esa división es la encargada de ejecutar el programa indicado (proceso hijo), y la otra (proceso padre), generalmente se queda esperando a que termine el proceso hijo (*wait*). Aunque esto último no es estrictamente obligatorio, puede ocurrir que el proceso padre (shell) se ejecute concurrentemente con el proceso hijo, no olvidemos que Linux es multitarea. Los procesos por los que el shell espera se dice que se ejecutan en primer plano (*foreground*), y los que se ejecutan a la vez que el shell se denominan procesos en segundo plano (*background*).

El shell lleva incorporadas algunas órdenes dentro de su propio código; es decir, no existen como programas ejecutables en ningún directorio. Estas órdenes son las intrínsecas o internas del shell (`cd`, `pwd`, `echo`, etc.). Cuando se ejecutan las órdenes internas del shell, no se crean procesos hijo, ya que estas órdenes son realmente subrutinas dentro del intérprete de órdenes.

4.2.   Historia de los intérpretes de órdenes

El primer shell desarrollado para UNIX, `sh`, se llamó *Bourne shell*, debido al nombre de la persona que encabezaba el equipo que lo escribió, Steve Bourne. La Universidad de California mejoró considerablemente el *Bourne shell* al crear el `csh` (*California shell*). El

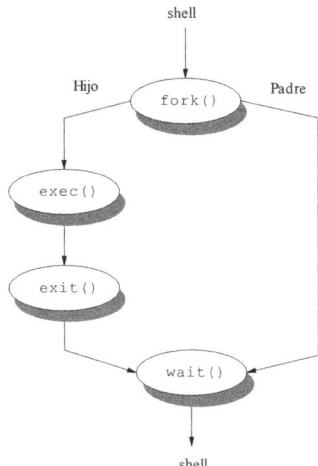

Figura 4.2: El shell crea un proceso hijo para ejecutar una orden.

C shell ofrecía nuevas funciones que el *Bourne Shell* no tenía (`history`, `alias`, posibilidad de escribir programas de shell más versátiles, etc.), pero tiene dos inconvenientes: no es estándar y presenta problemas con los programas del *Bourne Shell*. Más tarde, David Korn, de los laboratorios Bell, desarrolló un nuevo shell el `ksh` (*Korn Shell*) el cual incorpora las mejores funciones del Bourne shell y el *C shell* siendo totalmente compatible con el primero. Por último, la *Free Software Foundation* desarrolla `bash`, que es el intérprete de órdenes utilizado en Linux y que comentaremos en este libro. Como hemos indicado, `bash` se basa en `sh` pero incorpora características útiles del Korn y *C shell*. Existen otros muchos intérpretes de órdenes además de los comentados. Incluso es factible para un usuario con unos conocimientos adecuados del sistema escribir el suyo propio.

4.3.   Funciones del intérprete de órdenes

Básicamente, las funciones realizadas por el intérprete de órdenes son las que se muestran a continuación. Cada una de ellas será analizada a lo largo del capítulo:

- Sustituye los valores de las variables del shell por variables referenciadas.

- Genera nombres de archivo a partir de los metacaracteres.

- Maneja la redirección de E/S y las tuberías (*pipelines*).

- Realiza la sustitución de órdenes.

- Verifica si una orden es interna del shell o se trata de un programa ejecutable de Linux.

- Busca la imagen binaria de la orden en caso de que se trate de una orden externa.

4.4. Modos de invocar una orden

El intérprete de órdenes es capaz de reconocer distintos modos de invocar una o varias órdenes. Sabemos que para ejecutar un programa simplemente tenemos que invocarlo por su nombre, pero el shell nos va a ofrecer distintas posibilidades de ejecutarlo. Éstas se indican a continuación:

ord & Ejecuta la orden en segundo plano. De este modo, mientras se ejecuta la orden ord, el shell nos devuelve el control, y mientras podremos ejecutar otros programas (lo veremos más adelante).

ord1 ; ord2 Permite ejecutar varias órdenes invocadas desde una única línea. Las distintas órdenes deben ir separadas por un punto y coma.

(ord1 ; ord2) Ejecuta ambas órdenes formando un grupo único.

ord1 | ord2 Las órdenes se van a comunicar mediante una tubería.

ord1 `ord2` Sustitución de órdenes. La salida de ord2 se utiliza como argumento de ord1.

ord1 && ord2 Ejecuta ord1, y si finaliza con éxito, se ejecutará ord2. Operación AND.

ord1 || ord2 Ejecuta ambas órdenes, aunque la primera falle. Operación OR.

A lo largo del capítulo se verán diversos ejemplos de aplicación de lo visto en este punto.
Ejemplo:

```
$ date ; sleep 10 ; date
viernes,  9 de mayo de 2008, 08:54:08 CEST
viernes,  9 de mayo de 2008, 08:54:18 CEST
$
```

Como podemos apreciar, las tres órdenes se ejecutan en orden. Primero date, a continuación sleep 10 (que se detiene 10 segundos) y por último date de nuevo. Obsérvese la diferencia de tiempo entre las dos órdenes date.
Ejemplo:

```
$ cp && date
cp: falta un fichero como argumento
Pruebe 'cp --help' para más información.
$
```

En este caso al fracasar la orden cp no se ejecuta la orden date.
Ejemplo:

```
$ cp || date
cp: falta un archivo como argumento
viernes,  9 de mayo de 2008, 08:55:31 CEST
$
```

Ahora aunque la orden cp se ejecute erróneamente, la orden date sí se ejecuta.

4.5.   Histórico de órdenes

Todas las órdenes que vamos invocando desde el intérprete de órdenes son almacenadas con objeto de que posteriormente tengamos la posibilidad de repetirlas de nuevo o modificarlas. Para visualizar un listado histórico de órdenes, utilizaremos la orden `history`. Seguidamente se muestra el resultado de ejecutar esta orden.

```
$ history
504 ls
505 rm core
506 df
507 cd tmp
508 ls
509 cd ..
510 vi prompt
511 ../prompt
512 cd tmp
513 w
514 date ; sleep 10 ; date
515 who
516 cp && date
517 cp || date
518 history
$
```

Las órdenes visualizadas con la orden `history`, cuando utilizamos como intérprete de órdenes el `bash`, pueden ser repetidas o modificadas. Para acceder a órdenes anteriores simplemente pulsaremos de forma repetida la tecla *cursor arriba* hasta llegar a la orden deseada. Pulsando la tecla *cursor abajo* avanzaremos órdenes en sentido inverso. Si lo que deseamos es repetir una determinada orden y conocemos su posición en el histórico de órdenes, para poder ejecutarla simplemente teclearemos ! y seguidamente el número de orden.

Ejemplo:

```
$!517
```

También podemos repetir la última orden que se ajusta a un determinado patrón. Por ejemplo, deseamos repetir la última orden que comenzaba con la cadena `vi`, para ello invocaremos:

```
$!vi
```

De modo automático, se analiza en el histórico de órdenes si existe alguna que se ajusta al patrón indicado, y en caso de ser así, la ejecuta.

4.6.   Archivos de configuración

Existen una serie de archivos utilizados para definir la configuración del shell que estemos utilizando. Estos archivos son:

/etc/profile Este archivo es automáticamente ejecutado cuando nos conectamos al sistema.

/etc/bash.bashrc Este archivo contiene órdenes específicas en caso de que nuestro intérprete de órdenes sea el bash.

$HOME/.bashrc Este archivo reside en el directorio de arranque de cada usuario, y es también ejecutado automáticamente al iniciar una sesión. En caso de utilizar como intérprete de órdenes sh o ksh, el archivo se denomina .profile. Si el shell es el C, su archivo de configuración es .cshrc.

/etc/passwd Este archivo contiene el directorio de arranque de cada usuario y el tipo de intérprete de órdenes que se inicia. Del archivo /etc/passwd hablaremos en el capítulo dedicado a la administración de usuarios.

4.7.   Las variables del shell

Una variable del shell es un nombre que puede tener un valor. Por defecto, todas ellas se inician a NULL (nada). Así pues, estas variables se pueden asignar a cualquier cadena de caracteres que deseemos. Hay algunas variables del shell que ya están asignadas. Seguidamente se da un listado de las principales variables empleadas por el intérprete de órdenes:

HOME Define el directorio de trabajo original. Éste es el directorio por defecto usado por la orden cd cuando la utilizamos sin argumentos.

PATH Define los caminos de búsqueda dentro de la estructura de archivos de Linux. PATH es una variable utilizada por el shell para determinar en qué directorios debe buscar las órdenes y programas ejecutables.

PS1 Define el indicador (*prompt*) del shell principal.

PS2 Define el indicador (*prompt*) del shell secundario.

TERM Define las características del terminal. Es muy importante que esta variable esté iniciada correctamente para que puedan funcionar sin problemas los programas que utilizan la pantalla para operar. Un ejemplo de estos programas son los editores.

TMOUT Si se inicia a un valor mayor que cero, este valor se interpreta como el número de segundos de espera por una entrada. El intérprete de órdenes terminará (lo cual implica generalmente un fin de sesión) si transcurre el número de segundos indicado sin que llegue la entrada.

$ Almacena el identificador de proceso (PID) del intérprete de órdenes.

Generalmente, las variables con un significado especial (`PATH`, `TERM`, `PS1`, etc.) se escriben con letras mayúsculas. Nosotros también podemos crear nuevas variables asignándoles valores. La construcción para asignar un valor a una variable del shell es:

```
nombre=valor
```

Ejemplo:

```
$ x=37
$ cadena=hola
$
```

El shell sigue la pista de las variables como pares `nombre-valor`. Si queremos usar una variable del shell, esto es, usar el valor asociado al nombre de la variable, el shell tendrá que buscar el nombre y devolver el valor obtenido. A este procedimiento se le denomina sustitución de variables. El shell realiza la sustitución de variables en cualquier línea de órdenes que contenga un símbolo $ seguido de un nombre de variable válido. El shell realiza lo siguiente por cada línea de órdenes que procesa:

1. Examina la línea de órdenes buscando símbolos $.

2. Si ve el símbolo $ seguido de un nombre de variable válido, realizará la sustitución de este nombre por su valor.

3. Después de estas sustituciones se ejecuta la orden.

Siguiendo con el ejemplo anterior, si queremos visualizar el valor de la variable x o `cadena` definidas antes, deberíamos hacer lo siguiente:

```
$ echo $x
37
$ echo $cadena
hola
$
```

Hay dos áreas de memoria incorporadas al shell para almacenar las variables. Estas dos áreas son: el área local de datos y el entorno. Por defecto, cuando se asigna una variable del shell se le asigna memoria en el área local de datos. Las variables de esta área son privadas del shell local. Es decir, cualquier proceso subsiguiente no puede acceder a estas variables a no ser que éstas sean exportadas. El entorno es otra área de memoria usada por el shell para almacenar parejas `nombre-valor`. Las variables definidas en el entorno están disponibles para los procesos hijo. Veamos con un ejemplo cómo una variable definida únicamente en el área local de datos no es accesible por los procesos hijo del shell

```
$ NUMERO=34 (Asignamos a NUMERO el valor 34)
$ echo $NUMERO (Visualizamos el valor de NUMERO)
34
$ bash (Ejecutamos un nuevo shell hijo)
$ echo $NUMERO (Visualizamos el valor de NUMERO)
```

```
$ (No sale nada)
$ exit (Salimos del subshell)
$
$ echo $NUMERO (Vemos NUMERO en el shell inicial)
34 (Sigue teniendo su valor)
$
```

En el ejemplo anterior, podemos apreciar cómo el nuevo intérprete de órdenes que iniciamos (`bash`) desconoce por completo a la variable NUMERO. Para que los procesos hijo tengan acceso a las variables del shell, éstas deben ser trasladadas al entorno mediante la orden `export`. Si en el ejemplo anterior, previamente a la ejecución del nuevo shell hubiésemos exportado la variable NUMERO con la orden `export`, los resultados habrían sido diferentes.

4.8.   Órdenes relacionadas con el entorno

`export` Sin parámetros, informa de los nombres y valores de las variables exportadas en el shell actual. Cuando le pasamos como parámetro el nombre de una variable, ésta es trasladada desde el área local de datos al entorno.

Ejemplo:

```
$ export TERM
$
```

A partir de este momento, la variable TERM es conocida por cualquier proceso iniciado desde el intérprete de órdenes.

`set` Informa de los nombres y los valores de todas las variables del shell en el área local de datos y en el entorno.

Ejemplo:

```
$ set
BASH=/bin/bash
BASH_ENV=/home/chan/.bashrc
COLORS=/etc/DIR_COLORS
COLORTERM=gnome-terminal
COLUMNS=80
DIRSTACK=()
DISPLAY=:0.0
...
TERM=xterm
UID=500
USER=chan
$
```

unset La orden **unset** se utiliza para eliminar el valor de las variables. Cuando no se dan argumentos, **unset** borra el valor de todas las variables del área local de datos. Cuando le pasamos argumento, la variable especificada se reinicia a NULL.

Ejemplo:

```
$ unset PEPE
$
```

A partir de ahora, la variable **PEPE** perderá cualquier valor que le hubiésemos dado.

env Informa de los valores y nombres de las variables del entorno.

Ejemplo:

```
$ env
PWD=/home/chan
WRASTER_COLOR_RESOLUTION0=4
WINDOWID=31457407
HOSTNAME=valdebits.aut.alcala.es
...
TERM=xterm
PATH=/usr/local/bin:/bin:/usr/bin:/usr/X11R6/bin:/home/chan/bin
$
```

4.9. Metacaracteres

Dado que multitud de órdenes de Linux hacen referencia a archivos o a directorios, en ciertas ocasiones es muy útil la posibilidad de referenciar dichos archivos o directorios de una forma más compacta sin necesidad de escribir todos los nombres completos. Imaginemos la siguiente situación: queremos copiar todos los archivos fuente escritos en lenguaje C existentes en el directorio actual a otro directorio. La forma de hacerlo sería pasarle a la orden **cp** todos los nombres de los archivos como argumento. Si existiera alguna posibilidad de filtrar dichos archivos por ajustarse a un determinado patrón, en el caso anterior terminar en .c, la situación se simplificaría bastante. Es ahí donde aparece la utilidad de los metacaracteres, cuya función es indicarle al shell que se quede con los archivos que se ajustan a determinados patrones. Los metacaracteres del shell son la interrogación ?, los corchetes [] y el asterisco *.

? Sustituye a cualquier carácter, pero sólo uno, excepto el primer punto (no nos sirve para los archivos que comienzan por punto .).

Ejemplo:

```
$ ls -d ????
Dani   Mail   Xini   chan   grub   i386   lost   mbox   spro
$
```

Como la interrogación ? sustituye a cualquier carácter, la orden anterior visualizará todos los archivos del directorio actual cuyo nombre contenga cuatro caracteres. La orden echo ???? habría provocado el mismo efecto.

```
$ echo ????
Dani   Mail   Xini   chan   grub   i386   lost   mbox   spro
$
```

Los caracteres para la generación de nombres de archivo son expandidos por el shell antes de ejecutar la orden. En el ejemplo anterior, la orden ls no vería ninguna ?, porque previamente el shell se ha encargado de buscar en el directorio de trabajo todos los archivos que contienen cuatro letras en su nombre y se los ha pasado a ls como argumentos para que los visualice. A todos los efectos, es como si a la orden ls le hubiésemos escrito por completo la lista desde el teclado.

[] Define una clase de caracteres. Dentro de esta clase se puede utilizar un guión, -, entre dos caracteres para poner de relieve todos los caracteres en ese rango inclusive, y se puede usar un signo de exclamación, !, como primer carácter para negar la clase definida.

Ejemplo:

```
$ ls -d [a-n]???
chan grub i386 lost mbox
$
```

Como podemos observar, de esta manera, ls da un listado de todos los archivos cuya primera letra esté comprendida entre la a y la n y tengan, además, tres letras adicionales. También podemos excluir de la clase definida los archivos que no se ajusten a un patrón dado. Por ejemplo, podría ser interesante dar un listado de todos los archivos del directorio /bin que contengan cuatro letras en su nombre y que además no comiencen por un carácter comprendido entre la a y la n. La forma de especificar lo anterior sería la siguiente:

```
$ ls -d /bin/[!a-n]???
/bin/ping /bin/stty /bin/tcsh /bin/view
/bin/sort /bin/sync /bin/true /bin/zcat
$
```

* Sustituye a cero o más caracteres, excepto un primer punto.

Ejemplo:

```
$ ls -l *.c
-rw-r--r-- 1   chan   igx 23005 ene  7 2008 depura.c
-rw-r--r-- 1   chan   igx 19558 ene  7 2008 desen.c
-rw-r--r-- 1   chan   igx  4803 ene  7 2008 ensa.c
-rw-r--r-- 1   chan   igx    95 ene  7 2008 gen.c
```

```
-rw-r--r--  1   chan   igx    160 ene  7 2008 las.c
-rw-r--r--  1   chan   igx    726 ene 21 2008 memoria.c
-rw-r--r--  1   chan   igx   1201 ene 21 2008 main.c
-rw-r--r--  1   chan   igx  21001 ene  7 2008 sim.c
$
```

De esta manera, obtenemos todos los archivos que terminan en la cadena ".c". Podríamos utilizar esto para resolver el problema inicialmente planteado con la copia de los archivos fuentes en lenguaje C en otro directorio.

Como podemos observar, los caracteres para la generación de nombres de archivo no corresponden con los nombres de archivos que empiezan por punto, nunca se visualizan estos últimos.

En el caso de utilizar como intérprete de órdenes el `bash`, podremos considerar adicionalmente los siguientes metacaracteres.

`~` Una tilde al comienzo de una palabra se expande con el nombre de su directorio de trabajo (directorio `HOME`).

`~luis` Representa el directorio de trabajo (directorio `HOME`) del usuario `luis`.

`~+` Representa el directorio de trabajo actual (`PWD`).

`~-` Representa el último directorio de trabajo anterior al actual (`OLDPWD`).

4.10.   Entrecomillado y caracteres especiales

Hay muchos caracteres en Linux que tienen significados especiales. Por ejemplo, hemos visto que el carácter `$` se puede usar bien literalmente o como sustituto de las variables del shell. Puesto que no es suficiente con el contexto para determinar el significado de un carácter, es necesario tener un mecanismo que evite el significado especial y lo obligue a ser tratado simplemente como un símbolo. A este mecanismo se le denomina entrecomillado.

El intérprete de órdenes reconoce como caracteres especiales los siguientes:

`$` Usado para la sustitución de variables.

`?, [ ] *` Usados para la generación de nombres de archivo.

`<, >, 2>, >>, 2>>` Usados para la redirección de E/S.

`espacio en blanco` Usado como delimitador de argumentos.

`|` Usado para interconectar procesos.

Para entrecomillar tenemos tres formas:

- Entrecomillado con *backslash* (\\).

- Entrecomillado con comillas simples (').

- Entrecomillado con comillas dobles (").

El *backslash* cambia el significado especial de cualquier carácter que le siga.

Cualquier carácter especial dentro de las comillas simples también pierde su significado especial (excepto la posible comilla simple).

Dentro de las comillas dobles, la mayoría de los caracteres especiales pierden su significado especial. Las excepciones son el símbolo $ (cuando se usa para la sustitución de variables), las comillas dobles, el *backslash* y el acento grave (`). Se puede usar el *backslash* dentro de las comillas dobles para evitar el significado del carácter $ o ".

Ejemplos:

```
$ echo \$TERM
$TERM
$
```

En este caso, como el símbolo \ hace perder al $ su significado especial, se visualiza la cadena $TERM y no el valor de esta variable del shell

```
$ echo $PS1 \$PS1 '$PS1'
$ $PS1 $PS1
$
```

En el primer argumento echo realiza la sustitución de PS1 por el valor de esta variable al indicárselo el símbolo $. En los argumentos dos y tres no se realiza esta sustitución porque el símbolo $ pierde su significado; en el primer caso, por estar precedido por el *backslash*, y en el segundo, por estar encerrado entre comillas simples.

```
$ echo $TERM \$TERM '$TERM' "$TERM"
xterm-color $TERM $TERM xterm-color
$
```

En este ejemplo sólo cabe comentar el último caso, en el cual el carácter $ no pierde su significado especial, a pesar de estar encerrado entre comillas dobles, por lo tanto el shell realiza la sustitución.

4.11. Sustitución de órdenes y alias

La sustitución de órdenes es otra característica práctica del shell que nos permite captar la salida de una orden y asignarla a una variable, o bien usar esa salida como un argumento de otra orden. Puesto que la mayoría de las órdenes de Linux generan salida estándar, la sustitución de órdenes puede ser muy útil. Encerrando la orden entre comillas invertidas (`), conocidas también como acentos graves, captamos la salida de la orden y la asignamos a la variable del shell.

Ejemplo:

```
$ fecha=`date`
$ echo $fecha
viernes, 9 de mayo de 2008, 09:20:14 CEST
$
```

Como podemos observar, hemos asignado a la variable `fecha` la cadena retornada por la orden `date`. Veamos a continuación un ejemplo más complejo, mediante el cual vamos a asignarle a la variable `pi` su valor numérico. Para lograr lo anterior, vamos a hacer uso de la calculadora `bc`.

```
$ pi=`echo "scale=9;4*a(1)" | bc -l`
$ echo $pi
3.141592652
$
```

Recordemos que `scale=9` indica a `bc` que calcule 9 cifras decimales. Además, es necesario saber que `pi` es igual a cuatro veces el arco, cuya tangente en radianes es igual a 1.

Los alias se emplean para poder invocar a las órdenes con un nombre diferente al utilizado normalmente. De esta manera, el usuario puede llamar a las distintas órdenes con los nombres que le interese. Como ejemplo puede ser interesante para un usuario acostumbrado a trabajar con el sistema operativo Windows hacer que `dir` sea equivalente a `ls -ld`.

Ejemplo:

```
$ alias dir="ls -ld"
$
$ dir f*
drwxrwxr-x  2    chan    igx    1024 nov 12 17:48 fortran
drwxrwxr-x  3    chan    igx    1024 jul 24 13:09 fs
-rw-rw-r--  1    chan    igx   12016 jul 24 13:08 fvwmrc
$
```

La orden `alias` define un enlace entre el primero y el segundo argumentos que siguen a la orden. En cualquier momento que el argumento primero se introduce desde la línea de órdenes, el shell de Linux lo sustituye por el segundo. Estos alias permanecen activos hasta que finalice la sesión o hasta que empleemos la orden `unalias`.

Si invocamos a `alias` sin argumentos, mostrará todos los alias que tenemos activados.

```
$ alias
alias dir=`ls -ld`
alias ju=`who`
alias ll=`ls -l`
alias ls=`ls -F`
$
```

Si queremos eliminar algún alias, tendremos que utilizar la orden `unalias`, tal y como se muestra a continuación:

```
$ unalias dir

$
```

A partir de este momento, el alias `dir` ya no existe. Para cerciorarnos de ello, podemos ver cuáles son los alias activos:

```
$ alias
alias ju=`who`
alias ll=`ls -l`
alias ls=`ls -F`
$
```

4.12.   Redirección de entrada y salida

La redirección de entrada-salida es una de las características más relevantes y versátiles del sistema operativo Linux. Vamos a tratar a continuación este punto, describiendo previamente una serie de conceptos necesarios para entender más fácilmente la redirección.

Cada vez que se inicia un intérprete de órdenes, se abren automáticamente tres archivos. Abrir un archivo implica que el núcleo o *kernel* del sistema operativo habilitará las estructuras necesarias para poder trabajar con dicho archivo. Cuando se abre un archivo, el sistema operativo devuelve un número entero, denominado descriptor de archivo, el cual es utilizado por los programas para manipular dicho archivo (leer datos de él, escribir datos en él, mostrar información asociada, etc.). Estos archivos aparecen representados en la figura 4.3, y son los siguientes: el archivo estándar de entrada, el archivo estándar de salida y el archivo estándar de errores, cuyos descriptores son el 0, el 1 y el 2, respectivamente. El archivo estándar de entrada se identifica generalmente con el teclado. Los archivos estándar de salida y de error se identifican normalmente con la pantalla. No debe chocarnos el hecho de que tanto el teclado como la pantalla sean tratados por Linux como archivos ordinarios. Como ya hemos indicado anteriormente, ésta es una de las características más relevantes de Linux aplicable a todos los dispositivos físicos (teclado, pantalla, impresora, disco, etc.). A este mecanismo se le conoce comúnmente como independencia de dispositivo.

La mayoría de las órdenes Linux toman su entrada del archivo estándar de entrada, normalmente el teclado, y dirigen su salida normal o su salida de errores al archivo estándar de salida y al archivo estándar de error, respectivamente. Generalmente, estos dos últimos archivos coinciden con un único dispositivo físico que es la pantalla. Toda la bibliografía hace referencia a los tres archivos anteriores como `stdin`, `stdout` y `stderr`.

`stdin` Archivo estándar de entrada, su descriptor es el 0 y es de donde los programas leen su entrada.

`stdout` Archivo estándar de salida, su descriptor es el 1 y es a donde los programas envían sus resultados.

`stderr` Archivo estándar de error, su descriptor es el 2 y es a donde los programas envían sus salidas de error.

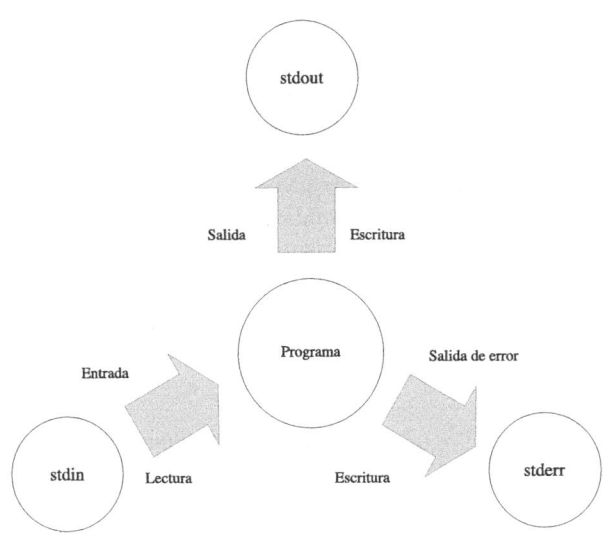

Figura 4.3: Esquema de los tres archivos de entrada y salida estándar.

4.12.1.   Redirección de entrada

Cualquier orden que lea su entrada en `stdin` puede ser avisada para que tome dicha entrada de otro archivo. Esto se hace utilizando el carácter menor que, <. La redirección de entrada no produce ningún cambio en el archivo de entrada.

Ejemplo:

```
$ mail miguel < vis.c
$
```

Normalmente, cuando ejecutamos la orden `mail`, ésta lee la información desde el teclado o, lo que es lo mismo, desde el archivo cuyo descriptor es el 0. Cuando, como en el ejemplo anterior, el intérprete de órdenes detecta el símbolo < en la línea de órdenes, sabe que tiene que producirse una redirección de entrada. Como consecuencia de ello, el shell al ejecutar el proceso hijo (`mail`), le va a cerrar su archivo estándar de entrada, cuyo descriptor es 0 (el teclado), y en su lugar va a colocar el descriptor del archivo `vis.c`, el cual tomará como descriptor el 0. El resultado del proceso anterior es que, aunque `mail` siempre lea en el archivo cuyo descriptor es el 0, unas veces este 0 se corresponde con el teclado y otras con cualquier otro archivo. Realmente es el intérprete de órdenes el que engaña a `mail`, este último no se entera de la redirección producida.

En este ejemplo el contenido del archivo `vis.c` se utiliza como entrada para la orden `mail`. De esta forma, podemos enviar por correo electrónico un archivo a cualquier usuario del sistema. El efecto obtenido es el mismo que si escribiéramos el contenido del archivo `vis.c` a través del teclado.

4.12.2. Redirección de salida

Se puede redireccionar la salida de cualquier orden a un determinado archivo en vez de hacerlo por la salida estándar stdout. Para obtener una redirección de salida, se utiliza el carácter mayor que, >. Si el archivo al que redireccionamos no existe, el shell lo creará automáticamente; si, por el contrario ya existía, entonces se sobrescribirá la información, machacando el contenido original del archivo. Si por cualquier causa lo que queremos es añadir información a un archivo sin destruir su contenido, deberemos utilizar para la redirección el doble símbolo de mayor que, >>.

Ejemplo:

```
$ date > prueba
$
```

Con la redirección de salida ocurre algo similar a lo que ocurría con la redirección de entrada. En este caso, lo que hace la orden date para mostrar sus resultados es escribir en el archivo cuyo descriptor es el 1 (por defecto, la pantalla). Cuando el shell detecta el carácter de redirección de salida, cierra el archivo cuyo descriptor es el 1 y en su lugar coloca al archivo prueba. Como consecuencia de lo anterior, todo lo que antes se enviaba a la pantalla ahora va a parar al archivo prueba. Todo ocurre sin que la orden date se entere de nada. Es el intérprete de órdenes es el que se encarga de todo el proceso anterior.

Con esto, lo que estamos haciendo es crear un archivo llamado prueba que contendrá todo lo que la orden date envía a la pantalla. Veámoslo:

```
$ cat prueba
viernes,  9 de mayo de 2008, 09:40:38 CEST
$
```

Si ahora queremos añadir más información al archivo sin destruir el contenido existente, podremos hacer lo siguiente:

```
$ who >> prueba
$ cat prueba
jue may 8 17:18:52 CEST 2008
root     pts/4       May 8 12:18 (:0.0)
oscar    pts/8       May 8 15:55 (:0.0)
chan     pts/9       May 8 16:25 (:0.0)
$
```

Vemos cómo el archivo prueba contiene lo que las órdenes date y who hubieran enviado al terminal.

4.12.3. Redirección de errores

La mayoría de las órdenes de Linux producen diagnósticos para ver si algo va mal en su ejecución. Con cualquier orden que genere mensajes de error enviándolos a stderr (por defecto, el terminal) podemos redireccionar su salida a otro archivo utilizando el operador 2> o 2>>, dependiendo de si lo que queremos es crear o añadir datos al archivo, respectivamente.

A modo de ejemplo vamos a ejecutar la orden cp sin argumentos.

```
$ cp
cp: faltan argumentos (ficheros)
Pruebe 'cp --help' para más información.
$
```

Vemos cómo por pantalla se visualizan los mensajes de error generados por `cp`. Es lógico el error, puesto que `cp` necesita como mínimo dos argumentos para poderse ejecutar correctamente. Si queremos que estos mensajes de error no salgan por pantalla, a simple vista, una forma de hacerlo podría ser la siguiente:

```
$ cp > basura
cp: faltan argumentos (ficheros)
Pruebe 'cp --help' para más información.
$
```

sin embargo, vemos cómo los mensajes de error siguen saliendo por el terminal y no son redireccionados al archivo basura. La razón es que la salida de error de `cp` no va dirigida a `stdout` (archivo con descriptor 1), sino a `stderr` (archivo con descriptor 2), que son archivos diferentes, aunque coincidan con el mismo dispositivo físico de salida. Para indicarle al shell que lo que queremos es redireccionar la salida de error a otro archivo, se utiliza, como hemos indicado anteriormente, el operador 2>.

```
$ cp 2> basura
$
```

Si ahora visualizamos el archivo basura, veremos que contiene los anteriores mensajes de error.

```
$ cat basura
cp: faltan argumentos (ficheros)
Pruebe 'cp --help' para más información.
$
```

Si lo único que deseamos es evitarnos estos mensajes de error pero sin crear archivos basura, deberemos enviar dichos mensajes a un archivo de dispositivo denominado /dev/null. El archivo /dev/null es un pozo sin fondo donde podemos enviar toda la información no deseada sin tener que preocuparnos de borrar su contenido.

```
$ cp 2> /dev/null
$
```

Las operaciones realizadas por el intérprete de órdenes en la redirección de errores son completamente equivalentes a las realizadas en una redirección de salida. La única diferencia es que ahora trabajará con el descriptor 2 en lugar de hacerlo con el descriptor número 1.

4.13.   Concepto de filtro

Cualquier proceso (programa en ejecución) que lea su entrada en la entrada estándar (stdin) y escriba su salida en la salida estándar (stdout) se denomina filtro. Como ejemplo de filtro podemos poner la orden cat. Esta orden, sin argumentos, lee su entrada del teclado, y una vez que marcamos el final de dicha entrada, lo tecleado se vuelca a la pantalla. La forma de marcar el final de la entrada a cualquier filtro o, en general, el fin de entrada de cualquier archivo, es colocando la marca fin de archivo que en Linux, como sabemos, es Ctrl-d (^d).

La orden cat ya la hemos utilizado con objeto de visualizar por pantalla un archivo, en aquel caso tomaba su entrada del archivo especificado. Vamos a ver otro uso de cat utilizado para concatenar archivos. Inicialmente, cat se diseñó también con este objetivo. La forma de concatenar archivos es utilizar redirección de entrada-salida, de manera que la salida de cat la enviamos a otro archivo. Veamos cómo podemos unir dos archivos y enviarlos a un tercero.

```
$ cat archivo_1 archivo_2 > archivo_3
$
```

En el ejemplo anterior los archivos archivo_1 y archivo_2, que sin utilizar redirección se enviaban a la pantalla, ahora se envían a un tercer archivo, archivo_3.

Además del filtro visto, existen muchos más. Algunos de los más importantes son:

sort

Sintaxis: sort [-ndtX] [+campo] [archivo(s)]

El filtro sort se utiliza para ordenar líneas compuestas por campos, separados por tabuladores, aunque podemos especificar cualquier tipo de separador de campo. Si a sort no le pasamos ningún archivo como parámetro, tomará su entrada de la entrada estándar como cualquier filtro. Con este filtro podemos ordenar las líneas de uno o varios archivos según un campo en particular. Esta ordenación no produce ninguna modificación en los archivos tratados.

Como ejemplo, vamos a crear con cat un archivo, aprovechando que al ser un filtro toma su entrada de stdin. Su salida es lo que redireccionaremos al archivo especificado.

```
$ cat > desord
uno
dos
tres
cuatro
- Ctrl-d -
$
```

A continuación vamos a ordenar el archivo desord utilizando la orden sort.

```
$ sort desord
cuatro
```

```
dos
tres
uno
$
```

Como podemos observar, lo que obtenemos son las mismas palabras anteriores, pero ordenadas alfabéticamente. La ordenación anterior hubiese sido válida también si en lugar de palabras simples tuviésemos frases completas.

Veamos un nuevo ejemplo:

```
$ cat > numeros
101
112
10
373
64
19
1111
- Ctrl-d -
$
```

Como vemos, indicamos el final de la entrada de datos con la marca de final de archivo Ctrl-d. Intentemos ordenar el archivo **numeros** utilizando **sort**.

```
$ sort numeros
10
101
1111
112
19
373
64
$
```

Podemos observar, a tenor de los resultados, que algunos números aparecen ordenados aparentemente al revés. La razón es que **sort**, por defecto, ordena las palabras según los caracteres que la componen. Si lo que deseamos es ordenar según el valor numérico asociado a esos caracteres, deberemos utilizar la opción **-n** (ordena numéricamente), tal y como se muestra a continuación:

```
$ sort -n numeros
10
19
64
101
112
373
1111
$
```

Los campos separadores utilizados por defecto son los tabuladores, y en algunas versiones de `sort`, también los espacios en blanco, pero también podemos decirle que utilice cualquier tipo de separador específico, utilizando para ello la opción `-t` y a continuación el separador. Como ejemplo vamos a ordenar el archivo que figura a continuación, denominado `sortfich`, por el último campo.

```
$ cat sortfich
blanco:73:Marte:1543:Manuel
verde:17:Jupiter:1968:Sebastian
azul:24:Venus:1970:Ana
rojo:35:Neptuno:1122:Javier
amarillo:135:Tierra:1234:Raul
$
```

Como podemos apreciar, los distintos campos están separados por dos puntos. Eso no es ningún problema para `sort`, ya que podremos especificar el carácter de separación de campos que deseemos.

```
$ sort -t: +4 sortfich
azul:24:Venus:1970:Ana
rojo:35:Neptuno:1122:Javier
blanco:73:Marte:1543:Manuel
amarillo:135:Tierra:1234:Raul
verde:17:Jupiter:1968:Sebastian
$
```

En el caso del ejemplo, el último campo es el número 4, por eso en las opciones de `sort` hemos puesto un `+4`. Obsérvese que la numeración de campos comienza por el cero.

grep

Sintaxis: grep [-inv] patrón [archivo(s)]

`grep` es un filtro del sistema Linux que nos permite buscar cadenas de caracteres en los archivos que le indiquemos. `grep` toma el patrón que deseamos buscar como primer argumento y el resto de los argumentos los toma como nombres de archivos. En caso de que el elemento que deseemos buscar se componga de más de una palabra, ese elemento deberemos incluirlo entre comillas dobles. Una vez buscado el patrón, se visualizan todos los archivos que lo contienen.

Ejemplo:

```
$ grep NULL *
depura.c: argn = strtoul (argum, (char **)NULL, 16);
depura.c: argn = strtoul (argum, (char **)NULL, 16);
depura.c: DirecDeParada = strtoul (&orden[1], (char **)NULL, 16);
depura.c: R[reg] = strtoul (cadena, (char **)NULL, 16);
desen.c: if ((pf = fopen (programa,
principal.c: if ((pf = fopen (programa,
$
```

En este caso, grep busca el patrón NULL en todos los archivos del directorio actual. Recordemos que el asterisco sustituye a cualquier cadena de caracteres, y en este caso a todos los archivos del directorio en el que estemos situados.

Con grep podemos utilizar varias opciones; las tres más comunes son las que se citan a continuación:

-i Indica a grep que se ignoren mayúsculas y minúsculas. Se busca el patrón y no se diferencia entre letras mayúsculas y minúsculas.

-v Visualiza por pantalla las líneas que no contienen el patrón especificado.

-n Muestra por pantalla el número de línea en que se encuentra el patrón.

Ejemplo:

```
$ grep -n main /home/chan/spro/*.c
/home/chan/spro/desen.c:21:main (int argc, char *argv[])
/home/chan/spro/desen.c:46: /* Fin de main */
/home/chan/spro/ensa.c:30:main()
/home/chan/spro/ensa.c:42: /* Fin de main */
/home/chan/spro/gen.c:3:main()
/home/chan/spro/principal.c:19:void main (int argc, char *argv[])
/home/chan/spro/principal.c:53: /* Fin de main */
$
```

En el caso anterior, al colocar la opción -n se visualiza el número de línea del archivo donde se encuentra el patrón buscado.

WC

Sintaxis: wc [-lwc] [archivo(s)]

La orden wc (*word counter*) es un contador de líneas, palabras y caracteres de un archivo. Para wc, una palabra es una cadena de caracteres delimitada por espacios en blanco, tabuladores o retornos de carro. Para saber el número de líneas, wc cuenta los retornos de carro existentes en el archivo. Las posibles opciones de este filtro son:

-l Visualizará el número de líneas.

-w Visualizará el número de palabras.

-c Visualizará el número de caracteres.

Si a wc no se le especifica ninguna opción, tomará por defecto las tres anteriores, visualizando en orden el número de líneas, palabras y caracteres.

Ejemplo:

```
$ wc ftemp
   253 939 6728 ftemp
$
```

En el caso anterior, `wc` está indicando que el archivo `ftemp` tiene 253 líneas, 939 palabras y 6.728 caracteres. Obviamente, la orden `wc` sólo puede ser utilizada para procesar archivos de texto.

4.14.   Tuberías (*pipelines*)

Hay ocasiones en las que puede resultar conveniente que la salida de una orden actúe como entrada para otra. La forma de realizar esta conexión en Linux consiste en utilizar tuberías o *pipelines*. A modo de ejemplo, supongamos que queremos saber el número de personas que están conectadas al sistema en un instante determinado. Una forma muy sencilla de hacerlo sería la siguiente:

```
$ who > archivo_temporal
$ wc -l < archivo_temporal
7
$ rm archivo_temporal
```

Como sabemos, `who` nos presenta una línea en pantalla por cada usuario conectado al sistema; luego, si enviamos la salida de `who` a un archivo temporal y después, utilizando la orden `wc` con la opción `-l`, contamos el número de líneas del archivo temporal, sabremos el número de usuarios conectados en ese momento. Al final, para dejar las cosas como estaban inicialmente, tendremos que preocuparnos de borrar el archivo temporal. El proceso realizado es relativamente simple, pero no por ello deja de ser engorroso, debido a que tenemos que trabajar con un archivo temporal que posteriormente borraremos. Las tuberías son una forma de evitarnos esta pérdida de tiempo, puesto que permiten que la salida de una orden sirva como entrada para la siguiente. Una forma de resolver lo anterior con tuberías sería la siguiente:

```
$ who | wc -l
      7
$
```

El símbolo tubería, |, se usa para enlazar dos órdenes. En el ejemplo, la salida de la orden `who` (que va a la salida estándar) se utiliza como entrada para la orden de la derecha, `wc -l` (que lee en la entrada estándar).

Cuando empleamos el carácter | estamos avisando al shell de que internamente cree un mecanismo que permita la comunicación entre las dos órdenes, situadas a los lados del carácter tubería. De esta manera, el shell redirige la salida de la primera al canal de comunicación, y utiliza la salida de este canal como entrada para la siguiente orden. En la figura 4.4 aparece reflejada la situación descrita.

La tubería actúa como un tubo con dos extremos, de manera que lo que metemos por un lado sale por el otro en orden FIFO (*First In First Out*) o, lo que es lo mismo, primero en entrar, primero en salir.

El esquema más genérico de línea de órdenes, utilizando tuberías, es el que figura seguidamente:

```
$ orden_1 | orden_2 | orden_3
$
```

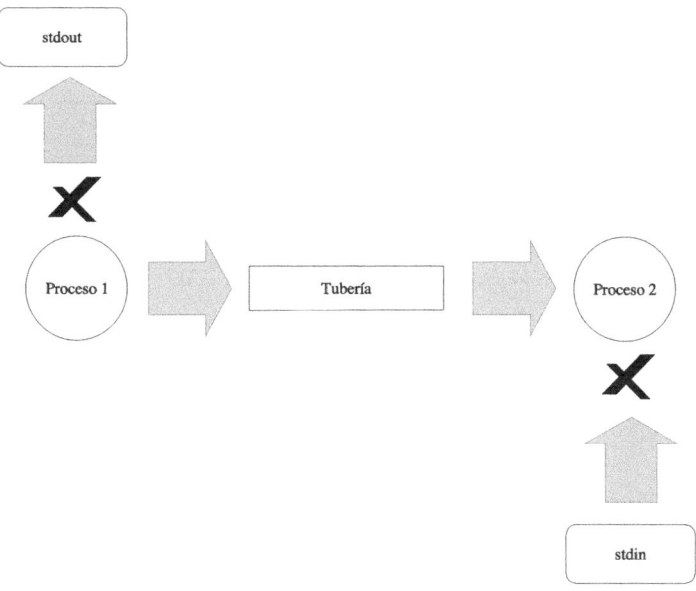

Figura 4.4: Comunicación entre dos procesos empleando una tubería.

En la situación anterior se debe cumplir:

- La orden situada a la izquierda de | debe generar salida a `stdout`.

- La orden situada a la derecha de | debe leer su entrada en `stdin`.

- Cualquier orden entre los dos símbolos | debe ser un filtro.

Ejemplo:

```
$ ls -l | grep oct
drwxrwxr-x  8    chan    igx    1024 oct 19 11:03 Practica
drwxrwxr-x  3    chan    igx    1024 oct 27 17:08 mso
drwxrwxr-x  2    chan    igx    1024 oct  8 18:13 sisfi
drwxrwxr-x  2    chan    igx    1024 oct 15 14:35 spdsk
-rwxrwxr-x  1    chan    igx      28 oct 27 10:35 xwp
$
```

En el ejemplo anterior visualizamos todos aquellos archivos que hayan sido creados en el mes de octubre. Si quisiéramos saber cuántos de esos archivos tenemos en total, podríamos emplear la siguiente orden:

```
$ ls -l | grep oct | wc -l
5
$
```

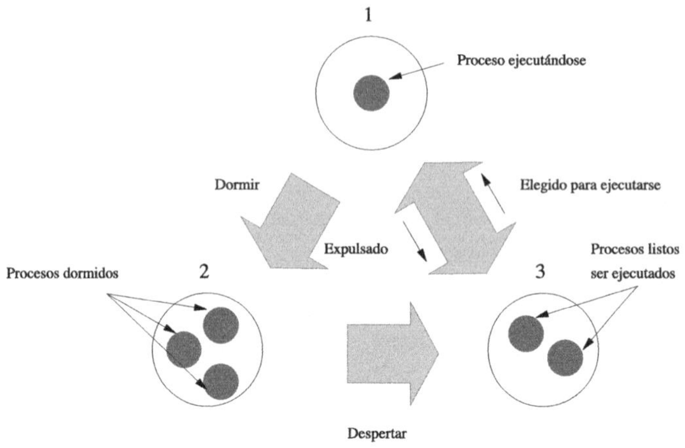

Figura 4.5: Diagrama de estados básico de un proceso.

También podremos crear un archivo denominado `foctubre` que contenga el nombre de todos los archivos creados en el mes de octubre del siguiente modo:

```
$ ls -l | grep oct > foctubre

$
```

4.15.   Programas y procesos

Antes de definir el concepto de proceso, partiremos de la definición de programa. Un programa es un conjunto de instrucciones y datos que se encuentran almacenados en un archivo ordinario. Cuando un programa es leído del disco (o de cualquier otro tipo de dispositivo de almacenamiento secundario) por el sistema operativo y cargado en memoria para ejecutarse, se convierte en un proceso. A los procesos el sistema operativo les asigna recursos para que puedan ejecutarse correctamente. Entre estos recursos podemos citar: memoria, procesador, dispositivos de entrada-salida, etc.

Cada proceso en Linux tiene asociado un número que lo identifica. Este número es asignado por el núcleo, y se denomina identificador de proceso o PID (*process identifier*). Además del PID, los procesos tienen asignado otro número denominado PPID (*parent PID*), que identifica al proceso padre del proceso.

Todo proceso, desde que es creado hasta que termina, va pasando por una serie de estados. En la figura 4.5 podemos ver un diagrama de estados reducido, el cual representa distintas situaciones de los procesos.

De forma breve describiremos a continuación los tres estados básicos en los que se puede hallar un proceso, así como las posibles causas de transición de unos estados a otros.

1. El proceso se está ejecutando. En máquinas con un solo procesador únicamente puede haber un proceso en este estado. Linux permite que la CPU sea compartida

por varios procesos, dividiendo todo el tiempo del procesador en cuantos o rodajas, y asignando esos cuantos alternativamente a cada proceso.

2. El proceso está durmiendo. Un proceso entra en este estado cuando no puede proseguir su ejecución por faltarle algún recurso o porque está esperando la terminación de una operación de entrada-salida.

3. El proceso no dispone del procesador, pero está listo para ejecutarse. Continuará su ejecución en cuanto se lo indique el planificador de CPU o *scheduler*.

Los distintos procesos del sistema van cambiando su estado acorde con unas normas bien definidas. Estos cambios de estado vienen impuestos por la competencia que existe entre los procesos por compartir los distintos recursos hardware, sobre todo el procesador.

En realidad, el diagrama de estados de un proceso Linux es relativamente más complicado, pero no vamos a incidir más en ello.

4.15.1.   Órdenes relacionadas con la ejecución de procesos

Existen ciertas órdenes que tardan mucho tiempo en ejecutarse y, sin embargo, no son interactivas; como ejemplo podemos poner la compilación de un programa o la compresión de un archivo de datos. En estos casos, Linux proporciona la posibilidad de ejecutar órdenes en segundo plano (*background*). Al ejecutar un proceso en segundo plano, el shell devuelve el *prompt* inmediatamente y podemos seguir trabajando en el terminal aun cuando la orden *background* siga ejecutándose. Para poner una orden trabajando en *batch*, la línea de órdenes debe acabar con un símbolo *ampersand* (&). El *ampersand* dice al shell que ejecute la orden, pero que no se quede esperando al proceso hijo. De este modo, podremos mandar compilar un programa en segundo plano y mientras tanto seguir haciendo otras cosas.

Ejemplo:

```
$ cc fork.c -o fork &
[1] 6602
$
```

Cuando se pone una orden en segundo plano, el shell nos informa del número de identificación del proceso. En el caso del ejemplo, ese número de identificación es el 6602. Si terminamos la sesión, todos los procesos que se estén ejecutando en segundo plano (*background*) morirán, a no ser que lo evitemos de algún modo.

La forma de saber qué procesos se están ejecutando en un instante determinado consiste en emplear la orden ps, que se describe seguidamente.

ps

Sintaxis: ps [-lumax]

La orden ps sirve para informarnos acerca de los procesos que en ese momento se están ejecutando en el sistema. Si no le pasamos ninguna opción, sólo nos ofrecerá un pequeño informe de los procesos asociados a nuestro terminal.

Las opciones más comunes son las siguientes:

l Formato de presentación extendido.

u Muestra el nombre de usuario y el tiempo de inicio.

m Muestra información relacionada con la memoria.

a Muestra también los procesos de otros usuarios.

x Muestra también los procesos que no tienen ningún terminal asociado.

Ejemplo:

```
$ ps alx
  F   UID   PID  PPID PRI   NI    VSZ  RSS WCHAN  STAT TTY    TIME COMMAND
100     0     1     0  18    0   2948 1852 -      S    ?      0:02 /sbin/init
040     0     2     0  10   -5      0    0 kthrea SW<  ?      0:00 [kthreadd]
040     0     3     2 -100 -5      0    0 migrat SW<  ?      0:00 [migration/0]
040     0     4     2  39   19      0    0 ksofti SWN  ?      0:00 [ksoftirqd/0]
140     0     5     2 -100 -5      0    0 watchd SW<  ?      0:00 [watchdog/0]
040     0     6     2  10   -5      0    0 worker SW<  ?      0:00 [events/0]
040     0     7     2  10   -5      0    0 worker SW<  ?      0:00 [khelper]
040     0    26     2  10   -5      0    0 worker SW<  ?      0:00 [kblockd/0]
040     0    27     2  11   -5      0    0 worker SW<  ?      0:00 [kacpid]
040     0    28     2  11   -5      0    0 worker SW<  ?      0:00 [kacpi_notify]
040     0   134     2  11   -5      0    0 serio_ SW<  ?      0:00 [kseriod]
040     0   153     2  10   -5      0    0 kswapd SW<  ?      0:02 [kswapd0]
040     0   204     2  11   -5      0    0 worker SW<  ?      0:00 [aio/0]
040     0  1260     2  20   -5      0    0 worker SW<  ?      0:00 [ksnapd]
000  1000  6492     1  15    0  71456 10960 pg0   S    ?      0:00 /usr/lib/evolution/evolution
040     0  7920  6103  15    0  21632 4012 -      S    ?      0:00 /usr/sbin/apache2 -k start
140    33  7956  6103  15    0  21632 4516 pg0    S    ?      0:00 /usr/sbin/apache2 -k start
140    33  7957  6103  15    0  21632 4516 pg0    S    ?      0:00 /usr/sbin/apache2 -k start
140    33  7958  6103  16    0  21632 4516 pg0    S    ?      0:00 /usr/sbin/apache2 -k start
140    33  7959  6103  15    0  21632 4516 pg0    S    ?      0:00 /usr/sbin/apache2 -k start
140    33  7960  6103  15    0  21632 4516 pg0    S    ?      0:00 /usr/sbin/apache2 -k start
040   101  8115     1  24    0   2248  768 -      S    ?      0:00 dhclient eth1
000  1000 11082     1  16    0  83984 28632 pg0   R    ?      0:16 gnome-terminal
000  1000 11087 11082  18    0   2492  660 -      S    ?      0:00 gnome-pty-helper
000  1000 11089 11082  15    0   5328 2476 do_wai S   pts/0  0:01 bash
$
```

El significado de alguno de los campos anteriores se indica a continuación:

PRI Prioridad del proceso.

NI Valor *nice* empleado. Un valor positivo indica menor tiempo de CPU.

VSZ Tamaño de la imagen del proceso en memoria virtual (código+datos+pila).

RSS *Resident Set Size*. Indica la cantidad de kilobytes del programa en memoria.

WCHAN Dirección de la función del núcleo en la que el proceso se encuentra durmiendo.

STAT Información acerca del estado del proceso.

R Listo.

S Durmiendo.

T Detenido.

Z Zombie.

TTY Terminal (`tty`) asociado al proceso.

kill

Sintaxis: `kill [-señal] PID [PID ...]`

La orden `kill` sirve para enviar señales a uno o varios procesos identificados por su identificador de proceso. Esta orden también existe como llamada al sistema para poder ser invocada desde programa. Una señal es una interrupción software que se envía a un proceso, de forma asíncrona, para informarle de algún evento. Cuando un proceso recibe una señal puede tratarla de tres formas diferentes.

1. Ignorar la señal.

2. Invocar a la rutina de tratamiento por defecto, proporcionada por el núcleo.

3. Invocar a una rutina propia que se encargará de tratar dicha señal.

Cada señal tiene asociado un número entero positivo que la identifica. Algunas de estas señales son las siguientes:

1. SIGHUP: *Hangup*. Es enviada a todos los procesos asociados a un mismo terminal cuando éste se desconecta. La acción por defecto es terminar la ejecución de los procesos que la reciben.

2. SIGINT: Interrupción. Es enviada a todos los procesos asociados a un mismo terminal cuando se pulsa la tecla de interrupción. Por defecto, provoca la terminación de los procesos que la reciben.

3. SIGQUIT: Salir. Es similar a SIGINT, pero en este caso se envía cuando pulsamos la tecla de salida `Ctrl-4`.

4. SIGILL: Instrucción ilegal. Se envía a cualquier proceso que intente ejecutar una instrucción ilegal. Por defecto termina la ejecución del programa que la recibe.

5. SIGTRAP: Es enviada cuando se ejecutan instrucciones paso a paso en un programa. Su acción por defecto también es terminar el proceso que la recibe.

6. SIGIOT: Fallo hardware.

7. SIGEMT: Fallo hardware.

8. SIGFPE: Es enviada cuando el hardware detecta un error en una operación en coma flotante. Por defecto, termina la ejecución del proceso que la recibe.

9. SIGKILL: Provoca la terminación del proceso. Esta señal no puede ser ignorada.

10. SIGBUS: Error de acceso a memoria.

11. SIGSEGV: Violación de segmento de memoria.

12. `SIGSYS`: No se usa.

13. `SIGPIPE`: Intento de escritura en una tubería en la cual no hay nadie leyendo.

14. `SIGALARM`: Es enviada al proceso cuando alguno de sus temporizadores llega a cero. Provoca por defecto la terminación del proceso.

15. `SIGTERM`: Indica a un proceso que debe terminar su ejecución. Puede ser ignorada.

16. `SIGUSR1`: Reservada para el usuario.

17. `SIGUSR2`: Reservada para el usuario.

18. `SIGCLD`: Se envía al padre de un proceso si éste muere.

19. `SIGPWR`: Fallo de alimentación.

La orden `kill`, como hemos dicho, se utiliza para enviar señales. El que envía la señal debe ser el propietario de los procesos o el administrador del sistema. Por defecto, `kill` envía la señal número 15 al proceso especificado, con intención de terminar su ejecución. Esta señal número 15 lo máximo que hace es avisar al proceso de que termine por sí mismo, pero el proceso puede ignorarla. Si queremos eliminar el proceso definitivamente, lo mejor es enviarle la señal número 9, que no se puede ignorar.

Ejemplo:

```
$ ps a
PID    TTY      STAT    TIME COMMAND
644    pts/0    S       0:00 bash
661    pts/0    S       7:20 /usr/bin/galeon-bin
677    pts/0    S       0:00 /usr/bin/galeon-bin
678    pts/0    S       0:12 /usr/bin/galeon-bin
679    pts/0    S       0:00 /usr/bin/galeon-bin
1809   pts/0    S       0:00 tail -f /tmp/wine.log.wl4C8Q
2432   pts/0    S       0:00 /usr/bin/galeon-bin
2664   pts/0    R       0:00 ps a
$
```

Imaginemos que queremos eliminar el proceso `tail` cuyo PID es el 1809. La forma de hacerlo sería:

```
$ kill -9 1809
```

Veamos cómo al invocar de nuevo a `ps` ya no aparece el proceso que acabamos de eliminar.

```
$ ps a
 PID    TTY      STAT    TIME COMMAND
644    pts/0    S       0:00 bash
661    pts/0    S       7:20 /usr/bin/galeon-bin
677    pts/0    S       0:00 /usr/bin/galeon-bin
```

```
678    pts/0    S         0:12 /usr/bin/galeon-bin
679    pts/0    S         0:00 /usr/bin/galeon-bin
2432   pts/0    S         0:00 /usr/bin/galeon-bin
2664   pts/0    R         0:00 ps a
$
```

nice

Sintaxis: nice [-N] orden

La orden `nice` permite ejecutar un programa con una prioridad distinta de la normal. Incrementando la prioridad de un proceso, éste se ejecutará más rápidamente, a costa de que el resto se vean perjudicados, puesto que no van a disponer de tanto tiempo de procesador. Si lo que hacemos es disminuir la prioridad de un proceso, éste tardará más en ejecutarse, beneficiando al resto. Sólo el administrador del sistema puede aumentar la prioridad de un proceso. El valor de N (incremento) para usuarios normales debe estar comprendido entre 1 y 19, lo que supone una disminución en el factor especificado de la prioridad. Por defecto, si no indicamos otra cosa, `nice` utilizará para N el valor 10. Si se elige un incremento 19, permitiremos que los demás procesos usen el procesador antes que él. Sin embargo, la prioridad del proceso se incrementa cada cierto tiempo para asegurar que el proceso no muera de inanición. Como hemos dicho, sólo el administrador del sistema puede incrementar la prioridad de un proceso utilizando un argumento negativo para N, que como máximo puede valer -20.

Ejemplo:

```
$ nice -10 prolg &
[1] 481
$
```

nohup

Sintaxis: nohup orden &

En ocasiones, nos vemos obligados a ejecutar programas en segundo plano que tardan mucho tiempo en terminar, por ejemplo programas de cálculo científico o la compilación de programas muy grandes. Si tenemos un proceso de las características anteriores ejecutándose y deseamos desconectarnos del sistema, dicho proceso recibirá la señal de *hangup* y finalizará su ejecución. La orden `nohup` fue creada con objeto de hacer a un proceso inmune a la señal de detención imprevista, *hangup* (salir del sistema). `nohup` viene de *no hang up* (no colgar). Cuando se usa `nohup`, la salida siempre es redireccionada a un archivo. Si el usuario no especifica un archivo de salida, entonces `nohup` creará el archivo de salida `nohup.out` en el directorio actual. El archivo de salida acumulará tanto los mensajes que iban dirigidos a la salida estándar como los dirigidos a la salida estándar de error.

Ejemplo:

```
$ nohup cuelga &
[1] 482
nohup:
$
```

Para comprobar el funcionamiento de **nohup**, pruebe a lanzar un programa en segundo plano sin emplear esta orden. A continuación, salga del sistema y vuelva a entrar. Puede comprobar, utilizando la orden **ps**, que el programa ya no existe. Pruebe ahora a lanzarlo con **nohup** y repita la operación, y comprobará que el proceso continúa en ejecución aunque mientras, hayamos abandonado el sistema temporalmente.

sleep

Sintaxis: sleep segundos

Esta orden se utiliza para detenernos un determinado número de segundos antes de continuar con lo siguiente. Es una orden que suele ser utilizada en los programas de shell que veremos en el capítulo 6 dedicado a la programación del intérprete de órdenes.
Ejemplo:

$ **sleep** 5 (*Espera 5 segundos y continúa*) $

time

Sintaxis: time orden [argumentos]

Esta orden ejecuta el mandato que le especifiquemos (con sus posibles parámetros) y devuelve tiempos relativos a la ejecución del proceso en segundos. Normalmente devuelve el tiempo transcurrido en la ejecución total, el tiempo que se ha ejecutado el proceso en modo usuario y el tiempo que se ha ejecutado en modo supervisor.
Ejemplo:

```
$ time sleep 5
real 0m5.024s
user 0m0.004s
sys    0m0.000s
$
```

El tiempo **real** es la cantidad de tiempo que transcurre desde que se lanza la orden hasta que ésta termina su ejecución. El tiempo **user** es la cantidad de tiempo que consume el proceso ejecutando su propio código. En el caso anterior, este tiempo es menor que la apreciación de la medida. Por último, el tiempo **sys** indica la cantidad de tiempo que ha empleado Linux al servicio de la orden.

w

Sintaxis: w [-hs] [usuario]

La orden w muestra información acerca de los usuarios conectados en ese momento al sistema, así como de sus procesos. La primera línea que visualiza es una línea de información general. De izquierda a derecha muestra la hora actual, el tiempo que lleva el sistema activo, el número de usuarios conectados y la carga media del sistema durante los últimos 1, 5 y 15 minutos. La siguiente línea consta de diferentes campos aclaratorios de la información que aparecerá en todas las líneas siguientes. Estos campos son, de izquierda a derecha, nombre de conexión del usuario, terminal asociado, el ordenador remoto (es su caso), la hora de conexión, el tiempo desocupado, JCPU, PCPU y, finalmente, la línea de orden correspondiente al proceso que se ejecuta. El campo JCPU indica el tiempo de procesador utilizado por todos los procesos asociados a ese terminal. Este tiempo no incluye los procesos lanzados en segundo plano en otras sesiones, pero sí incluye los lanzados en segundo plano en esa sesión. El campo PCPU indica la cantidad de tiempo empleada por el proceso indicado en el último campo (WHAT).

Opciones:

-h Elimina la cabecera.

-s Utiliza el formato corto. No se visualizan el tiempo de conexión ni los tiempos JCPU
    y PCPU.

usuario Muestra únicamente información relacionada con el usuario indicado.

Ejemplo:

```
$ w
10:32:34 up 4 days, 10:59,  3 users,  load average: 0,15, 0,09, 0,23
USER     TTY      FROM     LOGIN@   IDLE    JCPU    PCPU  WHAT
oscar    tty7     :0       Mon23    0.00s 20:27m   0.23s x-session-manag
oscar    pts/0    :0.0     Thu01    0.00s  1:28m  18.03s vim 04_Interpre
oscar    pts/1    :0.0     Fri00   17:30m 59.71s   0.28s bash
$
```

4.15.2.   Control de trabajos

El control de trabajos es una característica proporcionada por la mayoría de los intérpretes de órdenes que permite a los usuarios el control simultáneo de múltiples procesos, que van a ser denominados *jobs*. Hasta ahora hemos visto algunas órdenes relacionadas con procesos, así como los conceptos de ejecución en primero y segundo plano. Ahora vamos a ver cómo podemos realizar algunas funciones adicionales con la ayuda del intérprete de órdenes; para ello, vamos a basarnos en un ejemplo muy sencillo, en el que nos vamos a servir de la orden yes, la cual lo único que hace es visualizar el carácter y indefinidamente, tal y como se muestra a continuación:

```
$ yes
y
y
y
y
y

etc.
```

Una vez iniciado este programa, podemos eliminarlo pulsando la tecla de interrupción, que normalmente es Ctrl-c. Sabemos también que podemos iniciar la orden en *background* y evitar que envíe nada al terminal de la forma siguiente:

```
$ yes > /dev/null &
[1]+ 643
$
```

En este caso, hemos obligado a que la salida de *yes* vaya a /dev/null, que como sabemos, es el lugar donde se suele enviar la basura, y, además, la orden se ejecutará en segundo plano. Como podemos observar, el shell devuelve el *prompt*, indicándonos que está esperando nuevas órdenes.

El [1] representa el número de trabajo (*job number*) para el proceso yes, y el número 643 es el identificador de proceso. Así pues, ahora tenemos al proceso yes ejecutándose en segundo plano y enviando su salida al archivo /dev/null. Podemos comprobar el estado del proceso utilizando la orden interna del shell jobs.

```
$ jobs
[1]+ Running yes > /dev/null &
$
```

Podemos comprobar que, efectivamente, el trabajo está ejecutándose utilizando la orden ps. Como ya sabemos, el proceso puede ser eliminado con la orden kill especificando su identificador. Existe, además, otra forma de identificar al trabajo que consiste en el empleo del número de trabajo (*job number*) precedido del carácter %. Así pues, otra forma de matar al proceso sería la siguiente:

```
$ kill %1
$
```

Para comprobar que el proceso está muerto, podemos utilizar de nuevo la orden jobs.

```
$ jobs
[1]+ Terminated yes > /dev/null
$
```

4.15.3. Deteniendo y reiniciando trabajos

Existe otra forma diferente a la indicada anteriormente de poner un proceso a ejecutarse en segundo plano. Este segundo método consiste en iniciar el proceso normalmente, a continuación detenerlo y después reiniciarlo en segundo plano.

Vamos a continuar con el ejemplo de yes. Para ello lo iniciaremos en primer plano:

```
$ yes > /dev/null
```

Ahora, como `yes` se ejecuta en primer plano, el shell no coloca el *prompt*. Seguidamente vamos a detener el trabajo, para ello emplearemos la tecla de suspensión, que normalmente es Ctrl-z.

```
$ yes > /dev/null

- Ctrl-z -

{[}1]+ Stopped yes > /dev/null

$
```

Si el trabajo está suspendido significa que el sistema operativo no le va a asignar tiempo de procesador. Sin embargo, el trabajo puede reiniciarse en el punto en que fue suspendido. Para reiniciar el trabajo se utiliza la orden `fg` (*foreground*).

```
$ fg

yes > /dev/null
```

En este punto vamos a volver a detener el trabajo para posteriormente reiniciarlo, pero ahora en segundo plano; es decir, como si hubiésemos utilizado el carácter & finalizando la línea de órdenes.

```
$ yes > /dev/null
- Ctrl-z -
[1]+ Stopped yes > /dev/null
$ bg
[1]+ yes > /dev/null &
$
```

La orden que hemos utilizado para reiniciar el proceso, en segundo plano, ha sido `bg` (*background*).

Cuando tenemos varios trabajos, `fg` y `bg` necesitan que le pasemos como parámetro el número de trabajo para identificar al proceso que deseamos pasar a primero o segundo plano.

4.16. Ejercicios

4.1 ¿Qué tipo de shell se inicia cuando se conecta al sistema? ¿Qué deberíamos modificar para que se iniciase otro intérprete de órdenes diferente?

4.2 Visualice las variables del entorno y las del área local de datos. ¿Cómo puede conseguir que una variable del área local de datos sea accesible desde el entorno?. Pruebe a hacerlo con una variable denominada `YO` que contenga su nombre de conexión. ¿Cómo podríamos quitarle el valor anterior a la variable `YO`?

4.3 Sustituya su *prompt* por otro que visualice la cadena `mande>`.

4.4 Asigne a la variable `D1` el nombre de camino del directorio `/usr/local/bin`. ¿Cómo podemos volver de forma rápida al anterior directorio?

4.5 Modifique su archivo de configuración de inicio de modo que al iniciar una sesión de trabajo aparezcan por pantalla la fecha, la hora, el directorio de trabajo y el número de personas que están conectadas en ese momento al sistema.

4.6 Cree una orden alias denominada `dir` que sea equivalente a la orden `ls -l`. Añada la sentencia anterior al archivo de configuración de inicio.

4.7 Cree un directorio denominado `bin` y copie en él todos los archivos de `/bin` que comiencen por a, b o c. Cree un directorio denominado `etc` y copie en él todos los archivos de `/etc` que contengan cinco letras en su nombre. Cree un directorio denominado `include` y copie en él todos los archivos cuya extensión sea `.h` y estén colocados en el directorio `/usr/include`.

4.8 Liste del directorio `/usr/bin` aquellos archivos cuyo nombre comience por la letra c.

4.9 Liste del directorio `/etc` todos aquellos archivos que comiencen por una letra comprendida entre la b y la x.

4.10 Liste del directorio `/etc` todos aquellos archivos que no comiencen por una letra comprendida entre la c y la t.

4.11 Cree un archivo en su directorio `HOME` denominado `fich.sal` que contenga el nombre de todos los archivos de los directorios `/bin` y `/etc`. Añada a `fich.sal` el nombre de los archivos que hay en el directorio `/`.

4.12 Cree un archivo denominado `hola` que contenga la salida de la orden `banner hola`. Utilizando redireccionamiento de entrada, envíe el archivo `hola` a un usuario cualquiera con `write`.

4.13 En ciertas circunstancias, podemos emplear la orden `cat` para crearnos un archivo de texto. Introduzca el siguiente texto en un archivo denominado `cita`, utilizando para ello únicamente la orden indicada.

> *Muchacho, goza de tu juventud,*
> *porque la vejez tiene ceniza en la garganta*
> *y el cuerpo embalsamado no se ríe*
> *en la sombra de su tumba.*

Añada a continuación la siguiente línea al archivo `cita`:

> *Thotmes (Sinuhé, el egipcio)*

4.14 Modifique el programa `pi.c` utilizado en el capítulo anterior, colocando un ; detrás de `main()`, a continuación compílelo y envíe la salida de errores al archivo `err.sal`.

4.15 Cree un archivo denominado `meses` que contenga en columnas los nombres de los 12 meses del año. Ordene alfabéticamente el archivo `meses` y cree un archivo ordenado que se llame `meses.ord`.

4.16 Ordene numéricamente el archivo `/etc/passwd` según el campo tercero (UID) y cree un archivo denominado `uid.ord`. Haga lo mismo, pero utilizando el campo cuarto (GID) y añada la salida ordenada al archivo `uid.ord`.

4.17 Busque el término `O_RDONLY` en todos los archivos con extensión `.h` del directorio `/usr/include`.

4.18 Utilice el filtro `wc` para contar el número de archivos que hay en el directorio `/bin`.

4.19 ¿Cuántos procesos se están ejecutando en su máquina en este instante? ¿Cuántos son suyos?

4.20 Envíe la señal número 9 a su intérprete de órdenes. ¿Qué ocurre?

4.21 Inicie un proceso en segundo plano, por ejemplo `sleep 5000`. Termine la sesión y vuelva a conectarse. ¿El proceso se sigue ejecutando? ¿Cómo se podría evitar que al finalizar la sesión dicho trabajo también finalizase su ejecución?

4.22 ¿Cuánto tiempo tarda en ejecutarse la orden `ps`?

4.23 Inicie `vi`, a continuación deténgalo y envíelo a segundo plano. ¿Cuántos trabajos tiene ahora? Pase de nuevo al editor a primer plano.

Capítulo 5

Expresiones regulares y filtros

5.1. Expresiones regulares

Una expresión regular es un patrón que define a un conjunto de cadenas de caracteres. Las expresiones regulares se construyen de forma análoga a las expresiones aritméticas. Existe la posibilidad de combinar expresiones simples; para ello, debemos emplear distintos operadores.

Los bloques básicos de construcción son las expresiones regulares que referencian un único carácter. La mayoría de los caracteres, incluyendo todas las letras y dígitos, son expresiones regulares que se definen a sí mismos. Cualquier metacarácter con significado especial debe ser precedido del símbolo *backslash* \ para que pierda su significado especial.

Una lista de caracteres encerrados dentro de [y] referencia cualquier carácter sencillo de esa lista. Si el primer carácter de la lista es un ^, entonces estaremos haciendo referencia a los caracteres que no aparecen en la lista. Por ejemplo, la expresión regular [0123456789] representa cualquier dígito simple. Para referenciar un rango determinado de caracteres, pondremos el primero y el último de ellos encerrados entre corchetes y separados por un guión. Por ejemplo, la expresión regular [a-z] representa cualquier letra minúscula. El punto . representa cualquier carácter, excepto el carácter de nueva línea.

Los caracteres ^ y el $ son metacaracteres que representan una cadena vacía al principio y al final de la línea, respectivamente. Los símbolos \< y \> representan una cadena vacía al principio y al final de una palabra.

Una expresión regular que representa un carácter sencillo puede ser continuada con uno o varios caracteres de repetición:

? El elemento precedente es opcional y debe coincidir al menos una vez.

* El elemento precedente debe coincidir cero o más veces.

+ El elemento precedente debe coincidir una o más veces.

{n} El elemento precedente debe coincidir exactamente n veces.

{,m} El elemento precedente es opcional y debe coincidir al menos m veces.

{n,m} El elemento precedente debe coincidir al menos n veces, pero no más de m.

Las expresiones regulares pueden ser concatenadas. El resultado de la concatenación representa aquellas cadenas que concatenadas responden al patrón propuesto de expresiones regulares.

Dos expresiones regulares pueden unirse con el operador |. La expresión regular resultante representa cualquier cadena que responda al patrón de cualesquiera de las dos expresiones regulares.

La operación de repetición tiene precedencia sobre la operación de concatenación. Se pueden utilizar paréntesis si queremos modificar las precedencias.

Los metacaracteres ?, +, {, }, |, (y) tienen que ser precedidos del símbolo *backslash* \ para que pierdan su significado especial.

A continuación vamos a poner una serie de ejemplos de uso de expresiones regulares. En el lado izquierdo pondremos la expresión regular (patrón), y en el derecho, su significado.

Patrón	Qué representa
gato	La cadena gato
^gato	La cadena gato al comienzo de una línea
gato$	La cadena gato al final de una línea
^gato$	La cadena gato formando una única línea
gat[ao]	Las cadenas gata o gato
ga[^aeiou]o	La tercera letra no es una vocal minúscula
ga.o	La tercera letra es cualquier carácter
^....$	Cualquier línea que contenga 4 caracteres cualesquiera
^\.	Cualquier línea que comienza por punto
^[^.]	Cualquier línea que no comienza por punto
gatos*	gato, gatos, gatoss, gatosss, etc
"gato"	gato entre comillas dobles
"*gato"*	gato con o sin comillas dobles
[a-z][a-z]*	Una o más letras minúsculas
[a-z]+	Lo mismo que lo anterior
[^0-9A-Z]	Cualquier carácter que no sea ni número ni letra mayúscula
[A-Za-z]	Cualquier letra, sea mayúscula o minúscula
[Ax5]	Cualquier carácter que sea A, x o 5
gato|gota|gata	Una de las palabras gato, gota o gata
(s|arb)usto	La palabras susto o arbusto
ga?t[oa]	gato, gata, gasto, gaita, etc.
\<ga	Cualquier palabra que comience con ga
to\>	Cualquier palabra que termine en to
\<gato\>	La palabra gato
o\{2,\}	Dos o más oes en una misma fila

No todos los metacaracteres son válidos en cualquier aplicación Linux. A continuación se muestra una tabla donde se indica qué aplicaciones reconocen o no determinados metacaracteres. Los elementos de la tabla marcados con el carácter indican que la aplicación reconoce ese metacarácter.

Símbolo	ex	vi	sed	awk	GNU grep	Representación
.	•	•	•	•	•	Cualquier carácter
*	•	•	•	•	•	Cero o más precedentes
^	•	•	•	•	•	Principio de línea
$	•	•	•	•	•	Final de línea
\	•	•	•	•	•	Carácter de escape
[]	•	•	•	•	•	El conjunto
\(\(	•		•			Almacenamiento del patrón
\{ \}			•		•	Un rango
\<\>	•	•				Comienzo o final de palabra
+				•	•	Uno o más precedentes
?				•	•	Cero o más precedentes
|				•	•	Separa opciones
()				•	•	Agrupa opciones

Como ejemplo de aplicación de expresiones regulares vamos a continuar estudiando el filtro `grep`, cuya introducción vimos en el capítulo anterior. Ahora vamos a ahondar un poco más en el uso de `grep` para buscar palabras dentro de un archivo haciendo uso de las expresiones regulares. La descripción que daremos hace referencia al `grep` de GNU, el cual incorpora características de los filtros `grep`, `egrep` y `fgrep` clásicos de UNIX. Hemos elegido el `grep` de GNU por ser el más versátil de todos ellos.

Siempre que empleemos expresiones regulares con `grep`, deben ser encerradas entre comillas dobles para que el intérprete de órdenes no las interprete. Si dentro de la expresión regular tenemos el metacarácter $, deberemos emplear comillas simples en lugar de las comillas dobles.

A continuación vamos a poner una serie de ejemplos haciendo uso de `grep` y de expresiones regulares conjuntamente. Con ello, pretenderemos dejar más claro el uso de las expresiones regulares. Para ello, vamos a trabajar con un archivo denominado `datos`, cuyo contenido es el que figura a continuación:

```
$ cat datos
gato       libro      atunn      gotas      atas
pez        gaita      ##%%       dado       oso
.exrc      expreso    atun       gota       loco
GAto       tierra     Gata       nada       raton
gata       canica     atunnn     fuente     gatos
fin
$
```

En primer lugar, vamos a buscar la palabra `gato` en el archivo `datos`. Los resultados se muestran seguidamente:

```
$ grep gato datos
gato        libro       atunn       gotas       atas
gata        canica      atunnn      fuente      gatos
$
```

Ahora buscaremos las líneas del archivo `datos` que comienzan con la palabra `gato`:

```
$ grep "^gato" datos
gato        libro       atunn       gotas       atas
$
```

A continuación visualizaremos las líneas del archivo `datos` que contienen las palabras gato o gata.

```
$ grep "gat[ao]" datos
gato        libro       atunn       gotas       atas
gata        canica      atunnn      fuente      gatos
$
```

En el siguiente ejemplo buscaremos las líneas del archivo `datos` que contienen únicamente tres caracteres.

```
$ grep "^...$" datos
fin
$
```

Seguidamente visualizaremos las líneas que contienen secuencias de una o más letras mayúsculas.

```
$ grep "[A-Z][A-Z]{*}" datos
GAto        tierra      Gata        nada        raton
$
```

Para ver las líneas del archivo `datos` que comienzan por punto, emplearemos la siguiente orden:

```
$ grep "\." datos
.exrc       expreso     atun        gota        loco
$
```

Si ahora queremos ver las líneas que no comienzan por punto, utilizaremos esta otra orden:

```
$ grep "^[^\.]" datos
gato        libro       atunn       gotas       atas
pez         gaita       \#\#\%\%        dado        oso
GAto        tierra      Gata        nada        raton
gata        canica      atunnn      fuente      gatos
fin
$
```

En el siguiente ejemplo visualizaremos las líneas del archivo `datos` que terminan en el carácter **n**. Obsérvese que se emplean comillas simples en lugar de las comillas dobles con objeto de que el carácter **$** (que indica el final de línea) pierda su significado especial.

```
$ grep 'n\$' datos
GAto        tierra      Gata        nada        raton
fin
$
```

Para visualizar las líneas que contienen tres o más enes seguidas, emplearemos la orden siguiente.

```
$ grep "n\{3,\}" datos
gata        canica      atunnn      fuente      gatos
$
```

Por último, si queremos ver las líneas que contienen la secuencia de caracteres en la que tenemos en primer lugar una **a**, a continuación cualquier carácter y por último una **o**, tendremos que emplear una orden como la que figura a continuación:

```
$ grep a.o datos
gato        libro       atunn       gotas       atas
pez         gaita       \#\#\%\%        dado          oso
GAto        tierra      Gata        nada        raton
gata        canica      atunnn      fuente      gatos
$
```

La orden `grep` puede ser utilizada también haciendo uso de tuberías. Por ejemplo, si quisiésemos visualizar los directorios del directorio `/usr`, tendríamos que emplear una orden como la siguiente:

```
$ ls -l /usr | grep ^d
drwxr-xr-x    6 root     root         4096 Feb 25 01:57 X11R6
drwxr-xr-x    2 root     root        20480 Jun 12 17:17 bin
drwxr-xr-x    2 root     root         8192 Jun 12 17:17 doc
drwxr-xr-x    2 root     root         4096 Jan 26 16:08 games
drwxr-xr-x   28 root     root         4096 Jun  8 17:44 include
drwxr-xr-x    2 root     root         4096 Jun  8 18:13 info
drwxr-xr-x   32 root     root        12288 Jun  8 17:44 lib
drwxrwsr-x   12 root     staff        4096 Jun  8 18:17 local
drwxr-xr-x    2 root     root         4096 Jun  8 22:34 sbin
drwxr-xr-x   75 root     root         4096 Jun 12 17:17 share
drwxrwsr-x    4 root     src          4096 Jun 10 11:59 src
```

Hay que tener en cuenta que las líneas correspondientes a un directorio visualizadas por la orden `ls -l` siempre comienzan con el carácter **d**.

En el ejemplo siguiente visualizaremos los archivos ejecutables del directorio `/bin` que terminan en **s**.

```
$ ls -lF /bin | grep 's\*$'
-rwxr-xr-x   1 root     root        34780 Nov 12  2001 loadkeys*
-rwxr-xr-x   1 root     root        43784 Mar 18  2002 ls*
-rwxr-xr-x   1 root     root        59144 Aug 25  2003 ps*
-rwxr-xr-x   1 root     root         9088 May 14  2003 run-parts*
-rwxr-xr-x   4 root     root        49320 Jun  6  2003 uncompress*
-rwxr-xr-x   1 root     root           97 Jun  6  2003 zless*
```

La opción -F en la orden ls la empleamos para determinar cuáles son archivos ejecutables. Recuerde que con esta opción a los archivos ejecutables se le añadía un asterisco al final en la visualización.

5.2.   Otros filtros

cut

```
Sintaxis: cut -c lista [archivo(s)]
          cut -f lista [-dchar][archivo(s)]
```

El filtro cut se usa para cortar y pasar a la salida estándar las columnas o campos de la entrada estándar o del archivo especificado. La opción -c es para cortar columnas y -f para cortar campos. Al cortar un campo, existe la opción -d para especificar los caracteres de separación entre los distintos campos (el delimitador). Por defecto, este delimitador es el tabulador, a menos que se indique otra cosa. Para especificar las columnas o campos que deseamos cortar se utiliza una lista. Una lista es una secuencia de números que se usa para indicarle a cut qué campos o columnas se quieren cortar. Hay varios formatos para esta lista:

A-B Campos o columnas desde A hasta B inclusive.

A- Campo o columna A hasta el final de la línea.

A, B Campos o columnas A y B.

Para mostrar con un ejemplo el uso de cut, imaginemos que tenemos un archivo llamado personas con el siguiente contenido:

```
$ cat personas
SSP : 908732124
ASF : 456789212
MBV : 432765433
ASH : 423562563
JPA : 798452367
$
$ cut -c 1-3 personas
SSP
```

```
ASF
MBV
ASH
JPA
$
```

Al cortar por caracteres desde la columna 1 a la 3, nos estamos quedando con las tres primeras letras de cada línea del archivo.

Veamos otro ejemplo que combina el uso de `grep` con `cut` para obtener el listado de los usuarios del sistema que emplean el intérprete de órdenes `bash`

1. Obtener todos los usuarios del sistema emplearemos la orden:

   ```
   $ cat /etc/passwd
   ```

2. La salida de la orden anterior la filtraremos para obtener todas las líneas que contengan el patrón `bash` con la orden:

   ```
   $ cat /etc/passwd | grep bash
   ```

3. Finalmente y teniendo en cuenta que el carácter delimitador de campos en el archivo `/etc/passwd` es :, haciendo uso de `cut` nos quedaremos únicamente con los campos 1 y 7. El resultado de la ejecución de la orden podría ser algo como lo siguiente:

   ```
   $ cat /etc/passwd | grep bash | cut -d ':' -f 1,7
   root:/bin/bash
   rpm:/bin/bash
   chan:/bin/bash
   ssp:/bin/bash
   oscar:/bin/bash
   ```

tr

Sintaxis: `tr [-dsc] cadena1 cadena2`

La orden `tr` se emplea como traductor (*translator*). Como todo filtro, `tr` lee datos en la entrada estándar, los procesa y deposita los resultados en la salida estándar. El empleo más evidente de `tr` es como conversor de letras mayúsculas a minúsculas, y viceversa. Supongamos que tenemos un archivo denominado `fich` con el siguiente contenido:

```
$ cat fich
Este es un archivo de texto
QUE CONTIENE LETRAS MAYUSCULAS Y minusculas.
$
```

A este archivo vamos a aplicarle la orden `tr` con diversas opciones.

Ejemplos:

```
$ tr [A-Z] [a-z] < fich
este es un archivo de texto
que contiene letras mayusculas y minusculas.
$
```

En el ejemplo anterior hemos convertido todos los caracteres del rango de la `A` a la `Z` en sus correspondientes del rango de la `a` a la `z`. Vamos a realizar ahora el proceso inverso, convertir de minúsculas a mayúsculas. Para ello, emplearemos la orden siguiente:

```
$ tr [a-z] [A-Z] < fich
ESTE ES UN ARCHIVO DE TEXTO
QUE CONTIENE LETRAS MAYUSCULAS Y MINUSCULAS.
$
```

También podemos sustituir un rango de caracteres por un carácter cualquiera de la forma siguiente:

```
$ tr [A-Z] x < fich
xste es un archivo de texto
xxx xxxxxxxx xxxxxx xxxxxxxxxx x minusculas.
$
```

En el caso anterior, hemos convertido el rango de caracteres de la `A` a la `Z` por el carácter `x`. `tr` puede ser empleado también para eliminar determinados caracteres de un archivo. Para ello, debemos emplear la opción `-d` y a continuación indicarle el carácter o caracteres que deseamos eliminar.

Ejemplo:

```
$ tr -d [A-Z] < fich
ste es un archivo de texto
minusculas.
$
```

En el caso anterior eliminamos cualquier carácter del archivo `fich` que esté comprendido en el rango `A-Z`. Vamos a hacer lo mismo, pero eliminando las minúsculas:

```
$ tr -d [a-z] < fich
E
QUE CONTIENE LETRAS MAYUSCULAS Y .
$
```

La posibilidad de eliminar caracteres puede servirnos para solucionar el problema que presenta traer archivos de texto desde Windows a Linux. Para realizar esta conversión, debemos eliminar el carácter 015 en octal del archivo Windows. Podremos emplear la siguiente orden para este propósito:

```
$ tr -d \015 < archivo_win > archivo_linux
$
```

Otra de las opciones de `tr` es la posibilidad de eliminar caracteres repetidos en el texto. Para ello, debemos emplear la opción `-s`. Supongamos que tenemos un archivo denominado `otro` con el siguiente contenido:

```
$ cat otro
Aqquuiiii tteeeennnngggoooo rrreeeeppppeeeettiiddooosss
cccciiieeerrrtooooosss ccaaaaaaaarraaaccccctteeerrreessss
$
```

Para eliminar caracteres repetidos, haremos lo siguiente:

```
$ tr -s [a-z] < otro
Aqui tengo repetidos
ciertos caracteres
$
```

Por último, la opción `-c` se puede emplear para indicar el complemento de un patrón de caracteres.

Ejemplo:

```
$ tr -c [A-Z] "" < fich
E                            QUE CONTIENE LETRAS MAYUSCULAS Y
$
```

En el ejemplo anterior hemos sustituido todo carácter que no pertenezca al patrón `[A-Z]` por un espacio en blanco. Eso incluye al carácter \n que marca el final del primera línea, por lo tanto las dos líneas iniciales se convierten es una única línea.

Veamos un ejemplo completo, desarrollado paso a paso, en el que localicemos todos los archivos (y sólo archivos) del directorio HOME de un usuario que no pertenezcan a dicho usuario.

1. El listado de todos los archivos lo obtendremos con la siguiente orden:

   ```
   $ ls -lR
   ```

   Inicialmente no podremos emplear el carácter blanco como delimitador porque se encuentra repetido en muchos puntos.

2. Para eliminar los blancos repetidos y así poder utilizar el carácter blanco como delimitador de campos utilizaremos la orden:

   ```
   $ ls -lR | tr -s ' '
   ```

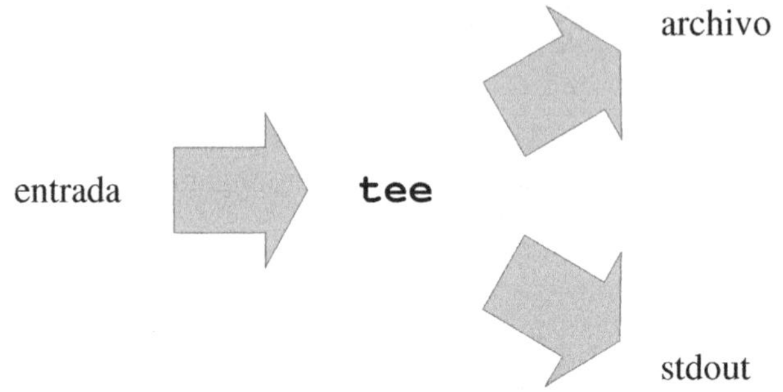

Figura 5.1: Esquema de funcionamiento de la orden `tee`.

3. Seguidamente tendremos que eliminar toda la información que `ls -lR` genera y que no corresponde a información de archivos. Todas las líneas que son archivos obedecen a un patrón que comienza por un carácter, que determina el tipo de archivo, seguido de un guión o `r`, de nuevo guión o `w` y por último guión o `x`. Para eliminar todo lo que no comience con el patrón indicado, emplearemos la orden:

```
$ ls -lR /usr | tr -s ' ' | grep '^-'
```

4. Finalmente eliminamos todo lo que no contenga el nombre del usuario con la orden

```
$ ls -lR $HOME | tr -s ' ' | grep '^-' | grep -v $USER
```

Hemos empleado la variable `$USER` que almacena el nombre de usuario y el modificador `-v` que invierte el sentido de la búsqueda: en vez de buscar el patrón `$USER` buscar las líneas que no contengan ese patrón.

tee

Sintaxis: `tee [-a] archivo(s)`

En ciertas ocasiones nos interesa, además de redireccionar la salida de una orden a un archivo, visualizar los resultados obtenidos. La orden `tee` se creó con esta intención. `tee` se usa para bifurcar la tubería, lee en la entrada estándar por defecto y escribe su salida en la salida estándar y en el archivo especificado. Si se utiliza la opción `-a` (*append*), `tee` añadirá su salida al archivo en vez de sobrescribirlo.

Ejemplo:

```
$ ls -l | tee dirlist | wc
5 38 256
$ ls -l
total 4
-rw-r--r-- 1   chan   igx    230 ene 13 15:56 datos
```

```
-rw-r--r-- 1   chan   igx     256 ene 13 16:12 dirlist
-rw-r--r-- 1   chan   igx      73 ene 13 16:07 fich
-rw-r--r-- 1   chan   igx      80 ene 13 16:05 personas
```

pr

Sintaxis: pr [opción][archivo(s)]

La orden **pr** es un filtro utilizado en Linux para dar formato a la salida y enviarla a la impresora. La salida dada por **pr** es dividida en páginas, y cada página contiene una serie de líneas de encabezado y de pie de página. En el encabezado aparecen la fecha, el nombre del archivo y el número de página. La fecha se refiere a la fecha de última modificación del archivo que queremos formatear. El pie de página producido por **pr** consiste simplemente en una serie de líneas en blanco.

Veamos una salida típica de esta orden:

```
$ pr /usr/share/doc/vim/copyright
```

```
2007-10-05 02:31          /usr/share/doc/vim/copyright          Pagina 1


This is the Debian pre-packaged version of vim.  Vim is an almost compatible
version of the UNIX editor Vi.  Many new features have been added: multi level
undo, syntax highlighting, command line history, on-line help, filename
completion, block operations, etc.

This package was put together by Wichert Akkerman <wakkerma@debian.org> from
          under c), you can distribute it without the source code for the
          changes if the following three conditions are met:

Resto de la página 1 ...

          - The license that applies to the changes permits you to distribute
            the changes to the Vim maintainer without fee or restriction, and
            permits the Vim maintainer to include the changes in the official
            version of Vim without fee or restriction.
```

```
2007-10-05 02:31          /usr/share/doc/vim/copyright          Pagina 2
```

```
        - You keep the changes for at least three years after last
          distributing the corresponding modified Vim.  When the maintainer
          or someone who you distributed the modified Vim to asks you (in
          any way) for the changes within this period, you must make them
          available to him.

Resto de las páginas ...
```

Si quisiéramos imprimir el archivo **/usr/share/doc/vim/copyright**, tendríamos que entubar la salida de **pr** con la entrada de la orden utilizada para imprimir, tal y como se muestra a continuación:

```
$ pr /usr/share/doc/vim/copyright | lpr
```

La orden **pr** admite muchas opciones; alguna de las más comunes son:

-h (*header*). Con esta opción podemos poner la cabecera que nosotros deseemos. Dicha cabecera debe ir entre comillas dobles y a continuación de la opción **-h**. Si la frase se compone solamente de una palabra, no serán necesarias estas comillas.

Ejemplo:

```
$ pr -h Contrato de derechos de autor
     /usr/share/doc/vim/copyright | lpr
```

-t pr elimina la cabecera y la cola.

-k Con esta opción, **pr** produce una salida de k columnas.

Ejemplo:

```
$ ls | pr -3 -t
Makefile              itimer.c              sched.c
acct.c                kmod.c                signal.c
capability.c          ksyms.c               softirq.c
context.c             module.c              sys.c
dma.c                 panic.c               sysctl.c
exec_domain.c         pm.c                  time.c
exit.c                printk.c              timer.c
fork.c                ptrace.c              uid16.c
info.c                resource.c            user.c
```

-d Produce una salida a doble espacio.

-wN Establece la anchura de una línea en N caracteres.

5.2.1. La orden `find`

find

Sintaxis: `find camino expresión`

La orden `find` es una de las más potentes de Linux, pero también una de las que tienen una sintaxis más compleja. Hemos puesto a `find` en un punto aparte porque no es un filtro. Esta orden se utiliza para examinar toda la estructura de directorios, o bien la parte que le indiquemos, buscando los archivos que cumplan los criterios señalados en la línea de órdenes. Una vez localizados, podemos hacer que ejecute distintas acciones sobre ellos. El campo `expresión` sirve para indicar los criterios de selección de los archivos y la acción que queremos aplicarles al encontrarlos.

Veamos con un ejemplo cómo podemos buscar un determinado archivo dentro de la estructura de directorios.

Ejemplo:

```
$ find / -name ifconfig
find: /lost+found: Permission denied
find: /root/.ssh: Permission denied
find: /root/.gnupg: Permission denied
find: /etc/ppp/peers: Permission denied
find: /etc/chatscripts: Permission denied
find: /var/lib/iptables: Permission denied
find: /var/lib/mysql/CC\_oscar: Permission denied
find: /var/log/exim: Permission denied
find: /var/log/samba: Permission denied
find: /var/log/mysql: Permission denied
find: /var/spool/exim: Permission denied
find: /var/spool/cron/atjobs: Permission denied
find: /var/spool/cron/atspool: Permission denied
find: /home/oscar/.ssh: Permission denied
find: /mnt/data/lost+found: Permission denied
/sbin/ifconfig
$
```

Como la orden anterior ha sido invocada por un usuario ordinario, `find` no puede acceder a determinadas partes del sistema de archivos porque carece de los privilegios necesarios. Por este motivo se notifica al usuario este hecho a través del canal estándar de salida de errores `stderr` y aparecen las líneas de información con la cadena "Permiso denegado".

Si queremos que esas líneas no aparezcan, simplemente tendremos que redireccionar la salida estándar de error a otro archivo que no sea la consola. Si nos interesa saber a posteriori los sitios donde no se ha podido entrar, podremos redireccionar `stderr` a un archivo ordinario del modo siguiente:

```
$ find / -name ifconfig 2> errores
```

Otra opción que podemos emplear si no nos interesan los mensajes de error y no queremos que aparezcan por pantalla es redireccionar la salida de error al dispositivo /dev/null.

```
$ find / -name ifconfig 2> /dev/null
```

La opción -name indica a find que únicamente se busquen los archivos cuyo nombre se especifica a continuación, y la opción -print indica a find que visualice el nombre del archivo por pantalla una vez hallado (en muchos sistemas el modificador -print se toma como valor por defecto).

Existen muchas más opciones para find;

-user Con esta opción, find seleccionará los archivos que pertenezcan al usuario que se indique a continuación de -user.

-group find seleccionará los archivos pertenecientes al grupo indicado a continuación.

-mtime n find seleccionará los archivos modificados hace n días.

-mtime -n find seleccionará los archivos modificados en los últimos n días.

-mtime +n find seleccionará los archivos modificados hace más de n días.

-size -m find seleccionará los archivos cuyo tamaño es menor que m bloques.

-size +m find seleccionará los archivos cuyo tamaño es mayor que m bloques.

-type x find seleccionará los archivos del tipo x, donde x puede ser:

  b archivo especial de modo bloque.

  c archivo especial de modo carácter.

  d directorio.

  p tubería con nombre (FIFO).

  f archivo regular.

  l enlace simbólico.

  s conector de comunicaciones (*socket*).

Todos los operadores anteriores pueden ser negados con el carácter ! seguido de un espacio en blanco. En este caso, find buscará todos los archivos que no cumplan la especificación indicada.

Se pueden especificar simultáneamente varias opciones, en cuyo caso se seleccionarán los archivos que cumplan todas ellas (operación and). Si dichas opciones las conectamos con el operador -o (operación or), find seleccionará los archivos que cumplan cualesquiera de ellas.

Como ejemplo imaginemos que queremos visualizar todos los archivos que cuelguen de nuestro directorio HOME cuyo tamaño sea mayor de 1.500 bloques y que hayan sido modificados en los últimos cinco días.

```
$ find $HOME -size +1500 -mtime -5 -print
/home/chan/.galeon/mozilla/galeon/Cache/24C15940d01
/home/chan/.galeon/history.xml
/home/chan/Libro/Libro.ps
/home/chan/Libro/Libro.dvi
$
```

Si quisiésemos visualizar todos los archivos que cuelgan del directorio de arranque, que sean tipo archivo o que no nos pertenezcan, tendríamos que emplear una orden como la siguiente:

```
$ find $HOME -type f -o ! -user $LOGNAME -print
/home/chan/tiempo
$
```

También podemos indicar a `find` que ejecute una orden determinada y la aplique a los archivos que encuentre. Para construir la orden que queremos ejecutar con cada archivo que encuentre `find` contamos con la expresión {} que se sustituye por el nombre del archivo encontrado. Debemos además concluir la orden con el carácter ;. Hay que tener en cuenta que muchos intérpretes de órdenes (`bash` por ejemplo) consideran a ; como un carácter especial, por lo tanto será necesario colocar una secuencia de escape para evitar dicha interpretación, es decir \;

Vamos a poner seguidamente unos ejemplos de usos típicos de `find`. En el primero encontraremos todos los archivos que cuelguen de /usr/bin que sean enlaces simbólicos a otros archivos, haciendo que la información presentada en pantalla sea de la forma:

```
Archivo: [nombre_archivo] es enlace simbólico
```

Para construir ese literal podemos emplear la orden `echo` de la siguiente forma:

```
echo Archivo: {} es enlace simbólico
```

Así, la orden `find` completa sería:

```
$ find /usr/bin -type l -exec echo Archivo: {} es enlace simbólico \;
Archivo: /usr/bin/X11 es enlace simbólico
Archivo: /usr/bin/sg es enlace simbólico
Archivo: /usr/bin/captoinfo es enlace simbólico
Archivo: /usr/bin/infotocap es enlace simbólico
Archivo: /usr/bin/reset es enlace simbólico
Archivo: /usr/bin/awk es enlace simbólico
...
$
```

En un segundo ejemplo borraremos de nuestro directorio HOME todos los archivos que hayan sido modificados en los últimos dos días y cuyo nombre termine en .tmp. Para ello deberíamos emplear una orden como la siguiente:

```
$ find $HOME -mtime -2 -name *.tmp -exec rm {} \;
```

5.3.   El editor de flujo sed

sed

Sintaxis: `sed [-f ford] [-n] [archivo(s)]`

La herramienta `sed` es un editor de flujo (*stream editor*) utilizado para manipular archivos de texto. `sed` copia los archivos especificados (por defecto, el archivo estándar de entrada) en la salida estándar después de procesarlos. Este procesamiento de los archivos de entrada se lleva a cabo línea por línea, acorde con las órdenes dadas a `sed`. Hay que destacar que `sed` no modifica los archivos de entrada. Sus resultados se envían a la salida estándar sin afectar a los archivos originales. Las órdenes que procesa `sed` pueden ser aportadas explícitamente desde la línea de órdenes, o bien éstas pueden residir en un archivo. En este último caso, debemos emplear la opción `-f` y a continuación el nombre del archivo de órdenes. La opción `-n` será empleada siempre que deseemos evitar la salida por pantalla de la línea que está siendo procesada (por defecto, `sed` visualiza las líneas que procesa).

El aspecto general de las órdenes de sed es el siguiente:

`[dirección [, dirección]] función [argumentos]`

En éstas se indica la dirección (número de línea) o rango de direcciones a las cuales se debe aplicar la función indicada con sus posibles argumentos. A la hora de especificar los campos de dirección es posible emplear varios formatos:

nada el filtrado se aplica a todas las líneas del documento.

número el filtrado se aplica únicamente a la línea especificada con **número**.

$ denota la última línea.

expr el filtrado se aplica a las líneas que concuerden con la expresión regular dada.

Las órdenes más comunes que se pueden utilizar con `sed` son las siguientes:

p mostrar la línea que se esté procesando.

d eliminar la línea que se esté procesando.

s sustituir aquello que concuerde con un patrón por una cadena. La sintaxis para utilizar esta orden es:

`s/exprReg/cadena/modificadores`

donde:

exprReg es una expresión regular.

cadena la cadena de texto a colocar como sustitución.

modificadores que alteran el comportamiento de la sustitución.

A partir de ahora, vamos a ver diferentes ejemplos que ilustren los usos más comunes de este filtro. En todos ellos vamos a trabajar con un archivo de texto denominado f_prueba, cuyo contenido es el siguiente:

```
$ cat f_prueba
Archivo de prueba para
procesar archivos de
texto con el magnifico
editor de flujo sed.
$
```

En el primer ejemplo, vamos a imprimir por pantalla la línea número 3 del archivo especificado. Para ello, emplearemos la función p (*print*) e indicaremos que deseamos procesar la línea 3. Con todo ello, la orden quedará como sigue:

```
$ sed 3p f_prueba
Archivo de prueba para
procesar archivos de
texto con el magnifico
texto con el magnifico
editor de flujo sed.
$
```

Como vemos, sed imprime las líneas del archivo, y la número 3 sale duplicada, por ser la línea que indicamos a sed que sea procesada (impresa en pantalla). Si ahora eliminamos la salida normal con la opción -n, conseguiremos visualizar únicamente la línea indicada (en este caso, la número 3).

```
$ sed -n 3p f_prueba
texto con el magnifico
$
```

Veamos otro ejemplo, en el cual seleccionamos un rango de direcciones e imprimimos las líneas implicadas. En el ejemplo se imprime desde la línea 2 hasta la 3 del archivo especificado.

```
$ sed -n 2,3p f_prueba
procesar archivos de
texto con el magnifico
$
```

Los rangos de direcciones, o las direcciones, pueden ser también especificados en forma de expresiones regulares. Así pues, se podría imprimir desde la primera línea que comienza con un determinado carácter hasta que se encuentre una línea que esté en blanco o cosa similar. Veamos un ejemplo, en el cual se imprime la línea que responde al patrón especificado (comenzar con el carácter A mayúscula).

```
$ sed -n /^A/p f_prueba
Archivo de prueba para
$
```

En el ejemplo anterior se visualizarían todas las líneas que comienzan con el carácter A mayúscula. Si hubiese varias líneas, todas ellas habrían sido mostradas. También podemos especificar en forma de expresiones regulares un rango de direcciones. Por ejemplo, se puede imprimir desde el número de línea que comienza con una t hasta la última línea del archivo. La última línea del archivo se representa con el carácter $. Ahora debemos colocar la orden que debe interpretar sed entre comillas simples, para que el shell no interprete los caracteres especiales. En caso de duda es bueno poner siempre las órdenes entre comillas simples, así evitaremos posibles problemas.

```
$ sed -n '/^t/,$p' f\_prueba
texto con el magnifico
editor de flujo sed.
$
```

El filtro sed puede ser empleado también para realizar sustituciones. Por ejemplo, si deseamos cambiar la palabra procesar por la palabra manipular en todo el archivo, tendremos que emplear la orden siguiente:

```
$ sed 's/procesar/manipular/g' f_prucba
Archivo de prueba para
manipular archivos de
texto con el magnifico
editor de flujo sed.
$
```

El carácter s indica que deseamos realizar una sustitución. Seguidamente se coloca la palabra que se modifica y a continuación la palabra nueva. Al final colocamos una g para indicar que las sustituciones se apliquen a todo el documento.

Pueden ser curiosos los resultados de las sustituciones; en el ejemplo siguiente sustituimos los espacios en blanco por el carácter nulo (nada).

```
$ sed 's/ //g' f_prueba
Archivodepruebapara
procesararchivosde
textoconelmagnifico
editordeflujosed.
$
```

Para eliminar desde la línea 1 a la 3 del archivo.

```
$ sed '1,3d' f_prueba
editor de flujo sed.
$
```

Para eliminar las líneas cuyo primer carácter esté comprendido entre las letras a y q.

```
$ sed '/^[a-q]/d' f_prueba
Archivo de prueba para
texto con el magnifico
$
```

Para sustituir las vocales minúsculas por sus equivalentes en mayúscula empleamos la orden y utilizada para traducir caracteres.

```
$ sed 'y/[aeiou]/[AEIOU]/' f_prueba
Archivo dE prUEbA pArA
prOcEsAr ArchIvOs dE
tExtO cOn El mAgnIfIcO
EdItOr dE flUjO sEd.
$
```

Ahora procesaremos el archivo **f_prueba** utilizando un archivo con órdenes que denominamos **ord**. El contenido de **ord** es el siguiente:

```
$ cat ord
s/a/XXX/g
\$
```

Al indicarle a **sed** que utilice este archivo de órdenes para procesar otros archivos, cualquier carácter que aparezca en estos últimos será sustituido por tres equis **XXX** mayúsculas. Veámoslo con un ejemplo:

```
$ sed -f ord f_prueba
Archivo de pruebXXX pXXXrXXX
procesXXXr XXXrchivos de
texto con el mXXXgnifico
editor de flujo sed.
$
```

5.4.   El lenguaje de procesamiento awk

awk

Sintaxis: awk [op] [-Ffs] ord [-v var=val] archivo(s)
           awk [op] [-Ffs] -f f_ord [-v var=val] archivo(s)

La primera versión de **awk** para UNIX fue diseñada e implementada por Alfred Aho, Peter Weinberger y Brian Kernighan, de Bell Labs AT&T. Brian Kernighan sigue aún trabajando en ella en labores de mantenimiento y mejora. El propio nombre, **awk**, deriva de las iniciales de los tres apellidos de los autores. Actualmente existen varias versiones de este programa. Nosotros nos vamos a referir en concreto a la versión de la *Free Software*

Foundation (FSF) incluida en Linux, por ser la más completa y, además, compatible con las versiones iniciales.

Como podemos observar, tenemos dos modos diferentes de invocar al programa. En el primer modo le damos las órdenes desde la propia línea de órdenes, y en el segundo (opción -f), le especificamos un archivo donde se encuentran las órdenes que awk tiene que ejecutar. Este segundo modo es más cómodo si el conjunto total de órdenes es amplio. awk puede trabajar con varios archivos a un tiempo. Si no se le especifica ningún archivo, awk leerá en la entrada estándar. awk procesa los archivos especificados línea por línea, a cada línea se la compara con un patrón, y si coincide, se llevan a cabo sobre ella las acciones que indiquemos.

awk admite las siguientes opciones, las cuales deben estar disponibles en cualquier versión del programa.

-Fs Con esta opción indicaremos que el separador de campos es el carácter s. Esto es lo mismo que activar la variable predefinida FS. Por defecto, los separadores de campos utilizados por awk son los espacios en blanco y los tabuladores. Cada uno de los campos de una línea del archivo que se procesa puede ser referenciado por las variables $1, $2, ... , $NF. La variable NF indica el número de campos de la línea que se está procesando (*number of fields*). La variable $0 se refiere a la línea completa.

-v var=val Asigna el valor val a la variable var antes de que se comience la ejecución del programa. Esta asignación de variables también se puede llevar a cabo en el bloque BEGIN de un programa awk.

-f f_ordenes awk leerá las órdenes en el archivo f_ordenes.

Las órdenes de awk, como indicamos previamente, son secuencias de patrones y acciones:

```
patrón \{acción\}
```

Tanto el patrón como la acción son opcionales. Si falta el patrón, la acción o procedimiento se aplicará a todas las líneas. Si falta la acción, simplemente se visualizará la línea.

Vamos a ver un primer ejemplo de uso de awk. Para ello, vamos a procesar lo que la orden date envía a la pantalla, que es algo como lo siguiente:

```
$ date
sáb may 10 18:44:03 CEST 2008
$
```

Lo único que vamos a hacer es visualizar los campos primero (día), segundo (mes) y sexto (año). La forma de hacerlo es la siguiente:

```
$ date | awk '{print $1; print $2; print $6}'
sab
may
2008
$
```

Seguidamente vamos a visualizar las líneas del archivo `/etc/passwd` que comienzan con el carácter `d`:

```
$ awk '/^d/' /etc/passwd
desktop:x:80:80:desktop:/var/lib/menu/kde:/sbin/nologin
dbus:x:81:81:System message bus:/:/sbin/nologin
$
```

Como no hemos especificado ninguna opción, `awk` simplemente visualiza la línea que cumple el patrón que hemos indicado. El patrón anterior es una expresión regular, pero, como veremos en el punto siguiente, `awk` permite utilizar otros tipos de patrones.

5.4.1. Patrones de `awk`

Los patrones que `awk` reconoce pueden ser cualesquiera de los siguientes:

- `BEGIN`

- `END`

- /expresiones regulares/

- expresiones relacionales.

- expresiones de coincidencia de patrones.

`BEGIN` y `END` son dos tipos de patrones especiales. El patrón `BEGIN` permite especificar una serie de procedimientos que se ejecutarán antes de que ninguna línea de ningún archivo sea procesada. Generalmente, con este patrón se declaran las variables globales. El patrón `END` permite especificar los procedimientos que no queremos que se ejecuten hasta que se terminen de procesar todas y cada una de las líneas de un archivo.

Para los patrones /`expresiones regulares`/, la acción se ejecuta para cada línea que verifica la expresión regular. Estas expresiones regulares son las mismas que hemos visto anteriormente.

Las expresiones relacionales pueden utilizar cualesquiera de los operadores que definiremos más tarde en el punto dedicado a ellos. Estos operadores se emplean para comprobar si algún campo verifica alguna condición. Por ejemplo, `NF > 2` selecciona las líneas en las que el número de campos es mayor que dos.

Las expresiones de coincidencia de patrones utilizan los operadores `~` (coincide) y `!~` (no coincide) para determinar si se lleva o no a cabo la acción.

Excepto para los patrones `BEGIN` y `END`, todos los patrones pueden ser combinados con operadores de Boole. Estos operadores son el `AND` lógico, `&&`, el `OR` lógico, `||`, y el `NOT` lógico, `!`.

Con objeto de aclarar los conceptos mostrados, vamos a poner unos ejemplos de uso de patrones. En el primer ejemplo vamos a introducir todas las órdenes dirigidas a `awk` en un archivo, y a continuación lo procesaremos. El contenido del archivo es el siguiente:

```
$ cat f_awk
# Inicialización (se ejecuta al comenzar)
BEGIN { FS = : ; x = 0 }
```

```
# Si la línea comienza con P, se visualiza el primer campo
/^P/ { print $1 }

# Si el número de campos es mayor que tres
# se visualiza el campo cuatro
NF > 3 { print $4 }

# Si el cuarto campo es mayor que 10, incrementamos x
$4 > 10 { x++ }

# Finalización
# Se ejecuta cuando ya no hay más líneas que procesar
END {print x}
$
```

Todas las líneas que comienzan por el carácter # serán ignoradas por awk en el procesamiento. Así pues, podemos emplear este carácter como inicio de una línea de comentarios. En el caso anterior los comentarios son explicativos de lo que hace cada línea. El archivo anterior no tiene ninguna utilidad, se ha empleado con el único objeto de mostrar el uso de patrones.

A la hora de procesar este archivo, debemos emplear la siguiente sintaxis:

```
$ awk -f f_awk archivo(s)
```

Veamos otro ejemplo empleado para visualizar los directorios cuyo nombre comienza con letra mayúscula. En el ejemplo primero tenemos que seleccionar las líneas que visualiza ls -l que comienzan con el carácter d (directorios), y cuyo campo noveno (nombre del archivo) comience con letra mayúscula. Para especificar ambas condiciones, emplearemos el operador && (AND lógico).

```
$ ls -l /usr | awk '$1 ~ /^d/ && $9 ~ /[A-Z]/'
drwxr-xr-x 8    root    root    4096 abr 3 21:32 X11R6
$
```

Según se puede apreciar, estamos empleando también expresiones de coincidencia de patrones. La primera expresión indica si $1 coincide con el patrón especificado por la expresión regular /^d/. La segunda expresión indica si $9 coincide con el patrón especificado por la expresión regular /[A-Z]/.

La forma que tiene awk de ejecutar los programas es la siguiente. Primero, awk compila el programa y genera un formato interno. A continuación, se realizan las asignaciones especificadas por medio de la opción -v. Seguidamente, awk ejecuta el código incluido en el bloque BEGIN, si es que existe tal bloque. Después, se procesa línea por línea el archivo o los archivos especificados en la línea de órdenes. Si no le especificamos ninguno, awk leerá en la entrada estándar. Una vez procesadas todas las líneas, se ejecuta el código incluido en el bloque END, si es que existe.

5.4.2.   Operadores empleados en `awk`

Ya hemos indicado previamente que con `awk` podemos emplear distintos operadores. Éstos son los que se indican seguidamente:

`=` `+=` `-=` `*=` `/=` `%=` `^=` Operadores de asignación. Se admite tanto la asignación absoluta (`variable = valor`) como la que utiliza un operador (el resto de los modos). Como ejemplo del primer tipo de asignación, podemos poner el siguiente:

```
datos = datos + $2
```

Esto podría haberse hecho de una forma más compacta usando el operador `+=`, tal y como se muestra a continuación:

```
datos += $2
```

Este segundo caso es idéntico al primero en cuanto a funcionalidad se refiere, pero es más compacto. Los operadores `+`, `-`, `*`, `/`, `%` y `^` significan suma, resta, multiplicación, división, resto de la división entera y exponenciación, respectivamente.

`?` Es igual a la expresión condicional empleada en el lenguaje C. Su formato es el siguiente:

```
expr1 ? expr2 : expr3
```

Esto debe entenderse como sigue: si `expr1` es cierto, el valor de la expresión es `expr2`; de otro modo, será `expr3`. Sólo se evalúa `expr2` o `expr3`.

`||` OR lógico.

`&&` AND lógico.

`~` `!~` Coincidencia y no coincidencia de expresiones regulares.

`<` `>` `<=` `>=` `!=` `==` Operadores relacionales.

`blanco` Concatenación de cadenas.

`+` `-` Suma y resta.

`*` `/` `%` Multiplicación, división y módulo (resto de la división entera).

`+` `-` `!` Más unario, menos unario y negación lógica.

`^` Exponenciación.

`++` `--` Incremento y decremento, tanto en forma de prefijo como de sufijo.

`$` Referencia a campo.

Veamos algunos ejemplos con estos operadores:

5.4.2.1.   Cálculo del tamaño medio de los archivos de un directorio

Para realizar esta operación introduciremos a nuestro filtro `awk` el resultado de la orden `ls -l`. El archivo de órdenes `awk` lo denominaremos `tamano` y su contenido es el siguiente:

```
BEGIN { Tamano = 0; }

/^[-r]/ {

    Tamano = Tamano + $5
    print "Procesado procesado " $9 " - "  NR " Ocupa= " $5 "\n"
}

END {
    print "Tamano medio " Tamano/NR;
}
```

Si tenemos un directorio `tmp` con los archivos siguientes:

```
$ ls -l tmp
total 32
-rw-rw-r-- 1  chan  igx   7039 jun 20 20:30 1_uno
-rw-rw-r-- 1  chan  igx  15903 jun 20 20:30 2_dos
-rw-rw-r-- 1  chan  igx   5074 jun 20 20:30 3_tres
$
```

al procesar el directorio indicado, obtendremos el siguiente resultado:

```
$ ls -l tmp | awk -f tamano
Archivo procesado  - 1 Tamaño=  Acumulado=  0
-rw-rw-r-- 1  chan  igx   7039 jun 20 20:30 1_uno
Archivo procesado 1_uno - 2 Tamaño= 7039 Acumulado=  7039
-rw-rw-r-- 1  chan  igx  15903 jun 20 20:30 2_dos
Archivo procesado 2_dos - 3 Tamaño= 15903 Acumulado=  22942
-rw-rw-r-- 1  chan  igx   5074 jun 20 20:30 3_tres
Archivo procesado 3_tres - 4 Tamaño= 5074 Acumulado=  28016
Tamaño medio 7004
$
```

5.4.3.   Matrices con `awk`

`awk` nos permite trabajar con matrices. Si a la matriz la denominamos `datos`, la forma de referenciar cada uno de los elementos consistirá en utilizar el nombre de la matriz y a continuación, entre corchetes, el número de elemento. De este modo, `datos[34]` es el elemento número 34 de la matriz. Vamos a poner un ejemplo en el que almacenemos el campo número nueve de cada línea del archivo de entrada en una matriz `a`. Para finalizar, visualizaremos toda la matriz. El programa que debemos emplear es el siguiente:

```
$ cat matriz
# Almacena el campo nueve en una matriz
# Visualiza la matriz
{ a[NR] = $9 }
END { for (i=1; i<NR; i++) print a[i] }
$
```

La forma de invocarlo será la indicada a continuación:

```
$ awk -f matriz archivo(s)
```

En el programa anterior hemos utilizado un bucle `for`. En un punto posterior mencionaremos de forma ampliada las sentencias de control de flujo y las funciones que podemos emplear con `awk`.

5.4.3.1.   Matrices asociativas con awk

Las matrices de `awk`, a diferencia de las proporcionadas por otros lenguajes de programación, son asociativas. Esto significa que el elemento que utilizamos como índice no tiene por qué ser numérico, sino que puede ser de cualquier otro tipo. Pongamos el siguiente ejemplo:

```
BEGIN {
    Animales["perro"]=3;
    Animales["gato"]=8;

    print Animales["perro"]
    print Animales["gato"]
}
```

El resultado de la ejecución del programa anterior sería la visualización de los números 3 y 8, actuando como índices dentro de la matriz dos cadenas de caracteres.

5.4.4.   Variables mantenidas por `awk`

En algún ejemplo anterior ya hemos utilizado algunas de estas variables, por ejemplo `NF`, `FS`, `$0`, etc. A continuación vamos a dar un listado más completo de estas variables (no se incluyen todas).

`FILENAME` Es el nombre del archivo que está siendo procesado. Si no se ha especificado ningún archivo desde la línea de órdenes, el valor de esta variable será – (entrada estándar).

`FNR` Es el número de línea del archivo que está siendo procesado.

`FS` Indica cuál es el carácter separador de campos (por defecto, es el espacio en blanco).

`NF` Es el número de campos presentes en la línea que está siendo procesada.

NR Indica el número total de líneas que han sido procesadas.

OFS Es el separador de campos para la salida. Por defecto, es el espacio en blanco.

ORS Es el separador de líneas de salida. Por defecto, es el carácter de nueva línea.

RS Es el separador de líneas de entrada. Por defecto, es el carácter de nueva línea.

$0 Representa la línea que se está procesando.

$n Representa el campo n de la línea que se está procesando.

5.4.5. Sentencias de control de flujo

awk es un auténtico lenguaje de programación, y como tal es capaz de trabajar con sentencias de control de flujo. Este tipo de sentencias vamos a describirlas a continuación.

Ejecución condicional con if

```
if (condición)
    orden
[else]
    [orden]
```

Si la condición que se evalúa es cierta, se ejecutará la orden u órdenes colocadas después del if. Si la condición no es cierta, se ejecutarán las colocadas después del else (si es que existe). La condición puede ser cualquier expresión que utilice operadores relacionales, así como operadores de correspondencia de patrones. Si se deben ejecutar varias órdenes, tanto después del if como después del else, éstas deberán ser colocadas entre llaves.

Bucles con while

```
while (condición)
    orden
```

Si se verifica la condición, se ejecutará la orden. Las posibles condiciones son las indicadas anteriormente al hablar de if. Si se deben ejecutar varias órdenes dentro del bucle, éstas deberán ir entre llaves.

Bucles con do

```
do
  orden
while (condición)
```

En este caso se ejecuta la orden indicada dentro del cuerpo do while. Si al evaluar la condición ésta se verifica, se volverá a ejecutar la orden. En el caso de que queramos ejecutar varias órdenes en el cuerpo del bucle, éstas deberán ir entre llaves.

Bucles con `for`

Esta orden tiene dos modos de operar. La sintaxis del primer modo es la siguiente:

```
for (i = mínimo; i < máximo; i++)
    orden
```

En este caso, mientras el valor de la variable `i` esté comprendido entre `mínimo` y `máximo`, se ejecuta la orden indicada. En el caso de especificar varias órdenes, éstas deben ir entre llaves. Para la condición de finalización del bucle `i < máximo`, se pueden emplear otros operadores relacionales. En el campo de progreso del bucle (`i++`) se pueden emplear `++` y `--`, tanto en forma pre como post.

El segundo modo se muestra a continuación:

```
for (elemento in matriz)
    orden
```

En este caso, para cada elemento de la matriz se ejecuta la orden indicada. En caso de especificar varias órdenes, éstas deben ir entre llaves. Para referirnos a cada elemento de la matriz utilizaremos la expresión `matriz[elemento]`, donde elemento es el número de ítem dentro de la matriz.

Ruptura de bucles con `break`

Esta sentencia se emplea para salir de un bucle `while` o `for`. Con ella podemos evitar iteraciones en caso de detectar que un bucle no tiene sentido que continúe su repetición.

Forzar la evaluación de la condición de un bucle con `continue`

Esta sentencia nos permite pasar a procesar la siguiente iteración dentro de un bucle `while` o `for`, saltando todas las posibles órdenes posteriores dentro del bucle.

Finalizar la ejecución con `exit`

Con esta sentencia se dejan de ejecutar instrucciones y no se procesan más archivos. Sólo se ejecutarán los procedimientos indicados en el patrón `END`. Así pues, `exit` sirve para finalizar el procesamiento de archivos por parte de `awk`.

5.4.6.   Órdenes de entrada-salida

`print`

Sintaxis: `print [argumentos] [destino]`

Con esta orden podemos imprimir los argumentos especificados en la salida. Los argumentos son normalmente campos, aunque también pueden ser cualesquiera de las variables de `awk`. Para visualizar cadenas literales, debemos ponerlas entre dobles comillas. Si los argumentos de `print` son separados por comas, en la salida serán separados por el carácter indicado en la variable OFS. Si los argumentos son separados por espacios en blanco, la salida será la concatenación de los argumentos. El parámetro destino puede ser una expresión de redirección o entubamiento. De este modo, podemos redirigir la salida por defecto.

printf

Sintaxis: printf [formato [, expresion(es)]]

Esta orden se utiliza para visualizar con formato las expresiones que le indiquemos. Su sintaxis es muy similar a la empleada en la función printf descrita en el lenguaje C. Esta orden también es capaz de interpretar secuencias de escape como el carácter de nueva línea \n o el tabulador \t. Los espacios y el texto literal que deseamos visualizar deben ir entre comillas dobles. Por cada expresión que deseamos visualizar, debe existir su correspondiente formato. Los formatos más comunes son los siguientes:

%s Una cadena de caracteres.

%d Un número decimal.

%n.mf Un número en coma flotante con n dígitos enteros y m decimales.

%o Un número en octal sin signo.

%x Un número hexadecimal sin signo.

Para aclarar conceptos, veamos un ejemplo del uso de printf.

```
$ date | awk {printf (Año %d. \nEn hexadecimal: %x \n,$6,$6)}
Año 2001.
En hexadecimal: 7d1
$
```

5.4.7.   Funciones numéricas

atan2(y, x) Devuelve el valor de la arcotangente de y/x en radianes.

cos(x) Devuelve el coseno de x en radianes.

exp(x) Función exponencial.

int(x) Trunca el número x a un entero.

log(x) Devuelve el logaritmo neperiano de x.

rand() Devuelve un número aleatorio comprendido entre 0 y 1.

sin(x) Devuelve el seno de x en radianes.

sqrt(x) Devuelve la raíz cuadrada de x.

`srand(x)` Permite utilizar el número x como nueva semilla para la generación de números aleatorios. Por defecto, se utiliza como semilla la hora actual.

Veamos un ejemplo de cómo podemos calcular los logaritmos neperianos de una serie de números que introducimos por el teclado haciendo uso de `awk`.

```
$ awk { printf (%5.7f\n, log($1)) }
2 pulsamos into
0.6931472 Resultado
2.8182 Pulsamos Intro
1.0360984 Resultado
6542 Pulsamos Intro
8.7859982 Resultado
Pulsar -Ctrl-d- para finalizar la entrada de datos
$
```

5.4.8.   Funciones de tratamiento de cadenas

`gsub(r,s,t)` Sustituye la cadena que verifica la expresión regular r por la subcadena s en la cadena total t. Si t no se proporciona, se asume que vale $0.

`index(s,t)` Devuelve la posición de la subcadena t en la cadena s. Si la subcadena t no se encuentra presente en s, `index` devuelve 0.

`length(s)` Devuelve la longitud de la cadena s. Si s no se especifica, se asume $0.

`match(s,r)` Devuelve la posición en s donde se verifica la expresión regular r. Si no se verifica el patrón, se devuelve 0.

`split(s,a,r)` Divide la cadena s en elementos de la matriz a (`a[0]`, `a[1]`, ..., `a[n]`). La cadena es dividida en cada ocurrencia de la expresión regular r. Si r no está presente, se asume que el separador es `FS`. `split` devuelve el número de elementos de la matriz.

`sprintf(fm,ex)` Formatea la lista de expresiones ex acorde con el formato especificado por fm (véase `printf`) y retorna la cadena resultante. La cadena es formateada, pero no visualizada.

`sub(r,s,t)` Opera igual que `gsub()`, pero sólo se reemplaza la primera subcadena que verifica la expresión regular.

`substr(s,i,n)` Devuelve la subcadena formada por n caracteres a partir de la posición i de la cadena original s. Si se omite el valor n, se asume que la subcadena la formarán el resto de los caracteres hasta el final de la cadena s.

`tolower(str)` Devuelve la cadena resultante de convertir en minúsculas las letras formantes de la cadena str. Los caracteres no alfabéticos no se ven afectados.

`toupper(str)` Devuelve la cadena resultante de convertir en mayúsculas las letras formantes de la cadena str. Los caracteres no alfabéticos no se ven afectados.

5.4.9.   Ejemplos de aplicación

Seguidamente, vamos a ver una serie de ejemplos de aplicación de `awk`. Con ellos se pretende dejar claros los conceptos vistos al hablar de este lenguaje de procesamiento.

En el primer ejemplo vamos a imprimir los campos de un archivo que están separados por el carácter : en orden inverso. Para ello, utilizaremos la sentencia `for`. El archivo sobre el que trabajaremos se denomina **prueba**, y su contenido es el siguiente:

```
$ cat prueba
blanco:73:Marte:1543:Manuel
verde:17:Jupiter:1968:Sebastian
azul:24:Venus:1970:Ana
rojo:35:Neptuno:1122:Javier
amarillo:135:Tierra:1234:Raul
$
```

El archivo de órdenes `awk` lo denominamos **r_for**, y su contenido es el siguiente:

```
$ cat r_for

BEGIN { FS = : ; ORS= }

{
  for (i=NF; i>=1; i--) { print $i, : }
  print \n
}
$
```

Veamos los resultados al operar sobre el archivo prueba:

```
$ awk -f r_for prueba
Manuel :1543 :Marte :73 :blanco :
Sebastian :1968 :Jupiter :17 :verde :
Ana :1970 :Venus :24 :azul :
Javier :1122 :Neptuno :35 :rojo :
Raul :1234 :Tierra :135 :amarillo :
$
```

En el siguiente ejemplo vamos a ver un método sencillo que nos permite calcular el tamaño total en bytes y kilobytes de los archivos de un determinado directorio. El archivo de órdenes `awk` lo denominamos **total**, y su contenido es el siguiente:

```
$ cat total
# Sólo nos quedamos con los archivos ordinarios
# Cuando se visualizan con ls -l comienzan con -
/^-/ { total = total + $5 }

END {
```

```
      print Tamaño total en bytes:, total
      print Tamaño total en Kbytes:, total/1024
}
$
```

La forma de uso se muestra a continuación con un ejemplo:

```
$ ls -l | awk -f total
Tamaño total en bytes: 44837
Tamaño total en Kbytes: 43.7861
$
```

El próximo ejemplo puede ser utilizado para calcular la longitud media del número de caracteres de los nombres de los archivos de un directorio. El programa awk se denomina longfich, y su contenido es el siguiente:

```
$ cat longfich

# Cálculo del número de caracteres del nombre de los
# archivos visualizados con ls -l

# Nos saltamos la primera línea.

NR > 1 {
    print $9, tiene, length ($9), caracteres
    caracteres+=length($9)
}

END { print longitud media:, caracteres/(NR -1) }

$
```

A continuación se muestra un ejemplo de uso:

```
$ ls -l | awk -f longfich
datos tiene 5 caracteres
dirlist tiene 7 caracteres
f_awk tiene 5 caracteres
f_prueba tiene 8 caracteres
fich tiene 4 caracteres
longfich tiene 8 caracteres
matriz tiene 6 caracteres
personas tiene 8 caracteres
prueba tiene 6 caracteres
r_for tiene 5 caracteres
total tiene 5 caracteres
longitud media: 6.09091
$
```

En el siguiente ejemplo vamos a calcular el mayor número de identificador de usuario que existe en el archivo `/etc/passwd`. Hay que tener en cuenta que el campo de UID del archivo es el tercero, y que los distintos campos están separados por `:`. El programa `awk` que vamos a utilizar lo denominamos `uidmax`, y su contenido es el siguiente:

```
$ cat uidmax
# Calcula el UID máximo de /etc/passwd

BEGIN { FS = : ; x = 0 }

$3 > x { x = $3 }

END { print x }

$
```

Ejemplo:

```
$ awk -f uidmax /etc/passwd
535
$
```

Como último ejemplo vamos a comprobar que dentro de un archivo el número de veces que abrimos llaves coincide con el número de veces que las cerramos. Este programa puede sernos de utilidad para detectar errores en un programa escrito en lenguaje C o en los propios programas de `awk`. El ejemplo se puede aplicar (modificándolo ligeramente) para comprobar lo mismo cuando utilicemos corchetes o paréntesis. El contenido del programa `awk`, que denominamos `sint`, se muestra seguidamente:

```
$ cat sint
{
  cadena_a=$0;
  cadena_b=$0;

  a = index (cadena_a, "{");
  b = index (cadena_b, "}");

  while ((a != 0) || (b != 0))
  {
    if (a != 0)
      llave++

    if (b != 0)
      llave--

    cadena_a=substr(cadena_a, a+1);
    cadena_b=substr(cadena_b, b+1);
```

```
    a = index (cadena_a, "{");
    b = index (cadena_b, "}");

  }
}

END { print llave }

$
```

Ejemplo:

```
$ awk -f sint menu.c
0
$
```

El resultado 0 indica que el número de llaves abiertas coincide con el de las cerradas, por lo que el resultado es correcto.

5.5.   Ejercicios

5.1 En una única línea de órdenes realice las acciones oportunas para que se visualice por pantalla el mes actual y, además, que quede almacenado en un archivo denominado `mes_actual`.

5.2 Cree un archivo denominado **personas** que contenga los nombres, apellidos y edades de 15 personas. Liste todas las personas del archivo anterior cuya edad sea de 27 años. Liste los datos de todas aquellas personas cuyo primer apellido comience con S. Visualice la edad de una persona que se llame **Ana**. Ordene alfabéticamente por apellidos el archivo anterior y genere un nuevo archivo en su directorio de arranque denominado `personas.orden.alfabetico`. Ordene por edades el archivo **personas** y genere un nuevo archivo denominado `personas.orden.edad`. ¿Cuántas personas existen en el archivo **personas** cuya edad sea de 23 años?

5.3 ¿Cómo podríamos quedarnos solamente con la información relativa a la hora que nos visualiza `date` por pantalla?

5.4 ¿Cómo podríamos visualizar el contenido de un archivo de texto a la vez que éste se imprime utilizando un único mandato?

5.5 Busque en el disco todos los archivos cuyo nombre sea `core` y visualícelos.

5.6 Busque en el disco los archivos que haya creado en los dos últimos días y cuyo tamaño sea mayor que un kilobyte.

5.7 Utilizando la orden `find`, visualice por pantalla de forma recursiva todos los archivos existentes a partir de su directorio de arranque.

5.8 Liste todos los archivos que cuelgan de /usr cuyo nombre comience por letras comprendidas entre la a y la f y cuyo tamaño sea inferior a 10 bloques de disco.

5.9 Liste por pantalla únicamente los archivos ordinarios que cuelgan del directorio /usr.

5.10 Calcule el tanto por ciento de archivos existentes en el sistema cuyo tamaño sea menor que 10 Kbytes.

5.11 Busque en el disco los archivos cuya extensión sea .h, y dentro de ellos busque la cadena memcpy.

5.12 ¿Qué orden emplearía para visualizar en mayúsculas el contenido de cualquier archivo de texto?

5.13 ¿Qué orden emplearía para visualizar las líneas de cualquier archivo de texto que comiencen con letra mayúscula?

5.14 Realice un programa awk que visualice la cantidad de disco empleada por un determinado usuario. Si esta cantidad es mayor que 10 MBytes, comuníquelo mediante un mensaje.

5.15 Cree un archivo compuesto por varias líneas, cada una de ellas con el siguiente formato:

Nombre Apellido1 Apellido2 Nota

La nota es un valor numérico comprendido entre cero y diez. Una vez creado este archivo, realice un programa awk que genere un nuevo archivo en el que el campo nota se sustituya por una de las palabras siguientes:

Suspenso (si nota < 5),

Aprobado (si $5 \geq$ nota < 7),

Notable (si $7 \geq$ nota < 9) y

Sobresaliente (si nota ≥ 9)

Capítulo 6

Programación del intérprete de órdenes

Como hemos visto hasta ahora, el shell es un intérprete de órdenes, pero el shell no es solamente eso; los intérpretes de órdenes de Linux son auténticos lenguajes de programación. Como tales, incorporan sentencias de control de flujo, sentencias de asignación, funciones, etc. Los programas de shell no necesitan ser compilados como ocurre en otros lenguajes. En este caso, el propio shell los interpreta línea a línea. En este aspecto, su modo de operación es similar a algunos lenguajes de programación, los cuales también son interpretados (por ejemplo, BASIC). A estos programas se los conoce generalmente con el nombre de *shell scripts*, y son los equivalentes a los archivos por lotes de otros sistemas operativos. Nosotros describiremos la sintaxis reconocida por sh, ksh y bash. La programación del csh difiere considerablemente de la que explicaremos en este capítulo. En este último caso, su sintaxis es muy similar a la empleada en programas escritos en lenguaje C.

La forma de escribir un programa de shell consiste en crear un archivo de texto con un editor (por ejemplo, vi). Este archivo contendrá las órdenes que el shell va a ir interpretando y ejecutando. Una vez que tenemos el archivo de texto, es necesario darle al archivo el atributo de ejecución, para ello emplearemos la orden chmod. Una vez hecho esto, podremos ejecutarlo como cualquier otra orden.

Muchas de las órdenes que vamos a describir en este capítulo pueden ser utilizadas fuera de los programas de shell, directamente desde la línea de órdenes, aunque su uso más extendido se aplica dentro de los *shell scripts*.

6.1. Primer programa de shell

Vamos a crear a continuación un sencillo *shell script* para mostrar cuál va a ser la técnica general para crear este tipo de programas. En primer lugar, lo que tenemos que hacer es elegir el nombre que le vamos a dar a nuestro programa. En nuestro caso, vamos a ser originales y lo denominaremos shell_script. A continuación invocaremos a nuestro

Ejemplo:

```
$ cat sh_exit
if [ $# -eq 0 ]; then
  echo Forma de uso: $0 [-c] [-d] archivo(s)
  exit 1 #código de retorno erróneo
fi
$
```

La secuencia de código anterior puede ser utilizada dentro de un programa de shell para comprobar si le pasamos o no parámetros. En caso de no pasarle parámetros, visualizará el mensaje de error y terminará el programa.

select

```
Sintaxis: select i [in lista]
          do
                orden(es)
          done
```

La sentencia `select` es sólo válida para el *Korn shell* y el `bash`. Esta sentencia visualiza los elementos indicados en lista, numerados en el orden en que aparecen, en la salida estándar de error. Si no se proporciona tal lista, ésta es leída desde la línea de órdenes a través de la variable $@ (ver 6.3). A continuación de las opciones numeradas indicadas en lista se visualiza la cadena (*prompt*), indicada por la variable PS3. Cuando aparezca este *prompt*, tendremos que elegir una de las opciones indicadas en la lista introduciendo el número que la identifica. Si se introduce una opción válida, se ejecutarán las órdenes asociadas. Si como opción introducimos ENTRAR, el menú de opciones volverá a ser visualizado. Cualquier entrada que indique el usuario será almacenada en la variable REPLY.

Ejemplo:

```
$ cat sh_select
PS3="Opción: "
select i Listado Quien Salir
do case $i in
    Listado) ls -l ;;
    Quien) who;;
    Salir) exit 0;;
    *) echo Opción incorrecta
    esac
done
$
```

A continuación se muestra el resultado de la ejecución del programa de shell anterior, así como los resultados ante diversas entradas.

```
$ sh_select
1) Listado
```

```
2) Quien
3) Salir
Opcion: 1
total 4
-rwxr-xr-x 1   chan   igx    166 dec  6 09:31 sel
-rw-r--r-- 1   chan   igx   1134 dec  6 09:30 sel.doc
-rw-r--r-- 1   chan   igx    158 oct 28 22:05 sortfile
1) Listado
2) Quien
3) Salir
Opcion: 2
chan tty2 Dec 6 09:26
chan tty1 Dec 6 09:03
1) Listado
2) Quien
3) Salir
Opcion: 5
Ehhh?
1) Listado
2) Quien
3) Salir
Opcion: 3
$
```

6.5. Uso de funciones en programas de shell

Dentro de los programas de shell se puede hacer uso de funciones. En una función podemos agrupar un conjunto de órdenes que se ejecuten con cierta frecuencia. Las funciones hay que declararlas antes de usarlas.

Ejemplo:

```
$ cat func
# Si no se pasan parámetros al programa se ejecuta la función error.
# Obsérvese que para invocar a la función no colocamos los
# paréntesis. Seguidamente definimos la función error.

error() {
    echo Error de sintaxis
    exit 2
}

if [ $# = 0 ]
then
    error
else
```

```
        echo Hay $# argumentos
fi
$
```

Las funciones además pueden colocarse en otro archivo aparte. De esta forma podemos diseñar una biblioteca de funciones y reutilizarlas en nuestros programas.

Como ejemplo de aplicación de funciones vamos a diseñar una función que denominaremos espacio_ocupado(id_particion) que obtenga la cantidad de memoria ocupada de una partición de disco dada como argumento. Esta función la vamos a situar la función en un archivo aparte denominado funciones.

Para diseñar la función partiremos de la información que nos aporta la orden df cuya salida es similar a la siguiente:

```
S.ficheros          Bloques de 1K   Usado    Dispon Uso% Montado en
/dev/sda3           13456612      7296480    5476568  58% /
varrun                 777772          208     777564   1% /var/run
varlock                777772            0     777772   0% /var/lock
udev                   777772           80     777692   1% /dev
devshm                 777772            0     777772   0% /dev/shm
/dev/sda4           14421376     12245120    1443692  90% /home
/dev/sda1           10080488      8856308     712112  93% /media/data
```

Esta orden nos informa de que la partición hda2 tiene 6.090.976 bytes ocupados. Podemos utilizar el filtro cut para obtener sólo este campo y grep para localizar la línea que contiene la información sobre la partición en la que estemos interesados:

```
$ df -k | grep /dev/hda2 | tr -s ' ' | cut -d ' ' -f 3
6090456
```

Utilizamos el modificador -k para que el resultado de df esté expresado en kilobytes. La orden tr -s suprime los espacios en blanco duplicados para que cut pueda usarlos como delimitador de campos de forma correcta.

Ahora que tenemos la orden correcta vamos a introducirla en el archivo funciones:

```
#!/bin/bash
espacio_ocupado() {
  ESPACIO=`df -k | grep /dev/$particion | tr -s ' ' | cut -d ' ' -f 3`
}
```

Para hacer uso de esta función desde otro *script* es necesario indicar en qué archivo se encuentra. Para esto se coloca al principio de la línea un punto, un espacio y nombre del archivo que contiene la función con su camino (*path*) si fuera necesario. El siguiente ejemplo muestra cómo incluir el archivo funciones y cómo utilizar la función espacio_ocupado que acabamos de diseñar. El objetivo es crear un *script* llamado espacio que reciba como argumento el nombre lógico de una partición y muestre por pantalla un mensaje informando del espacio ocupado en dicha partición.

```
#!/bin/bash
. ./funciones
particion=$1
```

```
espacio_ocupado
echo La partición $1 tiene ocupados $ESPACIO Kb
```

El resultado de su ejecución será el siguiente:

```
$ ./espacio hda1
La partición hda1 tiene ocupados 12912524 Kb
$
```

6.6. Señales y orden trap

Ciertos eventos generan señales que se envían a los procesos en ejecución, como ejemplos podemos citar:

- Salir del sistema (*logout*) envía la señal 1 a los procesos en *batch*.

- `delete` envía la señal 2 a los procesos interactivos.

- `kill PID` envía por defecto la señal 15 al proceso cuyo identificador es PID.

La mayoría de las señales hacen que un proceso finalice (muera). Atrapar una señal es una forma de interrumpir procesos actuales en respuesta a una señal para que se ejecute una rutina predefinida, llamada generalmente rutina de servicio de interrupción. La única señal que no se puede recoger ni ignorar es la número 9. A continuación se muestran todos los tipos de señales utilizadas:

0 Salida del shell (normalmente cuando termina el *shell script*).

1 *Hangup* (normalmente `logout`).

2 Interrupción (normalmente Crtl-c).

3 Salir.

4 Instrucción ilegal.

5 *Trace trap.*

6 *I/O trap instruction* (fallo hardware).

7 *Emulator trap instruction* (fallo hardware).

8 Error en coma flotante.

9 Terminación irremisible del proceso.

10 Error de bus.

11 Violación de segmento.

12 Argumento erróneo en una llamada al sistema.

13 Intento de escritura en una tubería en la que no hay nadie leyendo.

14 Reloj de alarma.

15 Finalización software (normalmente vía `kill`).

trap

Sintaxis: `trap orden(es) señal [señal]`

La orden `trap` se puede usar en programas del shell para capturar señales antes de que puedan matar al proceso. La orden `trap` puede hacer tres cosas con las señales:

- En vez de abortar el proceso, la señal puede disparar la ejecución de órdenes específicas del shell.

- Puede ignorar las señales.

- Puede reactivar señales. Después de recoger o ignorar una señal, podemos usar la orden `trap` para restaurar la acción por defecto, que generalmente es la terminación del proceso.

  `trap 2` Ignora la señal 2 (interrupción)

  `trap 2` Restaura la interrupción

Ejemplo:

```
$ cat sh_trap
trap 'echo adios; exit' 2
while true
do
   echo hola
done
$
```

En el ejemplo anterior se está visualizando por pantalla el mensaje `hola` hasta que se pulse Ctrl-c (señal número 2); en ese momento se visualiza el mensaje `adios` y se finaliza el *shell script*. Vamos a ejecutar el programa:

```
$ sh_trap
hola
hola
hola
- Ctrl-c -
adios
$
```

6.7. Ejemplos de aplicación

Seguidamente vamos a ver una serie de programas de shell. Con ellos se pretende afianzar las ideas mostradas en este capítulo. Muchos de los programas que describiremos pueden utilizarse como órdenes añadidas a Linux.

Como primer ejemplo crearemos un programa que permita eliminar procesos tal y como lo hacíamos con la orden `kill`. La ventaja de este programa es que no necesitamos conocer el PID del proceso(s) que queremos eliminar. En su lugar, utilizaremos únicamente el nombre del proceso. Para invocar al programa, lo haremos por su nombre, `mata`, y a continuación le pasaremos como parámetro los procesos que vamos a eliminar. Si no le pasamos ningún parámetro, el programa visualizará por pantalla una pequeña ayuda, así como información relacionada con la persona que lo ha escrito.

```
$ cat mata

################################################################
# Para hacer operativo el programa, invoque previamente   #
# la siguiente orden (esto sólo debe hacerse una vez)      #
#                                                           #
# chmod +x mata                                             #
################################################################

case $# in

   0) echo
      echo "+--------------------------------------------+"
      echo "| mata, elimina el proceso que le indiquemos. |"
      echo "| Por Sebastián Sánchez Prieto,               |"
      echo "| Alcalá 20-10-95. Email: ssp@aut.uah.es      |"
      echo "+--------------------------------------------+"
      echo
      echo Forma de uso: mata {[}proceso(s)]
      echo
      ;;

   *)

      for proc in $*
      do
        kill -9 `ps|grep $proc|grep -v grep|awk \{print \$1\}`
      done
      ;;

esac

$
```

El segundo programa que vamos a mostrar es un juego. El objetivo es adivinar un número generado seudoaleatoriamente por el programa a partir de la hora del sistema. El número propuesto por el usuario será introducido desde el teclado, y si es mayor que el generado se visualizará un mensaje indicando que es un número alto, y si es menor que el generado se visualizará un mensaje indicando que se trata de un número bajo. De este modo, el usuario puede ir acotando el número clave hasta que lo adivine. Cuando el número sea acertado, se visualizará un mensaje indicando el número de intentos que hemos necesitado. Se insta al lector a que mejore el algoritmo de generación de números empleando la función `rand()` de `awk`, vista en el capítulo anterior. El código del programa `adivina` se muestra a continuación.

```
$ cat adivina
###########################################################
#                        JUEGO                            #
###########################################################
###########################################################
# Este shell script es un juego que consiste en           #
# acertar un número generado aleatoriamente a             #
# partir de la hora del sistema. Cada vez que             #
# introducimos un número, se nos indica si el             #
# valor correcto es mayor o menor; por último,            #
# si acertamos, nos indica el número de intentos          #
# que hemos necesitado.                                    #
###########################################################
TRUE=0
FALSE=1
vale=TRUE       # Condición de terminación
cont=0          # Número de intentos
###########################################################
#     Cálculo del valor inicial a partir de la hora       #
###########################################################

var1=`date | cut -c12-13`
var2=`date | cut -c15-16`
var3=`date | cut -c18-19`
res1=`expr $var1 \g* 10`
res2=`expr $var2 \g* 200`
res3=`expr $res1 + $res2`
res5=`expr $res3 + $var3`
valor=$res5
clear


echo
echo "+-------------------------------------------------+"
echo "| adivina. El objetivo es adivinar un número.     |"
echo "| Por Sebastián Sánchez Prieto, Alcalá 22-Oct-95|"
```

```
echo "| Email: ssp@aut.uah.es                          |"
echo "+-------------------------------------------------+"
echo

while [ $vale = TRUE ]
do
    cont=`expr $cont + 1`
    echo
    echo -n Introduce un numero:
    read numero
    if [ $numero = $valor ]
    then
        echo Acertaste en $cont veces
        vale=FALSE
    else
        if [ $numero -lt $valor ]
            then
                echo $numero es bajo
        else
            echo $numero es alto
        fi
    fi
done
$
```

Como sabemos, cuando en Linux borramos un archivo es imposible recuperarlo. A continuación se presentan dos utilidades que nos permiten borrar y recuperar archivos, respectivamente. A estos programas los llamaremos **borra** y **recupera**. La forma de operar del programa **borra** será la siguiente: cuando deseemos eliminar un archivo, en vez de invocar a la orden **rm**, el archivo será enviado (movido) a un directorio oculto que denominaremos .**papelera**. En este directorio se van a almacenar todos y cada uno de los archivos que hayamos eliminado. Además, **borra** admitirá dos opciones, con una de ellas nos mostrará el contenido completo de la papelera, y con la segunda, todos los archivos de la papelera serán eliminados definitivamente. El contenido del programa **borra** se muestra seguidamente:

```
$ cat borra
###########################################################
#               BORRADO DE ARCHIVOS RECUPERABLE           #
###########################################################
###########################################################
# Este shell script se encarga de borrar los archivos     #
# que le pasemos como parámetros pero dejando una          #
# copia de seguridad en el directorio oculto               #
# .papelera. La orden que denominamos borra admite         #
# dos opciones -v y -b. Con la primera se muestra          #
# el contenido de la papelera, y con la segunda se         #
```

```
# borra.                                                        #
################################################################
################################################################
#            Comprobamos si la sintaxis es correcta        #
################################################################
if [ $1 = ]
then
    echo
    echo "+-------------------------------------------+"
    echo "|borra, borrado de archivos recuperable.    |"
    echo "|Por Sebastián Sánchez Prieto.              |"
    echo "|Alcalá 20-Oct-95. Email: ssp@aut.uah.es    |"
    echo "+-------------------------------------------+"
    echo
    echo Sintaxis: $0 [-v] [-b] archivo [archivo ...] >&2
    echo
    exit -1
fi
################################################################
#         Comprobamos si existe en el directorio         #
#         HOME el subdirectorio .papelera, si no         #
#         existe, lo creamos.                            #
################################################################
test -d $HOME/.papelera
if [ $? = 1 ]
    then
    mkdir $HOME/.papelera
fi
################################################################
#         Comprobamos si el primer parámetro comienza    #
#         con un - para tomar las decisiones             #
#         oportunas.                                     #
################################################################

param=`echo $1 | cut -c 1`

if [ $param = - ]
then
case $1 in
    -v) echo La papelera incluye los siguientes archivos:
        ls $HOME/.papelera;;
    -b) echo Estoy borrando la papelera
        rm $HOME/.papelera/*;;
    -*) echo $0: $1 argumento no válido >&2
        exit;;
esac
```

```
###############################################################
#           Borramos los archivos especificados          #
###############################################################
else
    echo -n ¿Está seguro de que quiere eliminar $*? (s/n):
    read resp
    if [ $resp = s -o $resp = S ]
    then
        for i in $*
        do
            if [ -f $i ]
            then
                mv $i $HOME/.papelera > /dev/null 2> /dev/null
            else
                echo $i: No existe >&2
            fi
        done
    else
        exit
    fi
fi
$
```

El programa para recuperar archivos sólo admitirá una opción, con la cual recuperaremos todo el contenido de la papelera. El listado de la orden **recupera** se muestra a continuación.

```
$ cat recupera
###############################################################
#           RECUPERADOR DE ARCHIVOS BORRADOS              #
###############################################################
###############################################################
# Este shell script se utiliza para recuperar archivos   #
# que estén guardados en la papelera. Estos archivos      #
# deben ser pasados como parámetro a recupera. Si         #
# desea recuperar todos los archivos de la                #
# papelera, tiene que pasarle la opción -t                #
###############################################################
###############################################################
#           Comprobamos si la sintaxis es correcta        #
###############################################################
if [ $1 = ]
then
    echo
    echo "+-------------------------------------------+"
    echo "| recupera, recupera archivos borrados.     |"
    echo "| Por Sebastián Sánchez Prieto,             |"
```

```
    echo "| Alcalá 20-Oct-95. Email: ssp@aut.uah.es    |"
    echo "+-------------------------------------------+"
    echo
    echo Sintaxis: $0 [-t] archivo [archivo ...] >&2
    echo
    exit -1
fi
############################################################
#        Comprobamos si el primer parámetro         #
#        comienza con un - para tomar las           #
#        decisiones oportunas.                      #
############################################################

param=`echo $1 | cut -c1`

if [ $param = - ]
    then
        case $1 in

            -t) if [ `ls $HOME/.papelera | wc -w` -eq 0 ]

                then
                    echo No hay archivos en la papelera
                    exit 0
                fi
                echo Recuperando todos los archivos borrados
                for i in $HOME/.papelera/*
                do
                    mv $i .
                done;;
            -*) echo $0: $1 argumento no válido>&2
        esac
############################################################
#        Recuperamos los archivos especificados       #
############################################################
else
    for i in $*
    do
        test -f $HOME/.papelera/$i
        if [ $? = 1 ]
            then
                echo $1 no existe
            else
                mv $HOME/.papelera/$i .
        fi
```

```
    done
fi
$
```

En ocasiones resulta útil disponer de una herramienta que compruebe que todos los usuarios tienen un directorio de inicio (*home*) e informe del espacio ocupado por cada usuario en el sistema de archivos. En primer lugar analizaremos todas las entradas del archivo /etc/passwd y nos quedaremos con aquellas cuyo UID sea mayor que 500, ya que éste es el primer UID que asigna Linux a los usuarios regulares. Para otros sistemas simplemente modificaremos este valor. Este análisis previo lo haremos utilizando un filtro basado en awk. Una vez obtenido el nombre de los usuarios, comprobaremos uno por uno si tienen directorio de inicio en /home. En el caso de que no lo tengan se mostrará un mensaje informativo por la consola, y en el caso contrario se mostrará un mensaje con el tamaño en kilobytes de espacio ocupado por dicho directorio.

```
#!/bin/bash
DIR_HOME=/home
LISTA_USUARIOS=`awk -F: '$3>=500  print $1 ' /etc/passwd`
echo $LISTA_USUARIOS
for USUARIO in $LISTA_USUARIOS
do
        if [ -d $DIR_HOME/$USUARIO ]
        then
                ESPACIO=`du -s $DIR_HOME/$USUARIO | cut -f 1`
                echo Usuario: $USUARIO dir. home correcto [$ESPACIO]
        else
                echo Usuario: $USUARIO no tiene dir. home
        fi
done
```

El último programa que vamos a describir es un conversor de nombres de archivos de letras mayúsculas a minúsculas. Además, cualquier carácter punto y coma ; será convertido en un punto .. Este programa puede servirnos de utilidad cuando leemos archivos de un CD-ROM, los cuales suelen venir en letras mayúsculas y contener en ciertos casos caracteres punto y coma, los cuales, como ya sabemos, tienen un significado especial para el intérprete de órdenes. El programa verifica si los archivos son directorios, en cuyo caso no se les modifica el nombre. Verifica también si los archivos no existen, si ya están en minúsculas, etc. Al programa en cuestión lo hemos bautizado como mami (mayúsculas-minúsculas), y su contenido se muestra seguidamente:

```
$ cat mami
###############################################################
#             CONVERSOR DE NOMBRES DE ARCHIVO                 #
#             DE MAYÚSCULAS A MINÚSCULAS                      #
###############################################################
if [ $1 = ]
```

```
then
    echo
    echo "+-----------------------------------------------+"
    echo "| mami, convierte nombres de archivos de        |"
    echo "| mayúsculas a minúsculas y el ; en .           |"
    echo "| Por Sebastián Sánchez Prieto, Alcalá 22-Oct-95|"
    echo "| Email: ssp@aut.uah.es                         |"
    echo "+-----------------------------------------------+"
    echo
    echo Sintaxis: $0 archivo [archivo ...] >&2
    echo
    exit -1
fi
for i in $*
do

    nuevonombre=`echo $i | tr [A-Z\;] [a-z\.]`


    # Si es un directorio, no lo convertimos
    if [ -d $i ]
    then
        echo $i es un directorio: no se convierte

    # Si el archivo no existe, no se convierte
    elif [ ! -f $i ]
    then
        echo El archivo $i no existe

    # Si los nombres coinciden, no se modifica
    elif [ $nuevonombre = $i ]
    then
        echo $i se queda como estaba

    # Si el archivo ya existía, no lo sobrescribimos
    elif [ -f $nuevonombre ]
    then
        echo El archivo $nuevonombre ya existe 2>&1

    # No movemos los subdirectorios si existen
    elif [ -d $nuevonombre ]
    then
        echo El directorio $nuevonombre ya existe 2>&1

    # Hacemos el cambio
    else
```

```
        mv $i $nuevonombre
        echo Archivo $i convertido a $nuevonombre
    fi
done
$
```

6.8. Ejercicios

6.1 Realice un programa de shell que reciba desde la línea de órdenes tres palabras y se encargue de mostrarlas por pantalla ordenadas alfabéticamente.

6.2 Repita el ejercicio anterior, pero leyendo las tres palabras de forma interactiva.

6.3 Realice un programa de shell que reciba desde la línea de órdenes dos palabras y nos indique si son iguales o distintas. Si el número de parámetros no es correcto, se deberá visualizar un mensaje de error.

6.4 Realice un programa de shell que reciba desde la línea de órdenes los nombres de dos programas ejecutables. Si tras la ejecución del primero se detecta algún error, el segundo no se deberá ejecutar. Tenga en cuenta los posibles errores e indique, si se produce alguno, de qué tipo es.

6.5 Realice un programa de shell que reciba desde la línea de órdenes los nombres de dos archivos ordinarios y nos diga cuál de ellos tiene mayor tamaño. Si el número de argumentos no es el correcto, se deberá visualizar un mensaje de error, así como si ambos archivos no son ordinarios.

6.6 Realice un programa de shell que tenga la misma funcionalidad que la orden `cal`, pero, en nuestro caso, el mes se especificará por su nombre y no por su número. Un ejemplo de utilización podría ser:

```
$ calendario junio 2008
```

6.7 Realice un programa de shell que visualice por pantalla los números del 1 al 100, así como sus cuadrados.

6.8 Realice un programa de shell que pida por teclado una cadena de caracteres y no finalice hasta que la cadena sea `fin`.

6.9 Realice un programa de shell que elimine todos los archivos del directorio especificado desde la línea de órdenes y cuyo primer carácter sea la letra `a`.

6.10 Realice un programa de shell que busque en todo el disco los archivos indicados desde la línea de órdenes.

6.11 Realice un programa de shell que envíe un mensaje a cada uno de los usuarios que están conectados en ese momento al sistema.

6.12 Realice una calculadora que ejecute las cuatro operaciones básicas +, -, * y /.

6.13 Realice un programa que se ejecute en segundo plano y nos avise cuando un determinado usuario inicie sesión en el sistema. El nombre de la persona se lo pasaremos como argumento desde la línea de órdenes.

6.14 Realice un programa que nos dé el código ASCII, en octal, de la letra o letras que le indiquemos desde la línea de órdenes.

6.15 Realice un programa de shell que muestre un menú de opciones. Con la primera, enviaremos correo a un usuario que debe ser especificado. Con la segunda, se nos permitirá editar cualquier archivo de texto. Con la tercera, podremos imprimir un archivo de texto, y con la cuarta y última, podremos abandonar el programa.

6.16 Realice un programa de shell que nos avise de algún acontecimiento a la hora que le indiquemos. Su sintaxis debe ser similar a la siguiente:

```
\$ avisa {[}hora:]minutos {[}mensaje]
```

6.17 Realice un programa de shell que bloquee el terminal por medio de una palabra clave. La lectura de la palabra se debe hacer sin eco; para ello, se debe utilizar la orden `stty -echo`; el eco se puede restaurar con la orden `stty echo`.

editor favorito (¿vi?) e introduciremos dos líneas de texto correspondientes a dos órdenes Linux. Con ello, generamos un archivo que contiene lo siguiente:

```
$ cat shell_script

##########################
# shell script de prueba #
##########################
who
date
$
```

Una vez creado el archivo de texto (shell_script), debemos cambiar sus atributos para que tenga derecho de ejecución. La forma de hacerlo es la siguiente:

```
$ chmod +x shell_script
$
```

Una vez cambiados los derechos, ya podremos ejecutar nuestro programa tal y como lo hacemos con cualquier otro programa. Sólo es necesario poner al archivo el atributo de ejecución una vez, puesto que una vez cambiado, este atributo no se verá modificado. Así pues, aunque volvamos a editar el archivo, no será necesario utilizar de nuevo la orden chmod. En caso de no tener el directorio actual ., en el PATH sería necesario invocar al *shell script* anteponiendo la cadena ./ y a continuación (sin espacio en blanco) el nombre del *shell script*. Los resultados de la ejecución del programa se muestran seguidamente:

```
$ shell_script
chan      :0            Jun 22 10:07
chan      pts/0         Jun 22 10:08 (:0.0)
chan      pts/1         Jun 22 10:08 (:0.0)
chan      pts/2         Jun 22 10:08 (:0.0)
chan      pts/3         Jun 22 10:08 (:0.0)
sab may 10 19:46:51 CEST 2008
$
```

Es posible (e incluso recomendable), tal y como hemos hecho en este primer ejemplo, añadir comentarios a nuestros programas de shell, para ello, si una línea es de comentarios, debe comenzar con el carácter #. En el caso anterior, si . no forma parte del PATH, habría que invocarlo de la forma ./shell_script.

6.2.   Paso de parámetros a un programa de shell

A menudo queremos que nuestros programas de shell reciban parámetros desde la línea de órdenes para hacerlos más versátiles. Estos parámetros son lo que se conocen como parámetros de posición. Los parámetros de posición se pueden usar dentro de un programa del shell como cualquier otra variable del shell; es decir, para saber su valor utilizaremos el símbolo $. Los parámetros dentro del *shell script* son accesibles utilizando las variables:

$0 Representa al parámetro cero o nombre del programa.

$1 Representa al parámetro uno.

...

$9 Representa al parámetro nueve.

Si, por ejemplo, tenemos un programa de shell denominado `prog` y lo invocamos de la siguiente forma:

```
$ prog datos 35 suma
```

Dentro del programa de shell tenemos lo siguiente:

```
$0 = prog
$1 = datos
$2 = 35
$3 = suma
```

Podemos usar los parámetros de posición para referenciar hasta nueve argumentos de la línea de órdenes (desde $0 hasta $9). Más tarde veremos la forma de acceder a más de nueve.

Vamos a poner un ejemplo de *shell script* que visualiza los cuatro primeros parámetros que le pasemos. Al programa lo denominaremos `sh_param`, y su contenido es el siguiente:

```
$ cat sh_param
##############################################
# este shell script visualiza los parámetros #
# que le pasamos desde la línea de órdenes    #
##############################################
echo Parámetro 0 = $0
echo Parámetro 1 = $1
echo Parámetro 2 = $2
echo Parámetro 3 = $3
$
```

Evidentemente, como en el caso anterior, antes de poder ejecutar el programa es necesario darle los derechos de ejecución al archivo `sh_param` del siguiente modo:

```
$ chmod +x sh_param
$
```

Una vez que nuestro archivo es ejecutable, podemos invocarlo utilizando hasta cuatro argumentos (incluido el nombre del programa). Los resultados de su ejecución se muestran seguidamente:

```
$ sh_param uno dos tres
Parámetro 0 = ./sh_param
Parámetro 1 = uno
Parámetro 2 = dos
Parámetro 3 = tres
$
```

6.3.   Algunas variables especiales del shell

Dentro de un programa de shell existen variables con significados especiales, algunas de las cuales se citan a continuación:

\# Esta variable guarda el número de argumentos de la línea de órdenes (excluyendo el nombre del programa).

* Guarda la cadena de argumentos entera (excluyendo el nombre del programa).

? Guarda el código de retorno de la última orden ejecutada (0 si no hay error y distinto de 0 si hay error).

@ Representa la cadena de argumentos entera (excluyendo el nombre del programa) pero como una lista de cadenas, a diferencia de * que obtiene todos los argumentos como una única cadena.

Vamos a mostrar con un sencillo ejemplo el uso de estas variables. En este caso, el nombre del *shell script* será sh_var.

```
$ cat sh_var
##################################
# programa de shell que visualiza #
# las variables #, * y ?          #
##################################
echo La variable \# vale: $#
echo La variable \* vale: $*
cp
echo La variable \? vale: $?
$
```

Como podemos apreciar, cualquier carácter susceptible de ser interpretado por el shell es precedido por el carácter *backslash* (\\) para que pierda su significado especial. Ahora daremos derecho de ejecución al programa sh_var y lo lanzaremos con una serie de argumentos:

```
$ chmod +x sh_var
$ sh_var uno dos tres cuatro
La variable # vale: 4
La variable * vale: uno dos tres cuatro
Cp: faltan argumentos (ficheros)
Pruebe 'cp --help' para más información.
La variable ? vale: 1
$
```

Como podemos observar, la variable ? toma un valor distinto de cero, puesto que la orden cp se ha ejecutado con errores. Es importante que si dentro de un programa de shell, se produce algún error tomemos decisiones al respecto. Como veremos más adelante, existen mecanismos para tomar diferentes caminos en función del resultado de la ejecución de una orden.

6.4.   Construcciones del lenguaje

Vamos a ver seguidamente las construcciones del lenguaje típicas empleadas en los programas de shell. No vamos a realizar una descripción exhaustiva de todas y cada una de las construcciones, sino que nos vamos a centrar en lo empleado más comúnmente.

shift

Sintaxis: shift n

Esta orden se utiliza para desplazar los argumentos, de manera que $2 pasa a ser $1, $3 pasa a ser $2, y así sucesivamente (esto si el desplazamiento n es igual a 1). Es muy utilizada dentro de los bucles. Vamos a poner un ejemplo con un programa que denominamos sh_shift1, cuyo contenido se muestra a continuación:

```
$ cat sh_shift1
#################################################
# programa de shell que muestra el uso de shift #
#################################################
echo \$1 vale: $1
echo \$2 vale: $2
echo \$3 vale: $3
shift 2
echo Ahora \$1 vale: $1
echo Ahora \$2 vale: $2
echo Ahora \$3 vale: $3
$
```

En el ejemplo anterior, al desplazar dos lugares tendremos que $5 pasa a ser $3, $4 pasa a ser $2 y $3 pasa a ser $1. Los argumentos iniciales, $1 y $2, se pierden después del desplazamiento. Vamos a ejecutar el programa anterior:

```
$ chmod +x sh_shift1
$ sh_shift1 uno dos tres cuatro cinco
$1 vale: uno
$2 vale: dos
$3 vale: tres
Ahora $1 vale: tres
Ahora $2 vale: cuatro
Ahora $3 vale: cinco
$
```

Evidentemente este desplazamiento afecta también a las variables # y *. Veamos otro ejemplo, que denominamos sh_shift2.

```
$ cat sh_shift2
# Otro ejemplo con shiftindex{shift}
echo \$# vale: $#
echo \$* vale: $*
```

```
shift 2
echo Ahora \$# vale: $#
echo Ahora \$* vale: $*
$
```

Al ejecutar el anterior programa, se produce el siguiente resultado:

```
$ chmod +x sh_shift2
$ sh_shift2 uno dos tres cuatro cinco
$# vale: 5
$* vale: uno dos tres cuatro cinco
Ahora $# vale: 3
Ahora $* vale: tres cuatro cinco
$
```

La orden shift desplaza todas las cadenas en * a la izquierda n posiciones y decrementa # en n. Si a shift no se le indica el valor de n, por defecto tomará el valor 1. La orden shift no afecta al parámetro de posición 0 o nombre del programa.

read

Sintaxis: read variable(s)

La orden read se usa para leer información escrita en el terminal de forma interactiva. Si hay más variables en la orden read que palabras escritas, las variables que sobran por la derecha se asignarán a NULL. Si se introducen más palabras que variables haya, todos los datos que sobran por la derecha se asignarán a la última variable de la lista. Esto será aclarado en un ejemplo que se adjunta, denominado sh_read_var.

En el ejemplo que vamos a poner, el programa sh_read va a leer una variable desde la entrada estándar, y posteriormente va a visualizar esa variable por la salida estándar.

Ejemplo:

```
$ cat sh_read
################################################
# programa que ilustra el uso de la orden read #
################################################
# La opción -n se emplea para evitar el retorno de carro.
echo -n Introduce una variable:
read var
echo La variable introducida es: $var
$
```

Cuando ejecutemos este programa, obtendremos el resultado mostrado seguidamente. Como siempre, antes de ejecutar el *shell script* es necesario cambiar los derechos del archivo que contiene las órdenes:

```
$ chmod +x sh_read
$ sh_read
```

```
Introduce una variable: 123
La variable introducida es: 123
$
```

A continuación analizaremos el caso en que leemos más o menos variables de las que queremos leer desde el programa de shell. Para ello, consideremos el siguiente programa, que lee tres variables. En un primer caso vamos a introducir sólo dos, y en un segundo introduciremos más de tres variables. El código del programa en cuestión es el siguiente:

```
$ cat sh_read_var
##############################################
# programa que lee varias variables con read    #
##############################################
echo -n Introduce las variables:
read var1 var2 var3
echo La variables introducidas son:
echo var1 = $var1
echo var2 = $var2
echo var3 = $var3
$
```

Veamos una ejecución normal en la que leemos tres variables:

```
$ sh_read_var
Introduce las variables: 34 hola 938
Las variables introducidas son:
var1 = 34
var2 = hola
var3 = 938
$
```

Vamos a ejecutar el programa anterior introduciendo sólo dos parámetros:

```
$ sh_read_var
Introduce las variables: uno dos
Las variables introducidas son:
var1 = uno
var2 = dos
var3 =
$
```

Como podemos observar, la variable var3 queda sin asignar, puesto que sólo hemos introducido dos valores. A continuación ejecutaremos de nuevo el programa, pero ahora introduciremos cuatro variables:

```
$ sh_read_var
Introduce las variables: uno dos tres cuatro
Las variables introducidas son:
var1 = uno
var2 = dos
```

```
var3 = tres cuatro
$
```

En este caso a la variable `var3` se le asignan todas las variables a partir de la dos.

expr

```
Sintaxis: expr arg1 op arg2 [op arg3 ...]
```

Los argumentos de la orden `expr` se toman como expresiones y deben ir separados por blancos. La orden `expr` evalúa sus argumentos y escribe el resultado en la salida estándar. El uso más común de la orden `expr` es para efectuar operaciones de aritmética simple y, en menor medida, para manipular cadenas (averiguar la longitud de una cadena, filtrar determinados caracteres de una cadena, etc.).

6.4.1. Operadores aritméticos

Los siguientes operadores se utilizan para evaluar operaciones matemáticas y escribir el resultado de la operación por la salida estándar. Las operaciones que podemos realizar son las siguientes: suma, resta, multiplicación, división entera y cálculo del resto de la división entera.

+ Suma `arg2` a `arg1`.

– Resta `arg2` a `arg1`.

* Multiplica los argumentos.

/ Divide `arg1` entre `arg2` (división entera).

% Resto de la división entera entre `arg1` y `arg2`.

En el caso de utilizar varios operadores, las operaciones de suma y resta se evalúan en último lugar, a no ser que vayan entre paréntesis. No hay que olvidar que los símbolos *, (y) tienen un significado especial para el shell, por lo que deben ser precedidos por el símbolo *backslash* o encerrados entre comillas simples.

Ejemplo:

```
$cat sh_expr1

####################################################
# Programa de shell que multiplica dos variables #
# leídas desde el teclado                         #
####################################################
echo
echo Multiplicación de dos variables
echo ----------------------------
echo
echo -n Introduce la primera variable:
read arg1
```

```
echo -n Introduce la segunda variable:
read arg2
resultado=`expr $arg1 \* $arg2`
echo Resultado=$resultado
$
```

El resultado de ejecutar el programa anterior es el producto de las dos variables leídas desde el teclado. Veamos un caso particular:

```
$ sh_expr1

Multiplicacion de dos variables
-------------------------------
Introduce la primera variable:12
Introduce la segunda variable:20
Resultado=240
$
```

6.4.2.   Operadores relacionales

Estos operadores se utilizan para comparar dos argumentos. Los argumentos pueden ser también palabras. Si el resultado de la comparación es cierto, el resultado es uno (1); si es falso, el resultado es cero (0). Estos operadores se utilizan mucho para comparar operandos y tomar decisiones en función de los resultados de la comparación. Veamos los distintos tipos de operadores relacionales:

= ¿Son los argumentos iguales?

!= ¿Son los argumentos distintos?

> ¿Es arg1 mayor que arg2?

>= ¿Es arg1 mayor o igual que arg2?

< ¿Es arg1 menor que arg2?

<= ¿Es arg1 menor o igual que arg2?

No olvide que los símbolos > y < tienen significado especial para el shell, por lo que deben ser entrecomillados.

Ejemplo:

```
$ cat sh_expr2
###################################################
# Programa de shell que determina si dos variables #
# leídas desde el teclado son iguales o no         #
###################################################
echo
echo Son iguales las variables?
```

```
echo --------------------------
echo
echo -n Introduce la primera variable:
read arg1
echo -n Introduce la segunda variable:
read arg2
resultado=`expr $arg1 = $arg2`
echo Resultado=$resultado
$
```

El programa anterior devolverá 0 si las dos variables introducidas son distintas y 1 si son iguales. Veamos un caso particular:

```
$ sh_expr2
Son iguales las variables?
--------------------------
Introduce la primera variable:12
Introduce la segunda variable:12
Resultado=1
$
```

Si las variables fuesen distintas, el resultado sería:

```
$ sh_expr2
Son iguales las variables?
--------------------------
Introduce la primera variable:123
Introduce la segunda variable:45
Resultado=0
$
```

6.4.3. Operadores lógicos

Estos operadores se utilizan para comparar dos argumentos. Dependiendo de los valores, el resultado puede ser `arg1` (o alguna parte de él), `arg2` o cero. Como operadores lógicos tenemos los siguientes:

| Or lógico. Si el valor de `arg1` es distinto de cero, el resultado es `arg1`; si no es así, el resultado es `arg2`.

& And lógico. Si `arg1` y `arg2` son distintos de cero, el resultado es `arg1`; si no es así, el resultado es `arg2`.

: El `arg2` es el patrón buscado en `arg1`. Si el patrón `arg2` está encerrado dentro de paréntesis \(\), el resultado es la parte de `arg1` que coincide con `arg2`. Si no es así, el resultado es simplemente el número de caracteres que coinciden.

No olvide que los símbolos | y & deben ser entrecomillados o precedidos del símbolo \, por tener un significado especial para el shell. Veamos ahora algunos ejemplos en los que invocamos a `expr` desde la línea de órdenes:

```
$ a=5
$ a=`expr $a + 1`
$ echo $a
6
$
```

En este primer ejemplo hemos incrementado en una unidad el valor de la variable a.

```
$ a=palabra
$ b=`expr $a : .*`
$ echo $b
7
$
```

En este ejemplo hemos calculado el número de caracteres de la cadena a.

```
$ a=junio_2004
$ b=`expr $a : '\([a-z]*\)'`
$ echo $b
junio
$
```

En este último ejemplo hemos determinado cuáles son los caracteres comprendidos entre la a y la z minúsculas en la cadena a.

6.4.4. Evaluaciones

Sirven para averiguar el valor lógico de una determinada expresión. Habitualmente su uso se combina con una instrucción de bifurcación, como por ejemplo if.

test (para archivos)

Sintaxis: text -opcion argumento [-opcion argumento]

La orden test se usa para evaluar expresiones y generar un valor de retorno; este valor no se escribe en la salida estándar, pero asigna 0 al código de retorno si la expresión se evalúa como verdad, y le asigna 1 si la expresión se evalúa como falso. Se puede invocar la orden test también mediante [expresión], tanto a la derecha como a la izquierda de expresión debe haber un espacio en blanco. test puede evaluar tres tipos de elementos: archivos, cadenas y números.

Opciones:

-f Devuelve verdadero (0) si el archivo existe y es un archivo regular (no es un directorio ni un archivo de dispositivo).

-s Devuelve verdadero (0) si el archivo existe y tiene un tamaño mayor que cero.

-r Devuelve verdadero si el archivo existe y tiene permiso de lectura.

-w Devuelve verdadero si el archivo existe y tiene permiso de escritura.

-x Devuelve verdadero si el archivo existe y tiene permiso de ejecución.

-d Devuelve verdadero si el archivo existe y es un directorio.

Ejemplos:

```
$ test -f archivo32
$ echo $?
1 El archivo archivo32 no existe
$
$ test -f /etc/passwd
$ echo $?
0 El archivo /etc/passswd sí existe
$
```

test (para evaluación de cadenas)

> Sintaxis: test cadena1 operador cadena2
>   [cadena1 operador cadena2]

Ejemplos:

```
$ a=palabra1
$ [ $a = palabra2 ]
$ echo $?
1
$ [ $a = palabra1 ]
$ echo $?
0
$
```

De esta manera, test evalúa si las cadenas son iguales o distintas. Cuando se evalúe una variable del shell, es posible que dicha variable no contenga nada. Consideremos el siguiente caso:

```
[ $var = vt100 ]
```

Si a var no le hemos asignado nada, el shell realizará la sustitución de variables, y la orden que el shell intentará ejecutar será la siguiente:

```
[ =vt100 ]
```

la cual nos dará un error de sintaxis. Una forma sencilla de evitarlo consiste en meter entre comillas la variable que vamos a evaluar, y así sabremos que la variable tomará el valor NULL.

```
[ "$var" = vt100 ]
```

Si como en el ejemplo anterior, $var no contiene ningún valor, la expresión que verá test, una vez procesada por el shell será:

```
[ "" = vt100 ]
```

Esta expresión es sintácticamente correcta y no provocará ningún error de sintaxis.

test (para evaluaciones numéricas)

Sintaxis: test número1 operador número2
           [número1 operador número2]

En evaluaciones numéricas esta orden es sólo válida con números enteros. Los operadores usados para comparar números son diferentes de los usados para comparar cadenas. Estos operadores numéricos son:

-lt Menor que.

-le Menor o igual que.

-gt Mayor que.

-ge Mayor o igual que.

-eq Igual a.

-ne No igual a.

Hay unos cuantos operadores que son válidos en una expresión de la orden test a la hora de evaluar tanto archivos como cadenas o números. Estos operadores son:

-o OR

-a AND

! NOT

Ejemplos:

```
$ a=23
$ [ $a -lt 55 ]
$ echo $?
0
$
$ test $a != 23
$ echo $?
1
$
```

if

```
Sintaxis: if condicion1
              then orden1
          [elif condicion2
              then orden2]
          ...
          [else
              orden3]
          fi
```

La construcción `if` se utiliza para tomar decisiones a partir de los códigos de retorno, normalmente devueltos por la orden `test`. La ejecución de la construcción `if` es tal como sigue:

1. Se evalúa la `condicion1`.

2. Si el valor de retorno de `condición1` es verdadero (0), se ejecutará `orden1`.

3. Si esto no es así y se cumple la `condición2`, se ejecutará la `orden2`.

4. En cualquier otro caso, se ejecuta `orden3`.

Ejemplo:

```
$ cat sh_if
#######################################
# shell script que muestra el uso de  #
# la sentencia de control if-fi.       #
#######################################
if test -f /etc/hosts
then
    cat /etc/hosts
else
    echo El archivo no existe
fi
$
```

En el ejemplo anterior, si existe el archivo `/etc/hosts`, entonces lo visualizaremos. Si no existe, imprimiremos por pantalla un mensaje diciendo que tal archivo no existe.

```
$ sh_if
172.18.13.15 valdebits.aut.uah.es valdebits
127.0.0.1    localhost localhost.localdomain
$
```

A continuación vamos a poner otro ejemplo, en el cual, si no existe un directorio, lo crearemos desde un programa de shell y le habilitaremos los derechos de modo que sólo el propietario tenga acceso a él. El nombre del directorio se le pasa como parámetro al *shell script*. El contenido del programa es el siguiente:

```
$ cat crea
#######################################
# Ejemplo de uso de if                #
# Este programa crea (si no existe)   #
# el archivo que le indiquemos desde  #
# la línea de órdenes. Al directorio  #
# recién creado sólo tendrá acceso    #
# el propietario del mismo.           #
#######################################
if [ ! -d $1 ]
then
    mkdir $1
    chmod 700 $1
fi
$
```

Ejemplo:

```
$ crea dir
$ ls -ld dir
drwx------ 2   chan   igx   1024 ene 13 19:06 dir
$
```

En el siguiente ejemplo vamos a diseñar un *shell script* que admita un argumento. Si el argumento dado coincide con el nombre de un archivo o directorio, deberá sacar por pantalla de qué tipo es. Si es además un archivo, deberá determinar si es ejecutable o no.

```
$ cat sh_if2.sh
#################################################
# Programa shell que comprueba si existe un     #
# archivo pasado como argumento y si existe     #
# muestra de qué tipo es                        #
#################################################
if [ $# = 0 ]
then
    echo Debes introducir al menos un argumento
    exit 1
fi
if [ -f "$1" ]
then
    # Es un archivo regular
    echo -n "$1 es un archivo regular "
    if [ -x $1 ]
    then
        echo "ejecutable"
    else
        echo "no ejecutable"
    fi
```

```
elif [ -d "$1" ]
then
     # Es un directorio
     echo "$1 es un directorio"
else
     # Es una cosa rara
     echo "$1 es una cosa rara o no existe"
fi
$
```

La ejecución del programa anterior dará lugar a unos resultados como los siguientes:

```
$ sh_if2.sh /etc
/etc es un directorio
$ sh_if2.sh
/bin/ls /bin/ls es un archivo regular ejecutable
$
```

if también puede utilizarse para comprobar el resultado de la ejecución de un programa externo, ya que todos los programas en Linux devuelven un valor numérico como resultado de su ejecución, que indica si dicha ejecución se llevó a cabo correctamente o no.

Por ejemplo, podemos diseñar un *shell script* que compruebe si existe un determinado usuario en el archivo de contraseñas. Para ello vamos a utilizar una expresión regular interpretada por **grep**. El programa de shell podría ser el siguiente:

```
$ cat sh_pass
if grep -q "^$1:" /etc/passwd
then
     echo El usuario $1 ya existe en el sistema
else
     echo El usuario $1 no existe en el sistema
fi
$
```

Podemos ampliar el programa anterior para averiguar si el usuario, de existir, es un usuario regular (su UID es mayor o igual que 500).

```
$ cat sh_pass2
if grep -q "^$1:" /etc/passwd
then
     echo El usuario $1 ya existe en el sistema
     IDU=`cat /etc/passwd | grep "^$1:" |cut -f 3 -d :`
     if [ $IDU -ge 500 ]
     then
         echo $1 es un usuario regular
     else
         echo $1 no es un usuario regular
     fi
```

```
else
    echo El usuario $1 no existe en el sistema
fi
$
```

El resultado de ejecutar el programa `sh_pass2` sobre distintos usuarios es el siguiente:

```
$ sh_pass2 ssp
El usuario ssp ya existe en el sistema
ssp es un usuario regular
$ sh_pass2 lucas
El usuario lucas no existe en el sistema
$
```

case

```
Sintaxis: case palabra in
                patron1)    orden1;;
                patron2)    orden2;;
                ...
                patronN)    ordenN;;
          esac
```

La construcción `case` controla el flujo del programa basándose en la palabra dada. La palabra se compara, en orden, con todas las plantillas. Cuando se encuentre la primera que corresponde, se ejecuta la lista de órdenes asociadas, la cual tiene que terminar con dos punto y coma (;;).

Ejemplo:

```
$ cat sh_case
################################################
# Programa que ilustra el uso de la sentencia  #
# de control de flujo case-esac.               #
################################################
dia=`date | cut -c 0-3`
case $dia in
                lun) echo Hoy es Lunes;;
                mar) echo Hoy es Martes;;
                mie) echo Hoy es Miercoles;;
                jue) echo Hoy es Jueves;;
                vie) echo Hoy es Viernes;;
                sab) echo Hoy es Sabado;;
                dom) echo Hoy es Domingo;;
esac
$
```

El programa anterior puede ser utilizado para saber el día de la semana, visualizando los resultados en castellano. Obsérvese cómo en la variable `dia` almacenamos lo que retorna la orden `date | cut -c 0-3`, que son las tres primeras letras del día de la semana.

Ejemplo:

```
$ sh_case
Hoy es Martes
$
```

while

Sintaxis: while condición
            do
                orden(es)
            done

La ejecución de la construcción while es como sigue:

1. Se evalúa la condición.

2. Si el código devuelto por la condición es 0 (verdadero), se ejecutará la orden u órdenes y se vuelve a iterar.

3. Si el código de retorno de la condición es falso, se saltará a la primera orden que haya después de la palabra reservada done.

Ejemplo:

```
$ cat sh_while
######################################
# Programa que ilustra el uso de la    #
# sentencia de control de flujo while. #
######################################
a=42
while [ $a -le 53 ]
do
    echo Contador = $a
    a=`expr $a + 1`
done
$
```

En el anterior ejemplo se incrementa y visualiza el valor del contador mientras éste sea menor o igual que 53. Para ello, while comprueba el código de retorno de la orden [$a -le 53], y si es cierto, se repite la iteración.

Ejemplo:

```
$ sh_while
Contador = 42
Contador = 43
Contador = 44
Contador = 45
Contador = 46
Contador = 47
```

```
Contador = 48
Contador = 49
Contador = 50
Contador = 51
Contador = 52
Contador = 53
$
```

until

```
Sintaxis: until condición
          do
                orden(es)
          done
```

La construcción until es muy similar a la de while. La ejecución es como sigue:

1. Se evalúa la condición.

2. Si el código de retorno de la condición es distinto de 0 (falso), se ejecutará la orden u órdenes y se vuelve a iterar.

3. Si el código devuelto por la condición es 0 (verdadero), se saltará a la primera orden que haya después de la palabra clave done.

Ejemplo:

```
$ cat sh_until
#######################################
# Programa que ilustra el uso de la    #
# sentencia de control de flujo until. #
#######################################
until [ $a = hola ]
do
    echo -n Introduce una cadena:
    read a
done
$
```

En el ejemplo anterior, el bucle until se ejecuta hasta que el usuario introduzca la cadena hola. A partir de este momento, la condición devuelve verdadero y se termina el bucle.

Ejemplo:

```
$ sh_until
Introduce una cadena: uno
Introduce una cadena: dos
Introduce una cadena: hola
$
```

for

```
Sintaxis: for variable in lista
          do
                orden(es)
          done
```

variable puede ser cualquier variable del shell, y lista es una lista compuesta de cadenas separadas por blancos o tabuladores. La construcción funciona como sigue:

1. Se asigna a variable la primera cadena de la lista.

2. Se ejecuta orden.

3. Se asigna a variable la siguiente cadena de la lista. Se vuelve a ejecutar orden.

4. Repetir hasta que se hayan usado todas las cadenas.

5. Después de que haya acabado el bucle, la ejecución continúa en la primera línea que sigue a la palabra clave done.

Ejemplo:

```
$ cat sh_forindexfor
####################################
# Programa que ilustra el uso de la  #
# sentencia de control de flujo for. #
####################################
for i in manuel ana carlos miguel
do
    mail $i < carta
done
$
```

En el ejemplo anterior se envía el archivo carta a todos los usuarios indicados en la lista. Si dentro del bucle for omitimos lista, se asumirá como lista el parámetro de posición $@ que representa la cadena de argumentos entera excluyendo el nombre del programa.

Seguidamente vamos a modificar el programa de ejemplo de if que se encuentra en la página 159 para que pueda tratar con varios archivos pasados como argumento. El programa es el que se incluye a continuación:

```
$ cat sh_for1
#############################################
# Programa shell que comprueba si existe un  #
# archivo pasado como argumento y si existe  #
# muestra de qué tipo es                      #
#############################################
```

```
if [ $# = 0 ]
then
    echo Debes introducir al menos un argumento
    exit 1
fi
for i in $@
do
    if [ -f "$1" ]
    then
        # Es un archivo regular
        echo -n "$1 es un archivo regular "
        if [ -x $1 ]
        then
            echo "ejecutable"
        else
            echo "no ejecutable"
        fi
    elif [ -d "$1" ]
    then
        # Es un directorio
        echo "$1 es un directorio"
    else
        # Es una cosa rara
        echo "$1 es una cosa rara o no existe"
    fi
    # Ahora desplazamos los argumentos
    shift
done
$
```

El resultado de la ejecución del anterior programa es como sigue:

```
$ sh_for1_for .
claves es un archivo regular no ejecutable
listy es un archivo regular ejecutable
src es un directorio
$
```

break, continue y exit

break [n] Hace que cualquier bucle for, while o until termine y pase el control a la siguiente orden que se encuentre después de la palabra clave done.

continue [n] Detiene la iteración actual del bucle for, while o until y empieza la ejecución de la siguiente iteración.

exit [n] Detiene la ejecución del programa del shell y asigna n al código de retorno (normalmente 0 implica éxito, y distinto de 0, error).

Capítulo 7

Servicios de red

Hablar de UNIX en general y de Linux en particular sin hablar de redes de ordenadores, implicaría abordar el estudio de este sistema operativo sin tocar un punto crucial en él: las comunicaciones entre computadores. En cualquier centro de trabajo basado en estaciones Linux es normal tener todas ellas conectadas mediante una red. Esto permite obtener un mejor aprovechamiento de recursos como impresoras, información o potencia de cálculo. Esta red de interconexión puede extenderse a unos cuantos ordenadores próximos entre sí físicamente, separados a lo sumo unos cientos de metros, en cuyo caso hablamos de redes de área local o LAN (*Local Area Network*), o bien puede extenderse a zonas más amplias, de ámbito nacional o internacional, en cuyo caso hablamos de redes de área extendida WAN (*Wide Area Network*). Dentro de las redes de área extendida, es obligatorio comentar el caso de Internet. Internet es la red más difundida en ámbitos profesionales (varios millones de ordenadores) y está íntimamente ligada a UNIX y Linux.

7.1. Introducción

Sea cual sea el tipo de red que estemos utilizando en nuestro sistema Linux, es necesario establecer algún mecanismo físico que conecte a los ordenadores entre sí, y es necesario establecer un conjunto de reglas o protocolos para poder utilizar este medio físico de forma compartida y eficiente. En el aspecto físico existen multitud de sistemas de conexión estándar, algunos de ellos se citan seguidamente:

- Red Ethernet.

- Red de paso de testigo en bus (*Token Bus*).

- Red de paso de testigo en anillo (*Token Ring*).

En relación con los protocolos, sin duda alguna el más extendido en el mundo Linux es TCP/IP (*Transfer Control Protocol/Internet Protocol*). TCP/IP es un conjunto de protocolos desarrollados para permitir que varios ordenadores compartan recursos a través de una red. Estos protocolos fueron desarrollados por una comunidad de investigadores de DARPAnet. De hecho, la propia red DARPAnet utiliza protocolos TCP/IP. Actualmente existen multitud de redes que utilizan estos protocolos, como multitud de compañías que proporcionan productos que soportan TCP/IP.

Internet es una colección de redes que incluye Arpanet, redes locales de distintas universidades y organismos públicos, redes militares, compañías, etc. El término Internet se aplica a todo el anterior conjunto de redes. Existe dentro de Internet un conjunto de subredes, de Defensa de EE.UU., conocidas como DDN (*Defense Data Network*). Este subconjunto incluye redes de investigación, tales como Arpanet, como algunas de uso restringido. Todas estas redes están interconectadas. Los usuarios pueden enviarse mensajes entre ellos desde cualquier punto a cualquier otro, a no ser que uno de esos puntos, por razones de seguridad, tenga su acceso restringido. Oficialmente hablando, los protocolos Internet son simplemente estándares adoptados por la comunidad de usuarios para uso propio.

Como quiera que los denominemos, TCP/IP es una familia de protocolos que proporcionan una serie de funciones de bajo nivel empleadas por diferentes aplicaciones. Existen otros protocolos establecidos para realizar determinadas tareas, como enviar correo electrónico, transferencia de archivos o ver quién o quiénes están conectados en otro ordenador. Inicialmente TCP/IP fue utilizado sobre todo en miniordenadores y mainframes, aunque hoy en día existen multitud de fabricantes que proporcionan TCP/IP para ordenadores personales. Las aplicaciones TCP/IP tradicionales más importantes son:

- Transferencia de archivos: el protocolo de transferencia de archivos o FTP (*File Transfer Protocol*) permite a un usuario de cualquier ordenador traer o enviar archivos desde o hacia otro ordenador. La seguridad se garantiza por el hecho de que es necesario especificar un nombre de usuario y una palabra clave para acceder al ordenador deseado. El usuario no debe preocuparse por el hecho de que los dos ordenadores implicados no tengan definido el mismo repertorio de caracteres, los finales de línea no coincidan, o incluso que ejecuten diferentes sistemas operativos.

- Conexión remota: el protocolo de terminal de red (`telnet`) permite a los usuarios iniciar una sesión en cualquier ordenador de la red. La sesión remota se inicia especificando el ordenador al que nos deseamos conectar. Desde este instante hasta que finalice la sesión todo lo que se teclee es enviado al otro ordenador. Hay que advertir que realmente seguimos hablando con nuestro propio ordenador, pero el programa `telnet` hace esto transparente mientras está activo. Cada carácter que tecleamos es enviado al otro ordenador. Antes de iniciar la sesión en el ordenador remoto, por razones de seguridad, se nos pedirá nuestro nombre de conexión y nuestra palabra clave. Cuando cerramos la sesión, el programa `telnet` finaliza y nos encontraremos de nuevo dando órdenes a nuestro ordenador local. Las implementaciones de `telnet` para microordenadores incluyen generalmente un emulador de terminal para los terminales más comunes.

- Correo electrónico: esta utilidad permite enviar mensajes a otros usuarios de otros ordenadores. Inicialmente, cada usuario sólo se conectaba de forma asidua a uno o dos computadores, y era en esos ordenadores donde se mantenían los buzones (archivos de mensajes). El correo electrónico es una forma muy sencilla de añadir mensajes al buzón de otro usuario. Existe un problema con lo anterior cuando utilizamos ordenadores personales, ya que éstos no suelen estar constantemente encendidos. Si ocurre lo anterior, el programa de correo no logrará establecer la conexión con el ordenador destino, por lo que no funcionará adecuadamente. Por esta razón, el correo normalmente es mantenido por un sistema que está siempre conectado, donde podemos tener un proceso encargado del correo continuamente. De esta forma, en el ordenador personal sólo tendremos que tener cargado el software que nos permita leer el correo almacenado en el servidor de correo. Este servicio de correo electrónico ya fue comentado en el primer capítulo, con la salvedad de que entonces nos limitamos a la posibilidad de enviar correo a los usuarios de la misma máquina a la que estábamos conectados. Realmente, el correo no es tan limitado como lo visto hasta ahora, al contrario, es posible enviar mensajes a cualquier persona que esté accesible desde nuestra red. Si nuestra red tiene acceso a Internet, prácticamente lo tendrá a cualquier lugar del mundo. Cuando se envía correo a través de la red, es necesario especificar tanto la máquina destino como el usuario al cual va dirigido el mensaje. Los dos aspectos anteriores se agrupan y dan lugar a lo que se conoce como dirección de correo electrónico (*e-mail*). Una dirección de correo electrónico podría ser la siguiente:

`pepe@aut.uah.es`

`pepe` es la persona a la que dirigimos el mensaje.

`aut.uah.es` es el dominio asociado al usuario `pepe`.

El carácter `@` se utiliza como separador de los dos campos. De hecho este símbolo en inglés es *at sign*, preposición que se utiliza, entre otras cosas, para designar un lugar, por lo tanto la dirección `pepe@aut.uah.es` puede leerse como `pepe` en `aut.uah.es`

Los servicios anteriores deben estar presentes en cualquier implementación de TCP/IP. Estas aplicaciones siguen teniendo un papel muy importante en redes basadas en TCP/IP. Sin embargo, el modo de utilizar las redes ha cambiado mucho recientemente. El viejo modelo, consistente en tener varios ordenadores autosuficientes en una red, está siendo modificado. Hoy en día podemos encontrarnos instalaciones en las que conviven diversos tipos de ordenadores, desde microcomputadores hasta *mainframes*, pasando por estaciones de trabajo (*workstations*) y miniordenadores. En ciertas ocasiones tales ordenadores están configurados para realizar tareas muy específicas. Aunque a la gente le sigue gustando trabajar con un determinado ordenador, éste puede solicitar servicios a los otros ordenadores conectados en la red. Al esquema anterior se le denomina modelo de cliente-servidor o arquitectura cliente-servidor. Un servidor no es más que un ordenador que proporciona determinados servicios al resto de los ordenadores de la red. El cliente es el sistema que utiliza tales servicios. No es estrictamente necesario que el cliente y el servidor estén en diferentes máquinas, sino que pueden estar en la misma. A continuación se citan los típicos servicios presentes en las redes actuales y que pueden desarrollarse perfectamente dentro del marco de protocolos TCP/IP.

- Sistema de archivos de red: este mecanismo permite acceder desde una máquina a los archivos almacenados en otra de una forma más transparente que `ftp`. De hecho, un sistema de archivos de red permite acceder a los archivos remotos tal y como si estuviesen en nuestra máquina local (en un determinado directorio). No hay necesidad de emplear ninguna utilidad de red específica para acceder al sistema de archivos remoto. Esta capacidad es útil por diferentes motivos: permite colocar discos grandes en algunos computadores, dejando acceso al resto, permite trabajar a diferentes grupos de personas compartiendo información distribuida y es más fácil realizar copias de seguridad de todos los datos. Esta utilidad de archivos distribuidos es proporcionada por diferentes fabricantes, aunque el sistema más extendido es el NFS (*Network File System*) de Sun Microsystems. Otro mecanismo muy extendido y que permite compartir archivos en red entre sistemas Windows y Linux es `samba`.

- Impresión remota: esta utilidad permite acceder a impresoras de otros ordenadores tal y como si estuviesen conectadas al nuestro. El protocolo más comúnmente usado para este propósito es el *Remote Lineprinter Protocol* de Berkeley.

- Ejecución remota: este servicio permite que ciertos programas puedan ser ejecutados en otros computadores. Esta posibilidad es muy útil cuando trabajamos con ordenadores con pequeña capacidad de cálculo. En estos casos es mejor dejar que ciertas aplicaciones se ejecuten de forma remota. Existen diferentes tipos de ejecución remota, por ejemplo indicando que el programa X se ejecute en la máquina Y, aunque existen otros métodos más sofisticados basados en llamadas a procedimientos remotos RPC (*Remote Procedure Call*).

- Servidores de información de red: cuando existen muchos ordenadores en una red es necesario manejar diferentes tipos de nombres: nombres de usuario, palabras clave, direcciones de ordenadores, etc. En estos casos, trabajar con toda esta información en cada computador puede llegar a ser una labor tediosa. Una forma más sencilla de mantener toda esta información consiste en almacenarla en bases de datos distribuidas en la red, de manera que cuando se necesite alguna información no hay más que solicitarla a través de la red.

- Sistemas de ventanas orientados a red: dentro de estos sistemas, el más extendido es X-Window. Este sistema permite enviar a través de la red la salida gráfica de nuestra aplicación a los denominados terminales X (normalmente terminales gráficos de alta resolución).

- Servidores web: Este tipo de servicio es el que marcó el *boom* definitivo de Internet. Gracias a él el acceso a la información distribuida ha multiplicado nuestro modo de comunicarnos. Desde grandes empresas a instituciones educativas, sus servicios web se han convertido en un escaparate hacia el mundo.

7.2.   Identificación

Antes de pasar a explicar los servicios comentados anteriormente, es necesario conocer cómo se identifica cada computador dentro de la red. Esta identificación, en el caso de protocolos TCP/IP, o un número binario de 32 bits que diferencia a cada máquina conectada a la red. Como trabajar con números en binario resulta molesto, normalmente se utiliza una notación conocida como notación decimal. En este tipo de notación tenemos cuatro dígitos decimales, comprendidos entre 0 y 255, separados por puntos. A continuación tenemos un ejemplo de este tipo de notación:

128.100.12.1

El número anterior identifica a un único ordenador dentro de la red, y es lo que se conoce normalmente como dirección Internet del computador. Obviamente, dentro de una misma red no pueden existir dos ordenadores con la misma dirección Internet, ya que eso planetaría un problema de doble identidad. Si tuviésemos que emplear notación binaria, el anterior número sería algo como lo siguiente:

10000000 01100100 00001100 00000001

Así pues, en vista de lo anterior no tenemos que justificar cuál es la razón del empleo de la notación decimal.

A pesar de que la notación decimal es sencilla, es preferible trabajar con nombres lógicos, tales como **dafne**, **amon**, **rigel** o **nabucodonosor**. Si empleamos esos nombres lógicos para identificar cada una de las máquinas de la red, deberá existir algún mecanismo para traducir cada uno de los nombres a su dirección Internet. Aunque existen varios métodos de traducción, el más sencillo, aunque no el más eficiente en la mayoría de las ocasiones, consiste en definir un archivo que contenga las tablas de correspondencias. Este archivo en Linux es **/etc/hosts**, y su contenido podría ser similar al mostrado seguidamente:

```
$ cat /etc/hosts

# Ejemplo de archivo de hosts
# La sintaxis de cada entrada es:
# <dirección internet> <nombre oficial>  <alias>
#

127.0.0.1       localhost               localhost.localdomain
172.19.16.4     cardhu.aut.uah.es       cardhu    Cardhu
193.146.9.131   ra.aut.uah.es           Ra        ra
193.146.9.132   amon.aut.uah.es         Amon      amon
193.146.9.133   aton.aut.uah.es         Aton      aton
193.146.9.134   apis.aut.uah.es         Apis      apis
193.146.9.135   anubis.aut.uah.es       Anubis    anubis
193.146.9.136   horus.aut.uah.es        Horus     horus
193.146.9.137   isis.aut.uah.es         Isis      isis
193.146.9.138   osisris.aut.uah.es      Osiris    osiris
193.146.9.139   seth.aut.uah.es         Seth      seth
193.146.9.140   neftys.aut.uah.es       Neftys    neftys
193.146.9.141   neit.aut.uah.es         Neit      neit
193.146.9.142   selket.aut.uah.es       Selket    selket
193.146.9.143   apofis.aut.uah.es       Apofis    apofis
193.146.9.144   ptah.aut.uah.es         Ptah      ptah
193.146.9.145   thoth.aut.uah.es        Thoth     thoth
193.146.9.146   sejmet.aut.uah.es       Sejmet    sejmet
# Otros ordenadores
```

```
193.146.56.2     medina.aut.uah.es       medina
193.146.56.3     montano.aut.uah.es      montano
193.146.56.4     fonseca.aut.uah.es      fonseca
193.146.56.5     quevedo.aut.uah.es      quevedo
$
```

Este archivo, como podemos observar, contiene una lista de direcciones Internet, un nombre de ordenador, un alias y posiblemente algún comentario por cada línea.

Cuando Internet era pequeña, la solución anterior era factible. Cada sistema podía tener en su archivo /etc/hosts el listado de todas las máquinas accesibles. Actualmente, sin embargo, existen demasiados ordenadores en Internet, por lo que la solución anterior es poco útil.

La solución adoptada para solventar el problema anterior consiste en emplear bases de datos distribuidas donde se almacenan las correspondencias entre nombre de máquina y dirección Internet. Estas bases de datos son manipuladas y mantenidas por los servidores de nombres. Por razones de efectividad y flexibilidad, en vez de emplear un único servidor de nombres centralizado se emplean varios. La razón es que actualmente existen demasiadas instituciones conectadas a Internet, con lo que es poco práctico avisar a un servidor central cada vez que realizamos un cambio en nuestra propia red. Así pues, el manejo de nombres se relega a cada institución. Los servidores de nombres forman una estructura en árbol correspondiente a la estructura de instituciones. Los propios nombres de las máquinas siguen una estructura similar. Un nombre típico de ordenador podría ser ftp.aut.uah.es. En el caso anterior, el ordenador presentado es un servidor ftp perteneciente al Departamento de Automática de la Universidad de Alcalá (España). En el caso anterior, el nombre del ordenador es ftp. El segundo campo aut indica que pertenece al Departamento de Automática. El campo tercero uah identifica a la Universidad de Alcalá y el último es hace referencia a España. Del modo anterior, cualquier ordenador del mundo queda caracterizado. Al mecanismo anterior se le conoce como organización por dominios. A la terminología que se utiliza para referirnos a un nombre de dominio se la conoce como *Fully Qualified Domain Name* (FQDN). Esta terminología suele ser la más adecuada, ya que nos permite obtener información del dominio con sólo saber su nombre. Por ejemplo, el dominio intel.com identifica a la compañía Intel, y el dominio standford.edu identifica a la Universidad de Stanford.

El último término del FQDN suele tener un significado especial. Seguidamente se describen algunos de ellos:

com Esta extensión es empleada por las compañías u otras instituciones comerciales, tales como Intel (intel.com).

edu Se emplea para identificar instituciones educacionales. Por ejemplo, la Universidad de Berkeley (berkeley.edu)

gov Identifica a una institución gubernamental. Por ejemplo, la NASA (nasa.gov).

mil Es empleada por direcciones militares. Por ejemplo, ddn.mil.

Cada país tiene, además, su propia identificación. A continuación se muestran algunas de ellas:

ar Argentina	nl Holanda	es España
hn Honduras	cl Chile	se Suecia
at Austria	no Noruega	fi Finlandia
ie Irlanda	cu Cuba	sv El Salvador
be Bélgica	pe Perú	fr Francia
it Italia	de Alemania	uk Reino Unido
bo Bolivia	pl Polonia	gt Guatemala
jp Japón	dk Dinamarca	us Estados Unidos
br Brasil	pr Puerto Rico	gr Grecia
mx México	do República Dominicana	ve Venezuela
ca Canadá	pt Portugal	cn China
ni Nicaragua	ec Ecuador	cz República Checa
ch Suiza	ru Rusia	

Existen órdenes en Linux que nos permiten conocer tanto el nombre del ordenador al que estamos conectados como el dominio al cual pertenece. Si estamos trabajando en un sistema Linux y queremos saber su nombre, tendremos que emplear la orden `hostname` que se muestra a continuación.

hostname

Sintaxis: `hostname`

Ejemplo:

```
$ hostname
apollo
$
```

El `hostname` es el nombre que identifica a nuestro ordenador en la red. En el ejemplo anterior, el nombre es `apollo`.

Para saber el nombre de nuestro dominio, tenemos que emplear la orden `domainname`, cuya sintaxis se muestra seguidamente:

domainname

Sintaxis: `domainname`

Ejemplo:

```
$ domainname
aut.uah.es
$
```

En el ejemplo anterior, el dominio asociado a la máquina `apollo`, a la que estamos conectados, es `aut.uah.es`.

7.3.   Resolución de nombres y direcciones

Ya hemos indicado anteriormente la necesidad de referirnos a las distintas máquinas por su nombre lógico y no por su dirección IP. Aunque esa traducción se puede hacer a escala local, lo normal es emplear los servicios de lo que se conoce como servidores de nombres. Estos servidores, como ya hemos indicado, son máquinas especializadas en realizar esta labor de traducción. Normalmente, dichos servidores forman parte de una base de datos distribuida, lo cual permite que la base de datos sea más fiable que una centralizada y, además, cada máquina no necesita almacenar toda la información. En caso de que un servidor de nombres no conozca la dirección IP de una determinada máquina, puede preguntárselo a otro servidor. De este modo se establece una jerarquía en árbol que permite que todo funcione perfectamente.

Si una persona quiere conocer la dirección IP o la dirección lógica de cualquier ordenador en el mundo, podrá utilizar el programa `nslookup`, cuya funcionalidad y sintaxis se muestran a continuación.

nslookup

Sintaxis: nslookup [máquina]

La orden `nslookup` se emplea para determinar la dirección IP de un ordenador del cual sólo conocemos su nombre lógico, o bien para conocer su nombre lógico sabiendo su dirección IP. El programa tiene dos modos de trabajo, el interactivo y el no interactivo. Nosotros sólo vamos a ver el interactivo. Para entrar en modo interactivo, no pasaremos ninguna opción, y se utilizará como servidor de nombres el que esté configurado por defecto. `nslookup` utiliza como *prompt* el carácter ">". Para finalizar el programa, teclearemos la orden `exit`.

Ejemplo:

```
$ nslookup
Default Server:  dulcinea.uah.es
Address:   130.206.82.7

> 130.206.82.12 (Quiero saber el nombre de la máquina cuyadirección IP es la indicada)

Server:  dulcinea.uah.es
Address:   130.206.82.7

Name:    gps.fis.uah.es (Respuesta)
Address:   130.206.82.12
```

```
> tsx-11.mit.edu (Quiero saber la dirección IP de la máquinacuyo nombre es el indicado)

Server:  dulcinea.uah.es
Address:  130.206.82.7

Name:    tsx-11.mit.edu (Respuesta)
Address:  18.86.0.44

> 128.100.12.1 (Quiero saber el nombre de la máquina cuyadirección IP es la indicada)

Server:  dulcinea.uah.es
Address:  130.206.82.7

Name:    dsp.dsp.toronto.edu (Respuesta)
Address:  128.100.12.1

> exit
$
```

dig

Sintaxis: dig @s_dns dominio t_cons c_cons +opt_con -dig_opt

Existe una tendencia a ir eliminando la utilidad **nslookup** en favor de los programas dig y host. La orden dig utiliza los siguientes parámetros:

@s_dns es el servidor DNS al que queremos enviar la consulta. Este campo es opcional. Si lo omitimos, dig utilizará el servidor de nombres del sistema (ver /etc/resolv.conf).

dominio es el nombre del dominio en el que estamos interesados.

t_cons es el tipo de información que estamos buscando, por ejemplo:

  a dirección de red.

  any toda la información que exista sobre el dominio.

  mx servidores de correo para el dominio.

  ns servidores de nombres para el dominio.

  soa información administrativa sobre el dominio, por ejemplo, quién es el encargado de su gestión.

  hinfo información sobre la máquina, por ejemplo qué sistema operativo ejecuta.

c_cons clase de consulta realizada.

+opt_con opciones de la consulta para enviar al servidor.

-opt_dig opciones de la consulta para el programa dig.

La forma más sencilla de utilizar este programa es cuando preguntamos por la dirección de red de una determinada máquina, por ejemplo vamos a averiguar la dirección de red de www.aut.uah.es.

```
$ dig www.aut.uah.es


; <<>> DiG 9.4.1-P1 <<>> www.aut.uah.es
;; global options:  printcmd
;; Got answer:
;; ->>HEADER<<- opcode: QUERY, status: NOERROR, id: 27727
;; flags: qr rd ra; QUERY: 1, ANSWER: 2, AUTHORITY: 0, ADDITIONAL: 0

;; QUESTION SECTION:
;www.aut.uah.es. IN A

;; ANSWER SECTION:
www.aut.uah.es. 172800 IN CNAME sphynx.aut.uah.es.
sphynx.aut.uah.es. 172800 IN A 193.146.57.3

;; Query time: 18 msec
;; SERVER: 192.168.7.1#53(192.168.7.1)
;; WHEN: Sat May 10 21:44:00 2008
;; MSG SIZE  rcvd: 69
```

Podemos ver que www.aut.uah.es es un alias (CNAME) de sphynx.aut.uah.es, y que la dirección de red de este último (A) es 193.146.57.3.

Si queremos enviar un mensaje de correo electrónico al usuario chan@aut.uah.es, antes tendremos que averiguar quién es el servidor de correo electrónico encargado del dominio aut.uah.es.

```
$ dig aut.uah.es MX


; <<>> DiG 9.4.1-P1 <<>> aut.uah.es MX
;; global options:  printcmd
;; Got answer:
;; ->>HEADER<<- opcode: QUERY, status: NOERROR, id: 28708
;; flags: qr rd ra; QUERY: 1, ANSWER: 1, AUTHORITY: 0, ADDITIONAL: 1

;; QUESTION SECTION:
;aut.uah.es. IN MX

;; ANSWER SECTION:
```

```
aut.uah.es. 172800 IN MX 100 cisneros.aut.uah.es.

;; ADDITIONAL SECTION:
cisneros.aut.uah.es. 172800 IN A 193.146.57.2

;; Query time: 20 msec
;; SERVER: 192.168.7.1#53(192.168.7.1)
;; WHEN: Sat May 10 21:44:50 2008
;; MSG SIZE  rcvd: 69
```

Con esta consulta averiguamos que existe un servidor de correo encargado de ese dominio. Para enviar un correo electrónico a un usuario de este dominio, debemos por lo tanto ponernos en contacto con `cisneros.aut.uah.es`. Adicionalmente se nos da las dirección de red de forma que no sea necesaria una segunda consulta a la hora de enviar el correo en sí.

7.4. Conexión remota

Como ejemplo de programa de acceso remoto a un ordenador para iniciar una sesión en él, vamos a describir el programa `telnet`. Con `telnet` la sesión se inicia especificando el ordenador al cual nos queremos conectar. Desde este momento, hasta que nos desconectemos (finalicemos la sesión), todo lo que tecleemos será enviado al otro ordenador. Antes de entrar nos pide nuestro nombre de usuario y la palabra de acceso. Una vez dentro, todo el trabajo que llevemos a cabo se ejecutará en el ordenador remoto. Nuestro ordenador local simplemente está pasando información desde y hacia el terminal a través de la red. `telnet` es un programa muy versátil y no necesita que el sistema operativo de la máquina remota sea el mismo que empleamos en nuestro ordenador local. Así pues, podremos, sin ningún tipo de problemas, iniciar una sesión VMS (sistema operativo de *Digital Equipment Corporation*) desde nuestro sistema Linux, y viceversa.

`telnet`

Sintaxis: `telnet [servidor][puerto]`

Ejemplo:

```
$ telnet grc.fis.uah.es
Trying...
Connected to grc.fis.uah.es.
Escape character is '^]'.


HP-UX grc B.10.20 A 9000/715 (ttyp2)


login: chan
```

```
Password: (No se visualiza)

$ hostname
grc
$ exit

logout

Connection closed by foreing host.

$
```

ssh

Sintaxis: ssh [-l login] [usuario@maquina] [orden]

El programa cliente `ssh` (*secure shell* o shell seguro) nos permite iniciar una sesión en una máquina remota y ejecutar órdenes en la misma. La idea básica es similar a la del programa `telnet`; sin embargo, `ssh` es mucho más versátil y seguro que `telnet`. De hecho, actualmente `telnet` se puede considerar obsoleto y su lugar lo ocupa `ssh`. La ventaja fundamental de `ssh` es que las comunicaciones se establecen de un modo seguro al transmitir encriptada toda la información a través de la red. De este modo, aunque alguien pueda acceder a la información que viaja a través de una red insegura, no podrá hacer uso de la misma por encontrarse cifrada.

Ejemplo:

```
$ ssh  valdebits
The authenticity of host 'valdebits (172.29.16.51)' can't be established.
RSA key fingerprint is 1e:ca:60:02:d0:5e:70:57:e7:1a:48:65:f5:31:42:84.
Are you sure you want to continue connecting (yes/no)? yes
Warning: Permanently added 'valdebits' (RSA) to the list of known hosts.
chan@valdebits's password:
$
```

A partir de este momento, al igual que ocurre con `telnet`, todas las órdenes que invoquemos serán ejecutadas en la máquina remota. La primera vez que iniciamos una conexión con `ssh`, tal y como hemos visto en el ejemplo, es necesario generar una clave RSA que en posteriores conexiones será utilizada. `ssh` admite múltiples opciones de las que sólo comentaremos la opción -l que se utiliza para indicar el nombre de *login* en la máquina remota en caso de que sea diferente del empleado en la máquina local. Si al final colocamos una orden, en lugar de iniciar una sesión remota, se ejecutará la orden indicada en la máquina remota.

Ejemplo:

```
$ ssh valdebits -l ssp id
ssp@valdebits's password:
```

```
uid=501(ssp) gid=501(ssp) groups=501(ssp)
$
```

Una vez ejecutada la orden (`id` en el caso del ejemplo), seguiremos nuestra sesión en la máquina local.

En caso de que habitualmente utilice el programa `telnet` para iniciar sesiones remotas, sería recomendable sustituirlo por `ssh`, sobre todo si la información que transmite es información estratégica y la red por la que viaja, poco segura.

ftp

Sintaxis: ftp [servidor]

`ftp` (*File Transfer Program*) es un programa que se utiliza para transferir archivos entre máquinas diferentes. Las máquinas incluso, al igual que ocurre con `telnet` o `ssh`, pueden ejecutar sistemas operativos diferentes. `ftp` se encarga de camuflar las peculiaridades de cada sistema y de ofrecer una interfaz uniforme al usuario final.

Ejemplo:

```
$ ftp ftp.rediris.es

Connected to dopey.rediris.es.
220-Bienvenido al FTP annimo de RedIRIS
220 dopey FTP server (Version wu-2.4.2-academ{[}BETA-13](1)) ready.
Name (ftp.rediris.es)
331 Guest login ok, send your complete e-mail address as password.

Password: (Dirección de correo electrónico que no se visualiza)

230 Guest login ok, access restrictions apply.
Remote system type is UNIX.
Using binary mode to transfer files.

ftp> cd /docs/security/unix
250 CWD command successful.

ftp> ls
200 PORT command successful.
150 Opening ASCII mode data connection for /bin/ls.
total 1956
drwxr-sr-x    2 infoiris cert      1024 Mar  6  1998 .
drwxr-sr-x   24 infoiris cert       512 Mar  3  1997 ..
etc.
-r--r--r--    3 infoiris cert     81575 Jan  9  1995 rfc1244.gz
```

```
-r--r--r--   1 infoiris cert     7404 Nov 30  1991 rfc1281.gz
-r--r--r--   1 infoiris cert    62506 Jun  6  1995 sec.ps.gz
-r--r--r--   1 infoiris cert    18027 Jun  6  1995 utnet.ps.gz
226 Transfer complete.

ftp> hash
Hash mark printing on (1024 bytes/hash mark).

ftp> prompt
Interactive mode off.

ftp> bin
200 Type set to I.

ftp> get sec.ps.gz
local: sec.ps.gz remote: sec.ps.gz
200 PORT command successful.
150 Opening BINARY mode data connection for sec.ps.gz (62506 bytes).
##############################################################
226 Transfer complete.
62506 bytes received in 0.777 secs (79 Kbytes/sec)

ftp> bye
221 Goodbye.

$
```

Para transferir archivos a o desde un computador remoto, se utiliza la orden `ftp`. Cuando se establezca la conexión, el programa nos pedirá un nombre de usuario y su palabra clave para poder iniciar la sesión en el sistema remoto. Una vez conectados, podremos utilizar todas las órdenes propias del programa `ftp`.

En el caso del ejemplo, hemos introducido como nombre de conexión **anonymous**, y como palabra clave nuestra dirección de correo electrónico. Eso se debe a que estamos accediendo a un servidor Internet de `ftp`, el cual tiene establecido el convenio de dejar acceso libre (pero controlado) al usuario **anonymous** con clave de acceso igual a nuestra dirección de correo electrónico.

Veamos algunas de estas órdenes utilizadas desde `ftp`:

`cd` Sirve para movernos por el árbol de directorios remoto.

`ls` Listado de los archivos del computador remoto.

`get fich1 fich2` Obtenemos archivos del computador remoto. El archivo `fich1` es el nombre del archivo remoto, y `fich2` es el nombre que deseamos darle al mismo en nuestro ordenador local. Si este último no se especifica, se copiará con el nombre original.

put `fich1` `fich2` Con esto copiaremos archivos locales en el ordenador remoto. El archivo `fich1` es el local, y `fich2`, el remoto. Ni `get` ni `put` admiten caracteres comodín. Si deseamos emplear comodines, tendremos que emplear las órdenes `mget` y `mput`.

mget `fich1` `fich2` Similar a `get`, pero admite caracteres comodín. Por cada archivo que deseemos transferir se pedirá confirmación.

mput `fich1` `fich2` Similar a `put`, pero admite caracteres comodín. Por cada archivo que deseemos transferir se pedirá confirmación.

prompt Realiza las transferencias sin solicitar confirmación.

hash Se utiliza para comprobar que la transmisión no se ha detenido. Por cada 1.024 bytes transferidos se visualiza el carácter #. Esta orden es muy útil cuando utilizamos líneas de transmisión de baja velocidad.

! Se utiliza para salir temporalmente al shell.

? Lista todas las órdenes de `ftp`.

quit Desconexión y salida definitiva al shell.

close Desconexión.

La información que `ftp` transmite por la red no va cifrada, por lo que puede ser poco recomendable su uso cuando transferimos información estratégica a través de una red poco segura. En estos casos es recomendable hacer uso de `sftp` que se trata de un protocolo de transferencia de archivos seguro.

finger

Sintaxis: finger [-lsp] [usuario[@ordenador]]

La orden `finger` se utiliza para obtener información relacionada con los usuarios (us) de una máquina conectada a la red (ord). Si no se especifica usuario, `finger` visualizará información de todos los usuarios conectados al sistema en ese momento. Si el usuario está en nuestra máquina, no será necesario especificar el ordenador, si no lo está, el campo ordenador es necesario. También es posible invocar a `finger` utilizando sólo el nombre de la máquina de la forma siguiente:

```
$ finger @quijote.uah.es

[quijote.uah.es]
Login     Name                  TTY Idle When        Office
root      System Manager        q2    41 Mon 11:54
fisfar    Dpto. de Fisiologia   q3  1:36 Wed 14:13
fisfar    Dpto. de Fisiologia   q4  1:09 Wed 13:55
quimica   Dptos. Quimor y Quif *ftp      Tue 17:48
fisfar    Dpto. de Fisiologia   q9  2:05 Thu 12:47
fisica    Dpto. de Fisica       q10   26 Thu 13:57
$
```

En este caso, nos informará sobre todos los usuarios que están conectados a la máquina `quijote.uah.es` en ese instante.

Las opciones más comunes de esta orden son las siguientes:

-s *Short format* (formato corto). Con esta opción, `finger` visualiza el nombre de conexión (*login name*), el nombre real, el nombre del terminal asociado y la hora de conexión, así como el número de oficina y teléfono.

-l *Long format* (formato largo). Con esta opción se visualiza todo lo que hemos indicado con la opción -s y, además, se muestran los archivos `.plan` y `.project` colocados en el directorio de inicio del usuario en cuestión.

-p Omite la visualización de los archivos `.plan` y `.project`.

Ejemplo:

```
$ finger ssp@quijote.uah.es

[quijote.uah.es]
Login name: ssp                    In real life:Sebastián Sánchez Prieto.
Directory: /usr1/people/ssp  Shell: /bin/csh
Last login at Fri Oct 27 12:16 from chan@apollo.aut.uah.es
Plan:
Dirección:
   Sebastián Sánchez Prieto.

   Departamento de Automática
   Área de Arquitectura y Tecnología de Computadores.
   Asignatura: Sistemas Operativos
   Despacho E314
   Teléfono: (91) 8.85.66.02
   Fax:      (91) 8.85.48.04

   Escuela Politécnica.
   Universidad de Alcalá.

Email:
        ssp@aut.uah.es

$
```

talk

Sintaxis: talk usuario[@ordenador] [tty]

La orden `talk` se utiliza para iniciar una conversación con otra persona a través de la red. `talk` divide la pantalla en dos ventanas. Cuando se establece la conexión, lo que tecleamos va a parar a la ventana de la mitad superior, y todo lo que nos envían viene a parar a la ventana de la mitad inferior. Para redibujar la ventana teclearemos Ctrl-l y para finalizar pulsaremos la tecla de interrupción Ctrl-c.

Opciones:

persona Es el nombre de conexión de la persona con quien deseamos comunicarnos. Si esta persona está en otra máquina, tendremos que indicar el nombre de la máquina.

tty Es necesario especificar el número de terminal en caso de que la persona esté conectada a más de un terminal simultáneamente.

Ejemplo:

```
$ talk broncha@gps.fis.uah.es
```

ping

Sintaxis: ping ordenador

La orden ping puede utilizarse para determinar si un ordenador está vivo en ese momento. Si el ordenador está vivo, contestará a ping por cada mensaje que reciba. ping sacará estadísticas de tiempo de respuesta de cada uno de los paquetes enviados. Para finalizar el envío de paquetes, pulsaremos Ctrl-c. ping admite diversas opciones, pero nosotros no vamos a entrar en más detalles.

Ejemplo:

```
$ ping dubhe
PING dubhe (193.146.9.72): 56 data bytes
64 bytes from 193.146.9.72: icmp_seq=0 ttl=255 time=1.2 ms
64 bytes from 193.146.9.72: icmp_seq=1 ttl=255 time=0.8 ms
64 bytes from 193.146.9.72: icmp_seq=2 ttl=255 time=0.8 ms
64 bytes from 193.146.9.72: icmp_seq=3 ttl=255 time=0.8 ms
64 bytes from 193.146.9.72: icmp_seq=4 ttl=255 time=0.8 ms
64 bytes from 193.146.9.72: icmp_seq=5 ttl=255 time=0.8 ms
64 bytes from 193.146.9.72: icmp_seq=6 ttl=255 time=0.8 ms
64 bytes from 193.146.9.72: icmp_seq=7 ttl=255 time=0.8 ms
- Ctrl-c -
--- dubhe ping statistics ---
8 packets transmitted, 8 packets received, 0% packet loss
round-trip min/avg/max = 0.8/0.8/1.2 ms
$
$ ping garbo.uwasa.fi
PING garbo.uwasa.fi (193.166.120.5): 56 data bytes
64 bytes from 193.166.120.5: icmp_seq=2 ttl=243 time=292.1 ms
64 bytes from 193.166.120.5: icmp_seq=3 ttl=243 time=326.9 ms
64 bytes from 193.166.120.5: icmp_seq=4 ttl=243 time=320.6 ms
64 bytes from 193.166.120.5: icmp_seq=5 ttl=243 time=271.9 ms
```

```
64 bytes from 193.166.120.5: icmp_seq=6 ttl=243 time=370.3 ms
64 bytes from 193.166.120.5: icmp_seq=8 ttl=243 time=332.3 ms
64 bytes from 193.166.120.5: icmp_seq=10 ttl=243 time=213.3 ms
64 bytes from 193.166.120.5: icmp_seq=11 ttl=243 time=309.1 ms
64 bytes from 193.166.120.5: icmp_seq=12 ttl=243 time=352.2 ms
64 bytes from 193.166.120.5: icmp_seq=14 ttl=243 time=296.3 ms
64 bytes from 193.166.120.5: icmp_seq=15 ttl=243 time=310.6 ms
64 bytes from 193.166.120.5: icmp_seq=16 ttl=243 time=334.9 ms
- Ctrl-c -
--- garbo.uwasa.fi ping statistics ---
17 packets transmitted, 12 packets received, 29% packet loss
round-trip min/avg/max = 213.3/310.8/370.3 ms
$
```

Obsérvese la diferencia de tiempos que aparece en los dos ejemplos empleados, así como la cantidad de paquetes perdidos. En el primer caso se trata de un ordenador ubicado en la red de la Universidad de Alcalá, y en el segundo se trata de una máquina situada en Finlandia.

7.5.   El navegador `lynx`

`lynx` es un visualizador de páginas HTML (*hypertext markup language*) que permite la navegación en modo texto por la *Word Wide Web* (www). Aunque lo más típico es emplear navegadores gráficos del tipo Firefox, Konqueror, Galeon, Epiphany o similares, en determinadas ocasiones es interesante poder conectarse a páginas Web utilizando un terminal alfanumérico.

Al arrancar, `lynx` cargará una página local o una URL (*Uniform Resource Locator*) remota que serán especificados en la línea de órdenes. Seguidamente se muestra un ejemplo de cómo invocaremos a `lynx`:

```
$ lynx www.w3.org


        The World Wide Web Consortium (p1 of 10)

        #Technologies | News | Contents | Search

        The World Wide Web Consortium (W3C)

Leading the Web to its Full Potential...

Activities | Technical Reports | Site Index | About W3C | Contact

The   World   Wide   Web   Consortium   (W3C)  develops interoperable
technologies (specifications, guidelines, software, and tools) to
lead the  Web  to  its full potential as a forum for information,
```

```
commerce, communication, and collective understanding. On this page,
you'll find W3C news  as  well as links to information about W3C
technologies and getting involved in W3C. We encourage you to learn
more about W3C.

W3C A to Z

    {*} Accessibility
    {*} Amaya
-- press space for next page --
Arrow keys: Up and Down to move. Right to follow a link; Left to goback.
H)elp O)ptions P)rint G)o M)ain screen Q)uit /=search[delete]=history list
```

Las palabras o frases que aparecen resaltadas son hiperenlaces que permiten movernos de unas páginas a otras y de unas URLs a otras. Pulsando las teclas de cursor arriba
y cursor abajo, el hiperenlace activo irá conmutando, esto lo notaremos por su cambio
de color. Si queremos acceder al recurso indicado por el hiperenlace activo, pulsaremos la
tecla ENTRAR. Para volver a la página anterior pulsaremos la tecla de cursor izquierda
y para pasar a la siguiente pulsaremos la tecla de cursor derecha. Como se puede apreciar, utilizando básicamente las cuatro techas de cursor podemos movernos por diferentes
URLs.

Otras funciones asociadas a teclas son las que se muestran a continuación:

Barra espaciadora: permite pasar la página hacia abajo, es lo mismo que pulsar la
tecla AvPg.

G: permite abrir una nueva URL.

H: muestra la ayuda.

Q: sale del programa.

7.6. Ejercicios

7.1 Averigüe el nombre de su máquina y el dominio al que pertenece.

7.2 Inicie con `telnet` una sesión remota en otro computador. ¿Qué sistema operativo
está utilizando el ordenador remoto? ¿Cuántos usuarios hay conectados al sistema?

7.3 Utilizando el programa de transferencia de archivos `ftp` copie en su máquina los
archivos `/etc/passwd` y `/etc/group` de una máquina remota.

7.4 Determine la dirección IP (dirección numérica) que le corresponde al ordenador
`garbo.uwasa.fi`. Determine también la dirección lógica (FQDN) que le corresponde
a la siguiente dirección IP: 130.206.82.7.

7.5 Haciendo uso de `lynx` conéctese al servidor web `www.w3.org`.

Capítulo 8

El sistema X Window

El sistema X Window, conocido generalmente como "X", es un sistema de ventanas portable, que se ejecuta de forma transparente en red sobre diferentes plataformas y sistemas operativos. El sistema X permite que los programas presenten ventanas, que pueden contener información textual y gráfica, en cualquier ordenador que soporte el protocolo X Window. Este protocolo especifica cuál es la información que debe ser transmitida entre los procesos activos en el sistema X haciendo que se consiga una compatibilidad, no sólo al nivel de código fuente, sino también a nivel binario. Gracias a este mecanismo podemos tener máquinas con arquitecturas diferentes e incluso con distintos sistemas operativos intercambiando información por medio de una red local.

El sistema X Window fue desarrollado en el MIT (Instituto Tecnológico de Massachusetts) con la ayuda de la compañía DEC (*Digital Equipment Corporation*). Su arquitecto principal fue Robert Sheifler. X Window evolucionó a partir de un sistema de ventanas desarrollado en la Universidad de Stanford conocido como sistema W.

8.1. Conexión en red en el sistema X Window

El sistema X Window está diseñado para ofrecer sus servicios a través de la red. Esto quiere decir que las aplicaciones que utilizan el protocolo X pueden utilizar la red para intercambiar información. Para los programadores que desarrollen aplicaciones X Window en Linux utilizando lenguaje C, existe una biblioteca denominada Xlib que permite el acceso al sistema X abstrayendo el protocolo, lo que permite centrarnos exclusivamente en aspectos relacionados con la aplicación. Existen otros servicios de más alto nivel construidos sobre Xlib y que proporcionan una gestión aún más cómoda. Estos servicios se conocen como Toolkit, y como ejemplos podemos citar X Toolkit, OSF/Motif Toolkit, gtk, Qt.

Xlib proporciona servicios básicos como crear ventanas, primitivas de dibujo como líneas, círculos, arcos, rectángulos, etc., así como el control de dispositivos (teclado y ratón) y comunicación entre diferentes programas. Los Toolkit son servicios más avanzados basados en el modelo de programación orientada a objetos. Estas bibliotecas permiten la creación de ventanas de diferentes tipos: ventanas de dibujo, ventanas de menús desplegables, de menús de botones, etc. También permiten dotar a las ventanas de una decoración con objeto de poder manipularlas más cómodamente.

La figura 8.1 muestra cómo es la estructura del sistema X Window. En la parte superior se encuentra la aplicación, la cual puede hacer uso de todos los servicios X Window, los cuales a su vez pueden apoyarse en los servicios de red.

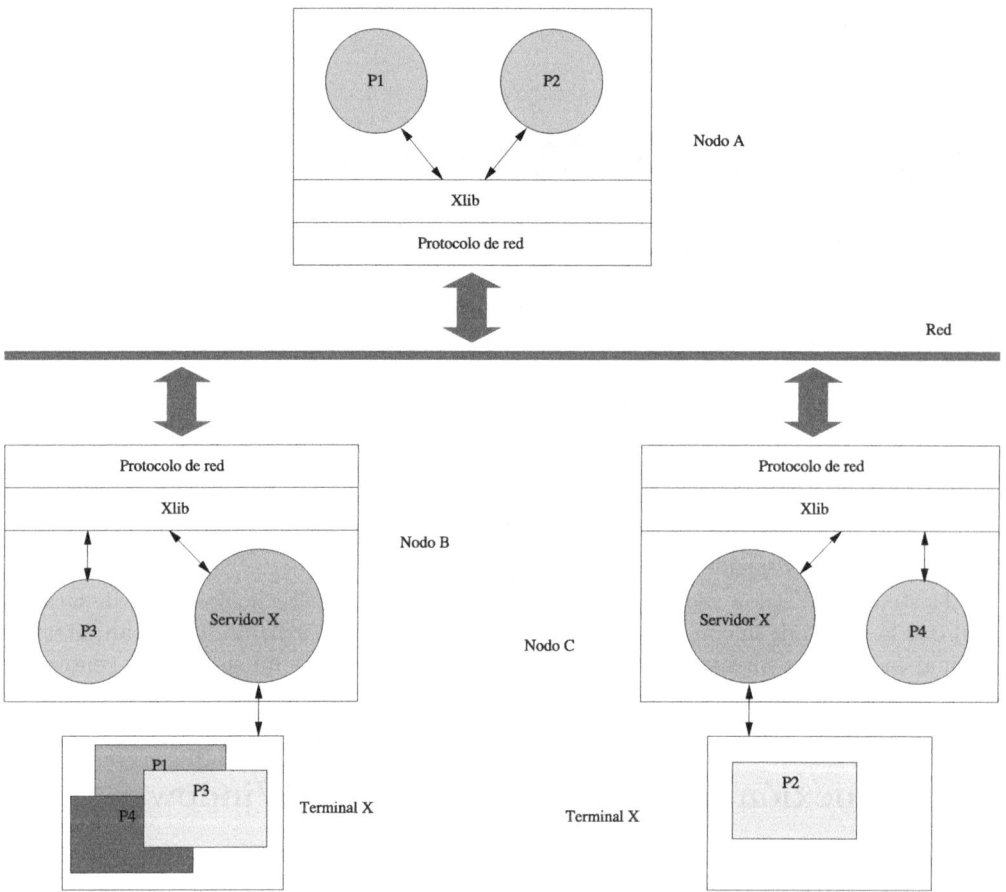

Figura 8.1: Clientes y servidores X en red.

8.2.   Modelo cliente-servidor

A la hora de gestionar los recursos de una red se emplea mucho el modelo cliente-servidor. Un cliente es un proceso que se ejecuta en un nodo de la red y necesita recursos ajenos a él. Un servidor es un nodo de la red configurado para proporcionar recursos a otros nodos de la red.

El sistema X Window se sirve del modelo cliente-servidor para implementar su arquitectura de presentación en ventanas. El servidor de X Window se conoce como X-server y es un proceso capaz de manejar el protocolo X junto con los dispositivos físicos necesarios (teclado, ratón y pantalla o pantallas). El servidor se encarga de recoger todas las órdenes que se generan desde los dispositivos de entrada (ratón y teclado) y reenviárselas a los clientes a los cuales van dirigidas. El servidor también recoge las salidas procedentes de los clientes, las cuales deben ser presentadas en pantalla.

Los clientes X Window son programas que se comunican con el servidor X a través del protocolo X. Esta comunicación se puede llevar a cabo localmente (cliente y servidor se encuentran en la misma máquina) o a través de la red (el cliente y el servidor se encuentran en máquinas diferentes). En una red podemos tener varios clientes y varios servidores activos, ejecutándose simultáneamente e intercambiando información entre sí.

8.3.   ¿Qué implica esto para el usuario final?

Una de las principales ventajas de X Window con respecto a otros sistemas con ventanas estriba en que podemos tener un cliente ejecutándose en un ordenador de la red diferente al nuestro y poder controlarlo por completo en nuestra máquina. Por ejemplo, si nuestro ordenador se denomina `Amon` y en él iniciamos el servidor X, entonces podremos iniciar un cliente X en otra máquina (por ejemplo, `Sphynx`) y hacer que la salida gráfica se realice en `Amon`, a su vez, `Amon` envía al cliente que se encuentra en `Sphynx` las entradas de usuario (teclado y ratón). El cliente se ejecutará por completo en `Sphynx`, pero su visualización se realiza en `Amon`. Además, ambas máquinas pueden tener arquitecturas completamente diferentes (PC, SPARC o un superordenador) e incluso sistemas operativos diferentes (Linux, FreeBSD, VMS, IRIX, Windows, etc.).

8.4.   Uso del sistema X Window versión 11

Vamos a iniciar aquí el estudio del sistema X Window desde el punto de vista del usuario. Supongamos que el sistema se encuentra configurado adecuadamente y que el entorno X se inicia de forma correcta. . En el caso de que esté utilizando Linux, su distribución particular le proporcionará información de cómo poner en marcha el sistema de ventanas. El sistema X Window de Linux se denomina XFree86. Este sistema ha sido desarrollado por un grupo de programadores dirigido por David Wexelblat y se distribuye de forma gratuita para sistemas UNIX (incluido Linux) basados en procesadores 80386, 486 y Pentium. XFree86 es una implementación de X Window versión 11 edición 6 (X11R6 de forma abreviada) de libre distribución.

8.5.   Arranque y parada del sistema X Window

En la mayoría de las distribuciones actuales de Linux el sistema X se inicia de modo automático. Si no fuera así, para iniciar el sistema X en un terminal gráfico, una vez iniciada la sesión en el terminal, daremos la orden `startx`. `startx` es un programa (un *shell script* normalmente) que se encuentra en el directorio `/usr/bin/X11` y que actúa como interfaz entre el usuario y el programa `xinit`. `xinit` es el programa que lleva a cabo el inicio y arranque del servidor X junto con los primeros clientes que se van a comunicar con el servidor. `startx` se suministra para facilitar al usuario el inicio del sistema X sin necesidad de conocer a fondo la forma de invocar al programa `xinit`. `startx` es un archivo que puede ser copiado en nuestro directorio de arranque y modificado por el usuario para configurar las X de modo adecuado.

Una vez iniciado el sistema observaremos que cambia el modo de vídeo y en pantalla aparecen diversos gráficos. Una presentación típica puede ser la que se muestra en la figura 8.2.

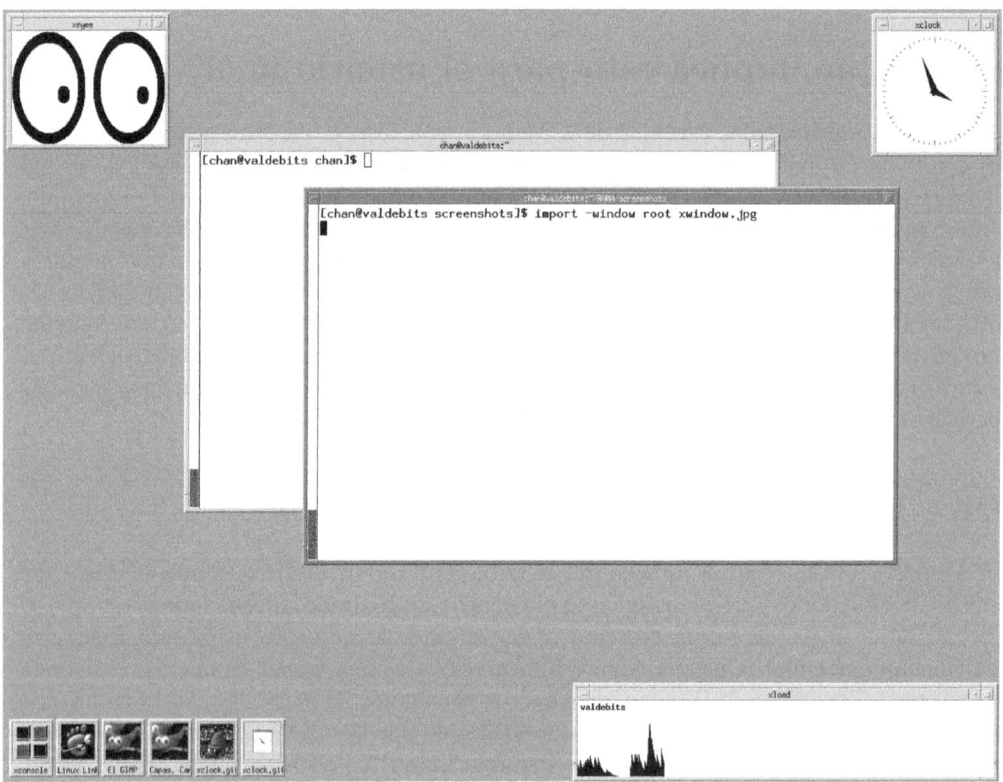

Figura 8.2: Aspecto del sistema de ventanas X Window.

Para detener el sistema y devolver el control al intérprete de órdenes pulsaremos simultáneamente las teclas CTRL+ALT+BACKSPACE. Para que no se produzca una pérdida de datos conviene que previamente cerremos todas aquellas aplicaciones iniciadas. Por ejemplo, si en un terminal estamos editando un documento con `vi`, al finalizar las X finaliza el servidor y con él el editor `vi`, en estas circunstancias el texto que estábamos editando se perderá a no ser que lo hubiésemos salvado previamente (a menos que utilicemos la opción `-r` de `vi` para recuperar el trabajo interrumpido).

8.6.   Manipulación de las ventanas

El manejo del ratón en X es idéntico a como se realiza en otros entornos de ventanas. La nomenclatura que emplearemos en las descripciones subsiguientes es:

Apuntar Mover el ratón hasta que su cursor asociado aparezca sobre la zona de pantalla deseada.

Picar Pulsar el botón del ratón (generalmente el izquierdo).

Seleccionar Apuntar + picar.

Picar dos veces Pulsar dos veces rápidamente el botón del ratón (generalmente el izquierdo).

Arrastrar Apuntar + pulsar + mover + soltar.

El control de las ventanas abiertas se puede realizar generalmente a través del marco que el gestor de ventanas coloca alrededor de cada una de ellas. La figura 8.3 muestra un ejemplo típico de ventana con sus diferentes partes.

Figura 8.3: Ventana típica.

Las operaciones que pueden realizarse sobre una ventana están disponibles a través del marco de decoración de la misma o a través del menú de la ventana. Tanto el marco de decoración como el menú de la ventana son dependientes del gestor de ventanas que tengamos configurado (`Motif`, `fvwm`, `twm`, `metacity`, `olwm`, `wmaker`, etc.). El menú de la ventana se activa picando con el ratón sobre el icono situado en la esquina superior izquierda de la ventana. Las opciones del menú de ventana se pueden seleccionar arrastrando el ratón hasta la opción deseada, pulsando la tecla que aparece subrayada en cada opción o bien pulsando la combinación de teclas de la misma. Estas opciones pueden variar de unos gestores de ventanas a otros, un caso particular de menú de ventana podría ser el que aparece en la figura 8.4.

Generalmente las opciones más comunes que aparecen en el menú de ventana son las siguientes:

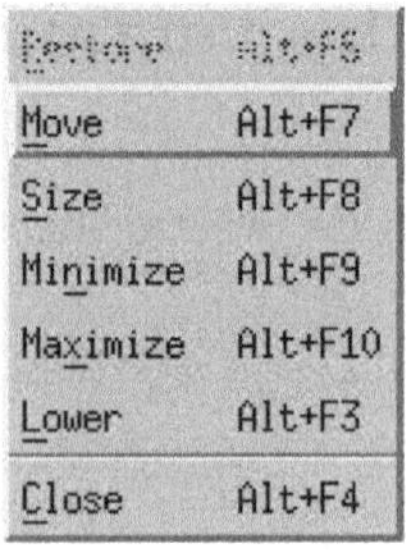

Figura 8.4: Menú de ventana.

Opción	Teclas	Significado
Restore	Alt+F5	Restaura una ventana a su tamaño original
Move	Alt+F7	Mueve una ventana al lugar que le indiquemos mediante el ratón o las teclas de cursor. En caso de hacerlo mediante las teclas de cursor, la ventana se posicionará definitivamente cuando se pulse la tecla ENTRAR.
Size	Alt+F8	Permite modificar el tamaño de una ventana utilizando el ratón o las teclas de cursor. En caso de hacerlo mediante las teclas de cursor, la ventana se dimensionará definitivamente cuando se pulse la tecla ENTRAR.
Minimize	Alt+F9	Esta opción se emplea para minimizar o iconizar una ventana. Una ventana iconizada se transforma en un icono, ocupa un espacio mínimo en la pantalla y no se puede acceder a su interior.
Maximize	Alt+F10	Maximiza el tamaño de la ventana para que ésta ocupe el máximo espacio posible.
Lower	Alt+F3	Envía a la ventana a la última posición dentro de la cola de ventanas. Con esta opción permitimos visualizar aquellas ventanas situadas por detrás de la ventana activa.
Close	Alt+F4	Cierra la ventana y la aplicación asociada finaliza.

Como ya hemos indicado, todas estas operaciones se pueden realizar directamente manipulando los elementos que forman la decoración de la ventana; sin embargo, este aspecto está ligado al gestor de ventanas y pueden existir diferencias entre unos y otros. Lo más general es que la ventana se pueda redimensionar arrastrando sus bordes (en algunos gestores no todos los bordes son activos), que se pueda mover arrastrando la barra de título y se pueda minimizar o maximizar-restaurar utilizando los botones situados en la esquina superior derecha de la ventana.

8.6.1.   La ventana raíz

X Window es un sistema jerárquico de ventanas en el cual tenemos ventanas padre y ventanas hija. Toda ventana tiene asociada una ventana padre de la cual depende, excepto la ventana raíz que es la primera que inicia el sistema. La ventana raíz no tiene asociado ningún marco visible, no puede ser redimensionada y tiene un comportamiento especial. Esta ventana es lo que vemos como relleno de fondo y ocupa toda la pantalla.

8.7.   Clientes X Window

Los clientes X Window son programas de aplicación que se comunican con el servidor X a través del protocolo X. Esta comunicación puede realizarse a nivel local o a través de una red. Seguidamente vamos a dar una breve descripción de los clientes estándar del sistema X. Debemos señalar que algunos de estos clientes no funcionarán del modo indicado si estamos bajo una sesión `gnome` o `KDE` que pudiera controlar directamente recursos como el ratón, el fondo de escritorio, el salvapantallas, etc.

xclock

`xclock` es un cliente que visualiza la hora, tanto en formato analógico como en formato digital.

Ejemplo:

```
$ xclock -update 1 -hd Blue -bg Salmon &
```

Figura 8.5: Cliente `xclock`.

Todas las opciones de `xclock` pueden ser consultadas en la correspondiente página del manual o bien con la orden:

```
$ xclock -help
```

Existe otro cliente denominado `oclock` que visualiza un reloj con un formato diferente de `xclock`.

xterm

xterm es el cliente estándar desarrollado en el MIT por el grupo que desarrolló X Window. xterm proporciona emulación de terminal y puede considerarse como el cliente más utilizado. Para iniciar el cliente es suficiente con teclear desde un terminal la orden xterm. Inicialmente a xterm se le pueden pasar parámetros que determinan aspectos como el color, tipo de letra, etc. Una vez iniciado xterm, en algunos sistemas puede ser reconfigurado colocando el ratón en su área de visualización y pulsando simultáneamente la tecla "Ctrl" junto con el botón derecho del ratón, de este modo podremos modificar el tamaño de la ventana y de la fuente de letra.

Ejemplo:

```
$ xterm -font 10x20 -bg white -fg blue &
```

```
                          chan@valdebits:~
  3054 ?         Ss      0:00 dbus-daemon-1 --system
  3067 ?         Ss      0:00 rhnsd --interval 240
  3260 tty2      S+      0:00 xinit
  3261 ?         S       0:57 X :0
  3275 tty2      S       0:00 xterm -geometry +1+1 -n login
  3277 pts/8     Ss      0:00 bash
  3299 pts/8     S       0:06 mwm
  3300 pts/8     S       0:00 xterm -font 10x20
  3302 pts/9     Ss+     0:00 bash
  3349 pts/8     S       0:00 xeyes +shape
  3350 pts/8     S       0:00 xload
  3351 pts/8     S       0:00 xconsole
  3352 pts/8     S       0:00 xclock
  3370 pts/8     S       0:30 /usr/bin/galeon-bin
  3374 pts/8     S       0:00 /usr/libexec/gconfd-2 14
  3398 ?         Ss      0:00 /usr/bin/esd -terminate -nobeeps -as 2 -spawnfd 33
  3494 pts/9     S       0:14 gimp
  3497 pts/9     S       0:00 /usr/lib/gimp/2.0/plug-ins/script-fu -gimp 6 5 -run 0
  3502 pts/9     S       0:00 eog xclock.gif
  3504 ?         S       0:01 /usr/libexec/eog-image-viewer --oaf-activate-iid=OAFI
  3625 pts/9     S       0:04 evolution
  3627 ?         S       0:00 /usr/libexec/evolution/1.4/evolution-alarm-notify --o
  3651 pts/8     R+      0:00 ps ax
[chan@valdebits chan]$
```

Figura 8.6: Cliente xterm.

Para obtener mayor información puede consultarse la página correspondiente del manual o bien ejecutar la orden:

```
$ xterm -help
```

Esto último es aplicable a cualesquiera de los clientes que citamos en este punto.

xcalc

xcalc es una calculadora científica muy sencilla que puede ser manejada tanto por medio del ratón como por el teclado numérico.

Ejemplo:

`$ xcalc &`

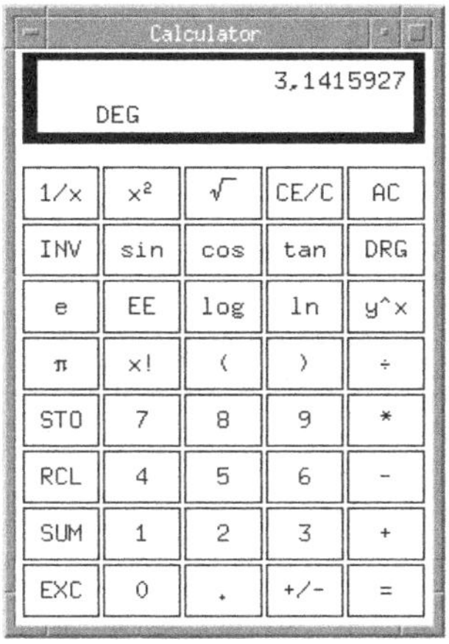

Figura 8.7: Cliente `xcalc`.

Esta calculadora puede operar haciendo uso de la notación polaca, para ello tenemos que utilizar la opción `-rpn`.

xload

`xload` es un indicador de la carga del sistema. Puede utilizarse para comprobar cuál ha sido el grado de utilización del sistema en un determinado intervalo de tiempo.
Ejemplo:

`$ xload -update 1 &`

Figura 8.8: Cliente `xload`.

xman

`xman` es una versión gráfica del manual de Linux. Proporciona un mecanismo simple para obtener cualquier tipo de información relacionada con Linux. `xman` incorpora todas las secciones del manual:

1. Órdenes de usuario.

2. Llamadas al sistema.

3. Subrutinas.

4. Dispositivos.

5. Formato de archivos.

6. Juegos.

7. Miscelánea.

8. Administración del sistema.

9. Nuevo.

Ejemplo:

```
$ xman &
```

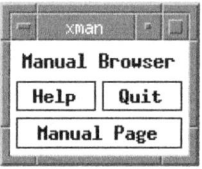

Figura 8.9: Cliente `xman`.

Pulsando en el botón "`Manual Page`" podemos acceder a cualquier información que nos interese. En el caso del ejemplo ilustrado en la figura 8.9 se consulta la sección de llamadas al sistema y dentro de allí la llamada "`socket`".

xedit

`xedit` es un editor de archivos de texto que puede ser utilizado en lugar de `vi`. Su manipulación es muy sencilla, pero su funcionalidad es mucho más restringida que la de `vi`.

Ejemplo:

```
$ xedit /etc/services &
```

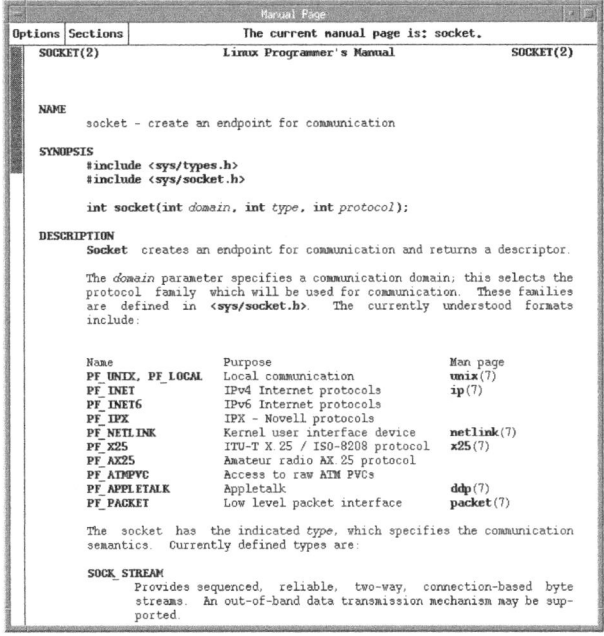

Figura 8.10: Página del manual de la llamada `socket`.

xset

`xset` es un cliente que podemos emplear para reprogramar ciertos aspectos relacionados con el funcionamiento del sistema X Window. Entre ellos podemos citar el control del volumen del teclado, la aceleración del puntero del ratón, los protectores de pantalla, el estado de los LEDs del teclado, etc.

Ejemplo:

```
$ xset s 100
$ xset m 5
```

En el primer caso activamos el protector de pantalla y definimos que se active después de 100 segundos transcurridos sin que se utilice ningún dispositivo de entrada. En el segundo ejemplo definimos la velocidad del ratón. Si el número indicado en el segundo caso es grande, la velocidad del ratón será muy alta.

xsetroot

`xsetroot` se emplea para modificar el fondo de las X, que puede ser un color sólido o un mapa de bits.

Ejemplo:

```
$ xsetroot -solid DarkOliveGreen
```

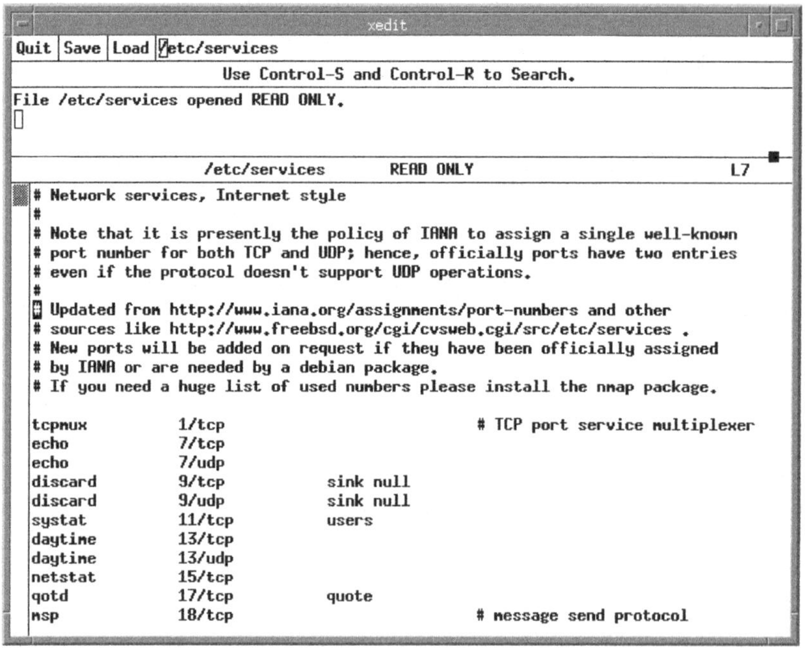

Figura 8.11: Cliente `xedit`.

xmodmap

`xmodmap` se utiliza para definir un mapa con la definición del teclado, de este modo es posible establecer una correspondencia entre los códigos enviados por el teclado y los caracteres que asociamos a dichos códigos.

Ejemplo:

```
$ xmodmap .Xmodmap
```

En el ejemplo anterior establecemos la correspondencia indicada anteriormente por medio de la definición contenida en el archivo `.Xmodmap`.

xlsfonts

`xlsfonts` visualiza una lista con todas las fuentes disponibles.

Ejemplo:

```
$ xlsfonts
```

```
-adobe-courier-bold-i-normal--0-0-0-0-m-0-iso8859-1
-adobe-courier-bold-o-normal--0-0-75-75-m-0-iso8859-1
-adobe-courier-bold-o-normal--10-100-75-75-m-60-iso8859-1
-adobe-courier-bold-o-normal--12-120-75-75-m-70-iso8859-1
```

etc.

```
lucidasanstypewriter-bold-14
lucidasanstypewriter-bold-18
lucidasanstypewriter-bold-24
lucidasanstypewriter-bold-8
```

$

xfontsel

xfontsel permite visualizar la composición de los tipos de letra y seleccionar fuentes que pueden ser utilizadas en otras aplicaciones.

Ejemplo:

```
$ xfontsel &
```

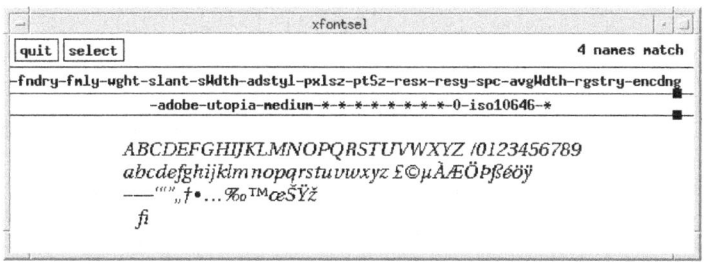

Figura 8.12: Cliente xfontsel.

xfd

xfd muestra en una ventana los caracteres que forman una determinada fuente tipográfica.

Ejemplo:

```
$ xfd -font -sony-fixed-medium-r-normal--16-120-100-100-c-80-iso8859-1 &
```

xmag

xmag se emplea para ampliar una determinada área del entorno de trabajo (aplicaciones, botones, iconos, fondo, etc.).

Ejemplo:

```
$ xmag &
```

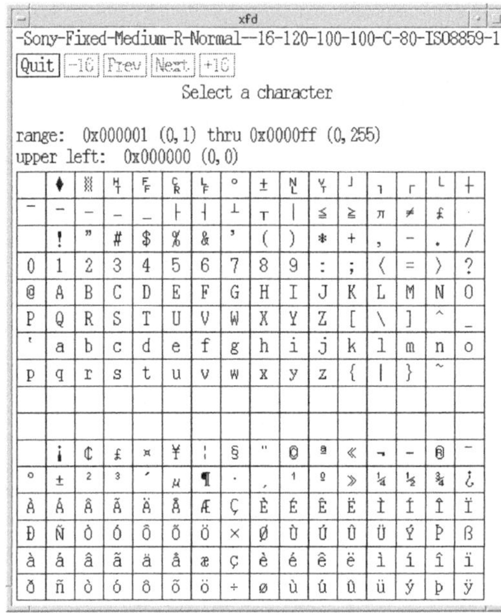

Figura 8.13: Cliente `xfd`.

xrdb

xrdb es un gestor de la base de recursos (*X resource data base*). Se utiliza para que el usuario pueda definir las propiedades de las distintas ventanas. Este programa se invoca normalmente al iniciar las X. El archivo clásico de recursos de usuario suele denominarse `~/.Xdefaults`. Este archivo se utiliza para definir aspectos generales de la ventana raíz y de los clientes. Los recursos pueden ser definidos en cualquier instante llamando a **xrdb** de forma manual. Veamos un ejemplo: supongamos que a partir de un momento decidimos que el reloj **xclock** deba tener una determinada apariencia por defecto (fondo, con o sin segundero, color de manecillas, etc.). En este caso podemos definirnos un determinado

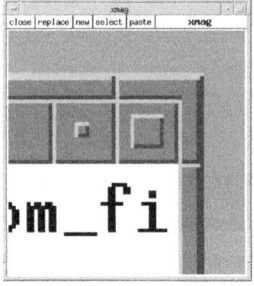

Figura 8.14: Cliente `xmag`.

archivo de recursos asociado al reloj y que denominaremos `RecReloj`. El contenido de este archivo de recursos podría ser el siguiente:

```
$ cat RelReloj
xclock*update: 1
xclock*hands: yellow
xclock*hilight: royalblue
xclock*background: lightblue
```

Si a continuación ejecutamos la orden `xrdb RelReloj`, todos los nuevos `xclock` que lancemos tendrán las características definidas en el archivo de recursos `RelReloj`. El formato de los archivos de recursos será analizado con posterioridad.

bitmap

El cliente `bitmap` se puede utilizar para generar un archivo de mapa de bits para su uso posterior. Con el botón izquierdo del ratón dibujaremos puntos, líneas, círculos, etc., y con el derecho podremos borrarlos.

Ejemplo:

```
$ bitmap -bg white -fg black -size 16x16 &
```

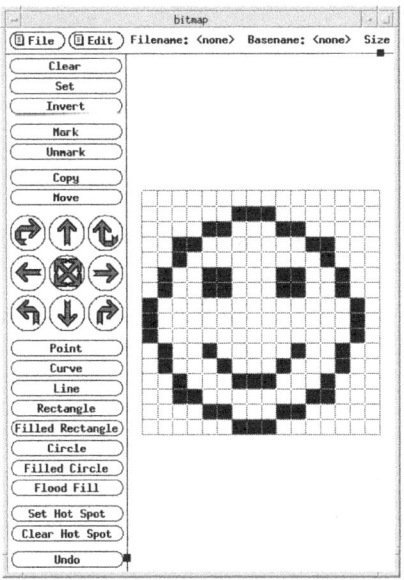

Figura 8.15: Cliente `bitmap`.

appres

appres visualiza los recursos asociados a una aplicación.
Ejemplo:

```
$ appres xclock
xclock*update: 1
xclock*hands: yellow
xclock*hilight: royalblue
xclock*background: lightblue
$
```

editres

editres es un editor de recursos que permite definir de forma dinámica las características de los clientes X. Una vez que estamos contentos con la configuración, ésta se puede salvar en un archivo de recursos.

xkill

xkill se utiliza para finalizar la ejecución de un cliente X. Para ello ejecutaremos la orden y con el ratón seleccionaremos el cliente que deseamos eliminar picando sobre él.

xeyes

xeyes es un cliente en el que aparecen dos ojos que miran siempre a la posición del ratón.
Ejemplo:

```
$ xeyes +shape &
```

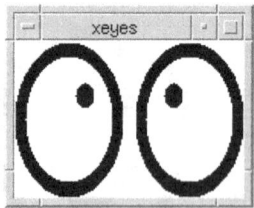

Figura 8.16: Cliente xeyes.

xlsclients

xlsclients genera un listado con los clientes que se están ejecutando en un determinado dispositivo gráfico.

Ejemplo:

```
$ xlsclients
dafne.aut.uah.es /usr/dt/bin/dtfile -noview
dafne.aut.uah.es dtterm -session dta00368 -sdtserver
dafne.aut.uah.es /usr/lib/netscape/netscape-communicator
dafne.aut.uah.es xplaycd
dafne.aut.uah.es xclock
dafne.aut.uah.es lyx
dafne.aut.uah.es xcalc
```

8.8. Manejador de ventanas

El manejador de ventanas es otro cliente X. El usuario final puede elegir entre múltiples manejadores de ventanas existentes. Algunos de los más extendidos son: `fvwm`, `olwm` (*Open Look Window Manager*), `mwm` (*Motif Window Manager*), `metacity`, `AfterStep`, `Enlightenment`, `gwm`, `ctwm`, `twm`, `WindowMaker`, etc.

8.9. Opciones de inicio de los clientes X

Aunque cada cliente X pueda tener sus propias opciones de arranque, algunas de ellas son relativamente estándar, éstas son las opciones que vamos a comentar en este punto.

8.9.1. Colores de primer y segundo plano

El color de primer plano (*foreground*) hace referencia al color de los elementos del cliente situados en primer plano. Por ejemplo, en `xterm` es el color de la letra, en `xclock` es el color de la marca de horas y minutos, en la calculadora es el color de las letras, etc. El color de segundo plano (*background*) es el color de fondo del cliente X. Las opciones de color de primer y segundo plano se especifican con los parámetros `-fg` (*foreground*) y `-bg` (*background*), respectivamente.

Ejemplo:

```
$ xterm -fg green -bg black &
```

Los colores especificados para el primer y segundo plano aparecen definidos en el archivo de texto `/usr/lib/X11/rgb.txt` cuya apariencia es la siguiente:

```
$ cat /usr/lib/X11/rgb.txt
! $XConsortium: rgb.txt,v 10.41 94/02/20 18:39:36 rws Exp $
255 250 250 snow
248 248 255 ghost white
248 248 255 GhostWhite
245 245 245 white smoke
245 245 245 WhiteSmoke
220 220 220 gainsboro
```

```
255 250 240 floral white
255 250 240 FloralWhite
253 245 230 old lace

etc.

255 222 173 NavajoWhite
255 228 181 moccasin
255 248 220 cornsilk
255 255 240 ivory
255 250 205 lemon chiffon
255 250 205 LemonChiffon
255 245 238 seashell
240 255 240 honeydew
$
```

Las tres primeras columnas numéricas especifican la cantidad de color rojo, verde y azul, respectivamente, que componen el color que aparece en la cuarta columna. Estos números están comprendidos siempre entre 0 y 255, con ello, la cantidad de colores definible es de 256 x 256 x 256. El usuario puede modificar este archivo para definirse nuevos colores.

8.9.2. Tipo de letra

Para especificar el tipo de letra con que deseamos que se presente la información textual debemos emplear la opción `-fn`. Recuerde que las fuentes instaladas pueden ser listadas con la orden `xlsfonts`.

Ejemplo:

```
$ xterm -fn -adobe-courier-bold-r-normal--18-180-75-75-m-110-iso8859-1 &
```

8.9.3. Tamaño y posición de la ventana

La opción `-geometry` se utiliza para determinar la posición inicial de la esquina superior izquierda de un cliente X así como su tamaño. Su sintaxis es la siguiente:

```
-geometry AnchuraxAltura[\pm Columna\pm Fila]
```

Anchura: Indica la anchura en caracteres (para ventanas de texto) o píxeles, de la ventana.

Altura: Indica la altura en caracteres (para ventanas de texto) o píxeles, de la ventana.

Columna: Indica la columna donde se posicionará la ventana, en píxeles. "+" se refiere a la esquina izquierda de la ventana y "−" a la derecha.

Fila: Indica la fila donde se posicionará la ventana, en píxeles. "+" se refiere a la esquina superior de la ventana y "−" a la inferior.

Ejemplo:

```
$ xclock -geometry 400x400+0+0 &
```

8.9.4.   Aspecto inicial

Con la opción -iconic podremos especificar si el cliente se inicia a pantalla completa o como un icono (incluyendo la opción -iconic).

Ejemplo:

```
$ xclock -iconic &
```

8.9.5.   Especificación del servidor X

Con la opción -display podemos especificar cuál es el servidor X donde se va a visualizar el cliente. De este modo podemos provocar que un cliente sea visualizado en otra máquina que esté conectada a la nuestra por medio de una red. Su sintaxis es la siguiente:

```
-display [Nodo]:Servidor[.Pantalla]
```

Nodo: Es la dirección Internet asociada al servidor X con el que deseamos comunicarnos y que recibirá las órdenes del cliente. Esta dirección puede ser un alias o un número IP.

Servidor: Es el número de servidor que va a recibir las órdenes del cliente. En un sistema multiusuario pueden existir varios terminales X y cada uno de ellos necesita su propio servidor. En un sistema con un único terminal, el servidor se identifica con el número 0.

Pantalla: Es el número de pantalla donde se van a representar los gráficos del cliente. Un terminal X se puede componer de varias pantallas pero todas ellas comparten un mismo teclado y ratón. Cada terminal X debe estar gestionado por un servidor X, y un mismo servidor puede atender a las diferentes pantallas.

La configuración más habitual consiste en que cada estación de trabajo se componga de un solo terminal con una única pantalla.

Veamos un ejemplo que nos ayude a ilustrar lo comentado anteriormente. Supongamos que tenemos dos máquinas conectadas por medio de una red local. La primera máquina, que denominaremos dafne (donde nos encontramos situados), es la que tiene iniciado el servidor X. La segunda, sphynx, es la que ejecutará el cliente que enviará información al servidor X. De algún modo tendremos que tener acceso a la máquina sphynx con objeto de poder iniciar el cliente. Esto lo podemos llevar a cabo iniciando una sesión con telnet desde dafne o también ubicándonos físicamente en sphynx. Una vez iniciada la sesión ya podemos iniciar un cliente y visualizar su salida en el servidor local. Para llevar a cabo esta redirección es necesario que el cliente esté autorizado por el servidor. Esta autorización se establece en el servidor mediante la orden xhost. En nuestro caso, en la máquina dafne tendríamos que ejecutar la orden:

```
$ xhost sphynx
sphynx being added to access control list
$
```

Ahora desde la sesión iniciada con `telnet` en la máquina `sphynx` podríamos iniciar varios clientes.

Ejemplo:

```
$ xeyes -display dafne:0.0 &
$ xterm -display dafne:0.0 &
```

La orden `xhost` se puede emplear también para evitar que una determinada máquina pueda enviar información gráfica al servidor X. Por ejemplo, si deseamos que la máquina `amon` no pueda enviar información, ejecutaríamos la orden:

```
$ xhost -amon
```

Si deseamos evitar el tener que poner, cada vez que iniciamos un cliente, la opción `-display`, podremos emplear una variable de shell que determine el valor del `display`. La variable en cuestión se denomina `DISPLAY`, y la forma de iniciarla sería la siguiente:

```
$ export DISPLAY=dafne:0.0
```

A partir de este momento, todos los clientes que iniciemos tomarán por defecto el valor del *display* indicado.

8.9.6. Configuración de recursos

Como ya hemos analizado previamente, muchos aspectos de los clientes X pueden ser configurados por el usuario. Existen multitud de opciones que pueden ser utilizadas para modificar la forma, posición y aspecto de los diversos clientes. Para facilitar la tarea de configuración, el sistema X Window proporciona al usuario la posibilidad de definir parámetros por defecto. El procedimiento consiste en almacenar en ciertos archivos la configuración por defecto de cada uno de los clientes. Estos archivos son `.Xdefaults` o `.Xresources` y deben residir en el directorio de arranque de cada usuario. Cada valor por defecto es fijado usando una variable denominada recurso. Los valores de los recursos se cargan en el servidor X utilizando el programa `xrdb` (*X resource database manager*).

El aspecto final de un cliente y su forma de trabajo está determinado por el código del propio cliente y, en algunos casos, por un archivo que contiene su configuración por defecto. Estos archivos de sistema residen en el directorio `/etc/X11/app-defaults`. Cada aplicación dispone de su propio archivo de configuración y las variables reconocidas por cada cliente pueden ser consultadas haciendo uso del manual de Linux.

El archivo de configuración de recursos se compone básicamente de una lista de dos columnas donde cada línea especifica un recurso. El aspecto de cada línea es el mostrado a continuación.

```
NombreDeCliente*VariableRecurso: ValorDeVariableRecurso
```

El siguiente ejemplo muestra las líneas del archivo `~/.Xdefaults` asociada al cliente emacs:

```
!!!!!!!!!!!!!!!!!!!!!!!!!!!!!!!!!!!
! Configuración de emacs
!
emacs*Background: DarkSlateGray
emacs*Foreground: Wheat
emacs*pointerColor: Orchid
emacs*cursorColor: Orchid
emacs*bitmapIcon: on
emacs*font: fixed
emacs.geometry:
```

Si queremos especificar una variable de recurso aplicable a todos los clientes, emplearemos la siguiente sintaxis:

```
*VariableRecurso: ValorDeVariableRecurso
```

8.9.7.   El archivo de inicio `xinitrc`

Al iniciar una sesión X con la orden `startx` podemos especificar mediante un archivo de configuración cómo ha de realizarse el arranque (clientes que se inician, gestor de ventanas elegido, configuración inicial, etc.). Este archivo de configuración se denomina `.xinitrc` y reside en el directorio de inicio de cada usuario. De este modo, cada persona puede especificar su archivo de configuración adaptado a sus necesidades o preferencias sin interferir con el resto. El archivo `.xinitrc` es un programa de shell que sigue la sintaxis del shell de Bourne. En caso de que el usuario no aporte este archivo de configuración, existe uno genérico ofrecido por el sistema (`/etc/X11/xinit.xinitrc`).

Las órdenes incluidas generalmente en este archivo son:

- Cargar la base de datos de recursos (`xrdb`).

- Establecer los parámetros del terminal (`xmodmap`).

- Iniciar el gestor de ventanas (*Window Manager*).

- Iniciar ciertos clientes (`xterm`, `xclock`, `xeyes`, etc.).

A continuación se muestra un ejemplo típico de archivo `.xinitrc`.
   Ejemplo:

```
$ cat .xinitrc
#!/bin/sh
# .xinitrc
userresources=$HOME/.Xresources
usermodmap=$HOME/.Xmodmap
sysresources=/usr/X11R6/lib/X11/xinit/.Xresources
sysmodmap=/usr/X11R6/lib/X11/xinit/.Xmodmap
```

```
# Definición de recursos y parámetros del terminal
if [ -f $sysresources ]; then
    xrdb -merge $sysresources
fi
if [ -f $sysmodmap ]; then
    xmodmap $sysmodmap
fi
if [ -f $userresources ]; then
    xrdb -merge $userresources
fi
if [ -f $usermodmap ]; then
    xmodmap $usermodmap
fi

# Inicio de algunos clientes
xclock -geometry 50x50-1+1 &
xterm -font 10x20 &

# Finalmente arrancamos el gestor de ventanas
exec fvwm
$
```

8.10.   Gestores de ventanas

Una de las características del sistema X Window (y también de Linux) es que su funcionalidad se consigue gracias a la cooperación de componentes sencillos e independientes, al contrario que otros sistemas en los que se opta por integrar todos los elementos. La ventaja de este esquema es que cada una de las partes puede ser desarrollada, modificada y codificada de forma independiente. El mejor ejemplo de esto es el concepto de gestor de ventanas, manejador de ventanas o *Window Manager*, que básicamente es el componente que determina la apariencia de las ventanas y proporciona los medios necesarios para que el usuario pueda interactuar con ellas. Esto se consigue por medio del marco de decoración que el gestor pone alrededor de cada ventana, con el menú de la ventana y con el menú de la ventana raíz. De este modo, cada usuario puede determinar el aspecto que tienen sus ventanas y no verse obligado a soportar una interfaz rígida y no modificable. Bajo X, cada usuario puede elegir su propio gestor de ventanas y configurarlo acorde con sus necesidades.

Para comprobar cuáles son las funciones del gestor de ventanas, vamos a iniciar una sesión X sin iniciar el *Window Manager*. La orden para iniciar el servidor es:

```
$ X
```

Si realizamos la operación anterior perdemos el control del terminal, y no tendremos más remedio que matar al servidor X pulsando CTRL+ALT+BACKSPACE, ya que el servidor

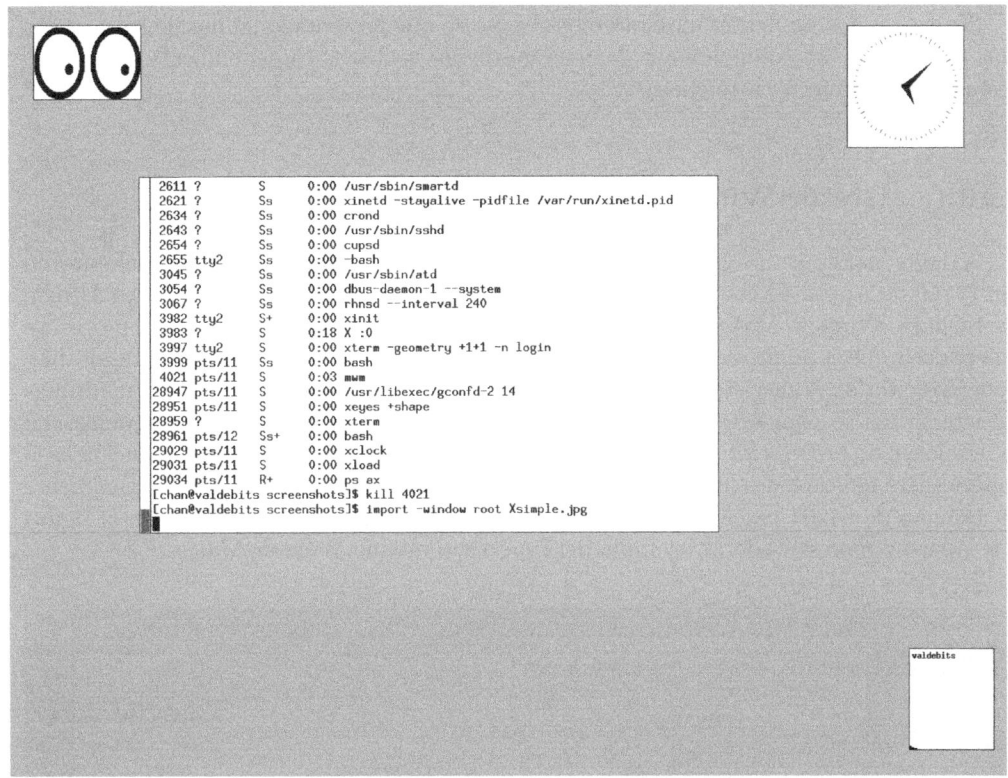

Figura 8.17: Servidor X con algunos clientes.

no es capaz de entender las órdenes que emitimos. Para evitar este problema vamos a
generar un programa de shell que inicie el servidor junto con algunos clientes pero sin
iniciar el gestor de ventanas. El programa de shell puede ser el siguiente (no olvide poner
al archivo Xini el atributo de ejecución):

```
$ cat Xini
# Programa de shell que inicia el servidor X y algunos clientes
X &
export DISPLAY=valdebits:0
xterm -font 10x20 -geometry +100+100 -bg tan -fg black&
xclock -geometry +0-0 -fg grey60 &
xload -geometry -0-0 -update 1 -fg cyan -bg grey70 &
xsetroot -solid yellow &
xeyes +shape &
$
```

Como se puede apreciar, los clientes no tienen marcos y no es posible manipularlos.
Para poder realizar estas operaciones, es necesario iniciar un gestor de ventanas. Para
ello, en el propio archivo Xini, o desde el xterm activo, arrancaremos el gestor deseado.

En los puntos siguientes mostraremos el aspecto que presentan algunos de los gestores más extendidos. La configuración de cada gestor de ventanas es dependiente del propio gestor y puede diferir entre ellos.

8.10.1. Gestor Window Maker

`Window Maker` es un gestor de ventanas que trata de emular el aspecto del entorno `NeXTSTEP` de Apple. El responsable del desarrollo del proyecto Window Maker es Alfredo K. Kojima. Window Maker se distribuye con licencia GPL (GNU *Public License*), eso quiere decir que es un programa de libre distribución. Como características más resaltables podemos citar su gran vistosidad, rapidez y su poco consumo de memoria. Estas últimas características lo convierte en un buen candidato para ser utilizado en máquinas con limitaciones de procesador o de memoria. Otro aspecto que merece especial mención es el soporte para aplicaciones miniatura o *docks*. Este tipo de aplicaciones tiene habitualmente un tamaño de 64x64 píxeles y pueden fijarse en los laterales del escritorio. En la figura 8.18 aparece representado un ejemplo del aspecto que tiene Window Maker.

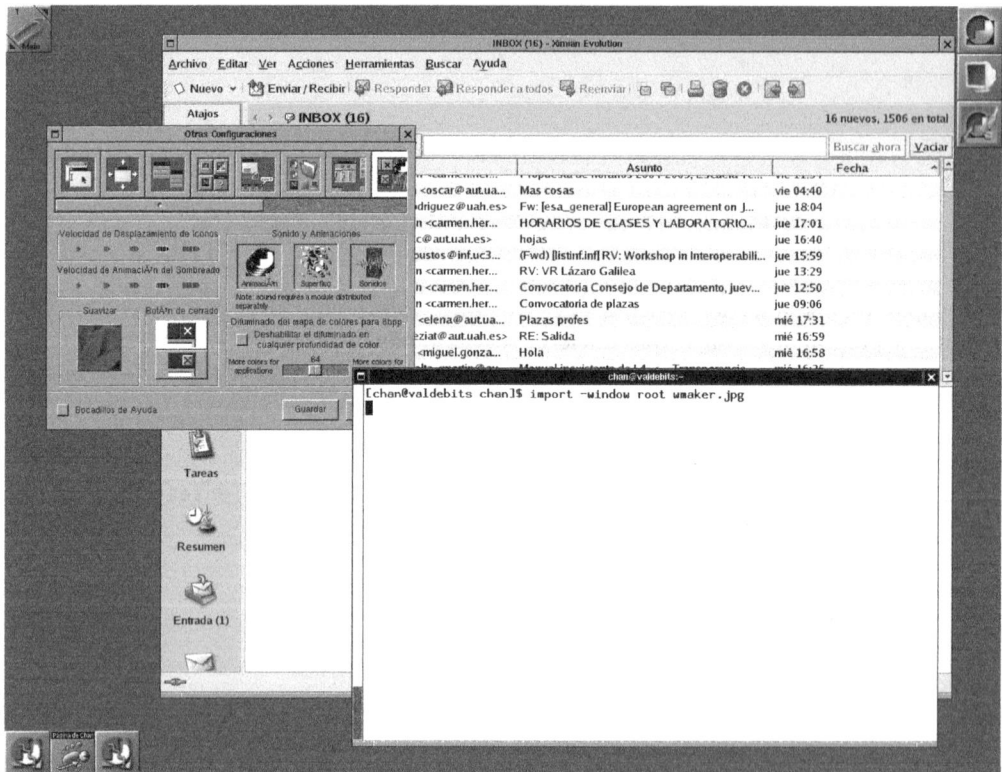

Figura 8.18: Apariencia del gestor de ventanas Window Maker.

8.10.2.   El entorno `xfce`

Basado en `fvwm` Olivier Fourdan ha desarrollado `xfce`. `xfce` lo componen un conjunto de aplicaciones o programas para el sistema X Window que proporciona un completo entorno de escritorio. Dichos programas incluyen un gestor de ventanas, un panel ubicado generalmente en la parte inferior de la pantalla tal y como aparece en la figura 8.19, un administrador de archivos, un gestor de escritorio y una serie de utilidades. La apariencia de `xfce` es muy similar a la de `CDE` y su configuración también es similar. Con `xfce` evitamos editar de modo manual los archivos de configuración de recursos, y todo ello puede realizarse desde una interfaz de ventanas. En la figura 8.19 se muestra una captura típica de este entorno.

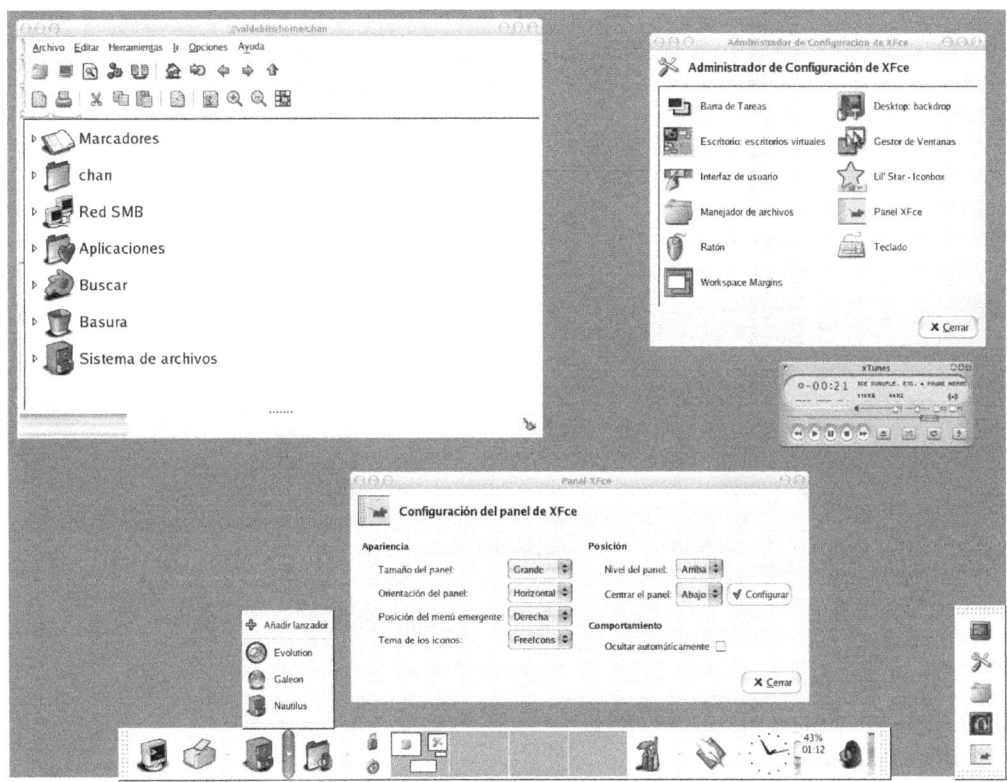

Figura 8.19: Entorno `xfce-4`.

8.10.3.   El entorno KDE

KDE (*K Desktop Environment*) es un entorno que proporciona una interfaz consistente con todas las aplicaciones X tanto funcionalmente como en apariencia. KDE proporciona un conjunto de aplicaciones base tales como un manejador de ventanas, un manejador de archivos, sistema de ayuda, configuración del entorno, etc. KDE está basado en una biblioteca de *Widgets* denominada Qt, cuyo código es *Open Source*, lo mismo que el de KDE o el del propio Linux. *Open Source* implica, entre otras cosas, que el usuario final tiene acceso al código fuente del programa. De este modo, la detección de problemas, depuración y la evolución del mismo se ve favorecida en gran medida. La figura 8.20 muestra la apariencia de KDE.

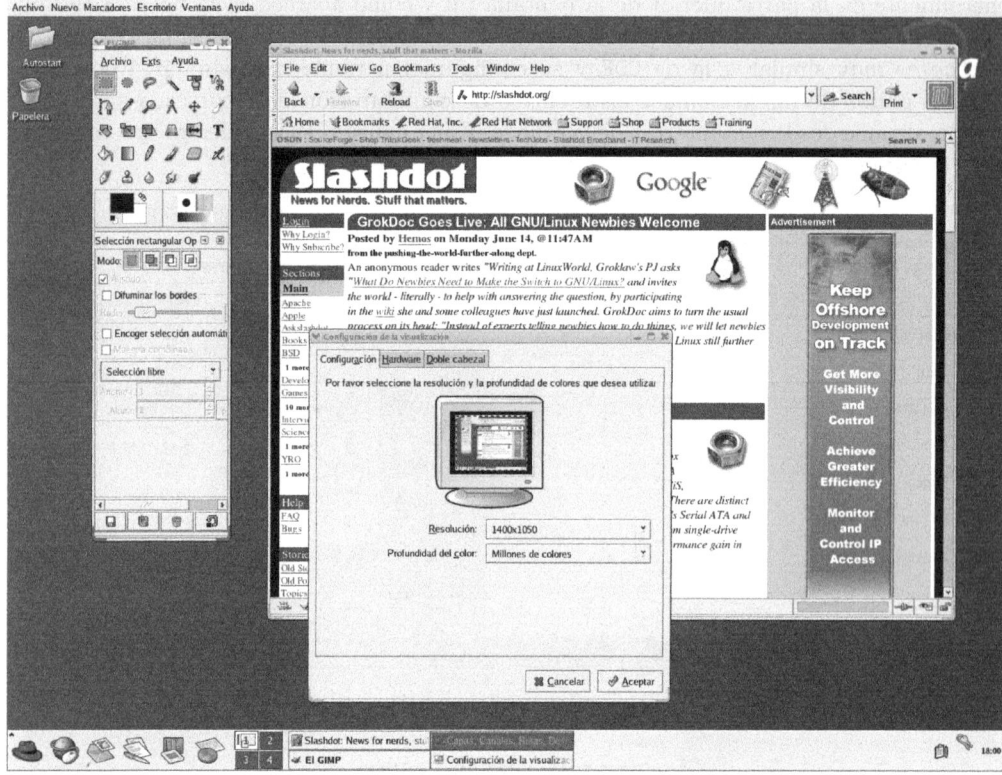

Figura 8.20: Apariencia del entorno KDE.

8.10.4. El entorno GNOME

GNOME (*GNU Network Object Model Environment*) forma junto a KDE el frente de Linux en entornos de aplicaciones gráficas. A pesar de que GNOME pueda parecer muy vinculado a entornos Linux, también se ejecuta en otras plataformas como FreeBSD, NetBSD, Solaris, OpenBSD, IRIX, HP-UX y AIX. GNOME es parte del proyecto GNU y como tal, su código es de libre distribución. Existen múltiples aplicaciones que se encuentran perfectamente integradas con GNOME, entre ellas podemos citar las siguientes:

- `gimp`: programa de manipulación de imágenes.

- `abiword`: procesador de texto.

- `evolution`: integra en una única aplicación un cliente de correo, un calendario y una agenda, podríamos decir que se trata de un gestor de información personal.

- **balsa**: es un cliente de correo.

- **gnumeric**: es una hoja de cálculo.

- **epiphany**: es un navegador web.

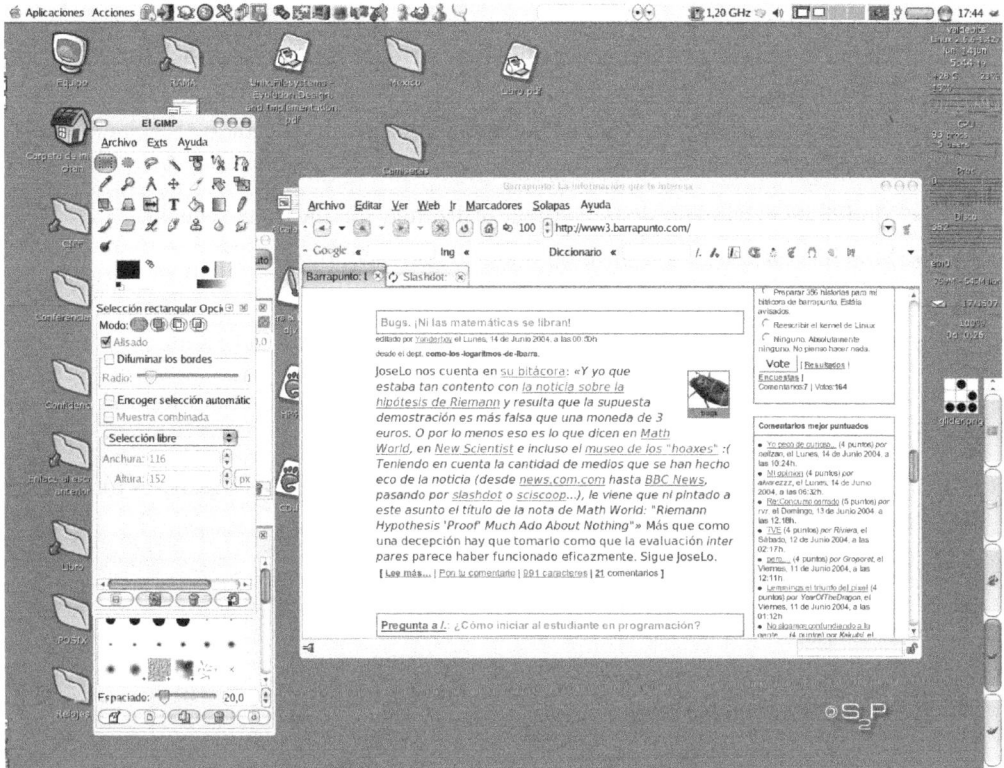

Figura 8.21: Apariencia del entorno **GNOME**.

No cabe ninguna duda que GNOME y KDE son los entornos de ventanas más emplea-dos en el mundo Linux ya que la mayoría de las distribuciones (Ubuntu, Debian, Redhat, SuSE, Fedora, Mandrake, etc.) utilizan por defecto uno u otro. Aunque una determinada distribución incorpore por defecto un determinado entorno, el usuario siempre puede con-mutar fácilmente de uno a otro ejecutando la orden `switchdesk`, que le permitirá definir cuál será su entorno de trabajo.

En entornos Linux han existido siempre luchas "religiosas" en las que partidarios de una aplicación típica se enfrentan a otros que utilizan una aplicación similar, éste es el caso de usuarios de `vi` frente a `emacs`, o usuarios de Linux frente a los que emplean BSD. Ahora hay que añadir un nuevo frente de usuarios partidarios de KDE enfrentados a aquellos que utilizan GNOME. El aspecto de este entorno aparece reflejado en la figura 8.21.

8.11.   Ejercicios

8.1 Averigüe cómo iniciar el servidor de ventanas de su sistema Linux.

8.2 Finalice la sesión X Window iniciada anteriormente.

8.3 Vuelva a iniciar la sesión X y pruebe a manipular las ventanas tanto con el teclado como con el ratón, para ello realice lo siguiente:

- Mueva la ventana `xterm` arrastrando la barra de título a la posición central de la pantalla.
- Vuelva a colocar la ventana en su posición original utilizando el teclado.
- Modifique el tamaño de la ventana empleando el ratón.
- Modifique el tamaño de la ventana utilizando solamente el teclado.
- Minimice la ventana utilizando el icono correspondiente.
- Restaure la ventana a su tamaño original.
- Cierre la ventana empleando la opción correspondiente del menú.

8.4 Pruebe a eliminar su manejador de ventanas, para ello emplee la orden `kill -9` y a continuación el PID de su *Window Manager*.

8.5 Utilizando las órdenes `man` y `xman`, busque información sobre los siguientes términos: X, `xterm`, `oclock`, `bitmap`, `editres`.

8.6 Inicie el cliente `xclock` con la siguiente configuración:

- Color de fondo: negro.
- Color de las marcas: rojo.
- Color de las manecillas: amarillo.
- Tamaño: 400 x 400 píxeles.

8.7 Inicie el cliente `xterm` con la siguiente configuración:

- Color de fondo: negro.
- Color de primer plano: blanco.
- Color del cursor de texto: rojo.
- Color del cursor del ratón: verde.
- Tamaño: 400 x 400 píxeles.

8.8 Inicie el cliente `xeyes` con las siguientes opciones:

- Color de fondo: 50 % gris.
- Color de primer plano: rojo.
- Color del cursor del ratón: amarillo.

- Tamaño: 100 x 100 píxeles.
- Posición: centro de la pantalla.

8.9 Inicie el cliente `xclock` con la siguiente configuración:

- Tipo de presentación: analógica.
- Color de fondo: 50 % gris.
- Color de primer plano: rojo.
- Color del cursor del ratón: azul.
- Color de las manecillas: amarillo.
- Tamaño: por defecto.
- Posición: esquina inferior izquierda de la pantalla.
- Manecillas de los segundos activas con un periodo de actualización de un segundo.
- La campanada doble de las horas y la simple de las medias horas deben estar activas.

8.10 Utilice el cliente `bitmap` para editar el icono `gumby` de tamaño 40 x 50 píxeles que se muestra a continuación. La orden para iniciar el cliente debe ser:

```
$ bitmap -size 40x50
```

Guarde el icono con el nombre `gumby` antes de salir del programa.

8.11 Utilice el cliente `xsetroot` para cambiar el aspecto de la ventana raíz y que aparezca rellena con el patrón de bits definido en el archivo `gumby`. Los colores de la ventana deben fijarse con los valores siguientes:

- Color de fondo: verde oliva oscuro.

- Color de primer plano: bronce (color `Tan`).

8.12 Utilice el cliente `xsetroot` para rellenar la ventana raíz con el color sólido verde oscuro.

8.13 De qué tipo es el archivo `gumby`.

8.14 Edite el archivo `.Xdefaults` para definir los siguientes recursos del cliente `xterm`.

- Color de fondo: negro.
- Color de primer plano: blanco.
- Color del cursor de texto: rojo.
- Color del cursor del ratón: verde.
- Tipo de letra: courier, negrita, sin inclinación, cuerpo de 18 puntos. Para determinar la cadena de definición podemos utilizar los clientes `xfontsel` y `xfd`.
- Tamaño: 32 líneas con 80 caracteres cada línea.
- Barra de desplazamiento activa (opción `-sb`).

8.15 Edite el archivo `.Xdefaults` para definir los siguientes recursos del cliente `xeyes`.

- Color de fondo: 50 % gris.
- Color de primer plano: rojo.
- Color del cursor del ratón: amarillo.
- Tamaño: 100 x 100 píxeles.

8.16 Edite el archivo `.Xdefaults` para definir los siguientes recursos del cliente `xclock`.

- Tipo de presentación: analógica.
- Color de fondo: 50 % gris.
- Color de primer plano: rojo.
- Color del cursor del ratón: azul.
- Color de las manecillas: amarillo.
- Tamaño: por defecto.
- Posición: esquina inferior izquierda de la pantalla.
- Manecillas de los segundos activas con un periodo de actualización de un segundo.
- La campanada doble de las horas y la simple de las medias horas deben estar activas.

8.17 Edite el archivo `.Xdefaults` para definir los siguientes recursos del cliente `xcalc`.

- Color de fondo: verde marino.
- Tipo de letra: 9 x 15 bold.

- Color de fondo de la pantalla: 50 % gris. Utilice el recurso `xcalc*ti*screen*background`.

- Color de primer plano de la pantalla: blanco.

- Color de fondo de las letras: 75 % gris. Utilice el recurso `xcalc*ti*command*background`.

- Color de primer plano de las letras: negro.

8.18 Localice el archivo `xinitrc` de su sistema y cópielo en su directorio de inicio con el nombre `.xinitrc`.

8.19 Edite el archivo `.xinitrc` para que al iniciar X los clientes siguientes arranquen automáticamente:

- Indicador de carga del sistema en la esquina inferior izquierda de la pantalla.

- Reloj con presentación digital en la esquina inferior derecha de la pantalla.

- Terminal X en la posición central superior.

- Manual X en la posición central de la derecha.

- Calculadora en la posición central inferior.

- Ojos espías en la esquina superior derecha.

- Terminal X minimizado en la esquina superior derecha.

8.20 Edite el archivo `.xinitrc` para que contenga una llamada al cliente `xsetroot` donde se fije que el patrón de relleno de la ventana raíz sea el mapa de bits definido en el archivo `gumby`. Los colores de configuración deben ser:

- Color de fondo: verde oliva oscuro.

- Color de primer plano: bronce.

8.21 Utilice el cliente `bmtoa` para transformar el formato del archivo `gumby` editado con la aplicación `bitmap` en un archivo de texto denominado `gumby.ascii`. En este archivo debe haber un patrón de signos numeral (#) y guiones (-) que describan el patrón del mapa de bits que hay en `gumby`.

8.22 Inicie tres procesos: el cliente `xterm`, el cliente `oclock` y `xcalc`. Utilice el cliente `xlsclients` para presentar por pantalla un listado con los clientes activos.

8.23 Utilice la aplicación `xprop` para presentar por pantalla las propiedades de un cliente determinado que se esté ejecutando en ese instante.

8.24 Con ayuda del cliente `xlsfonts` y de la redirección de entrada salida del intérprete de órdenes, cree en su directorio de inicio un archivo con el nombre `tipos.txt`. Este archivo debe contener una lista de los tipos de letra que hay cargados en nuestro servidor X. Emplee el cliente `xedit` para editar el archivo `tipos.txt` y ver su contenido.

8.25 Utilice el cliente `xfd` para ver los cursores que hay cargados en el servidor X (opción `-fn cursor` de `xfd`).

8.26 Cambie el cursor de la ventana raíz para que sea el mapa de bits del archivo **gumby**. Para llevar a cabo esta operación siga los pasos siguientes:

- Obtenga un duplicado del archivo **gumby** con el nombre **gumby.mask**.

- Invoque al programa `xsetroot` con la opción `-cursor`.

8.27 Realice la misma operación que en el ejercicio anterior pero invirtiendo primero el patrón de bits que hay en **gumby.mask**. Para realizar esta inversión podemos utilizar el botón *Invert* del cliente `bitmap`. ¿Qué diferencias existen entre el cursor actual de la ventana raíz y el cursor definido en el ejercicio anterior?

8.28 ¿Para qué sirve el cliente `atobm`? Ponga un ejemplo de uso.

8.29 Cree un archivo de arranque del sistema X Window que no utilice la orden `startx` ni `xinit`. El nombre de este archivo será `arrancarx` y debe contener las siguientes secciones:

- Declaración de las variables de entorno adecuadas.

- Inicio del servidor con la orden X.

- Llamada a `xsetroot` para rellenar la ventana raíz con el color sólido verde oscuro.

- Arranque de los siguientes clientes: terminal X, reloj, monitor del sistema, calculadora, consola y manual X. Estos clientes deben tener la geometría adecuada para evitar solapamientos entre ventanas.

- Inicio del gestor de ventanas.

Parte II

Administración del Sistema

Introducción a la administración

Administración de usuarios y grupos

Servicio de directoriovi

Administración del sistema de archivos

Administración de la red

Parada y arranque del sistema Linux

Miscelánea

Capítulo 9

Introducción a la administración

Cada sistema Linux debe tener su propio administrador o persona encargada de que todo esté a punto en cada momento. Esta labor requiere una serie de conocimientos que los usuarios finales no necesitan dominar. Además, es necesario invertir un tiempo considerable para estos menesteres incluso aunque seamos el único usuario del sistema.

Antes de nada es necesario señalar que la administración del sistema es uno de los aspectos menos estándar del sistema Linux. Tanto las órdenes empleadas como los archivos de configuración pueden variar de unos sistemas a otros. A pesar de las diferencias, nosotros trataremos de presentar los aspectos más generales relacionados con la administración. Estos capítulos son solamente una introducción que puede servir de iniciación a los nuevos administradores. Si alguien desea profundizar en los distintos aspectos, podrá consultar los libros al respecto propuestos en la bibliografía. Hay que señalar también que el mejor aliado de cualquier administrador que se precie de serlo es el manual (`man`) de Linux, donde podremos encontrar todas las peculiaridades de nuestro sistema concreto que nos ayudarán a resolver cualquier tipo de problemas.

9.1. Ciclo de vida del sistema

Un sistema informático pasa por varias etapas a lo largo de su vida. Desde el punto de vista del administrador de sistemas, cada etapa queda caracterizada por un conjunto distinto de actividades que es necesario llevar a cabo.

1. Análisis de requisitos del sistema.

   En esta etapa se establecen qué problemas tiene que solucionar el sistema informático, a qué actividades de la organización debe dar soporte y qué tipo de servicios debe prestar. El resultado de esta etapa es un documento de requisitos que recoge todos los aspectos mencionados anteriormente.

2. Diseño del sistema.

   Una vez conocidos los requisitos, se analiza qué componentes hay que utilizar para satisfacer dichos requisitos. Los componentes generalmente son de dos tipos: hardware y software.

3. Implantación del sistema.

   Consiste en montar, instalar y adaptar los componentes hardware y software, según el documento de diseño, para que el sistema informático satisfaga una serie de requisitos. Cada componente se instala según las instrucciones dadas por el proveedor del componente.

4. Configuración hardware y software de forma que el sistema cumpla los requisitos exigidos.

   Una vez instalados los componentes es necesario adaptarlos a las necesidades específicas del sistema. Una vez configurados todos los componentes, éstos proporcionarán los servicios tal y como se especificó en el documento de requisitos.

5. Administración y mantenimiento (explotación).

   En esta etapa el sistema se encuentra ya en funcionamiento y prestando los servivios para los que fue creado. Durante todo el tiempo de servicio será necesario mantener actualizado el software para evitar errores y problemas de seguridad, funcionalidades, ajustar parámetros de rendimiento, etc.

6. Migración, desmantelamiento del sistema.

   Si el sistema queda obsoleto, será necesaria la implantación de uno nuevo. Esta etapa asegura que se podrá reutilizar, a ser posible, la totalidad de los datos y hacer que la migración hacia el nuevo sistema se haga de forma progresiva, reduciendo al mínimo el tiempo en el que el sistema se encuentre inoperativo.

La administración de sistemas es una actividad muy amplia que se centra fundamentalmente en los puntos cuatro y cinco del ciclo de vida de un sistema informático, aunque en la realidad abarque más puntos.

9.2. El administrador del sistema

Como es bien conocido de todos, Linux diferencia entre los distintos usuarios, de manera que se regula qué es lo que podemos hacerle a otros usuarios (a nadie le gustaría que le leyesen su correo, por ejemplo) o al propio sistema. Cada uno de ellos tiene su propia cuenta, la cual incluye nombre de conexión, grupo al que pertenece, directorio de arranque, etc. De todas las cuentas del sistema, sin duda alguna la más importante es la denominada cuenta de administrador o superusuario, cuyo nombre de conexión es `root`. Esta cuenta es siempre creada automáticamente en la instalación del sistema Linux, momento en el que se establece una palabra clave inicial. Es un aspecto clave en el mantenimiento de la seguridad informática asegurar la confidencialidad de la clave del administrador, acceder al sistema a través de la inmensa mayoría de los sistemas de seguridad añadidos. En algunas distribuciones de Linux no es posible iniciar una sesión como `root` directamente. En estos casos, para realizar acciones como administrador utilizaremos la orden `sudo` seguida de la orden que deseemos ejecutar como administrador. En este caso el sistema nos pedirá que nos autentiquemos con una contraseña contraseña conocida únicamente por el administrador.

Normalmente las cuentas de usuarios tienen asociadas una serie de restricciones, de forma que nadie pueda molestar al resto, a lo sumo a ellos mismos. Nadie va a poder borrar directorios como `/etc` o `/bin`, ni nadie va a poder desactivar una impresora. Todo este tipo de restricciones no son aplicables al administrador (`root`). El administrador tiene plenos poderes para borrar, crear o modificar cualquier archivo o directorio del sistema, para ejecutar programas especiales o para dar formato al disco. Como `root` puede hacer todo lo que desee, es necesario que extreme sus precauciones, ya que si no es así, las consecuencias pueden ser catastróficas. A continuación vamos a dar una serie de normas que nos pueden ayudar en gran medida a prevenir los accidentes cuando estamos conectados como administradores del sistema:

- Después de teclear una orden y antes de pulsar la tecla `ENTRAR`, verificar las consecuencias que pueden producirse. Por ejemplo, antes de borrar un directorio, releer la orden con objeto de comprobar que todo es correcto. Por ejemplo, una orden como la siguiente, que a primera vista puede parecer algo inocente, puede provocar resultados catastróficos:

    `# rm -fR * .tmp`   *Obsérvese el espacio en blanco entre el asterisco y .tmp*

- Evitar conectarse como `root` a no ser que sea estrictamente necesario. Por ejemplo, no es aconsejable escribir programas en Pascal utilizando la cuenta de `root`.

- Utilizar un *prompt* diferente para la cuenta de `root`. Lo más normal es emplear como *prompt* el carácter `#`.

9.2.1. Responsabilidades del administrador

El administrador del sistema o superusuario tiene una serie de responsabilidades que podemos dividir en tres grupos: responsabilidad hardware, software y responsabilidad con los usuarios.

Responsabilidad hardware

- Verificar la correcta instalación del hardware.

- Comprobar el estado de los periféricos y ser capaz de buscar el fallo en caso de error de la instalación.

- Instalar nuevos dispositivos hardware (memoria, discos, terminales, etc.).

- Determinar limitaciones en los dispositivos que puedan comprometer la prestación de servicios con la calidad necesaria.

Responsabilidad software

La responsabilidad sobre el mantenimiento del software es cada vez más importante puesto que a medida que se emplean sistemas para proporcionar servicios complejos, el software se hace cada vez más difícil de mantener.

Dentro de las responsabilidades del mantenimiento software podemos hacer una clasificación adicional entre software del sistema y software específico. El software del sistema es aquel que proporciona los servicios básicos de funcionamiento de un sistema Linux genérico. Por ejemplo, el software que permite a los usuarios conectarse al sistema o el propio sistema operativo. El software específico se refiere a aquel que proporciona un servicio determinado utilizando como plataforma nuestro sistema Linux, como por ejemplo servidores de bases de datos o servidores web.

Responsabilidades derivadas del software del sistema

- Instalar el sistema operativo, configurarlo y mantenerlo al día con las actualizaciones oportunas.

- Crear y mantener los sistemas de archivos, detectando y corrigiendo los posibles errores que puedan producirse.

- Controlar la utilización de este sistema de archivos y su crecimiento.

- Diseñar e implementar las rutinas para realizar copias de seguridad, así como para su posterior recuperación.

- Configurar y mantener el software de cualquier dispositivo: impresoras, módem, tarjetas de red, etc.

- Actualizar el sistema operativo en caso de poseer una versión más moderna.

- Instalar el software de cualquier aplicación (X Window, bases de datos, procesadores de texto, etc.).

Responsabilidades derivadas del software específico

- Instalación y configuración inicial del software.

- Formación específica en el ámbito de la aplicación.

- Evaluación de las repercusiones en la seguridad global del sistema.

- Labores de administración específicas del servicio prestado.

Responsabilidad sobre los usuarios

- Añadir nuevos usuarios y dar de baja a los que ya no se conectan al sistema. Esto cobra especial relevancia cuando existen políticas de acceso con fines económicos.

- Permitir el acceso a los usuarios de forma controlada.

- Evaluar las necesidades en cuanto a equipos se refiere. Determinar si es necesario añadir nuevos discos, impresoras, memorias, etc., con objeto de que los usuarios encuentren un entorno agradable de trabajo.

- Proporcionar asistencia a cada una de las personas.

- Tener a los usuarios informados en todo momento de los posibles nuevos servicios y sus características. También es necesario que los usuarios conozcan las políticas de seguridad y de prestación de servicios, de forma que el uso de los sistemas se haga siempre dentro del marco legal de cada país.

Aspectos éticos de la administración de sistemas

- Respeto a la privacidad sobre todas las cosas. Como administrador de sistemas se dispone de la capacidad para ver y hacer cualquier cosa sobre los datos y programas de los usuarios. Este hecho no debe implicar una posición de poder, sino de responsabilidad.

- Pueden existir sistemas con políticas que permitan conocer en todo momento qué está haciendo un usuario y de qué forma está haciendo uso del servicio prestado por el sistema informático. En este caso el usuario debe ser informado de las medidas de inspección que se puedan llevar a cabo sobre sus datos y sus actividades.

- Las actividades de administración de un sistema informático deben llevarse a cabo con la máxima profesionalidad y seriedad.

9.3.   Seguridad

El administrador es el responsable de mantener una política de seguridad en el sistema. Esta política de seguridad puede implicar diversas acciones, las cuales incluyen desde comprobar que no existen agujeros en la seguridad hasta detectar que nadie pierde el tiempo en los *chats*.

Todo administrador debe tener siempre presente los siguientes aspectos relacionados con la seguridad:

- El administrador del sistema tiene acceso sin restricciones a todos los recursos. Si un administrador no es consciente de lo anterior, posiblemente sea él mismo el que tire el sistema abajo sin necesidad de ningún tipo de ayuda externa.

- Es muy peligroso emplear privilegios de administrador por periodos prolongados. Los errores pueden tener consecuencias fatídicas.

- Los usuarios deben emplear contraseñas adecuadas. Cuando hablamos de la orden `passwd`, comentamos algunas normas aconsejables a la hora de elegir la palabra clave. Es aconsejable por parte del administrador buscar posibles cuentas de usuarios sin contraseña. Existen otras herramientas cuyo uso puede no considerarse ético. Nos referimos a las herramientas empleadas por *crackers* para encontrar puntos débiles en el sistema, como contraseñas mal formadas. La idea es que en ocasiones resulta útil ponerse en el papel de quienes puedan atentar contra la seguridad del sistema con objeto de conocer los puntos débiles de nuestro sistema.

- La palabra clave del administrador debe mantenerse estrictamente en secreto y ser conocida como máximo por dos o tres usuarios. Esta palabra clave debe ser modificada periódicamente.

- Emplear varios *login* de sistema, tal y como se indica a continuación:

login	Propósito
root	Administración general del sistema
daemon	Tareas de administración automatizada
http	Tareas de administración del servicio web
ftpd	Tareas de administración del servicio ftp
mail	Tareas de administración del correo electrónico
...	...

- Vigilar la cantidad de accesos erróneos producidos en el sistema, los cuales quedan normalmente apuntados en un archivo de registro. Este archivo de registro en el caso de Linux suele ser `/var/log/messages`.

- Los directorios del sistema, tales como `/etc`, `/bin`, `/dev`, etc., no deben tener permiso de escritura para los usuarios ordinarios.

- El acceso al terminal que actúa como consola, así como a los terminales donde se puede acceder como `root`, deben estar restringidos. Dicho de otro modo, sólo debe ser posible conectarse como administrador del sistema desde aquellos terminales que se consideren seguros.

- La política de seguridad debe estar perfectamente definida siempre que los mecanismos de seguridad de Linux lo permitan.

- Vigilar estrechamente a los usuarios potencialmente peligrosos. Ciertos usuarios pueden dedicar cantidades ingentes de tiempo con el propósito de romper la seguridad del sistema.

- Eliminar de la variable PATH del administrador el directorio actual. Un buen PATH podría ser el siguiente:

```
PATH=/etc:/bin:/usr/bin
```

- No relajar las políticas de seguridad porque éstas constituyan un engorro. En ocasiones los administradores de sistemas se pueden ver tentados a autorizar ciertas operaciones potencialmente peligrosas, porque autorizarlas es más fácil o rápido que buscar una solución segura.

- Buscar regularmente en todo el sistema archivos cuyo propietario sea `root` y archivos con el bit `set-uid` activo. Para ello podremos emplear las órdenes siguientes:

```
find / -user root -exec ls -ld  \; | mail root
find / -perm -04000 -exec ls -ld  \; | mail root
```

- Consultar periódicamente la información sobre fallos de seguridad informática que se publican en Internet, por ejemplo a través de la página web del centro de coordinación de seguridad en Internet `http://www.cert.org`.

- Aplicar cuanto antes las correcciones de seguridad que vayan publicando los proveedores del software de nuestro sistema. Generalmente estos proveedores disponen de una base de datos de los usuarios de sus productos y se les notifica cuándo se encuentra disponible una actualización de seguridad.

Siguiendo todos los consejos citados no conseguiremos que nuestro sistema sea inexpugnable, pero la falta de cumplimiento de las normas anteriores asegura que nuestro sistema tiene agujeros. Existe amplia bibliografía donde se describen los agujeros bien conocidos de la seguridad de Linux, pero aunque muchos de ellos hayan sido eliminados, no se puede afirmar que no existan aún más. Así pues, podemos concluir diciendo que la seguridad es un aspecto fundamental que debe tener en cuenta todo administrador de sistemas Linux, y que dicha seguridad comienza por no abusar de los privilegios de `root`.

Capítulo 10

Administración de usuarios y grupos

Una de las principales responsabilidades del administrador del sistema Linux es mantener las cuentas de usuarios y de grupos de usuarios. Ello incluye dar de alta nuevas cuentas, eliminar las que no se utilicen, establecer mecanismos de comunicación con los usuarios, etc. En todas las operaciones anteriores se ven implicados principalmente dos archivos en los que se guarda la información concerniente a los usuarios y a los grupos a los que pertenecen. Estos archivos son `/etc/passwd` y `/etc/group` que describimos seguidamente.

10.1. El archivo `/etc/passwd`

Este archivo está compuesto por una serie de líneas formadas por campos separados por dos puntos :. Cada línea guarda información de un usuario y tiene un formato como el siguiente:

`nombre_us:clave:us_ID:grupo_ID:coment:dir_inicio:prog_inicio`

`nombre_us` Es el nombre de usuario o nombre de login que damos cada vez que entramos. Debe tener entre uno y ocho caracteres.

`clave` Este campo es el correspondiente a la palabra clave o clave de acceso, que está encriptada por el sistema. Como se puede apreciar en el ejemplo, en el caso de Linux aparece una x porque la palabra clave encriptada reside en el archivo `/etc/shadow` que estudiaremos más adelante.

`us_ID` Es el número de identificación de usuario. El número 0 corresponde a `root`.

`grupo_ID` Es el número de identificación de grupo. Este número se asocia a una línea o entrada en el archivo `/etc/group`.

`coment` Aquí aparecerá un comentario sobre el usuario, tal como su nombre completo, número de teléfono, dirección, etc.

dir_inicio Es el camino completo del directorio de inicio (*home*) del usuario al que accederá cada vez que inicie una sesión.

prog_inicio Corresponde al programa que se debe ejecutar cada vez que entre el usuario al sistema. Generalmente, este programa será el shell con el que queremos trabajar.

Ejemplo de archivo /etc/passwd

```
$ cat /etc/passwd
root:x:0:0:root:/root:/bin/bash
bin:x:1:1:bin:/bin:
daemon:x:2:2:daemon:/sbin:
adm:x:3:4:adm:/var/adm:
lp:x:4:7:lp:/var/spool/lpd:
sync:x:5:0:sync:/sbin:/bin/sync
shutdown:x:6:0:shutdown:/sbin:/sbin/shutdown
halt:x:7:0:halt:/sbin:/sbin/halt
mail:x:8:12:mail:/var/spool/mail:
news:x:9:13:news:/var/spool/news:
uucp:x:10:14:uucp:/var/spool/uucp:
operator:x:11:0:operator:/root:
games:x:12:100:games:/usr/games:
gopher:x:13:30:gopher:/usr/lib/gopher-data:
ftp:x:14:50:FTP User:/var/ftp:
nobody:x:99:99:Nobody:/:
xfs:x:43:43:X Font Server:/etc/X11/fs:/bin/false
gdm:x:42:42::/home/gdm:/bin/bash
rpcuser:x:29:29:RPC Service User:/var/lib/nfs:/bin/false
rpc:x:32:32:Portmapper RPC user:/:/bin/false
mailnull:x:47:47::/var/spool/mqueue:/dev/null
chan:x:500:500::/home/chan:/bin/bash
lucas:x:501:501::/home/lucas:/bin/bash
correo:x:502:502::/home/correo:/bin/bash
ident:x:98:98:pident user:/:/bin/false
$
```

10.2.   El archivo /etc/group

Este archivo está compuesto por una serie de líneas formadas por campos separados por dos puntos :. Cada línea de éstas se corresponde con un grupo de usuarios y tiene un formato como el siguiente:

```
nombre_grupo:password:grupo_ID:lista_componentes_grupo
```

nombre_grupo Corresponde al nombre del grupo que está asociado con el número identificador de grupo.

`password` Actualmente no se usa.

`grupo_ID` Corresponde al número identificador de grupo, que debe ser igual al que aparezca en los usuarios que pertenezcan a dicho grupo en el archivo `/etc/passwd`.

`componentes_grupo` Es una lista separada por comas de los nombres de usuarios que pueden convertirse en miembros del grupo con la orden `newgrp`, no es por tanto una lista de miembros actuales del grupo.

Ejemplo:

```
$ cat /etc/group
root::0:root
bin::1:root,bin,daemon
daemon::2:root,bin,daemon
sys::3:root,bin,adm
adm::4:root,adm,daemon
tty::5:
mailnul:x:47:
slocate:x:21:
lucas:x:501:
correo:x:502:
ident:x:98:
$
```

10.3. El sistema de contraseñas *shadow*

En antiguos sistemas Linux el archivo `/etc/passwd` contenía, entre otras cosas, la contraseña del usuario codificada según una clave que establecía el usuario con el programa `passwd`. De esta forma, aunque alguien pudiera leer el archivo `/etc/passwd`, no podría averiguar las contraseñas de ningún usuario, y mucho menos la del administrador. La codificación de la contraseña se hace utilizando un sistema de puerta giratoria o de único sentido (*one way hash function*), de forma que es muy sencillo codificar la clave conociendo la contraseña, pero muy difícil de descodificar si ésta no se conoce. Cuando un usuario accede al sistema proporciona su contraseña, ésta se codifica y se comprueba si coincide con la contraseña codificada que se encuentra en `/etc/passwd`. A pesar de que ya hemos dicho que el proceso inverso es difícil, existen técnicas criptográficas al alcance de cualquiera que permiten obtener la contraseña a partir de la clave codificada. Además, en un sistema con muchos usuarios, es fácil que un gran número de ellos haya elegido contraseñas débiles, es decir, contraseñas basadas en palabras que aparecen en diccionarios. Si un *cracker* dispone de uno o varios diccionarios, podrá probar palabras hasta dar con la contraseña (ataques de diccionario), o simplemente probar combinaciones de letras a ver si acierta con la contraseña (ataques de fuerza bruta). La solución a este problema sería que el archivo `/etc/passwd` no fuera legible por ningún usuario, a excepción de `root`, pero esto no es posible porque una orden tan sencilla como `ls -l` necesita acceder al archivo `/etc/passwd` para averiguar el nombre del usuario dado un `UID`. Con estas premisas sólo nos queda una solución: almacenar la contraseña codificada en otro archivo al que sólo `root` y algunos pocos programas autorizados (p.e. `passwd`) puedan acceder. Este archivo es `/etc/shadow`.

10.3.1. Formato del archivo `/etc/shadow`

El archivo `/etc/shadow` contiene la siguiente información:

```
nombreusuario:clave:ult_cambio:pue_cambio:debe_cambio:aviso
:caduca:desha:reservado
```

`nombreusuario` es el nombre del usuario utilizado para la identificación del mismo ante el sistema.

`clave` es la contraseña codificada[1] de dicho usuario.

`ult_cambio` número de días transcurridos desde el 1 de enero de 1970 desde que se cambió la contraseña por última vez.

`pue_cambio` número de días que debe transcurrir desde que un usuario cambia su contraseña hasta que pueda volver a cambiarla de nuevo.

`debe_cambio` número de días que deben transcurrir antes de que el usuario deba cambiar la contraseña.

`aviso` número de días de antelación con el que se avisa a un usuario de que debe cambiar su contraseña antes de que caduque.

`caduca` número de días que deben transcurrir desde que una contraseña ha caducado hasta que se deshabilita la cuenta asociada a dicha constraseña.

`desha` número de días desde el 1 de enero de 1970 que lleva una cuenta deshabilitada.

`reservado` campo reservado.

Ejemplo:

```
# cat /etc/shadow
root:$1$SXAqIW/d$f/1dE3PUDO1/UwhvGrUyl/:11624:0:99999:7:::
bin:*:11618:0:99999:7:::
daemon:*:11618:0:99999:7:::
adm:*:11618:0:99999:7:::
lp:*:11618:0:99999:7:::
sync:*:11618:0:99999:7:::
shutdown:*:11618:0:99999:7:::
halt:*:11618:0:99999:7:::
mail:*:11618:0:99999:7:::
news:*:11618:0:99999:7:::
uucp:*:11618:0:99999:7:::
```

---

[1]Formalmente no se debería emplear la palabra encriptado sino codificado, ya que la utilidad que genera este código (`crypt`) utiliza la contraseña como llave a la hora de encriptar un texto nulo.

```
operator:*:11618:0:99999:7:::
games:*:11618:0:99999:7:::
gopher:*:11618:0:99999:7:::
ftp:*:11618:0:99999:7:::
oscar:$1$0sKydU/w$y3dZdTdUqrsM9VwoGl513.:11624:0:99999:7:::
#
```

Si no colocamos nada en el campo de contraseña, la cuenta del usuario no tendrá ninguna contraseña. Si se coloca un signo de admiración, significará que la cuenta se encuentra bloqueada.

10.3.2. Usuarios y grupos de usuario

En Linux todos los usuarios pertenecen, al menos, a un grupo de usuarios. El administrador del sistema es el encargado de dar de alta los grupos de usuarios que considere pertinentes. Dentro de cada grupo de usuarios existirán administradores de grupo y miembros de grupo. Los administradores de grupo a su vez tienen la capacidad de dar de alta y baja usuarios en el grupo del que son administradores.

10.3.3. Herramientas para gestionar los usuarios y grupos

Cuando se incorpora el sistema de protección *shadow* a un sistema, las labores para dar de alta a un usuario se hacen más complejas. Por este motivo, el software de *shadow* incluye algunas herramientas que facilitan dicha gestión. Veremos a continuación algunas de ellas.

adduser

> Sintaxis: adduser usuario

Esta orden se utiliza para dar de alta a nuevos usuarios en el sistema. Si no se proporcionan argumentos, `adduser` tomará determinados valores por defecto. Podemos consultar dichos valores con la opción `-D`.

```
GROUP=100
HOME=/home
INACTIVE=-1
EXPIRE=
SHELL=/bin/bash
SKEL=/etc/skel
```

Estos valores por defecto se almacenan en el archivo `/etc/default/useradd`, pero para modificarlos podemos hacer uso del mismo programa `useradd`. Por ejemplo, si queremos que las contraseñas caduquen por defecto el 21 de octubre de 2008, dando un margen de 7 días para cambiarla teclearíamos:

```
# useradd -D -e2008-10-21 -f7
#
```

Si queremos añadir un nuevo usuario antes tenemos que definir un grupo al que pertenecerá dicho usuario. Por ejemplo, para crear el grupo de `Usuarios` utilizaremos la orden:

```
# groupadd Usuarios
#
```

Más adelante profundizaremos en el uso de esta orden. Ahora ya tenemos un grupo de usuarios al que añadir un nuevo usuario.

```
# useradd -g Usuarios -c "Oscar Garcia" oscar
#
```

Una vez creado un usuario debemos asignarle una constraseña utilizando la orden `passwd`.

```
# passwd oscar
Changing password for user oscar
New password: (No se muestra la contraseña)
Retype new password: (No se muestra la contraseña)
passwd: all authentication tokens updated successfully
#
```

También es posible dejar la cuenta sin contraseña, de forma que sea el propio usuario quien la establezca.

```
# passwd -d oscar
#
```

Esta opción, aunque cómoda en muchos casos, puede constituir un importante fallo de seguridad por lo que habrá que utilizarla con precaución.

userdel

Sintaxis: `userdel usuario`

Esta orden nos permite eliminar usuarios del sistema. Por ejemplo, si queremos eliminar al usuario `jpg`, tendríamos que escribir lo siguiente:

```
# userdel jpg
#
```

Si además queremos eliminar también su directorio `HOME`, deberemos emplear la orden `userdel -r`. Es aconsejable eliminar las cuentas de usuarios que ya no se conectan al sistema, ya que éstas pueden ser agujeros en la seguridad.

groupadd

Sintaxis: `groupadd grupo`

Con esta orden podemos dar de alta un nuevo grupo en el sistema. Por ejemplo, para dar de alta el grupo de usuarios de Internet llamado `usr_inet` utilizaríamos la siguiente orden:

```
# groupadd usr_inet
#
```

gpasswd

Sintaxis: gpasswd grupo

El administrador del sistema es el encargado de nombrar un administrador para el grupo. Dicho administrador puede ser un usuario cualquiera del sistema. El administrador de grupo tendrá la potestad de incluir nuevos usuarios en su grupo. Sólo `root` puede establecer quién será el administrador de un grupo. Por ejemplo, para definir a `oscar` como administrador del grupo `usr_inet` utilizaríamos la orden:

```
# gpasswd -A oscar usr_inet
#
```

A partir de ahora, el usuario `oscar` puede añadir nuevos miembros al grupo `usr_inet`.

```
$ gpasswd -a usuario01 usr_inet
Adding user usuario01 to group usr_inet
$
```

newgrp

Sintaxis: newgrp grupo

Cuando se da de alta un usuario en el sistema se le asigna un grupo primario. En los ejemplos anteriores, el grupo primario para el usuario `oscar` es `Usuarios`. Para consultar a qué grupo pertenece un usuario podemos utilizar la siguiente orden:

```
$ id
uid=500(oscar) gid=500(Usuarios) grupos=500(Usuarios),501(usr_inet)
$
```

Un usuario puede cambiarse de grupo haciendo uso de la orden `newgrp`

```
$ newgrp usr_inet
$ id
uid=500(oscar) gid=501(usr_inet) grupos=500(Usuarios),501(usr_inet)
$
```

chage

Sintaxis: `chage -l usuario`

Con esta orden podemos manipular los tiempos máximos y mínimos en los que los usuarios deben cambiar sus contraseñas. La forma más sencilla de invocar esta orden es mediante el modificador `-l`.

```
# chage -l oscar
```

Con esto se obtienen los parámetros actuales de tiempo de la cuenta del usuario oscar.

```
Último cambio de contraseña : may 11, 2008
La contraseña caduca : jun 03, 2008
Contraseña inactiva : jun 07, 2008
La cuenta caduca : nunca
Número de días mínimo entre cambio de contraseña    : 0
Número de días máximo entre cambio de contraseñas   : 23
Número de días de aviso antes de que expire la contraseña : 4
```

Minimun indica el tiempo mínimo en días que deben transcurrir para que un usuario pueda cambiar su contraseña. Si vale cero, significa que el usuario puede cambiar su contraseña en cualquier momento. Podemos alterar este valor con la opción `-m` de la orden `chage`.

Maximun indica el tiempo en días a partir del último cambio de cambio de la contraseña, en el que el usuario debe cambiar su contraseña. Podemos alterar este valor con la opción `-M` de la orden `chage`.

Warning indica con cuántos días de antelación se avisará a un usuario de que su contraseña está a punto de caducar. Podemos alterar este valor con la opción `-W` de la orden `chage`.

Inactive indica cuántos días de plazo se deja al usuario desde que caduca su contraseña hasta que la cuenta quede bloqueada. Una vez que se bloquea una cuenta el usuario no puede acceder de nuevo hasta que el administrador la desbloquee. Podemos alterar este valor con la opción `-I` de la orden `chage`.

En el ejemplo anterior, el usuario oscar modificó su contraseña por última vez el 11 de mayo de 2088 (*último cambio de contraseña*). Se estableció un tiempo máximo de duración de 23 días (*número de días máximo entre cambio de contraseña*), por lo tanto la contraseña del usuario caducará el 3 de junio de 2008 (*la contraseña caduca*). 4 días después (*número de días de aviso antes de que expire la contraseña*), es decir, el 7 de junio de 2008 se procederá a bloquear la cuenta del usuario.

El administrador puede modificar cualquiera de estos parámetros. Por ejemplo, puede establecer la fecha en la que el usuario modificó por última vez una contraseña. Esto es útil para forzar que un usuario cambie su contraseña.

```
# chage -d0 oscar
# chage -l oscar
Último cambio de contraseña : nunca
La contraseña caduca : nunca
Contraseña inactiva      : nunca
La cuenta caduca : nunca
Número de días mínimo entre cambio de contraseña     : 0
Número de días máximo entre cambio de contraseñas    : 23
Número de días de aviso antes de que expire la contraseña : 4
#
```

La próxima vez que el usuario intente acceder se le obligará a que cambie su contraseña. Si no lo hace, no se le permitirá acceder al sistema.

Esta operación también es útil cuando damos de alta una cuenta inicial que no tiene contraseña y queremos que el usuario la establezca la primera vez que acceda al mismo.

```
# passwd -d oscar
Changing password for user oscar
Removing password for user oscar
passwd: Success
# chage -d0 oscar
#
```

pwck

Sintaxis: pwck

Descripción: la orden pwck (*password check*) busca en el archivo /etc/passwd posibles errores de formato, así como posibles inconsistencias (usuarios duplicados, usuarios sin directorio de inicio, errores sintácticos, etc.).

Ejemplo:

```
# pwck
user adm: directory /var/adm does not exist
user news: directory /var/spool/news does not exist
user uucp: directory /var/spool/uucp does not exist
user gopher: directory /usr/lib/gopher-data does not exist
user gdm: directory /home/gdm does not exist
pwck:
#
```

grpck

Sintaxis: grpck

Descripción: la orden grpck (*group check*) busca en el archivo /etc/group posibles errores de formato e inconsistencias avisándonos de ello.

Ejemplo:

```
# grpck
#
```

chsh

Sintaxis: chsh

La orden chsh (*change shell*) puede emplearla un usuario para cambiar su intérprete de órdenes. Como sabemos, el intérprete de órdenes es el último campo de cada línea del archivo /etc/passwd. La forma de operar de esta orden es muy similar a la orden passwd comentada en un capítulo anterior, con la diferencia de que lo que se modifica en este caso es el shell de usuario y no su palabra clave. Cuando queremos cambiar nuestro intérprete de órdenes, chsh visualiza el shell que estamos empleando y nos pide que introduzcamos uno nuevo. El nuevo intérprete de órdenes debe ser uno de los indicados en el archivo /etc/shells, a no ser que sea el propio administrador del sistema el que invoca la orden. Si el archivo /etc/shells no existe, los únicos shells válidos son /bin/sh y /bin/csh.

Ejemplo:

```
$ chsh
Cambiando intérprete de comandos para chan.
Password:
Nuevo intérprete de comandos [/bin/bash]: /bin/sh
Se ha cambiado el intérprete de comandos.
$
```

chfn

Sintaxis: chfn

La orden chfn se utiliza para actualizar información relativa al usuario, como nombre completo, despacho, teléfono del trabajo y teléfono de casa, en el archivo /etc/passwd. Cuando se nos pregunta acerca de la información anterior, se nos ofrecen unos valores por defecto encerrados entre corchetes [ ]. Este valor por defecto se acepta simplemente pulsando ENTRAR. Para incluir un campo en blanco, debemos introducir la palabra none.

Ejemplo:

```
$ chfn
Cambiando información de finger para chan.
Password:
Name []: Sebastián Sánchez Prieto
Office []: E314
Office Phone []: 91-8888888
Home Phone []: 91-7777777
Se ha cambiado la información de finger.
$
```

10.4.   Permisos especiales sobre archivos

El número identificador de usuario (`user-ID`) es un entero que se encuentra en el archivo `/etc/passwd` y que está asociado con el nombre de *login* del usuario. Cuando inicia sesión un usuario, la orden `/bin/login` convierte este número identificador en el número de usuario asociado al primer proceso creado, el intérprete de órdenes. Los procesos que vayan ejecutándose a partir de ahora llevarán asociado este número de identificación. Los procesos también están organizados en grupos, los cuales también poseen un número de identificación llamado número de identificación de grupo (`group-ID`), que también se encuentra en el archivo `/etc/passwd`, que se convertirá en el número de identificación asociado al shell. Estos grupos están definidos en el archivo `/etc/group`. Estos dos números de identificación son denominados reales porque son representativos del usuario real, esto es, el que ejecutó el proceso *login*. Aparte existen otros dos números de identificación que también estarán asociados a cada proceso y se les conoce como número de identificación de usuario efectivo y número de identificación de grupo efectivo. Éstos suelen ser iguales a los reales, pero pueden ser distintos, y se usan para determinar los permisos, mientras que los reales se usan para saber la identidad verdadera del usuario. Cada archivo (ya sea ordinario, directorio o especial) contiene en su *nodo-i* el UID de su propietario y el GID de su grupo propietario, el conjunto de permisos de lectura, escritura y ejecución para el propietario, grupo y otros, además de datos adicionales concernientes al archivo. Este conjunto de permisos determina cuándo un proceso puede ejecutar una acción (lectura, escritura o ejecución) en un archivo dado. En archivos ordinarios, estas tres acciones son obvias. En directorios, la acción de escritura significa poder modificar el directorio añadiendo o borrando una entrada en el mismo, mientras que la acción de ejecución significa que pueda ser incluido en un PATH (por ejemplo, para utilizar `find`, o para acceder a él con la orden `cd`). En archivos especiales las acciones de lectura y escritura significan la posibilidad de poder utilizar las llamadas al sistema `read` y `write`. Este sistema de permisos funciona de la siguiente forma:

- Si el número de identificación de usuario efectivo es 0, entonces se dan los permisos como propietario (0 es el UID efectivo del administrador del sistema).

- Si el número de identificación de usuario efectivo coincide con el número de identificación de usuario propietario del archivo marcado en su *nodo-i*, entonces se dan los permisos de propietario establecidos.

- Si el número de identificación de grupo efectivo coincide con el número de identificación de grupo propietario del archivo marcado en su *nodo-i*, entonces se dan los permisos de grupo.

- Si no se da ninguna de las tres anteriores suposiciones, se darán los permisos establecidos para otros.

Vamos a profundizar aún más en los derechos asociados a un archivo. Hasta ahora hemos considerado los derechos de lectura, escritura y ejecución asociados al propietario del archivo, al grupo al que pertenece el usuario y al resto de las personas. Estos derechos se representaban por nueve bits. Un bit activo (a uno) indicaba que el derecho correspondiente estaba activo, y un bit a cero indicaba lo contrario. Además de estos nueve bits de derechos asociados a cada archivo, podemos considerar tres más, los bits diez, once y doce, conocidos como bit pegajoso (sticky-bit), bit de set-gid y bit de set-uid, respectivamente. Vamos a describir a continuación la utilidad de estos tres bits.

El bit de set-uid es una idea relativamente simple que nos permite solucionar problemas relacionados con la protección. El hecho de que un programa tenga este bit activo implica que cuando ejecutemos dicho programa, éste tomará como identificador de usuario el identificador del propietario. Si el propietario fuese el administrador, entonces el programa se ejecutaría como si lo hubiese lanzado el propio administrador. De este modo, podemos explicarnos cómo un usuario normal puede modificar su palabra clave cuando ello implica modificar el contenido del archivo /etc/passwd, que sólo tiene permiso de escritura por parte del administrador del sistema. La razón de permitir esta modificación es que el programa passwd que pertenece al administrador tiene el bit de set-uid activo, de modo que cuando ejecutamos ese programa, y sólo mientras ejecutamos ese programa, actuamos como si fuésemos el administrador. El bit de set-uid está activado cuando en la máscara de derechos del programa, en el campo de ejecución para el propietario, tiene activa una s en lugar de una x. Veamos cómo el programa passwd tiene activo este bit:

```
$ whereis -b passwd
passwd: /usr/bin/passwd /etc/passwd /etc/passwd.rpmnew
$ ls -l /usr/bin/passwd
-rwsr-xr-x   1 root     root          29104 May 18  2007 /usr/bin/passwd
$
```

También nosotros podemos poner el bit de set-uid activo en cualquiera de nuestros programas. De este modo, cuando otro usuario ejecute estos programas, tendrá los mismos derechos que el propietario. Este bit no se puede activar en los programas de shell. Veamos un ejemplo en el que activamos el bit de set-uid a un programa:

```
$ ls -l sim
-rwxr-xr-x   1 chan  igx    29308 ene 18 18:53 sim
$
```

Como vemos, el programa sim no tiene activo el bit comentado, para activarlo haremos uso de la orden chmod, indicando que deseamos activar el bit número doce (bit de set-uid) del siguiente modo:

```
$ chmod 4755 sim
$ ls -l sim
-rwsr-xr-x   1 chan  igx    29308 ene 18 18:53 sim
$
```

Ahora, cuando cualquier usuario ejecute el programa sim, a todos los efectos, el programa actuará como si hubiese sido invocado por el propietario (chan).

Al igual que existe un bit de set-uid, existe su equivalente aplicado al grupo, y se conoce como bit de set-gid. La funcionalidad de este bit es completamente similar a la del bit de set-uid, pero en este caso se aplica al grupo. Para poner activo este bit, haremos también uso de la orden chmod, indicando que deseamos activar el bit número diez (el resto los dejamos como estaban).

Ejemplo:

```
$ ls -l sisarch
-rwxr-xr-x    1 chan  igx    437428 ene 18 18:55 sisarch
$ chmod 2755 sisarch
$ ls -l sisarch
-rwxr-sr-x    1 chan  igx    437428 ene 18 18:55 sisarch
$
```

También podemos activar estos bits sin necesidad de operar en octal. Veamos cómo podemos activar estos bits de forma simbólica haciendo uso de la orden `chmod`:

```
$ chmod +s nzo
$ ls -l nzo
-rwsr-sr-x   1 chan  igx    74512 ene 18 18:55 nzo
$
```

Por último, el `sticky-bit` indica al núcleo de Linux que este archivo es un programa con capacidad para que varios procesos compartan su código, y que este código se debe mantener en memoria aunque alguno de los procesos que lo utiliza deje de ejecutarse. La técnica de compartir código entre varios procesos permite ahorrar memoria en el caso de trabajar con programas muy utilizados, tales como editores de texto o compiladores. Este bit está activo cuando en la máscara de derechos del archivo en cuestión, en el campo de ejecución del resto de usuarios, aparece una `t` en lugar de una `x`.

Ejemplo:

```
$ ls -l /usr/local/bin/exax
-rwxr-xr-t   1 root  bin    33226 Dec 1 03:27 exax
$
```

El `sticky-bit` tiene, en Linux, un uso especial para proteger archivos dentro de un determinado directorio. Cuando en un determinado directorio tenemos activados los derechos de escritura para un grupo de usuarios o para todo el mundo, implica que cualquiera de ellos podría borrar archivos de ese directorio, incluso aunque no le pertenezcan. Veamos un ejemplo que aclare el escenario planteado. Supongamos que el usuario `ssp` tiene un directorio denominado `publico` al cual tiene acceso todo el mundo:

```
$ pwd
/home/ssp
$ ls -ld publico/
drwxrwxrwx   2 ssp   ssp    4096 sep 21 18:00 publico/
$
```

Supongamos que en ese directorio tenemos un archivo denominado `datos.ssp` que pertenece al usuario `ssp`. Si otra persona accede a ese directorio, podrá borrar ese archivo, aunque no sea el propietario. Supongamos que el usuario `oscar` intenta borrarlo del modo siguiente:

```
$ id
uid=502(oscar) gid=502(oscar) grupos=502(oscar)
$ pwd
/home/ssp/publico
$ ls -l datos.ssp
-rw-r--r--   1 ssp    ssp      941 sep 21 18:03 datos.ssp
$ rm datos.ssp
rm: remove write-protected file `datos.ssp'? y
$ ls -l datos.ssp
ls: datos.ssp: No existe el fichero o el directorio
$
```

Como podemos apreciar, aunque oscar no sea el propietario del archivo, puede eliminarlo. Si queremos evitar esta posibilidad, podremos hacer uso del sticky-bit asociado al directorio. Activando este bit, los usuarios ya no podrán eliminar ni renombrar los archivos del directorio. Para ello bastaría que el usuario ssp pusiese el directorio publico con los siguientes atributos:

```
$ chmod 1777 publico/
$
```

Si ahora el usuario oscar intenta eliminar otro archivo, veremos qué ocurre:

```
$ ls -l datos1.ssp
-rw-r--r--   1 ssp    ssp      150 sep 21 18:07 datos1.ssp
$ rm datos1.ssp
rm: remove write-protected file `datos1.ssp'? y
rm: cannot unlink `datos1.ssp': Operación no permitida
$
```

Ahora la operación no puede llevarse a cabo, con lo que tendríamos protegidos los archivos del directorio especificado.

10.4.1.   Comunicación entre administrador y usuarios

En este punto se citarán los modos que existen para la intercomunicación del administrador con los usuarios. Consideraremos sólo aquellos mecanismos específicos. Obviamente, se pueden seguir utilizando cualquiera de las órdenes que ya han sido comentadas. Además, nos olvidaremos por completo de las comunicaciones en red. Básicamente, estos modos de comunicación son la orden wall (*write all*) y el archivo motd (*message of the day*).

wall Esta utilidad del administrador envía simultánea e inmediatamente un mensaje a todos los usuarios que estén en ese momento conectados al sistema.

/etc/motd Este archivo es impreso en pantalla cada vez que un usuario inicia una sesión.

10.5.   Ejercicios

10.1 Añada un nuevo usuario de nombre `lucas` al sistema. Este usuario debe pertenecer al grupo `users`, su directorio de arranque debe ser `/home/lucas` y su programa de inicio `/bin/sh`. Compruebe que `lucas` puede iniciar una sesión correctamente. A continuación desactive su cuenta y compruebe si puede o no iniciar una sesión.

10.2 Reactive la cuenta de `lucas` e iniciando una sesión como `lucas`, modifique su información personal, nombre, oficina, teléfono, etc.

10.3 Fuerce al usuario `lucas` a cambiar su contraseña la próxima vez que se conecte haciendo uso de la orden `chage`.

10.4 Cree un nuevo grupo denominado `documentacion` y añada el usuario `lucas` a ese grupo con la orden `gpasswd`. Cree un nuevo usuario `leoncio` y añádalo también al grupo.

10.5 Creen un directorio en `/home` cuyo propietario sea `lucas`. Modifique los permisos de ese directorio para que `lucas` pueda escribir y leer en él. Los miembros del grupo `documentacion` sólo podrán acceder al directorio y leer sus contenidos, pero no escribir.

10.6 Modifique los permisos del directorio `documentacion` para que puedan escribir en él los miembros del grupo. Compruebe que el usuario `leoncio` puede crear un directorio dentro de `documentacion`. ¿Con qué nombre de grupo se crea ese directorio?

10.7 Pruebe a activar el `sticky-bit` del directorio `documentacion`. Si el usuario `leoncio` crea ahora un nuevo directorio ¿con qué nombre de grupo se crea ese nuevo directorio?

10.8 Modifique su shell de inicio para éste que sea `bash` y modifique también sus datos personales.

10.9 Coloque en el archivo `/etc/motd` un mensaje de presentación generado con la orden `banner` o `figlet`.

Capítulo 11

Servicio de directorio

Un directorio, en el contexto de este capítulo, es un tipo especial de base de datos que almacena información basada en pares atributo-valor. Un ejemplo de directorio podría ser aquel en el que se relaciona el nombre de una persona con su dirección de correo electrónico o con su número de teléfono. Esto es algo muy útil para grandes organizaciones compuestas por un gran número de personas de las que no conocemos todos sus detalles. Organizando la información en un servicio de directorio, el acceso a la misma por parte de los miembros de la organización, se ve facilitada en gran medida. Los directorios están optimizados para ser muy rápidos en operaciones de lectura, sacrificando para ello eficiencia en escrituras. De hecho serán mucho más habituales las operaciones de búsqueda de información que las de actualización de la misma. Esto es fácil de comprender si pensamos en el directorio de los usuarios de un sistema complejo. Mientras que el alta de un usuario se realiza una única vez, la consulta de la información de dicho usuario se realiza como mínimo cada vez que accede al sistema.

Con frecuencia encontraremos servicios de directorio en grandes sistemas con una alta dispersión geográfica. En estos casos hablaremos de directorios distribuidos, formados por varios equipos que hacen llegar la información a todos los puntos del sistema.

Existen varias formas de implantar servicios de directorio: Active Directory de Microsoft, Open Directory para Mac OS X, Novell eDirectory, pero sin duda uno de los más extendidos es OpenLDAP. Éste es una implementación de software libre del protocolo LDAP (*Light Directory Access Protocol*), y será con él con el que montaremos nuestro servicio de directorio.

11.1. LDAP

Como ya hemos comentado, LDAP es un protocolo ligero que utilizaremos para gestionar la información contenida en directorios. Más concretamente directorios creados siguiendo la norma X.500 de la ITU-T, aunque no será necesario conocer dicha norma para utilizar LDAP.

Un directorio está compuesto por entradas. Cada una de estas entradas es un conjunto de atributos con sus respectivos valores. Por ejemplo una entrada puede estar formada por dos atributos:nombre y apellidos. A modo de ejemplo, una entrada podría ser la siguiente:

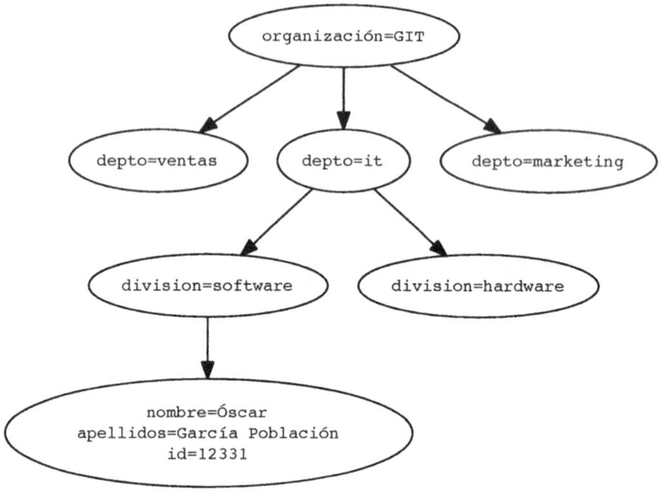

Figura 11.1: Ejemplo de árbol de directorio para la empresa GIT.

nombre=Óscar, apellidos=García Población. Si tenemos un directorio con un número elevado de entradas, es muy probable que haya varias entradas cuyo atributo nombre sea Óscar. Para evitar posibles ambigüedades, las entradas de un directorio deben contener al menos un atributo que identifique cada entrada de forma unívoca. A este atributo se le conoce como *Distinguished Name* o DN. Siguiendo con el ejemplo anterior, podríamos utilizar el DNI de una persona como DN para las entradas de nuestro directorio, ya que aunque pueda haber varias personas que se llamen Óscar, cada una de ellas tendrá un DNI diferente.

A diferencia de otras bases de datos, los directorios LDAP se organizan de forma jerárquica. En la figura 11.1 muestra un posible directorio de la organización de la empresa ficticia GIT, aunque en la vida real las cosas son algo más complicadas: cada empresa o cada organización tiene diferentes nombres para cada una de sus agrupaciones, o sencillamente estas agrupaciones no están claras. A pesar de que LDAP proporciona suficiente flexibilidad para definir cualquier esquema jerárquico, generalmente se tiende a utilizar estructuras más normalizadas. Esto facilita además el que otros programas accedan a la información de nuestra base de datos. Por ejemplo, es bastante raro que un cliente de correo electrónico como Outlook entienda el concepto de "división"(y mucho menos en español). En vez de inventar nuestros propios atributos, quizás sea más sencillo reutilizar otros existentes estandarizados. A continuación describiremos algunos de los atributos más populares:

o Es un atributo para indicar el nombre de la organización (la ."o"viene de la inicial de la palabra inglesa *organization*. Por ejemplo o=Grupo de Investigación Total. De

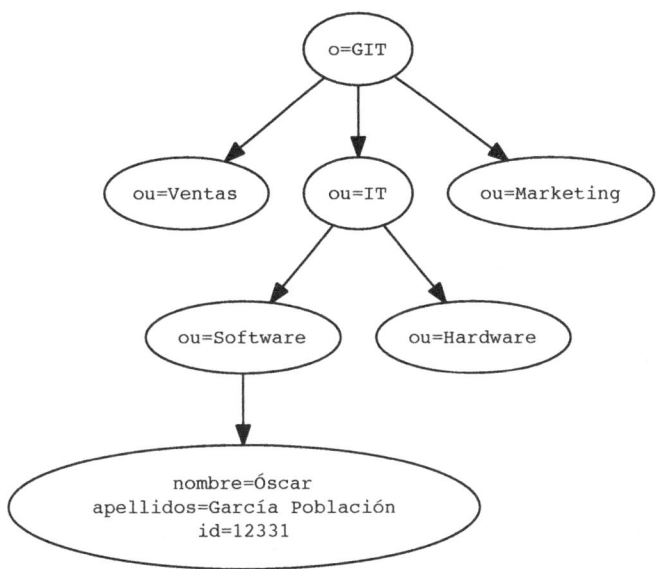

Figura 11.2: Ejemplo de árbol jerárquico basado en clasificación geográfica.

hecho podemos utilizar varias veces este atributo para indicar distintas formas de designar a la organización, como si fueran alias. Por ejemplo, podríamos referirnos a la misma como o=GIT.

ou Sirve para indicar el nombre de algún tipo de subdivisión de la organización. Por ejemplo ou=ventas, ou=IT.

l Viene de *localityName* y sirve para indicar el nombre de una ciudad, región, país o en general, una referencia geográfica. Por ejemplo l=Madrid.

c Es un atributo para especificar el país (del inglés *coutry*) utilizando el código de dos letras definido por el estándar ISO 3166. Por ejemplo c=es.

Todos los atributos mostrados anteriormente permiten clasificar una organización en función de su denominación geográfica y es una forma muy utilizada para construir directorios. La figura 11.2 muestra una posible implementación del directorio original utilizando estos atributos. No obstante hay otra forma incluso más extendida denominada "nombrado por componentes de dominio", del inglés *domain-component naming*. Este mecanismo de nombrado se ha heredado de la forma que tiene el servicio DNS de organizar la información sobre los nombres de las máquinas en Internet. Por ejemplo, el Departamento de Automática de la Universidad de Alcalá tiene registrado el dominio aut.uah.es. Otros

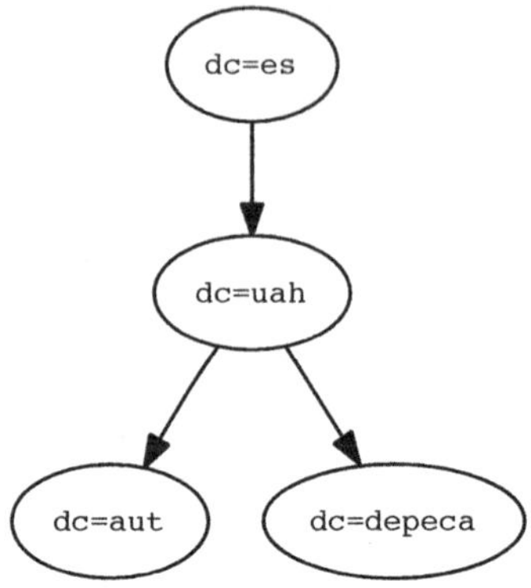

Figura 11.3: Ejemplo de árbol jerárquico basado en nombres de dominio.

Departamentos de la misma organización, tienen registrados otros dominios, como el Departamento de Electrónica, `depeca.uah.es`. Podemos utilizar estos nombres de dominio para establecer un árbol jerárquico como el de la figura 11.3.

Como comentábamos al principio, la inmensa mayoría de los atributos que se utilizan al definir un directorio están predefinidos y registrados. Tanto que si realmente quisiéramos definir nuevos atributos tendríamos que solicitar a IANA [1] un OID (*Object Identifier*) unívoco. Los atributos definen de forma perfecta el tipo de datos que representan, definen las reglas de validación que, como su nombre indica, determinan si un valor es válido o no, y también los criterios de igualdad. Por ejemplo, los atributos `numTelefono=911 123 456` y `numTelefono=911-12-34-56` son diferentes ya que representan cadenas de caracteres diferentes, pero si en vez de `numTelefono` hubieran sido atributos de tipo `telephoneNumber` entonces la regla de igualdad habría dado positivo porque a la hora de comparar números de teléfono no importa cómo estén separados dichos números. Este tipo de funciones son vitales si queremos desarrollar un servicio cuyo principal objetivo es responder a peticiones de búsqueda.

Ahora que ya sabemos de qué forma se puede estructurar la información de nuestro directorio, sólo nos queda determinar qué información concreta vamos a guardar en él. Esto se hace utilizando otro importante concepto de LDAP: los esquemas (en inglés *Schema*). Un esquema está compuesto por una serie de atributos, de los cuales unos cuantos deberán estar obligatoriamente presentes, mientras que otros serán opcionales. Por ejemplo, una ficha destinada a contener información sobre un país puede ser de tipo `country`, cuyo esquema es el siguiente:

`BNC Syntax: 2.5.6.2 NAME 'country'`

---

[1] *Internet Assigned Numbers Authority* o Agencia de Asignación de Números de Internet. Se encarga de asignar identificadores numéricos unívocos en internet

```
SUP top
STRUCTURAL
MAY ( description
 $ searchGuid )
MUST ( c )
```

La sintaxis de un esquema queda por completo fuera de esta breve introducción, pero es fácil identificar a simple vista que una entrada de tipo `country` debe (*MUST*) contener un atributo de tipo c, que como vimos anteriormente almacena el código ISO 3166 de un país, y opcionalmente (*MAY*) un atributo de tipo `description`. Dependiendo del tipo de esquema que utilicemos para construir el directorio, estaremos obligados a especificar determinados atributos, mientras que otros serán opcionales.

Junto con la instalación básica de `OpenLDAP` podemos encontrar varios archivos que contienen esquemas utilizados habitualmente. De ellos dos de los más utilizados son:

core.schema : contiene los elementos más primitivos necesarios para la definición de cualquier otro elemento.

inetorgperson.schema : contiene la declaración del objeto `inetOrgPerson` utilizando habitualmente para almacenar datos relativos a personas.

Aunque una descripción completa de LDAP sería suficiente para escribir varios libros, con esta pequeña introducción ya podemos dar algunos pasos y realizar algunos ejercicios prácticos. A continuación vamos a describir el proceso para instalar un servidor LDAP sencillo utilizando la implementación de OpenLDAP que podemos encontrar en `http://www.openldap.org`

11.2. Configuración inicial del servidor `slapd`

Uno de los componentes más importantes del software de OpenLDAP es `slapd`. Se trata de un demonio que actuará como servidor de nuestro directorio LDAP. La configuración del comportamiento de este servidor se hace a través del archivo `slapd.conf` que generalmente se encuentra en el directorio `/etc/ldap`. La primera parte de este archivo contiene parámetros globales que afectan a todas las bases de datos LDAP, por ejemplo donde se almacenarán los archivos de bitácora (*logfiles*), en qué lugar del sistema de archivos se guardarán las bases de datos, con qué argumentos se arrancará el servidor, de qué forma se almacenarán los datos de la base de datos, etc. Las opciones generales terminan en el momento en el que se encuentra una directiva `database`, momento en el que comienzan las definiciones relativas a la primera base de datos. La siguiente aparición de esta directiva marcará el comienzo de la configuración de la segunda base de datos y así sucesivamente.

La instalación de OpenLDAP nos proporciona un archivo de configuración típico del que podemos partir. Su contenido será similar al siguiente:

```
# This is the main slapd configuration file. See slapd.conf(5) for more
# info on the configuration options.
```

```
####################################################################
# Sección de configuración general

# Esquemas necesarios

include         /etc/ldap/schema/core.schema
include         /etc/ldap/schema/cosine.schema
include         /etc/ldap/schema/nis.schema


# En este archivo se guarda el PID del servidor. Sirve para que el
# script /etc/init.d/ldap funcione correctamente.
pidfile         /var/run/slapd/slapd.pid

# Contiene la lista de argumentos con los que se invocará al servidor
argsfile        /var/run/slapd/slapd.args

# Indica la cantidad y el tipo de información a incluir en el archivo
# de bitácora.
loglevel        16384

# Ubicación de los módulos de carga dinámica y determinación
# de cuáles de ellos se utilizarán
modulepath      /usr/lib/ldap
moduleload      back_bdb

# Número máximo de entradas que puede contener una respuesta
sizelimit 500

# Cantidad de CPU que se utilizará para las labores de indexación
tool-threads 1

####################################################################
# Directivas de configuración específicas para el backend de Berkeley
backend         bdb


####################################################################
# Directivas de configuración para la primera base de datos
# Contexto == > git.com
####################################################################

database        bdb

# La base del árbol LDAP o contexto de nombrado
suffix          "dc=git,dc=com"

# rootdn indica qué entrada representa al administrador.

rootdn          "cn=root,dc=git,dc=com"
```

```
rootpw              {SSHA}RpIzepn1XT43mzAYMrLukOzsv9TcaoxD



# Donde se almacenará físicamente la base de datos LDAP
directory       "/var/lib/ldap/base1"
cachesize       10000
dirtyread

# Índices y criterios de comparación para algunos de los atributos de la base
# de datos
index   objectClass pres,eq
index   uid eq
index   uidNumber eq
index   memberUid eq
index   cn pres,eq,sub,approx

# El atributo userPassword debe poder ser modificado por el usuario que lo
# posee siempre que éste haya sido correctamente autenticado. También lo debe
# de poder cambiar el usuario privilegiado. También añadiremos el atributo
# shadowLastChange para que funcione correctamente el mecanismo de
# envejecimiento de contraseñas
access to attrs=userPassword,shadowLastChange
        by dn="cn=root,dc=git,dc=com" write
        by anonymous auth
        by self write
        by * none

access to *
        by dn="cn=admin,dc=localdomain" write
        by * read
```

Como es habitual, la # al principio de una línea sirve para indicar el comienzo de un comentario. Es muy recomendable justificar mediante estos comentarios cada una de las líneas relevantes de nuestros archivos de configuración, de esta forma será más fácil localizar errores y realizar labores de mantenimiento.

Como ya hemos comentado anteriormente, la primer parte de este archivo contiene directivas de configuración global que, como su nombre indica, afectan a todas las bases de datos y al servidor en sí. A continuación describiremos los parámetros más importante siguiendo el orden en el que aparecen en el archivo de configuración, aunque dicho orden no es importante y es posible que no sea el mismo que el que tiene usted. También es muy posible que el contenido de este archivo de muestra sea diferente al suyo. No se preocupe por esto. Cuando sea estrictamente necesario introducir una directiva de configuración se lo indicaremos puntualmente.

En primer lugar se declara la localización de los esquemas que se pondrán a disposición de los administradores del servicio de directorio. Esto se indica mediante la palabra clave `include`. Dependiendo del uso concreto que vayamos a dar al directorio, será necesario incluir esquemas adicionales. De hecho a nosotros nos hará falta incluirlos en el futuro, pero por ahora podemos dejar los que tenemos.

La declaración `backend` indica el comienzo de la sección dedicada a la configuración de este componente. El *backend* es el componente software que se encarga de almacenar y recuperar físicamente la información. La forma más sencilla de un *backend* es un simple archivo de texto, aunque esta forma de almacenar las cosas, aunque sencilla, no es nada eficiente. Buscar un dato dentro de un archivo de texto requiere ir mirando, una por una, cada una de sus líneas. Podemos ir mejorando este sistema hasta llegar a un complejo sistema de almacenamiento al estilo de un servidor de bases de datos, que sería el *backend* más complejo. Actualmente el *backend* más utilizado en los servidores implementados a partir de la versión 2.1 de `OpenLDAP` es el basado en las bibliotecas de Berkeley DB 4.1, al que nos referiremos como `bdb`.

A partir de este punto, justo después de la palabra clave `database` comienzan las secciones de configuración de cada una de las bases de datos que queramos definir en nuestro servidor. La directiva `database` debe tener a continuación el nombre del *backend* que será utilizado con dicha base de datos. En nuestro caso será `bdb`.

Cada una de las bases de datos que vayamos a almacenar en nuestro servidor debe tener un nombre que la distinga de las otras dentro de nuestro servidor. En inglés esta operación es conocida como *naming context*. Este concepto es más fácil de comprender a través del ejemplo de la figura 11.3. En él se puede ver que la Universidad de Alcalá tiene, entre otros, dos departamentos, Automática y Electrónica. Si nuestro servidor va a almacenar sólo la rama relativa al Departamento de Automática, entonces el *naming context* de nuestra base de datos será `dc=aut,dc=uah,dc=es`. En otro servidor se podrá implementar la rama del Departamento de Electrónica, `dc=depeca,dc=uah,dc=es`. Tendríamos entonces dos ramas mantenidas por dos servidores diferentes gestionados cada uno por separado. Sería muy interesante poder combinar ambos servidores junto con otros servidores de la UAH para completar todos los posibles Departamentos de la Universidad y tener así un servicio de directorio completo. Como podrá imaginar no sólo esto es posible, sino que es una práctica muy habitual cuando los directorios son complejos. No obstante esta posibilidad queda fuera del ámbito de este libro. Para nuestro ejemplo vamos a considerar la gestión de todas las posibles ramas de la empresa GIT, y además vamos a utilizar el esquema de nombrado según su dominio de Internet `git.com`, así es que el valor del atributo `suffix` será `"dc=git,dc=com"`.

La siguiente directiva `rootdn` determina quién será el usuario `root` de nuestro servicio de directorio. Cuando nos conectemos a la base de datos indicando este nombre de usuario no se aplicará ninguna regla de control de acceso, por lo tanto tendremos acceso ilimitado a cualquier parte del directorio. A muchos administradores no les gusta la idea de tener un usuario privilegiado de este tipo, al menos no durante el periodo de producción. LDAP permite especificar los permisos de acceso de cada usuario sobre cada entrada LDAP, delegando de esta forma la gestión de los datos a los propios usuarios. Este tipo de control de acceso, aunque recomendable, requiere un mayor esfuerzo inicial. Recomendamos al lector interesado que consulte la bibliografía para profundizar en este aspecto. Para nuestro ejemplo y puesto que crearemos una base de datos desde cero, necesitaremos un usuario privilegiado. Aunque puede llamarse de cualquier forma, se recomienda utilizar `root`, `admin`, o `manager`, ya que son nombres generalmente utilizados para este fin. En nuestro caso nuestro usuario privilegiado será `root` y su DN por lo tanto será ç`n=root,dc=git,dc=com"`. Este usuario tiene asociada una contraseña que se indica con la palabra clave `rootpw`. Esta contraseña puede especificarse directamente en texto claro, pero evidentemente no es una alternativa demasiado segura. Una alternativa mejor será almacenar dicha contraseña cifrada. LDAP admite un gran número de formas de cifrar una contraseña. Para identificar qué algoritmo de cifrado se ha utilizado, la propia cadena de contraseña contiene al principio, entre llaves, el nombre del algoritmo utilizado. Para nuestro ejemplo vamos a cifrar la contraseña `secreto` con el algoritmo SSHA utilizando la orden `slappasswd`.

```
slappasswd -h '{SSHA}' -s claveSecreta
{SSHA}XoEwGmo3NaeIMiu3gBjxcxtXe9AsqQk5
```

El modificador `-h` sirve para indicar qué algoritmo de cifrado queremos utilizar. [2]

Lo siguiente será indicar al servidor en qué lugar de nuestros dispositivos de almacenamiento se debe guardar la base de datos del directorio mediante la directiva `directory`. Si nuestro directorio es pequeño no es una decisión demasiado relevante, pero si esperamos un gran crecimiento del mismo, o que éste vaya a almacenar datos pesados como fotografías o audio, entonces tendremos que pensarlo mejor. Así el lugar que elijamos debe tener espacio suficiente y permitir realizar copias de seguridad con comodidad. Para nuestro ejemplo la base de datos se almacenará en `/var/lib/ldap/base1`. Crearemos ese directorio y le daremos los permisos adecuados para que el demonio `slapd` pueda acceder a él.

```
# cd /var/lib/ldap
# mkdir base1
# chown openldap:openldap base1
```

En ese directorio se puede colocar un archivo de configuración llamado DB_CONFIG que contiene parámetros de ajuste relativos al *backend* `bdb` que estamos utilizando. La utilización de este archivo de configuración no es obligatoria pero es conveniente para lograr un rendimiento adecuado de la base de datos. La descripción de su contenido queda fuera del alcance de este libro. El lector interesado deberá consultar el manual de dicho *backend* para obtener más información. Para nuestro ejemplo utilizaremos el siguiente:

```
set_lk_detect DB_LOCK_DEFAULT
set_flags DB_TXN_NOSYNC
set_lg_max 5242880
set_cachesize 0 5242880 1
```

Por último, las directivas `cachesize`, `dirtyread` y `searchstack` indican que el servidor mantendrá en memoria principal un máximo de 10000 registros y que se autorizarán lecturas de datos directamente desde memoria respectivamente.

Con esto tendremos un archivo de configuración mínimo para poner en marcha nuestro servicio de directorio. A medida que vaya siendo necesario añadiremos nuevas cosas, pero por ahora es suficiente para comenzar. Arrancaremos el servidor utilizando el mecanismo indicado según la distribución; habitualmente el script `slapd` del directorio `/etc/init.d`.

---

[2]Realmente la palabra *cifrado* en criptografía tiene un significado muy diferente al que le estamos dando en este contexto. Lo que realmente estamos haciendo se conoce como *hashing*, término que tiene difícil traducción al español (método de dispersión, según algunos autores). Con objeto de no complicar la explicación nos tomaremos la licencia de utilizar el término *cifrado* para referirnos al *hashing* criptográfico.

```
# /etc/init.d/slapd start
Starting OpenLDAP: slapd.
```

11.3.   Introducción de datos en el directorio

Para introducir datos en nuestro nuevo servidor LDAP necesitamos dos cosas: una forma de expresar los datos que queremos almacenar y una herramienta para introducir dichos datos en el servidor. Para describir los datos utilizaremos un formato conocido como LDIF, y como herramientas tendremos dos familias: las que nos permiten operar con el servidor *off-line* y *on-line* respectivamente. A continuación describiremos cada una de ellas.

11.3.1.   El formato LDIF

LDIF son las siglas de *LDAP Data Interchange Format*, o Formato de Intercambio de Datos para LDAP definido en la RFC-2849. Se trata de un formato basado en texto ASCII, aunque también puede contener otros caracteres utilizando codificación base64. Con esta codificación es posible representar mediante ASCII cosas que inicialmente no pueden ser representadas con dicha codificación, por ejemplo las tildes, la letra ñ, los caracteres japoneses o una fotografía.

Un archivo LDIF está compuesto por uno o varios registros, separados entre sí mediante una o más líneas en blanco. Cada registro contiene un conjunto de pares atributo-valor. Cada par se separa mediante un retorno de carro. A su vez, el nombre del atributo se separa de su valor mediante el carácter : (se utiliza como separador doble ":" si el valor está codificado en base64). El siguiente ejemplo muestra un archivo LDIF con dos registros:

```
dn: cn=webmaster,dc=git,dc=com
objectClass: organizationalRole
cn: webmaster
description: Encargado del web
roleOccupant: cn=Óscar García, ou=people,dc=git,dc=com

dn: cn=postmaster,dc=git,dc=com
objectClass: organizationalRole
cn: postmaster
description: Encargado del correo electrónico
roleOccupant: cn=Óscar López, ou=people,dc=git,dc=com
```

Además de los datos, LDIF puede contener el tipo de operación que queramos realizar sobre la base de datos. Por ejemplo, el siguiente registro LDIF indica que queremos modificar la descripción del rol webmaster:

```
dn: cn=webmaster,dc=git,dc=com
changetype: modify
replace: description
description: Encargado del WWW
```

Por ahora con esta breve descripción es suficiente. Si se desea profundizar en las posibilidades de este formato, la fuente principal es la RFC-2849, accesible en Internet. A continuación describiremos algunas de las herramientas más comunes para la gestión de los datos de la base LDAP y la mayoría de ellas emplean LDIF, por lo que se irán planteando más ejemplos de dicho formato a medida que vayan siendo necesarios.

11.3.2. Las herramientas administrativas de openLDAP

Existen dos grandes grupos de herramientas proporcionadas por openLDAP: las que operan directamente sobre la base de datos (*off-line*) y las que acceden a la base de datos a través de la red (*on-line*). Las primeras son útiles cuando se desea realizar operaciones que impliquen un gran movimiento de datos, por ejemplo realizar o restaurar copias de seguridad, alta inicial de datos, etc. Todas estas operaciones deben ser locales, es decir, que no se pueden realizar a través de la red y sólo pueden ser ordenadas por un único usuario a la vez. De hecho si utilizamos este método, el demonio `slapd` debería desactivarse para evitar inconsistencias en la base de datos. Las segundas son útiles para las operaciones clásicas de la base de datos durante su explotación, donde varios clientes se conectan simultáneamente a través de la red. La familia de herramientas para operaciones *off-line* comienzan siempre por `slap`, mientras que las destinadas a operaciones *on-line* lo hacen por `ldap`. A continuación se describen brevemente las más habituales:

`slapcat` genera un archivo LDIF con el contenido de la base de datos especificada.

`slaptest` comprueba que el contenido del archivo de configuración `slapd.conf` tenga un formato válido.

`slapadd` o `ldapadd` permite introducir uno o varios registros en la base LDAP a partir de un archivo LDIF.

`slappasswd` genera contraseñas cifradas mediante distintos algoritmos.

`ldappasswd` permite modificar los campos de contraseña de las entradas.

`ldapsearch` sirve para realizar búsquedas en la base de datos según determinados patrones.

`ldapmodify` permite realizar modificaciones sobre los registros de la base de datos.

Según vayan siendo necesarias cada una de estas órdenes las iremos describiendo con mayor detalle.

En el siguiente apartado se utilizarán estás órdenes junto con el formato LDIF para cargar los datos iniciales de nuestra base de datos.

11.3.3. Definición inicial de la base de datos

Para comenzar a introducir datos en la base de datos primero es necesario crear la raíz del árbol de dicha base de datos. En nuestro caso, la primera base de datos tenía como raíz (directiva `suffix` del archivo `slapd.conf`) `dc=git,dc=com`. Utilizaremos para esto dos esquemas `dcObject` y `organization`. Estos dos esquemas nos permitirán asociar

una organización a un componente de dominio (dc). Crearemos el siguiente archivo LDIF
para dar de alta la información de la raíz:

```
# Entrada para crear la raíz del árbol de git.com
dn: dc=git,dc=com
objectClass: dcObject
objectClass: organization
dc: git
o: Technical Research Group
o: Grupo de Investigaciones Técnicas S.A.
o: GIT
```

Utilizaremos la orden `ldapadd` para introducir la información contenida en este archivo de formato `ldiff` de la siguiente forma:

```
$ ldapadd -x -D 'cn=root,dc=git,dc=com' -f raiz.ldiff -w secreto
adding new entry ``dc=git,dc=com''
```

Los parámetros que hemos utilizado tienen el siguiente significado:

-D indica con qué nombre nos conectaremos a la base de datos LDAP. Dependiendo del
usuario con el que nos conectemos tendremos una serie de permisos.Dichos usuarios
son generalmente entradas en el directorio que poseen una serie de atributos que
le identifican como tal, entre ellos una contraseña. Inicialmente no hay usuarios
almacenados así es que la otra forma de especificarlo es declarando un usuario
privilegiado en el propio archivo de configuración `slapd.conf`. Esto último es lo
que estamos utilizando en nuestro ejemplo. El `dn` del usuario privilegiado en el
archivo de configuración es `cn=root,dc=git,dc=com`.

-x especifica que debe utilizarse autenticación sencilla en vez de SASL, que es la opción
por defecto. SASL (*Simple Authentication and Security Layer* es un sistema que
implementa varias técnicas de autenticación y las pone a disposición de los desa-
rrolladores de aplicaciones con objeto de que éstos no se tengan que preocupar de
estos aspectos. En nuestros ejemplos no utilizaremos SASL, así es que está opción
la usaremos frecuentemente.

-f indica que `ldapadd` debe leer la información que se va a añadir desde el archivo especificado a continuación. Si se omite esta opción dicha lectura se hace desde *stdin*.

-w utiliza la palabra que viene a continuación como contraseña utilizada en la conexión.
Si no se desea escribir la contraseña en texto claro (que es una práctica poco recomendable en términos de seguridad) se puede poner -W. Esto hará que la contraseña
nos sea preguntada cuando iniciemos la conexión.

Con esto ya hemos creado la primera entrada de nuestro árbol de directorio y ya
estamos preparados para hacer la primera operación de búsqueda. Para esto utilizaremos
la orden `ldapsearch`.

```
$ ldapsearch -x -b 'dc=git,dc=com' '(objectClass=*)'

# extended LDIF
#
# LDAPv3
# base <dc=git,dc=com> with scope subtree
# filter: (objectClass=*)
# requesting: ALL
#

# git.com
dn: dc=git,dc=com
objectClass: dcObject
objectClass: organization
dc: git
o: Technical Research Group
o:: R3J1cG8gZGUgSW52ZXN0aWdhY2lvbmVzIFTDqWNuaWNhcyBTTLkEu
o: GIT

# search result
search: 2
result: 0 Success

# numResponses: 2
# numEntries: 1
```

La opción -x tiene el mismo significado que en la orden `ldapadd` anterior. La siguiente, -b indica a la orden de búsqueda cuál es la base del árbol en la que queremos realizar las búsquedas. Como ya comentamos, un mismo servidor LDAP puede mantener varios directorios diferentes. Con esta opción podemos determinar cuál será el ámbito (*scope* en inglés) de las búsquedas. Por último la cadena (`objectClass=*`) es el filtro de la búsqueda que, como su nombre indica, permite especificar qué tipo de información deseamos recuperar de la base de datos. Estos filtros siguen una sintaxis definida en la RFC 4515 y puede llegar a ser bastante compleja. En nuestro ejemplo es fácil deducir que la búsqueda recupera las entradas que tengan cualquier tipo en el atributo `objectClass`. Iremos ampliando información sobre los filtros a medida que nos vaya haciendo falta.

Otra cosa interesante que debemos resaltar es la forma en la que LDAP ha almacenado los tres posibles nombres de nuestra organización:

```
o: Technical Research Group
o:: R3J1cG8gZGUgSW52ZXN0aWdhY2lvbmVzIFTDqWNuaWNhcyBTTLkEu
o: GIT
```

La primera y la tercera líneas eran de esperar, puesto que esos fueron los nombres dados en el archivo `diff`, pero no ocurre así en la segunda. La explicación es que el nombre especificado en la segunda línea del archivo `ldiff` contenía la palabra 'Técnicas' que contiene una tilde. Las letras con acentos no pueden codificarse en ASCII así es que `ldapadd` las codificó utilizando base64.

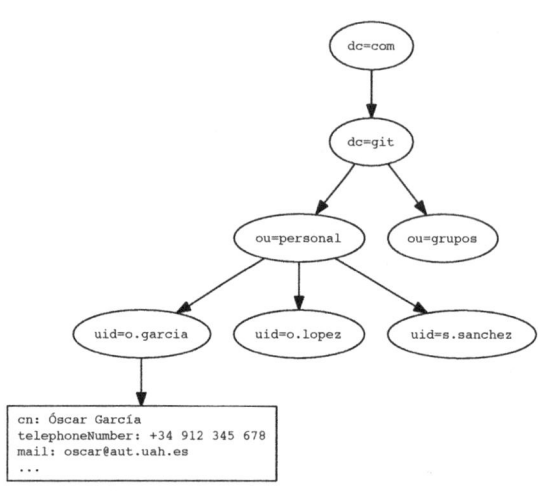

Figura 11.4: Estructura del árbol para reflejar usuarios y grupos.

11.3.4.　Definición de la estructura del directorio

El siguiente pasó consistirá en definir la estructura del árbol de nuestro directorio, teniendo en mente dos objetivos: almacenar información general sobre los usuarios para acceder a ella a modo de agenda, y almacenar información más específica que permita autenticar a un usuario. Este segundo objetivo nos permitirá utilizar nuestro servidor LDAP como servidor de autenticación, de forma que varias máquinas podrán delegar las labores de autenticación en el directorio LDAP. Esto tiene varias ventajas. Sólo es necesario dar de alta al usuario en directorio para que éste tenga acceso a todas las máquinas. Además el usuario tendrá el mismo `uid` en todas las máquinas, lo que permitirá compartir de forma coherente sistemas de archivos en red. Si más adelante se implanta un servicio de correo electrónico, el control de acceso también podrá delegarse.

En la figura 11.4 se puede ver la estructura propuesta para nuestro directorio. Tendremos una rama `ou=personal` en la que colocaremos todo el personal de la organización. Cada entrada dentro de la rama de personal dependerá de la información que necesitemos almacenar. Así habrá entradas que tendrán información sobre buzones de correo electrónico sólo si esos usuarios reciben correo electrónico, o una foto, si disponemos de ella, etc. También hemos creado una rama para almacenar información sobre grupos. Un usuario puede pertener a varios grupos y como mínimo a uno. La inclusión de la información sobre grupos nos hará falta en el futuro para utilizar el directorio para control de acceso.

Crearemos estas dos entradas para personal y grupos de la misma forma que creamos anteriormente la raíz. En este caso utilizaremos el siguiente archivo `ldif`.

```
# Entrada para crear la rama de personal
dn: ou=personal,dc=git,dc=com
```

```
objectClass: organizationalUnit
ou: personal
description: Personal de GIT

# Entrada para crear la rama de grupos
dn: ou=grupos,dc=git,dc=com
objectClass: organizationalUnit
ou: grupos
description: Grupos de GIT
```

Introduciremos este archivo con la siguiente orden:

```
$ ldapadd -x -w secreto -D cn=root,dc=git,dc=com -f usuariosGrupos.ldiff
adding new entry ``ou=personal,dc=git,dc=com''
adding new entry ``ou=grupos,dc=git,dc=com''
```

Si intentamos volver a ejecutar la orden anterior, el servidor lógicamente nos dará un mensaje de error diciendo que esa entrada ya existe. Si deseamos borrar las entradas introducidas lo podemos hacer con la orden `ldapdelete`. Por ejemplo:

```
ldapdelete -r -x -w secreto -D cn=root,dc=git,dc=com 'ou=personal,dc=git,dc=com'
```

La sintaxis es muy similar a la utilizada con `ldapadd`. La diferencia más importante es el empleo del modificador `-r`, que indica que si el punto del árbol que queremos borrar tiene hojas, dichas hojas deben ser eliminadas también. Tendremos que utilizar este modificador con precaución porque una rama puede contener mucha información. En este momento la rama de `personal` no tiene datos, pero en el futuro será una de ramas más completas.

11.4.   LDAP como servidor de autenticación

En el capítulo dedicado a la gestión de usuarios estudiamos la forma en la que Linux llevaba a cabo la validación de los mismos. Una de las labores principales era asegurarse de que el usuario era realmente quien decía ser, y esto se lograba mediante un secreto que sólo el servidor y el verdadero usuario conocían: una contraseña. El servidor almacenaba localmente todas las contraseñas en algún dispositivo de almacenamiento para acceder a ellas cuando fuera oportuno. Una vez se había realizado esta labor de autenticación, se recuperaba un identificador numérico asociado al usuario (el `uid`) con el que se realizarán todas las operaciones futuras. Este enfoque tiene serias limitaciones. Las contraseñas se almacenan de forma local, por lo tanto es necesario almacenar dichas contraseñas en todos los ordenadores a los que queramos acceder. Los `uid` se asignan de forma independiente en cada ordenador, lo que significa que el `uid` del usuario `oscar` es 1002 en un ordenador y 3012 en otro, y así sucesivamente para cada ordenador. Si todas esas máquinas compartieran un sistema de archivos común nos encontraríamos con el problema de que en la mayoría de los sistemas de archivos, un archivo pertenece exclusivamente a un `uid`, de forma que no podría asignarse la propiedad de dicho archivo al usuario `oscar` porque éste tiene diferentes identificadores dependiendo del ordenador que se lo asignó. Una posible

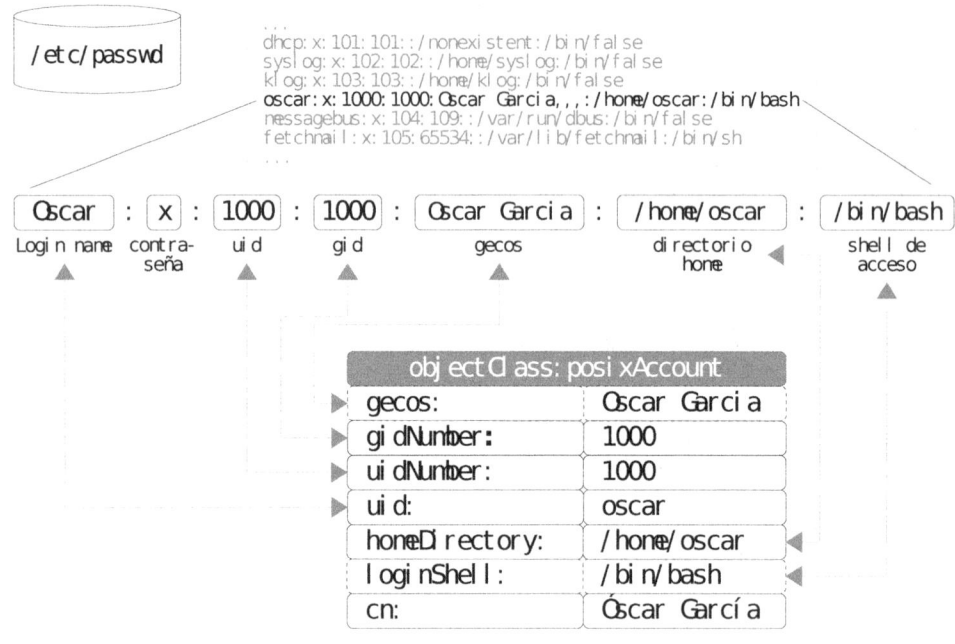

Figura 11.5: Correspondencia entre `passwd` y `posixAccount`

solución para este problema es centralizar la gestión de usuarios en un único punto, y almacenar ahí toda la información necesaria, por ejemplo en un servidor LDAP.

11.4.1.   Información necesaria para centralizar la autenticación

En nuestro estudio sobre la gestión tradicional de usuarios en Linux vimos que la información sobre dichos usuarios se almacenaba en tres archivos principalmente: `passwd`, `groups` y `shadow`. La información contenida en estos archivos locales será la que debe trasladarse al servidor central de autenticación. Con este fin, la RFC 2307 *An Approach for Using LDAP as a Network Information Service* establece el conjunto de atributos necesarios y los agrupa en varios esquemas LDAP:

posixAccount para la información del archivo `passwd`.

shadowAccount para la información del archivo `shadow`.

posixGroup para la información del archivo `groups`.

En las figuras 11.5, 11.6 y 11.7 se muestra la correspondencia entre los campos de los archivos `passwd`, `shadow` y `group` con sus esquemas LDAP, `posixAccount`, `shadowAccount` y `posixGroup` respectivamente. Incluyendo estos esquemas en nuestro servicio de directorio tendremos el soporte adecuado para mantener la información de autenticación. El

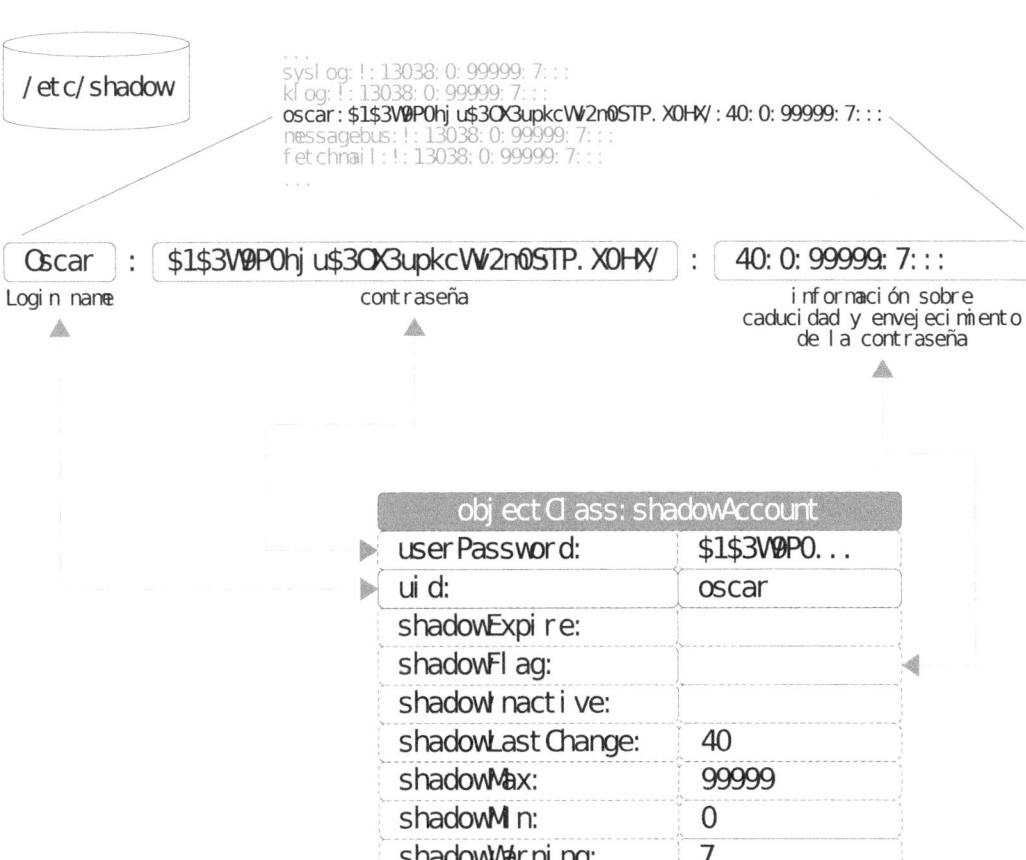

Figura 11.6: Correspondencia entre shadow y shadowAccount

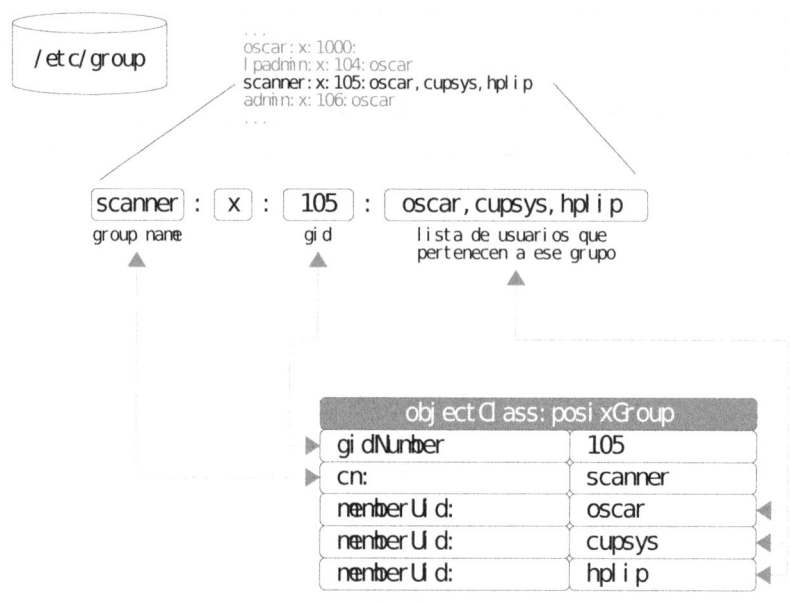

Figura 11.7: Correspondencia entre group y posixGroup

siguiente paso será configurar las máquinas que quieran delegar la autenticación para que lo hagan con nuestro servicio de directorio LDAP.

11.4.2.   El módulo `nsswitch`

Originalmente en Unix, las aplicaciones que deseaban acceder a una base de datos del sistema, por ejemplo la de usuarios, lo hacían directamente abriendo el archivo correspondiente, en este caso el `passwd`. No obstante este enfoque está obsoleto. Actualmente los programas que necesitan acceder a la información de las bases del sistema lo hacen a través de una biblioteca que hace de intermediaria. A esta biblioteca se la conoce como *Name Service Switch* o `nss`. Las bases de datos gestionadas de esta forma son las siguientes:

aliases para los alias del sistema de correo electrónico.

ethers para las direcciones MAC.

groups para los grupos de usuarios.

hosts para relacionar direcciones IP con nombres.

netgroup para almacenar la lista de todos los equipos de red y usuarios con objeto de realizar labores de control de acceso.

networks para asociar nombres a las distintas redes.

passwd para acceder a las contraseñas de los usuarios.

protocols para almacenar nombres de protocolos.

publickey para las claves públicas y privadas requeridas por determinados servicios como NIS+.

rpc para relacionar nombres de RPC (llamadas a procedimientos remotos) con su código numérico.

services para los servicios de red.

shadow para las contraseñas de los usuarios cuando se utiliza el sistema *shadow*.

Se han resaltado en cursiva aquellas bases de datos que serán de especial interés para nuestro objetivo de integrar la gestión de usuarios a través de un servicio LDAP.

El servicio `nsswitch` se configura mediante el archivo `nsswitch` que se encuentra generalmente en el directorio `/etc`. Su contenido inicial será similar al siguiente:

```
# /etc/nsswitch.conf
#
# Example configuration of GNU Name Service Switch functionality.
# If you have the `glibc-doc' and `info' packages installed, try:
# `info libc "Name Service Switch"' for information about this file.

passwd:         files
```

```
group:          files
shadow:         files

hosts:          files dns mdns
networks:       files

protocols:      db files
services:       db files
ethers:         db files
rpc:            db files

netgroup:       nis
```

En la primera columna aparece el nombre de la base de datos. En la segunda columna se especifica el mecanismo utilizado para acceder a esa base de datos. Los mecanismos más conocidos son `files`, que indica que el acceso a la base de datos se llevará a cabo directamente sobre archivos de texto (la forma clásica), `db` que utiliza bases de datos de Berkeley y `nis` que utiliza el servicio NIS o NIS+. No obstante, en nuestro sistema los datos de esas bases de datos estarán en un directorio LDAP, así es que será necesario ampliar los mecanismos disponibles para contemplar esta nueva funcionalidad. Esto se consigue con el módulo `nss_ldap`, que se puede descargar de `http://www.padl.com/OSS/nss\_ldap.html`. Una vez instalado siguiendo las instrucciones específicas de cada distribución, proporciona un nuevo mecanismo de acceso a base de datos denominado `ldap` que podemos utilizar en el archivo `nsswitch.conf` de la siguiente forma:

```
passwd:     files ldap
group:      files ldap
shadow:     files ldap
```

Ahora cuando una aplicación quiera localizar la base de datos `passwd` en primer lugar utilizará el mecanismo `files`, que leerá datos del archivo local `/etc/passwd` y en segundo lugar utilizará el mecanismo `ldap` que accederá a un servidor LDAP para recopilar esta información. Nos queda indicar a dicho mecanismo dónde se encuentra nuestro servidor LDAP. Esto se hace mediante el archivo de configuración `ldap.conf` que se encuentra habitualmente en el directorio `/etc`. El contenido de este archivo sería similar al siguiente:

```
# This is the configuration file for the LDAP nameservice
# switch library and the LDAP PAM module.
#
# PADL Software
# http://www.padl.com
#

# Dirección IP del servidor LDAP
host 127.0.0.1

# La base en el directorio
base dc=git,dc=com
```

```
# Versión de LDAP a utilizar
ldap_version 3

# Base del árbol donde buscar la información de la
# base de datos passwd
nss_base_passwd ou=personal,dc=git,dc=com?sub

# Las contraseñas se guardarán mediante MD5
pam_password md5
```

Este archivo contiene simplemente información sobre la dirección IP del servidor, la base de mismo, la versión del protocolo y la base de la rama desde la que se puede obtener la información de la base de datos `passwd`.

Con esto ya podemos hacer algunas pruebas. En primer lugar nos aseguraremos de que no hay ningún proceso `slapd`. Si los hubiera los terminaremos, bien con `/etc/init.d/slapd stop` o con la orden `kill`. A continuación lanzaremos el servidor pero en modo depuración. El objetivo es que dicho servidor nos informe de las peticiones que le están haciendo.

```
# slapd -f /etc/ldap/slapd.conf -d 256
```

Ahora el servidor se ejecutará en primer plano y mostrará en el terminal todas aquellas peticiones que se le soliciten. Tal y como hemos configurado nuestro servidor hasta el momento, si alguien solicita la base de datos `passwd` consultará en primer lugar el archivo local y en segundo lugar al servidor LDAP especificado en el archivo `ldap.conf`. Nos conectaremos en otro terminal y en él ejecutaremos la orden `getent`. Esta orden se utiliza para consultar bases de datos del sistema. Concretamente estamos interesados en la base `passwd`, así es que la invocación y el resultado serán similar a lo siguiente:

```
$ getent passwd
root:x:0:0:root:/root:/bin/bash
daemon:x:1:1:daemon:/usr/sbin:/bin/sh
bin:x:2:2:bin:/bin:/bin/sh
sys:x:3:3:sys:/dev:/bin/sh
. . .
openldap:x:120:130:OpenLDAP Server Account,,,:/var/lib/ldap:/bin/false
```

y en el terminal donde hemos dejado el servidor LDAP se registrará una traza de acceso similar a la siguiente:

```
conn=3 fd=14 ACCEPT from IP=127.0.0.1:49327 (IP=0.0.0.0:389)
conn=3 op=0 BIND dn="" method=128
conn=3 op=0 RESULT tag=97 err=0 text=
conn=3 op=1 SRCH base="ou=personal,dc=git,dc=com" scope=2 deref=0
filter="(objectClass=posixAccount)"
conn=3 op=1 SRCH attr=uid userPassword uidNumber gidNumber cn homeDirectory
loginShell gecos description objectClass
<= bdb_equality_candidates: (objectClass) index_param failed (18)
<= bdb_equality_candidates: (objectClass) index_param failed (18)
conn=3 op=1 SRCH RESULT tag=101 err=0 nentries=0 text=
conn=3 fd=14 closed (connection lost)
```

Como podemos observar, se trata de una operación de búsqueda (SRCH) a partir del punto `base="ou=personal,dc=git,dc=com"` únicamente de aquellas entradas que sigan un determinado esquema, `filter="(objectClass=posixAccount)"` de los atributos `attr=uid userPassword uidNumber gidNumber cn homeDirectory loginShell gecos description objectClass`. Claro que esta búsqueda no retornará ningún resultado porque aún no hemos introducido ningún usuario. Lo que veremos por pantalla será únicamente el contenido del archivo `/etc/passwd`, que es el primer mecanismo de búsqueda que declaramos en el `nsswitch`.

Antes de pasar a introducir datos, resolvamos un pequeño problema. En la salida de depuración aparecen dos mensajes de error: `bdb_equality_candidates: (objectClass) index_param failed`. Estos errores proceden del hecho de que la búsqueda incluye un filtro que deja pasar sólo aquellos registros cuyo atributo `objectClass` sea igual a `posixAccount` (fíjese en la salida de depuración donde dice `filter="(objectClass=posixAccount)"`). El servidor LDAP necesita tener indexados aquellos atributos sobre los que se realicen búsquedas. En este caso concreto, cuando estamos discriminando por el valor del atributo `objectClass`, el operador que utilizaremos será el igualdad, pero si estamos filtrando por el atributo `sn`, es probable que queramos filtrar por todos aquellos que sean igual a "`García`", pero también aquellos que comiencen por "`Gar*`", o simplemente aquellas entradas que tengan el atributo `sn`. Para dar soporte a este tipo de búsquedas añadiremos las siguientes líneas al final de nuestro archivo de configuración `slapd.conf`:

```
index    objectClass pres,eq
index    uid eq
index    uidNumber eq
index    memberUid eq
index    cn pres,eq,sub,approx
```

Si nos hacen falta más índices los iremos añadiendo a medida que vayan siendo necesarios.

Ahora ya podemos introducir algunos datos en nuestro servidor. Por ejemplo, podemos dar de alta el grupo `desarrolloWeb` con el siguiente archivo `ldif`:

```
dn: cn=desarrolloWeb,ou=grupos,dc=git,dc=com
objectClass: posixGroup
cn: desarrolloWeb
gidNumber: 2002
```

También podemos crear el nuevo usuario **Sebastián Sánchez Prieto**. Su identificador de acceso será `s.sanchez`. Siguiendo además la política de grupo cerrado de usuarios, habrá un grupo con el mismo nombre al que sólo pertenecerá este usuario. Para esto podemos utilizar el siguiente archivo `ldif`:

```
dn: cn=s.sanchez,ou=grupos,dc=git,dc=com
objectClass: posixGroup
cn: s.sanchez
gidNumber: 2003

dn: uid=s.sanchez,ou=personal,dc=git,dc=com
objectClass: account
objectClass: posixAccount
cn: Sebastián Sánchez Prieto
cn: Chan
uid: s.sanchez
```

```
uidNumber: 2001
gidNumber: 2003
homeDirectory: /home/s.sanchez
loginShell: /bin/bash
gecos: s.sanchez
```

Ahora añadiremos el nuevo usuario al grupo `desarrolloWeb`:

```
dn: cn=desarrolloWeb,ou=grupos,dc=git,dc=com
changetype: modify
add: memberUid
memberUid: s.sanchez
```

Observe que ahora lo que estamos haciendo es una modificación `changetype: modify`, para añadir un nuevo valor a un atributo `add: memberUid`.

Si ahora probamos la orden `getent group` o `getent passwd` observaremos que además del contenido de los archivos `group` y `passwd` respectivamente, aparecen las nuevas entradas que acabamos de crear en nuestro directorio LDAP. El siguiente paso que daremos será dotar de capacidad de autenticación a nuestros usuarios LDAP.

11.4.3.   Módulos `PAM`, `pam_ldap`

PAM son las siglas de *Pluggable Authentication Module*. La traducción viene a ser algo como Módulos de Autenticación Conectables, en el sentido de que el administrador puede conectar o desconectar módulos para lograr el comportamiento que desee. PAM es un conjunto de bibliotecas que los programadores utilizan para delegar las labores de autenticación de usuarios. La idea es que si un usuario dice a una aplicación que es el usuario `s.sanchez`, ésta se lo comunica a PAM y recibe como respuesta si es cierto que ese usuario que dice ser `s.sanchez` realmente lo es. Es interesante resaltar que la forma en la PAM determina si el usuario es quien dice ser que es, es independiente de la aplicación. PAM preguntará una contraseña, o hará una prueba biomédica al usuario, o le pedirá que inserte una tarjeta especial en algún tipo de dispositivo, o le pedirá que cante una canción que sólo el verdadero `s.sanchez` y el sistema conocen. De hecho cuál de estos mecanismos de autenticación se empleen es decisión del administrador del sistema, quien activará los módulos PAM que estime oportuno.

PAM distingue cuatro grupos de operaciones típicas sobre servicios de acceso restringido:

`account` permite establecer criterios sobre el uso de determinados servicios, por ejemplo si la contraseña está caducada o si el horario de uso del servicio es el correcto.

`auth` determina el mecanismo con el que se verificará que el usuario es quien dice ser que es. La forma clásica de hacer esto es mediante la técnica del secreto compartido, es decir, una contraseña, aunque cada vez es más habitual encontrar tarjetas inteligentes o pruebas biométricas para este propósito.

`password` este grupo depende en gran medida del anterior, ya que éste se encarga de las labores de mantenimiento del mecanismo de autenticación. El ejemplo más claro es el de las contraseñas. Mediante este grupo estableceremos qué restricciones se aplicarán en la sustitución periódica de las contraseñas, por ejemplo, si la contraseña debe ser diferente de las utilizadas anteriormente, con un número mínimo de caracteres, etc.

`session` permite especificar qué labores son necesarias antes de conceder el uso de un servicio. Por ejemplo registrar en algún sitio el hecho de que un usuario se dispone a utilizar el servicio, desencriptar determinados archivos, etc.

El siguiente paso será conectar un nuevo módulo a PAM que le permita consultar una base de datos LDAP para obtener la información de autenticación necesaria para su labor. Este módulo es `pam_ldap` y se puede obtener de `http://www.padl.com/OSS/pam_ldap.html`. Tras instalar el nuevo módulo en el sistema, encontraremos un archivo denominado `ldap.conf`, generalmente en el directorio `/etc`, que contiene las directivas de configuración. A continuación describiremos las más importantes:

`host` es la dirección IP de la máquina donde se encuentra el servidor LDAP. Para nuestro ejemplo utilizaremos nuestra misma máquina, que es además donde instalamos nuestro servidor LDAP para la empresa `git.com`.

`base` es la base de nuestro directorio. Siguiendo nuestro ejemplo anterior, tendríamos que poner `base dc=git,dc=com`.

`pam_login_attribute` es el atributo que PAM buscará en el directorio para localizar el identificador de usuario. El valor por defecto es `uid`, para cumplir con la RFC 2307, y será ese el que utilizaremos en nuestro ejemplo.

Ahora es el momento de decir a las aplicaciones que deben utilizar el módulo de `pam_ldap` para las labores de autenticación (`auth`), de políticas de uso de las cuentas (`account`), tales como caducidad de contraseñas, equipos a los que se tiene o no acceso, etc. y por último labores de mantenimiento y cambio de contraseñas (`passwd`). Todo esto lo especificaremos en el archivo `pam.conf` del directorio `/etc`. Si su distribución tiene el directorio `/etc/pam.d` entonces es ahí donde se llevarán a cabo las configuraciones. Existirá un archivo por cada servicio que requiera autenticación, pero todos ellos incluyen a tres servicios comunes: `common-auth`, `common-account` y `common-password`, que como podrá suponer engloban opciones comunes a los tres. Así, una posible configuración para `common-auth` podría ser la siguiente:

```
auth    sufficient    pam_ldap.so
auth    required      pam_unix.so nullok_secure use_first_pass
```

La palabra clave `sufficient` a la izquierda de `pam_ldap` indica que si ese módulo evalúa la autenticación como afirmativa, entonces no es necesario evaluar los siguiente módulos y daremos al usuario como correctamente autenticado. En caso contrario será obligatorio (`required`) que el módulo `pam_unix` pueda autenticar al usuario, de lo contrario la autenticación fracasará. Como podrá suponer, `pam_unix` es el módulo de autenticación clásico de Unix, que está basado en la evaluación de los archivos `passwd`, `shadow`, `group` y `gshadow`.

Para el archivo `common-account` la configuración sería similar a la siguiente:

```
ccount sufficient  pam_ldap.so
account required    pam_unix.so
```

Y por último para `common-password` podría ser:

```
password    sufficient pam_ldap.so
password    required   pam_unix.so nullok obscure min=4 max=8 md5
```

Ahora el módulo intentará conectarse a la base de datos LDAP utilizando para ello un nombre de usuario y una contraseña. Dicha contraseña, una vez cifrada, debe coincidir con la almacenada en el atributo `userPassword`. Como podrá imaginar ese atributo tiene restricciones de seguridad. Si no especificamos nada, dicho atributo sólo es legible por el administrador. Sin embargo nosotros queremos modificar esa regla y para eso añadiremos la siguiente regla de control de acceso ACL al final del archivo de configuración del servidor LDAP `slapd.conf`:

```
access to attrs=userPassword,shadowLastChange
        by dn="cn=root,dc=git,dc=com" write
        by anonymous auth
        by self write
        by * none

access to *
        by dn="cn=admin,dc=localdomain" write
        by self write
        by * read
```

Como se habrá dado cuenta, estas reglas autorizan el acceso a los atributos `userPassword` y `shadowLastChange` en escritura al administrador y al usuario al que pertenece dicha contraseña, mientras que al resto de los usuarios sólo se les da permiso para intentar autenticarse. Al resto de los atributos puede acceder en modo escritura el administrador y el propietario del registro y en modo lectura el resto de los usuarios, tanto autenticados como no autenticados.

Ahora añadiremos el esquema `shadowAccount` para que la entrada de nuestro usuario pueda almacenar la información de caducidad de contraseña. Para esto utilizaremos de nuevo la utilidad `ldapmodify` invocada de la siguiente forma:

```
ldapmodify -x -D 'cn=root,dc=git,dc=com' -w secreto -f addShadowSch.ldiff
```

Donde `addShadowSch.ldiff` es un archivo con el siguiente contenido:

```
dn: uid=s.sanchez,ou=personal,dc=git,dc=com
changetype: modify
add: objectClass
objectClass: shadowAccount
```

Por último nos queda añadir una contraseña a nuestro recién creado usuario. Para esto podemos utilizar la orden `ldappasswd`. Esta orden debe autenticarse como usuario `root` para tener permiso de escritura sobre el atributo que almacena la contraseña. Una vez que el usuario tenga una contraseña, él mismo podrá conectarse para cambiar su propia contraseña, pero ahora mismo no puede porque no tiene contraseña.

```
$ ldappasswd -x -D 'cn=root,dc=git,dc=com' -w secreto
  'uid=s.sanchez,ou=personal,dc=git,dc=com' -s abracadabra
```

La mayoría de los parámetros son conocidos, `-x`, `-D 'cn=root, dc=git, dc=com'` y `-w secreto` son los clásicos para conectar como usuario privilegiado utilizando autenticación simple y `secreto` como contraseña. Luego `'uid=s.sanchez, ou=personal, dc=git, dc=com'` es el DN del usuario al que nos referimos y `-s abracadabra` indica que queremos utilizar `abracadabra` como contraseña. A pesar de que en esta orden la contraseña se expresa en texto claro, en el servidor queda almacenada de forma cifrada. Esto último lo podemos comprobar ordenando una búsqueda con la siguiente orden:

```
$ ldapsearch -x -b 'dc=git,dc=com'
```

Sin embargo observará que entre toda la información que aparece no se encuentra el atributo `userPassword`. Claro, este atributo sólo es accesible al usuario privilegiado y de forma individual a cada usuario autenticado. Probemos ahora a identificarnos como usuario `s.sanchez`:

```
$ ldapsearch -x -b 'dc=git,dc=com' -D 'uid=s.sanchez, ou=personal,
  dc=git,dc=com' -w abracadabra
  ...
  # s.sanchez, personal, git.com
  dn: uid=s.sanchez,ou=personal,dc=git,dc=com
  objectClass: account
  objectClass: posixAccount
  objectClass: shadowAccount
  cn:: U2ViYXNOacOhbiBTw6FuY2hleiBQcmlldG8=
  cn: Chan
  uid: s.sanchez
  uidNumber: 2001
  gidNumber: 2003
  homeDirectory: /home/s.sanchez
  loginShell: /bin/bash
  gecos: s.sanchez
  shadowLastChange: 13983
  userPassword:: e1NTSEF9Sng0Q2V5NUZaZlN5OHBzYOdOOU5MMFBORWhiYWxCdkE=
  ...
```

El lector pensará que esa cadena de contraseña no tiene pinta de ser una contraseña codificada mediante MD5. Observe que el carácter que separa el nombre del atributo de su valor es '::', lo que significa que dicha cadena está codificada mediante base64.

Otra forma de modificar la contraseña, posiblemente más sencilla, es utilizar la misma orden con la que cambiábamos la contraseña anteriormente: `passwd`. Esta orden opera también a través de PAM. De hecho, en la página **??**, cuando hablamos del archivo `common-password`, establecimos que las operaciones relacionadas con el cambio de contraseñas deberían hacerse utilizando también el módulo `pam_ldap.so`. Por lo tanto si queremos cambiar la contraseña de un usuario podemos hacerlo también de la siguiente forma:

```
# passwd s.sanchez
Enter login(LDAP) password:
New password: (no se visualiza)
Re-enter new password: (no se visualiza)
LDAP password information changed for s.sanchez
passwd: contraseña actualizada correctamente
```

La forma más sencilla de comprobar si todo funciona correctamente es intentar acceder al sistema con el nuevo nombre de usuario. También podemos simular el acceso del nuevo usuario invocando directamente la orden `login` como en el ejemplo siguiente:

```
# login s.sanchez
Password:
Último inicio de sesión: lun abr 14 16:52:54 CEST 2008 en pts/3
Linux cabezon 2.6.22-14-generic #1 SMP Tue Feb 12 07:42:25 UTC 2008 i686
```

```
The programs included with the Ubuntu system are free software;
the exact distribution terms for each program are described in the
individual files in /usr/share/doc/*/copyright.

Ubuntu comes with ABSOLUTELY NO WARRANTY, to the extent permitted by
applicable law.
s.sanchez@cabezon:/$
```

11.4.4. Conclusiones y trabajos futuros

Con esto termina nuestra presentación de los servicios de directorio y su aplicación al control de acceso de usuarios. Lo que aquí hemos explicado es sólo la punta del iceberg de todo lo que este versátil sistema es capaz de hacer, y animamos al lector interesado a profundizar en estos temas con bibliografía especializada. Pero antes de concluir este capítulo nos gustaría hacer algunas reflexiones. La primera de ellas es que el sistema de control de acceso que hemos construido no puede llevarse a un entorno de producción directamente. Las conexiones que realizamos con la base de datos LDAP se realizan utilizando canales no seguros y es fácil interceptar los datos en tránsito, concretamente las contraseñas, haciendo que nuestro sistema sea muy vulnerable. No obstante, implantar un sistema LDAP seguro es relativamente sencillo utilizando TLS *Transport Layer Security*. Puede obtener más información sobre esto en la página `http://www.openldap.org/doc/admin24/tls.html`. Por otro lado para facilitar las operaciones habituales de alta, baja y modificación de usuarios es necesario disponer de algún mecanismo que facilite dichas operaciones, ya que como el lector habrá podido comprobar, las órdenes que hemos utilizado durante este capítulo son algo tediosas. Desafortunadamente, no hay un conjunto claro de herramientas para la gestión de usuarios con LDAP. Una opción utilizada habitualmente por los administradores de sistemas es escribir sus propios scripts. Hay un buen conjunto de estos scripts publicados en `http://sourceforge.net/projects/ldapscripts` que merece la pena revisar. Por último citar una de las herramientas más populares para la gestión de directorios LDAP: `phpLdapAdmin` . Esta es una herramienta web escrita en lenguaje PHP que puede encontrar en `http://phpldapadmin.sourceforge.net/`.

Capítulo 12

Administración del sistema de archivos

La administración del sistema de archivos es uno de los aspectos más importantes que debe tener en cuenta el administrador del sistema. Es bien sabido que cuando se instala un disco nuevo, a los dos días ya está medio lleno, obedeciendo a la siguiente máxima: los archivos de usuario siempre tienden a ocupar el máximo espacio posible. Para evitar esto, el administrador debe preocuparse de que cada uno de los usuarios mantenga limpio su espacio de disco (labor ardua, por otro lado). Además de eso, es necesario que el administrador sepa cómo añadir nuevos discos, darles formato, montar en ellos un sistema de archivos, etc. Todas estas funciones serán vistas en este capítulo.

12.1. Características del sistema de archivos

Hasta ahora hemos tratado el sistema de archivos de Linux desde el punto de vista del usuario. Vamos a realizar a continuación una descripción de cómo el núcleo organiza internamente la información. De esta organización interna van a depender en gran medida la calidad de los servicios ofrecidos. Nos interesa conocer a grandes rasgos el sistema de archivos por dentro, porque eso nos ayudará a comprender mejor todas las órdenes empleadas en su administración.

Hablando de forma genérica, podemos decir que el sistema de archivos Linux se caracteriza por:

- Poseer una estructura jerárquica. Este aspecto ya nos es familiar, puesto que conocemos el sistema de archivos como usuarios y sabemos que tiene una estructura de árbol invertido.

- Realizar un tratamiento consistente de los datos de los archivos.

- Permitir crear y borrar archivos. Esta característica hace que el sistema de archivos sea algo dinámico y cambiante con el tiempo.

- Permitir un crecimiento dinámico de los archivos. El usuario no tiene que definir a priori el tamaño máximo del archivo como ocurría en algunos sistemas antiguos.

- Proteger los datos de los archivos. Cada archivo tiene una serie de derechos asociados, los cuales determinan y limitan los posibles accesos por parte de otras personas.

- Tratar a los dispositivos de entrada salida como si fuesen archivos. Esta característica permite una manipulación más simple de los periféricos. Por ejemplo, para imprimir un archivo, podríamos simplemente redireccionar la salida de la orden `cat` al archivo de dispositivo asociado a la impresora. Todos los archivos de dispositivo suelen residir normalmente en el directorio `/dev`.

12.2.   Almacenamiento de los archivos

Vamos a ver en este punto cómo se almacenan físicamente los archivos en el disco. Básicamente, a la hora de almacenar un archivo de "n" bytes en el disco tenemos dos opciones. La primera consiste en colocar los "n" bytes consecutivos en el disco, y la segunda, en dividir el archivo en un número de bloques (de tamaño fijo determinado) que dependerá del tamaño de cada bloque, y colocar cada uno de los bloques en el espacio del disco que haya libre. En el segundo caso, la información se lee y se escribe en el disco en forma de bloques; para ello, todo el disco es considerado como una colección de bloques numerados. La primera opción tiene el problema de que si el archivo aumenta su tamaño, es necesario moverlo a otra área del disco, con lo cual al final tendríamos todo el disco fragmentado e inutilizado. Una posible solución podría ser compactar el disco cada cierto tiempo, pero no es una solución demasiado atractiva, puesto que requeriría grandes cantidades de tiempo. Así pues, debido a las razones citadas, casi todos los sistemas de archivos optan por dividir los archivos en bloques de tamaño fijo que no necesitan necesariamente estar contiguos.

Una vez que hemos optado por la segunda alternativa, cabe preguntarnos cuál debe ser el tamaño de bloque empleado, puesto que de ese aspecto va a depender mucho el rendimiento del sistema. Este tamaño, en principio, se elige acorde con el tamaño del sector de disco o un múltiplo entero. Si el tamaño del bloque es pequeño, eliminaremos el desaprovechamiento del último bloque, que como media quedará sólo lleno hasta su mitad. La desventaja del bloque pequeño es que si están muy dispersos, los tiempos de acceso aumentan mucho. Normalmente, el tamaño del bloque es de 512, 1.024 ó 2.048 bytes. Algunos sistemas permiten diferentes tamaños de bloque en un mismo sistema de archivos, con lo que se mejoran los tiempos de acceso y disminuyen las pérdidas por desaprovechamiento simultáneamente.

12.2.1.   Tipos de archivos

La mayoría de los sistemas operativos permiten varios tipos de archivos. En el caso de Linux tenemos básicamente los siguientes:

Archivos normales, también conocidos como archivos regulares o archivos ordinarios. Como sabemos, estos archivos contienen imágenes de programas, texto, código fuente, etc.

Directorios, en este caso se almacena información relacionada con otros archivos. Sólo el núcleo del sistema operativo puede alterar el contenido de los directorios.

Archivos de dispositivo, existen dos grandes tipos de archivos de dispositivo, los de tipo bloque (discos, cintas, disquetes, etc.) y los de tipo carácter (terminales, algunas cintas, impresoras, etc.). Estos archivos de dispositivo son empleados por los programas para acceder a los dispositivos hardware de entrada y salida.

Tuberías con nombre, sirven para permitir comunicación entre dos procesos que se estén ejecutando en la misma máquina.

Enlaces, pueden ser de dos tipos, enlaces duros o enlaces blandos.

Linux trata a los archivos como simples secuencias de bytes. De este modo, al no imponerse ningún formato a los archivos, se proporciona un método más flexible para su acceso. Son, en última instancia, las aplicaciones las que deben interpretar la información almacenada.

Independientemente del formato de los archivos, Linux busca la independencia de dispositivo o, dicho de otra forma, el modo de acceder al archivo debe ser el mismo siempre, resida éste físicamente donde resida. Al soportar Linux independencia de dispositivo, se van a emplear las mismas funciones para acceder a archivos que se encuentren en disco duro, CD-ROM, cinta, etc.

12.2.1.1. Directorios

Los directorios en Linux son archivos que contienen información que nos permite localizar a otros archivos. La estructura del directorio es muy simple. Cada entrada en el directorio contiene básicamente el nombre del archivo y su número de *nodo-i*. Toda la información relativa al archivo está almacenada en su *nodo-i*. Todos los directorios en Linux son archivos y pueden contener cualquier número de entradas, además no existe limitación en el número de archivos o subdirectorios que se pueden almacenar en un directorio. Como sabemos, los directorios se crean con `mkdir` y se borran con `rmdir`.

Numero de nodo–i

Figura 12.1: Esquema de una entrada de directorio.

Los directorios sólo pueden ser modificados por el sistema operativo, ningún usuario tiene derecho de escritura en ellos. Incluso el administrador del sistema carece de esta posibilidad.

12.2.1.2. Archivos de dispositivo

El sistema Linux se comunica con los dispositivos periféricos, como unidades de disco, terminales, impresoras, trazadores gráficos (*plotters*) o módem, a través de los archivos de dispositivo. Linux trata la entrada y salida de datos de la misma forma que la E/S de un archivo. Dicho de otro modo, para comunicarse con un periférico, basta con redireccionar la entrada o salida desde o hacia un archivo de dispositivo. Cada dispositivo de E/S puede tener uno o más archivos de dispositivo que se crean con la orden `mknod` (`mknod` también existe como llamada al sistema). Estos archivos de dispositivos no contienen datos como los archivos regulares, sino información de la ubicación del dispositivo y de cómo se va a comunicar Linux con el mismo. Estos archivos se almacenan en el directorio `/dev` y también se les denominan archivos especiales. Los archivos de dispositivos se pueden clasificar en dos tipos:

- Archivos de dispositivo de tipo bloque.

- Archivos de dispositivo de tipo carácter.

Archivos de dispositivo de tipo bloque.   Los archivos de dispositivo modo bloque son aquellos que se crean con objeto de acceder a dispositivos modo bloque. Los dispositivos modo bloque transfieren datos en bloques de longitud fija (generalmente 512, 1.024 ó 2.048 bytes, según la configuración) a través de los *buffers* de entrada salida. Los dispositivos que usan estos archivos son dispositivos de almacenamiento y acceso aleatorio, tales como discos y algunas cintas que tienen un sistema de archivos montable. Estos archivos de dispositivo, al ser archivos especiales, no se crean como los archivos normales (llamada `creat`), sino que es necesario emplear la llamada al sistema `mknod` (*make node*). Para borrarlos, podemos emplear la orden `rm`.

Las operaciones de entrada salida en estos dispositivos se realizan siempre a través de los *buffers cache* con objeto de acelerar los accesos. Estos *buffers* contienen generalmente los bloques de datos más utilizados recientemente. Los dispositivos modo bloque son utilizados normalmente para montar sobre ellos sistemas de archivos, aunque tienen otros usos.

Archivos de dispositivo de tipo carácter.   Este tipo de archivos se utiliza para acceder a los dispositivos modo carácter, como pueden ser, terminales, impresoras, *plotters*, unidades de cinta magnética y algunos discos. Los archivos de dispositivo de tipo carácter se refieren en general a cualquier dispositivo que no tenga un sistema de archivos montable. Se denominan dispositivos modo carácter porque las entradas y salidas se realizan carácter a carácter, sin usar los *buffers*. Al igual que los archivos de dispositivo modo bloque, estos archivos se crean mediante la llamada al sistema `mknod` y se pueden borrar haciendo uso de la orden `rm`.

Mediante estos archivos de dispositivo, es posible acceder también a dispositivos modo bloque, como los discos o las cintas. A este modo de acceso se le denomina entrada-salida cruda (*raw I/O*). Cuando utilizamos este tipo de acceso, lo que hacemos es cortocircuitar el *buffer cache*.

Algunos dispositivos pueden hacer E/S en los dos modos, por lo que tendrán dos archivos de dispositivo: uno para modo carácter y otro para modo bloque. Los discos, cintas magnéticas y cartuchos deberán tener los dos, ya que tienen sistemas de archivos montables.

Todos los demás dispositivos suelen tener el archivo de dispositivo de tipo carácter. Como hemos dicho, los archivos de dispositivo están colgados del directorio /dev, y algunos de los más importantes son:

/dev/hdxx Archivo de dispositivo modo bloque de las unidades de disco rígido o disco duro. Los discos duros tienen como archivo de dispositivo el archivo /dev/hdxx, donde xx vale a1, a2, a3, etc. para las particiones del primer disco; b1, b2, b3, etc. para las particiones del segundo disco, etc.

/dev/sdxx Archivo de dispositivo modo bloque para los discos de tipo SCSI (*Small Computer Standard Interface*). xx identifica el número de disco y su partición correspondiente.

/dev/fdx Archivo de dispositivo correspondiente al disco flexible x.

/dev/ttyNN Archivo correspondiente al terminal NN.

/dev/lpx Archivo correspondiente al puerto paralelo x, habitualmente la impresora.

/dev/cdrom Archivo de dispositivo asociado al CD-ROM.

Estos archivos, al hacer un listado del directorio /dev, se identifican por su nombre y por dos números, llamados número mayor (*major number*) y número menor (*minor number*). El primero de ellos coincide para todos los dispositivos del mismo tipo (por ejemplo, todos los terminales serie tienen el mismo major number) y el segundo es el que permite diferenciar entre distintos dispositivos de la misma familia. Ambos números son empleados por el núcleo para localizar las rutinas de manejo del dispositivo en cuestión.

Creación de un archivo de dispositivo.   Una vez que lo tenemos todo (nombre del archivo de dispositivo, número mayor, número menor y si es de tipo carácter o bloque), ya podemos crear nuestro archivo para el dispositivo con la orden mknod, cuya descripción figura a continuación.

mknod

Sintaxis: mknod nombre tipo n_mayor n_menor

mknod se utiliza para crear el archivo de dispositivo del tipo que le especificamos como argumento. Este tipo puede valer b para los dispositivos modo bloque o c para los dispositivos modo carácter.

Ejemplo:

```
# mknod /dev/tty_2 c 1 2
# ls -l /dev/tty_2
crw-r--r--   1 root    root     1,   2 jun 21 17:29 /dev/tty_2
#
```

Con esta orden crearíamos un archivo de dispositivo de tipo carácter correspondiente a un terminal con número mayor 1 y número menor 2.

Algunos sistemas proporcionan un programa denominado `MAKEDEV`, que se almacena en el directorio `/dev`. Este programa se puede utilizar para crear de un modo más simple los archivos de dispositivo que le indiquemos. Es recomendable leer y entender las órdenes incluidas en este archivo antes de ejecutarlo.

12.2.1.3. Tuberías con nombre

Las tuberías con nombre son mecanismos de comunicación que permiten la transferencia de datos entre dos procesos. Al igual que los dos tipos de archivos comentados anteriormente, éstos se crean también con la llamada al sistema `mknod`. Para crear en nuestro directorio de trabajo actual una tubería con nombre denominada `tuberia`, debemos escribir:

```
$ mknod tuberia p
$
$ ls -lF tuberia
prw-r--r--   1 chan    igx            0 ene 19 20:24 tuberia
$
```

La opción `p` indica a `mknod` que lo que deseamos crear es una tubería con nombre. Para borrar un archivo correspondiente a una tubería con nombre, utilizaremos la orden `rm`.

La comunicación entre procesos a partir de tuberías con nombre tiene una ventaja sobre las tuberías sin nombre, aunque su funcionalidad es la misma, y es que permite la comunicación entre dos procesos cualesquiera, no hace falta que sean de la misma familia.

12.2.1.4. Enlaces simbólicos

Este tipo de archivos ya ha sido comentado con anterioridad, simplemente cabe recordar los dos tipos de enlaces existentes. Estos tipos son los enlaces duros (*hard links*) y los enlaces blandos (*soft links*); estos últimos pueden ser utilizados, a diferencia de los primeros, en archivos que residan en diferentes sistemas de archivos.

12.3. El sistema de archivos de Linux

El primer sistema de archivos soportado por Linux fue el de Minix. Este sistema de archivos tiene varias limitaciones: el nombre del archivo no puede ser mayor de 14 caracteres y el tamaño máximo del archivo es de 64 MB, además su rendimiento no es muy alto. Por este motivo, Rémy Card de la Universidad Pierre et Marie Curie desarrolló en 1992 el primer sistema de archivos nativo de Linux, el *Extended File System* o `ext`. El nombre de un archivo en `ext` puede tener una longitud variable de hasta 255 caracteres y el tamaño máximo del archivo puede ser de 2 GB. En 1993 se introdujo una variante de `ext` que se denominó `ext2` . A `ext2` le sucedió `ext3` que es estructuralmente idéntico a `ext2`, pero incorporando capacidad de *journaling*. `ext3` es el sistema de archivos que actualmente proporcionan por defecto la mayoría las distribuciones de este sistema operativo.

Al introducir el sistema de archivos `ext`, fue necesario introducir un cambio fundamental en la estructura del sistema. Los sistemas de archivos reales (`minix` y `ext` en ese momento) fueron separados de la interfaz de llamadas al sistema por una capa denominada sistema de archivos virtual o *Virtual File System* (VFS). VFS permite que Linux soporte diferentes sistemas de archivos, con una única interfaz de acceso a los servicios del sistema.

Actualmente Linux incorpora el soporte para diferentes tipos de sistemas de archivos: `minix`, `ext`, `ext2`, `ext3`, `vfat`, `msdos`, `proc`, `iso9660`, `ntfs`, `smb`, `hpfs`, `xia`, `afs`, `reiser`, `jfs`, etc. Ello permite que desde Linux podamos acceder a los archivos almacenados en sistemas de archivos diferentes de forma transparente.

12.3.1. Estructura del sistema de archivos `ext2`

`ext2` aplica a la hora de definir su estructura interna varias ideas empleadas en otros sistemas de archivos, sobre todo toma ideas del *Fast File System* (FFS) de BSD. En la figura 12.2 aparece representada la estructura del sistema de archivos `ext2`. Esta estructuración la realiza el programa `mke2fs`.

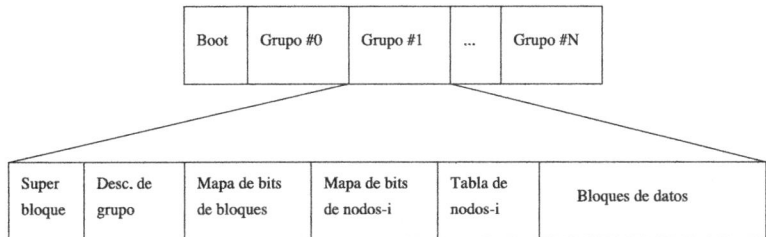

Figura 12.2: Estructura del sistema de archivos `ext2`.

12.3.1.1. Grupos

Los distintos bloques del disco (asumiendo que el disco es el elemento que utilizamos para soportar el sistema de archivos) se estructuran en grupos. Los grupos duplican información crítica del sistema de archivos y cada uno de ellos contiene lo siguiente:

- El superbloque.

- Los descriptores de grupo.

- El mapa de bits de los bloques de datos.

- El mapa de bits de los nodos-i.

- La tabla de nodos-i del grupo.

- Los bloques de datos del grupo.

El superbloque y los descriptores de grupo de cada grupo poseen los mismos valores en todos los grupos. Esta redundancia de información permite que el sistema sea más robusto.

12.3.1.2. El superbloque

El superbloque describe el estado global del sistema de archivos ext2, su pérdida por lo general supone la pérdida de todos los datos almacenados en el sistema de archivos que representa. Por este motivo se hace necesario el empleo de técnicas de redundancia que eviten la pérdida accidental de la información. ext2 mantiene una copia del superbloque en cada grupo estructural representado en la figura 12.2. En el superbloque se almacena, entre otra, la siguiente información:

- Número total de nodos-i del sistema de archivos.

- Número total de bloques de sistema de archivos.

- Número de bloques reservados para el administrador.

- Número total de bloques libres.

- Número total de nodos-i libres.

- Número de bloques incluidos en un grupo.

- Número de fragmentos incluidos en un grupo.

- Número de nodos-i contenidos en un grupo.

- Fecha para determinar cuándo se realizó el último montaje de este sistema de archivos.

- Fecha para determinar cuándo se realizó la última escritura del superbloque.

- Número de veces que se ha montado el sistema de archivos en modo lectura-escritura sin haberse realizado una comprobación del mismo.

- Máximo valor que puede tomar el valor anterior, llegado a este tope se obliga a la comprobación del sistema de archivos.

- Número mágico que identifica al sistema de archivos, para ext2 vale 0xEF53.

El tamaño de esta estructura en el disco es de 1.024 bytes, con lo cual, si el tamaño del bloque de disco es de 1.024 bytes, el superbloque ocupa un bloque de disco.

Cuando esta estructura es cargada en memoria, el núcleo calcula otra información adicional, como las opciones de montaje definidas por el administrador o los campos de bloqueo definidos para evitar condiciones de carrera.

12.3.1.3. Descriptores de grupo

Los descriptores de grupo están situados en el disco inmediatamente a continuación del superbloque. Cada descriptor de grupo mantiene la siguiente información:

- El identificador de bloque que contiene el mapa de bits de los bloques de datos del grupo.

- El identificador de bloque de datos que contiene el mapa de bits de los nodos-i del grupo

- Localización del primer bloque de la tabla de nodos-i.

- Número de bloques de datos libres en el grupo.

- Número de nodos-i libres en el grupo.

- Número de nodos-i asociados a directorios en el grupo.

Los descriptores de grupo están colocados uno a continuación de otro y todos juntos forman la tabla de descriptores de grupo. Cada grupo contiene repetida toda la tabla de descriptores de grupo. Realmente sólo se emplea la copia del grupo 0, el resto, al igual que con las copias del superbloque, sólo se utilizarán cuando se detecte que el sistema está corrupto. El tamaño de la estructura anterior es de 32 bytes, si el tamaño del bloque es de 1 KB, quiere decir que en cada bloque de disco podemos almacenar hasta 32 descriptores de grupo.

Los mapas de bits citados anteriormente sirven para determinar en cada grupo el estado de cada bloque de datos y de cada nodo-i. Existe una relación biunívoca entre cada bit del mapa de bits y cada bloque o nodo-i, de modo que si el bit 938 del mapa de bits de datos está activo, quiere decir que ese bloque de datos (el 938) está asignado y viceversa. Está es una forma rápida y eficiente de localizar bloques libres cuando sean necesarios.

12.3.1.4. Nodos-i

El nodo-i o nodo índice es la estructura de datos básica empleada por el sistema de archivos `ext2` para localizar la información relativa a cada archivo o directorio. Cada grupo mantiene todos los nodos-i en una tabla conocida como tabla de nodos-i. Los nodos-i contienen toda la información acerca del archivo o directorio que representan. A continuación se muestran los principales campos de que consta:

- Identificación del tipo de archivo (ordinario, directorio, tubería, etc.) y derechos de acceso en modo lectura, escritura o ejecución para el propietario, grupo y resto de usuarios.

- Identificador del usuario propietario del archivo.

- Tamaño del archivo en bytes.

- Fecha de la última vez en que el archivo fue accedido.

- Fecha de la última vez que se modificó la información de su nodo-i.

- Fecha de la última vez que se modificó el contenido del archivo.

- Identificador de grupo al que pertenece el propietario del archivo.

- Número de enlaces duros a este archivo.

- Punteros a los bloques de datos. Existen 12 punteros directos, uno indirecto simple, uno indirecto doble y uno triple.

Los punteros a los bloques de disco sirven para localizar los bloques de datos donde se almacena la información del archivo. Si el archivo es pequeño, el acceso a los bloques de datos es muy simple, sólo si el archivo es mayor se hará uso de los bloques indirectos simple, doble o triple.

El tamaño del nodo-i es de 128 bytes, eso quiere decir que si el bloque de datos es de 1 KB, podremos almacenar ocho estructuras de este tipo en cada bloque de disco.

12.3.1.5. Directorios

A todos los efectos, los directorios son archivos ordinarios que contienen información que permite localizar otros archivos. Al contrario que en otros sistemas de archivos, la información contenida en el directorio se almacena en el área de datos, no existe ninguna estructura de datos especialmente reservada para este propósito. Un directorio de archivos es un lista de entradas que contienen la siguiente información:

- Número de nodo-i del archivo.

- Tamaño de la entrada de directorio.

- Longitud del nombre del archivo.

- Nombre del archivo. El nombre del archivo puede contener hasta 255 caracteres.

En la figura 12.3 se muestra un ejemplo de cómo se organizan las diversas entradas en un directorio en el sistema de archivos `ext2` de Linux:

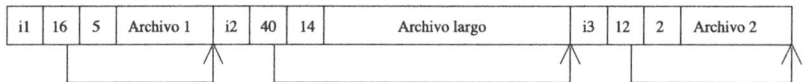

Figura 12.3: Formato de las entradas de directorio en `ext2`.

En cada directorio de Linux aparecen siempre dos entradas "." y ".." que sirven para determinar el nodo-i del directorio actual y del directorio padre respectivamente.

12.4.   Paso de ruta de archivo a número de nodo-i

Vamos a ver cómo obtenemos el número de *nodo-i* a partir de la ruta de archivo o *pathname*, puesto que una vez que conocemos el número de *nodo-i*, podremos obtener toda la información referente al propio archivo (localización de los bloques de disco, tamaño, propietario, permisos, etc.). Esto lo vamos a hacer con un ejemplo.

¿Cómo se obtiene el número de *nodo-i* del archivo `stdio.h` cuya ruta absoluta es `/usr/include/stdio.h`?

El archivo `stdio.h` se localiza como se cita a continuación. En el directorio raíz, que tiene un número de *nodo-i* fijo, se busca un directorio cuyo nombre sea `usr`, y si existe y

2	
2	..
5	usr
11	etc
9	bin
16	home
34	tmp

5	.
2	..
105	local
203	include
187	bin

210	.
5	..
106	stdlib.h
47	stdio.h
300	sys

Figura 12.4: Correspondencia entre número de *nodo-i* y nombre de archivo.

es un directorio, se lee su número de *nodo-i*. A partir de este *nodo-i* se busca dentro de los bloques de datos del directorio una entrada con el nombre `include`, y si existe y es un directorio, se lee su número de *nodo-i*. A partir del *nodo-i* se localizan los bloques de datos del directorio y se busca una entrada con el nombre `stdio.h`. Esta entrada almacenará el número de *nodo-i* del archivo en cuestión. A partir de este número de *nodo-i*, localizamos en la tabla de *nodos-i* la entrada correspondiente al archivo, la cual contendrá toda la información relacionada con el mismo.

12.5.   Soportes de almacenamiento

Hasta ahora hemos analizado qué características debe tener un sistema de archivos y cómo organizar el espacio de almacenamiento para proporcionar dichas características. La pregunta que nos hacemos en este apartado es ¿de dónde procede ese espacio de almacenamiento en el que reside el sistema de archivos? La respuesta inmediata sería, un disco duro, pero si pensamos un poco más nos daremos cuenta de que hay sistemas de archivos en muchos más sitios: disquetes (aunque actualmente están prácticamente en desuso), CD-ROM, dvd, `pen-drives`, reproductores multimedia, incluso accedemos a archivos que se encuentran en la red, y hasta es posible guardar archivos en lugares donde antes sólo era posible almacenar correo electrónico. Una respuesta más general a la pregunta anterior sería que un sistema de archivos puede residir en cualquier entidad capaz de almacenar y recuperar bloques de datos, y esto proporciona una flexibilidad enorme a la hora de configurar nuestro sistema de almacenamiento de información. La figura 12.5 muestra una pequeña clasificación de estos elementos capaces de almacenar bloques de datos. A continuación haremos un repaso de algunos de estos soportes.

Los dispositivos ópticos y magnéticos son grandes clásicos para almacenar sistemas de archivos. Prácticamente están presentes en cualquier PC y en gran número de otros sistemas informáticos. En el apartado 12.2.1.2 se explicó que Linux trata a los dispositivos hardware como si fueran archivos. Por ejemplo, el archivo `/dev/dsp` representa la tarjeta de sonido `/dev/mouse` al ratón, etc. Existe otra familia de dispositivos curiosos denominados `/dev/ram0`, `/dev/ram1`, etc. Este dispositivo sólo aparecerá en su sistema si el núcleo del mismo fue compilado con soporte para discos RAM. Es una opción habitual en los núcleos de la inmensa mayoría de las distribuciones mayoritarias. Si dicho dispositivo no existe en su sistema deberá consultar la documentación de su distribución para

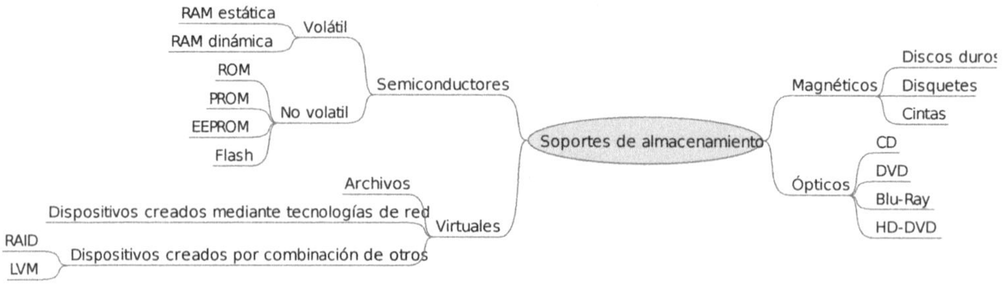

Figura 12.5: Clasificación informal de soportes de almacenamiento.

recompilar el núcleo con esa opción. Los discos RAM, como se podrá imaginar, consiste en utilizar parte de la la memoria base de nuestro ordenador como si fuera un dispositivo de modo bloque. Todos los discos RAM tienen un tamaño preestablecido que no se puede modificar sin tener que recompilar el núcleo o el módulo correspondiente. Al ser memoria principal, los accesos serán muy rápidos, pero los contenidos de estos discos se pierde si se apaga o reinicia el ordenador. Más adelante se verá algún ejemplo de uso de estos discos ram.

Habitualmente /dev/fd0 representa la disquetera de su ordenador y, si los discos duros de su ordenador son de tipo IDE, los archivos /dev/hda, /dev/hdb, /dev/hdc y /dev/hdd representan respectivamente el disco primario del canal IDE, el disco secundario de ese canal, el primario del segundo canal IDE y el secundario de ese canal. Como archivos que son, podemos leerlos, tal y como leemos archivos regulares, aunque si lo hacemos con la orden cat lo que obtendríamos es un galimatías incomprensible acompañado de una secuencia irregular de pitidos [1]

Podemos usar la orden hexdump para representar adecuadamente la información binaria almacenada. Por ejemplo, vamos a visualizar los 512 primeros bytes de nuestro disco duro, o lo que es lo mismo, el MBR (*Master Boot Record*).

```
# hexdump -C -n 512 /dev/sda
00000000  eb 49 90 d0 bc 00 7c fb  50 07 50 1f fc be 1b 7c  |.I....|.P.P....||
00000010  bf 1b 06 50 57 b9 e5 01  f3 a4 cb bd be 07 b1 04  |...PW...........|
00000020  38 6e 00 7c 09 75 13 83  c5 10 e2 f4 cd 18 8b f5  |8n.|.u..........|
00000030  83 c6 10 49 74 19 38 2c  74 f6 a0 b5 07 b4 03 02  |...It.8,t.......|
00000040  ff 00 00 20 01 00 00 00  00 02 80 fa 80 ca 80 ea  |... ............|
00000050  54 7c 00 00 31 c0 8e d8  8e d0 bc 00 20 fb a0 40  |T|..1....... ..@|
00000060  7c 3c ff 74 02 88 c2 52  be 8a 7d e8 44 01 f6 c2  ||<.t...R..}.D...|
00000070  80 74 55 b4 41 bb aa 55  cd 13 5a 52 72 4a 81 fb  |.tU.A..U..ZRrJ..|
00000080  55 aa 75 44 a0 41 7c 84  c0 75 05 83 e1 01 74 38  |U.uD.A|..u....t8|
00000090  66 8b 4c 10 be 05 7c c6  44 ff 01 66 8b 1e 44 7c  |f.L...|.D..f..D||
000000a0  c7 04 10 00 c7 44 02 01  00 66 89 5c 08 c7 44 06  |.....D...f.\..D.|
000000b0  00 70 66 31 c0 89 44 04  66 89 44 0c b4 42 cd 13  |.pf1..D.f.D..B..|
000000c0  72 06 bb 00 70 e9 8c 00  b4 08 cd 13 73 19 f6 c2  |r...p.......s...|
```

---

[1] No todos los bytes almacenados son representables en un terminal de manera comprensible para un humano. Muchos de ellos no tienen un carácter ASCII representable, como por ejemplo el 7, que hace que el terminal emita un pitido

```
000000d0  80 0f 84 ee 00 a0 4a 7c   3c ff 74 08 38 c2 74 04   |......J|<.t.8.t.|
000000e0  88 c2 eb 83 e9 8d 00 be   05 7c c6 44 ff 00 66 31   |.........|.D..f1|
000000f0  c0 88 f0 40 66 89 44 04   31 d2 88 ca c1 e2 02 88   |...@f.D.1.......|
00000100  e8 88 f4 40 89 44 08 31   c0 88 d0 c0 e8 02 66 89   |...@.D.1......f.|
00000110  04 66 a1 44 7c 66 31 d2   66 f7 34 88 54 0a 66 31   |.f.D|f1.f.4.T.f1|
00000120  d2 66 f7 74 04 88 54 0b   89 44 0c 3b 44 08 7d 3c   |.f.t..T..D.;D.}<|
00000130  8a 54 0d c0 e2 06 8a 4c   0a fe c1 08 d1 8a 6c 0c   |.T.....L......l.|
00000140  5a 8a 74 0b bb 00 70 8e   c3 31 db b8 01 02 cd 13   |Z.t...p..1......|
00000150  72 2a 8c c3 8e 06 48 7c   60 1e b9 00 01 8e db 31   |r*....H|`......1|
00000160  f6 31 ff fc f3 a5 1f 61   ff 26 42 7c be 90 7d e8   |.1.....a.&B|..}.|
00000170  40 00 eb 0e be 95 7d e8   38 00 eb 06 be 9f 7d e8   |@.....}.8.....}.|
00000180  30 00 be a4 7d e8 2a 00   eb fe 47 52 55 42 20 00   |0...}.*...GRUB .|
00000190  47 65 6f 6d 00 48 61 72   64 20 44 69 73 6b 00 52   |Geom.Hard Disk.R|
000001a0  65 61 64 00 20 45 72 72   6f 72 00 bb 01 00 b4 0e   |ead. Error......|
000001b0  cd 10 ac 3c 00 75 f4 c3   df 28 ce cf 00 00 80 01   |...<.u...(......|
000001c0  01 00 0c fe ff ff 3f 00   00 00 fc 8a 38 01 00 fe   |......?.....8...|
000001d0  ff ff 0f fe ff ff 81 e1   98 04 7f 71 0f 00 00 fe   |...........q...|
000001e0  ff ff 83 fe ff ff 3b 8b   38 01 26 37 a1 01 00 fe   |......;.8.&7....|
000001f0  ff ff 83 fe ff ff 61 c2   d9 02 20 1f bf 01 55 aa   |......a... ...U.|
```

La primera columna de la salida anterior muestra la posición dentro del archivo, las dos columnas centrales, la representación de cada dato leído en hexadecimal y la columna de la derecha, el código ASCII de esos mismos datos. Concretamente estos 512 bytes constituyen el MBR. Los 446 primeros bytes son código correspondiente al gestor de arranque, en este caso GRUB, los siguientes 64 son la tabla que describe las particiones de este disco y los dos últimos bytes, **55 aa** son una firma que indica el final de la tabla de particiones.

Hasta ahora hemos ordenado lecturas, pero también podemos escribir si el dispositivo lo permite. Por ejemplo con la siguiente orden, que se muestra sólo como ejemplo; su ejecución dañaría el MBR e impediría que el ordenador arrancará de nuevo

```
# echo "hola, como estas" > /dev/hda
```

Esta orden escribiría la cadena de texto a partir del primer byte del primer sector del disco, sobreescribiendo el contenido del MBR e impidiendo su correcta ejecución. Quizás sea más sensato hacer pruebas con el dispositivo /dev/fd0. Busque un disquete vacío o cuyo contenido no sea importante y pruebe sobre él la orden anterior.

```
# echo "hola mundo" > /dev/fd0
```

Observará que el LED indicador de actividad de la unidad se ilumina justo al ejecutar la orden anterior, indicando que se está accediendo al disquete. Si ahora intentamos leer la información guardada anteriormente, por ejemplo con la orden `cat`, observaremos que aparece mucha más información, no sólo la cadena de texto que hemos mandado escribir. Esto es así porque no hay forma de saber dónde termina la cadena de texto y comienza el resto de la información contenida en el disquete. Para solucionar este problema podríamos reservar el primer byte para indicar cuál es la longitud de los datos almacenados y así leer sólo éstos. Este byte adicional sería información sobre la "información", o como se le conoce en el argot, metainformación. Desde luego este sistema no es un prodigio de eficiencia.

Si utilizamos un solo byte para indicar el tamaño sólo podremos almacenar bloques de datos de menos de 256 bytes (1 byte puede representar únicamente un entero comprendido entre 0 y 255). Además sólo podremos almacenar un único bloque de datos. Si queremos mejorar esto, el camino está claro, necesitamos más y más compleja metainformación, lo que nos lleva finalmente a los sistemas de archivos ya descritos en este capítulo.

12.6. Órdenes para administrar el sistema de archivos

Vamos a describir a continuación las órdenes más comúnmente empleadas para la administración de los distintos sistemas de archivos. Se hará una descripción genérica, entrando en detalles únicamente en algunos sistemas de archivos concretos. Para cada sistema particular deberá consultar el manual del fabricante para profundizar en cada uno de los detalles propios de dicho sistema.

12.6.1. Creación de un sistema de archivos

Para la creación de un sistema de archivos deberemos seguir los cuatro puntos que detallamos a continuación:

1. Crear el archivo de dispositivo si hemos conectado un nuevo dispositivo (por ejemplo, un disco duro).

2. Inicializar el dispositivo si es necesario.

3. Crear el sistema de archivos en el nuevo dispositivo.

4. Montar el nuevo sistema de archivos.

Para la realización del primer punto nos remitimos al apartado dedicado a ello, de todas formas, el propio sistema Linux actualmente crea automáticamente el archivo de dispositivo cuando detecta nuevo hardware. Para la realización de los siguientes pasos nos basaremos en los apartados siguientes.

12.6.2. Iniciación de un nuevo dispositivo

Los dispositivos de entrada y salida asociados a un archivo pueden necesitar inicialización. Esto depende de la naturaleza del dispositivo y suele ser necesario recurrir a los manuales específicos para determinar si esta operación es o no necesaria. En el caso de los discos, la operación de inicialización más habitual suele ser el particionado inicial del mismo. Las operaciones de particionado de un disco en Linux se realizan con la orden `fdisk`.

12.6.3. Creación del sistema de archivos

Los sistemas de archivos nuevos pueden crearse con la orden `mkfs`. Esta orden se encarga de dar formato al dispositivo indicado de modo que pueda albergar un sistema de archivos.

mkfs

Sintaxis: mkfs [-vct] dispositivo [tamaño]

mkfs construirá el nuevo sistema de archivos formateándolo. El parámetro dispositivo que aparece en la descripción de la orden se refiere al archivo de dispositivo empleado para acceder al periférico, y el tamaño indica el número de bloques que debe tener el sistema de archivos. Este formato implica estructurar el dispositivo con las partes necesarias para soportar un sistema de archivos: área de *boot*, superbloque, grupos, *nodos-i* y área de datos.

Esta orden admite opciones, algunas de las más comunes son las que se citan a continuación:

-v Modo verboso. Con esta opción se muestra por pantalla más información de la que se muestra habitualmente, relativa a las operaciones que se están realizando en cada momento. Esto puede ser útil para obtener información específica o para ayudar en las labores de depuración.

-c Indica que se realice una comprobación con objeto de verificar que todos los bloques son correctos.

-t Sirve para indicar el tipo de sistema de archivos que deseamos crear. Esta opción sólo es válida en el caso de que el sistema soporte diversos tipos de sistemas de archivos.

Ejemplo:

```
# mkfs -t ext2 -v /dev/fd0
mke2fs 1.40-WIP (14-Nov-2006)
Etiqueta del sistema de ficheros=
Tipo de SO: Linux
Tamaño del bloque=1024 (bitácora=0)
Tamaño del fragmento=1024 (bitácora=0)
184 nodos i, 1440 bloques
72 bloques (5.00%) reservados para el súper usuario
...
```

En el ejemplo hemos creado un sistema de archivos en el dispositivo /dev/fd0, de tipo ext2, indicando con -v que se desea información sobre el proceso de creación.

Puesto que la orden mkfs ha sido ejecutada por root, la propiedad y el grupo del nuevo sistema de archivos creado es de ese usuario, por lo tanto, cuando montemos este sistema de archivos se aplicarán las reglas de acceso correspondientes al usuario root y a su grupo. Si queremos ceder la propiedad del sistema de archivos, por ejemplo a un usuario, deberemos hacer uso de las órdenes chown y chgrp.

Es interesante resaltar que realmente, el programa mkfs no es el que crea el sistema de archivos, sino otro programa especializado, en este caso contreto mkfs.ext2 ya que éste es el encargado de los sistemas de archivos `ext2` (`-t ext2`). A este tipo de programas que, en función de los argumentos con los que se le invoca, desvía la petición hacia otro programa especializado se los denomina `frontends`. Si ejecuta la orden `ls /sbin/mkfs*` obtendrá algo similiar a lo siguiente:

```
/sbin/mkfs
/sbin/mkfs.bfs
/sbin/mkfs.cramfs
/sbin/mkfs.ext2
/sbin/mkfs.ext3
/sbin/mkfs.jfs
/sbin/mkfs.minix
/sbin/mkfs.msdos
/sbin/mkfs.reiser4
/sbin/mkfs.reiserfs
/sbin/mkfs.vfat
/sbin/mkfs.xfs
```

Esa lista muestra los tipos de sistemas de archivos que podemos crear en nuestro sistema. Si no aparece en ella el sistema en el que estamos interesados será necesario instalar el software correspondiente a dicho sistema.

12.6.4.   Montaje de un sistema de archivos

Es muy común tener conectados a una misma máquina varios discos físicos, cada uno de ellos, probablemente, con distintas particiones (cada una descrita por su archivo de dispositivo). En cada una de estas particiones podemos tener un sistema de archivos diferente, y surge la necesidad de añadir este sistema de archivos al único disco lógico existente. Aunque tengamos distintos discos físicos, en Linux todos forman parte de un único disco lógico, al contrario que en otros sistemas en los que cada disco físico supone al menos un disco lógico.

La orden `mount` sirve para conectar un determinado sistema de archivos a un disco lógico y `umount` sirve para el proceso inverso. Sin la existencia de estas órdenes, solamente se podría acceder a la información de los discos a través de sus archivos de dispositivo, que no sería demasiado práctico ni cómodo para el usuario final.

En el caso de la figura 12.6, la operación de montaje se realizaría mediante la siguiente orden:

```
# mount -t msdos /dev/hda1 /mnt/dos
```

Después de dar la orden anterior, cualquier acceso al directorio `/mnt/dos` es transparente para cualquier persona. El archivo de dispositivo empleado en la orden debe corresponder con un archivo de dispositivo de tipo bloque.

Los sistemas de archivos deben ser montados siempre en directorios vacíos (puntos de montaje o *mount points*) en la estructura en árbol existente. Si lo hiciéramos sobre un directorio que contenga elementos, el montaje ocultaría dichos elementos y no serían accesibles hasta que fuera desmontado.

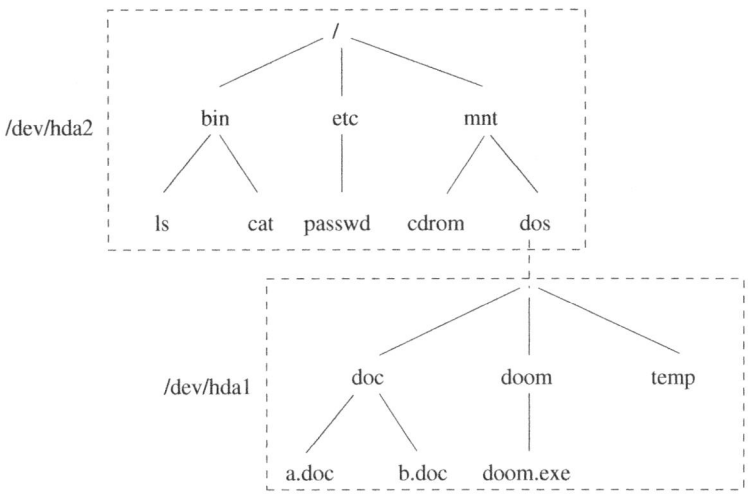

Figura 12.6: Esquema de montaje de un sistema de archivos.

Cuando montamos un sistema de archivos, el núcleo actualiza una tabla interna conocida como tabla de montajes (*mount table*), añadiéndole una nueva entrada con objeto
de mantener en todo momento el estado del sistema de archivos completo. Cada entrada
en la tabla de montajes contiene lo siguiente:

- El número de dispositivo que identifica al sistema de archivos montado.

- Un puntero al *buffer* donde se almacena el superbloque del sistema de archivos.

- Un puntero al *nodo-i* raíz del sistema de archivos montado.

- Un puntero al *nodo-i* del directorio que actúa como punto de montaje.

La asociación del *nodo-i* del punto de montaje y del *nodo-i* del sistema de archivos
montado, realizada por la llamada `mount`, permite al núcleo (llamada `chdir`) atravesar
este puente sin ningún tipo de problema.

Vamos a mostrar a continuación la sintaxis de las órdenes `mount` y `umount`:

mount

Sintaxis: mount [-tahvrw] [dispositivo] [dir]

La orden `mount` sin parámetros mostrará los sistemas de archivos montados actualmente. Con los parámetros adecuados asocia el directorio raíz del sistema de archivos del
dispositivo referenciado en dispositivo con el directorio que se encuentra en el sistema de
archivos raíz.

Opciones:

-t Sirve para indicar el tipo de sistema de archivos que deseamos montar. Esta opción
   sólo es válida en el caso de que el sistema soporte diversos tipos de sistemas de
   archivos.

-a Monta todos los sistemas de archivos incluidos en `/etc/fstab`.

-h Visualiza un mensaje de ayuda.

-v Modo verboso. Con esta opción se muestra por pantalla más información de la que se muestra habitualmente, relativa a las operaciones que se están realizando en cada momento. Esto puede ser útil para obtener información específica o para ayudar en las labores de depuración.

-r Monta el sistema de archivos en modo sólo lectura.

-w Monta el sistema de archivos en modo lectura-escritura. Éste es el modo por defecto.

Ejemplos:

```
# mount

/dev/sda2 on / type ext2 (rw)
none on /proc type proc (rw)
/dev/sda1 on /dos type msdos (rw)
/dev/fd0 on /mnt/floppy type ext2 (rw)
#
```

Como podemos apreciar en el ejemplo, la orden `mount` sin parámetros muestra todos los sistemas de archivos montados en ese instante. En concreto, y de izquierda a derecha, señala lo siguiente: el archivo de dispositivo correspondiente al sistema de archivos montado, el punto de montaje, el tipo de sistema de archivos y los derechos de acceso.

Lo mismo que montamos el sistema de archivos con la orden `mount`, podemos provocar su desligue lógico o desmontaje con la orden `umount`.

umount

Sintaxis: umount dispositivo

La orden `umount` disocia el sistema de archivos del dispositivo del sistema de archivos raíz. Para que se pueda desmontar, primero se debe desactivar, esto es, comprobar que no tiene ningún archivo abierto y que ningún usuario lo tenga como directorio actual de trabajo. Para comprobar qué procesos tienen abiertos archivos en un determinado sistema de archivos, podemos utilizar la orden `fuser`.

Ejemplo:

```
# umount /dev/fd0
```

Pongamos ahora un ejemplo completo de creación de sistema de archivos y de montaje del mismo, pero utilizando ahora como dispositivo un disco RAM como los descritos en la página 297. El tipo de sistema de archivos que crearemos será `ext3`, el dispositivo donde residirá será `/dev/ram0` y el punto de montaje dentro de nuestro sistema de archivos será `/media/ram`. En primer lugar crearemos el punto de montaje con la orden `mkdir /media/ram`, que tendremos que ejecutar como `root` para obtener los permisos necesarios de escritura en ese directorio.

```
# mkdir /media/ram
```

Ahora creamos el sistema de archivos. Observará que, a diferencia de cuando utilizamos discos, el tiempo de ejecución de esta orden es realmente bajo ya que el soporte es memoria RAM.

```
# mkfs -t ext3 /dev/ram0
mke2fs 1.40.2 (12-Jul-2007)
Etiqueta del sistema de ficheros=
Tipo de SO: Linux
Tamaño del bloque=1024 (bitácora=0)
Tamaño del fragmento=1024 (bitácora=0)
16384 nodos i, 65536 bloques
3276 bloques (5.00%) reservados para el súper usuario
Primer bloque de datos=1
Número máximo de bloques en el sistema de archivos=67108864
8 bloque de grupos
8192 bloques por grupo, 8192 fragmentos por grupo
2048 nodos i por grupo
Respaldo del súper bloque guardado en los bloques:
8193, 24577, 40961, 57345

Mientras se escribían las tablas de nodos i: terminado
Creando el fichero de transacciones (4096 bloques): hecho
Escribiendo superbloques y la información contable del sistema de ficheros:
hecho

Este sistema de archivos se revisará automáticamente cada 22 meses o
180 días, lo que suceda primero. Utilice tune2fs -c o -i para cambiarlo.
```

Por último montaremos el sistema de archivos con la orden mount de la siguiente forma:

```
# mount /dev/ram0 /media/ram
# df -h
S.ficheros          Tamaño Usado  Disp Uso% Montado en
/dev/sda3            13G   7,1G  5,2G  58% /
varrun              760M   220K  760M   1% /var/run
varlock             760M      0  760M   0% /var/lock
udev                760M    84K  760M   1% /dev
devshm              760M    11M  749M   2% /dev/shm
/dev/sda4            14G    12G  1,5G  90% /home
/dev/sda1           9,7G   8,5G  696M  93% /media/data
/dev/ram0            62M   5,3M   54M   9% /media/ram
```

La segunda orden que hemos dado, df sirve para consultar el espacio disponible y se describirá más adelante. Ahora nos sirve para comprobar nuestro trabajo. Como podrá observar en la última línea, el dispositivo **/dev/ram0** tiene un tamaño de 62MB, de los cuales se han ocupado 5,3M (metainformación del sistema de archivos), quedando 54M libres. **df** nos dice además que dicho dispositivo está montado en **/media/ram0**.

fsck

Sintaxis: fsck [-t tipo] [-valr] sist_arch

El sistema de archivos de Linux, por diversos motivos, puede contener inconsistencias o incluso corromperse. Pueden ser diversas las causas que provoquen los efectos indicados, pero sin duda ninguna la más corriente es la derivada de un apagón de luz, la desconexión accidental del ordenador o que el usuario apague el ordenador como apaga la plancha. Cuando esto ocurre, el núcleo de Linux no tiene la posibilidad de guardar los *buffers* de entrada-salida ni de almacenar el contenido del superbloque, en memoria, en el disco. Debido a eso, se pueden producir distintos problemas, entre los que podemos citar:

- Información incorrecta almacenada en el superbloque.

- Aparición de bloques de datos que figuran como libres cuando en realidad están asignados a determinados archivos.

- Aparición de bloques de datos marcados como ocupados y, sin embargo, no hay ningún archivo que los utilice.

- Aparición de *nodos-i* sin referenciar.

- Bloques reclamados por más de un archivo.

Estos problemas pueden ser subsanados utilizando la orden **fsck**. Esta orden es invocada automáticamente en el inicio de la máquina, si es que la última vez que se desconectó no lo hicimos correctamente. El sistema detecta que no fue apagado correctamente porque cuando se hace bien se pone una marca indicándolo. Si en el arranque no se detecta tal marca, querrá decir que no se hizo bien la última desconexión.

Las opciones más comunes de **fsck** son las siguientes:

-v Opera en modo verboso. Con esta opción se muestra por pantalla más información de la que se muestra habitualmente, relativa a las operaciones que se están realizando en cada momento. Esto puede ser útil para obtener información específica o para ayudar en las labores de depuración.

-a Reparación automática, sin realizar preguntas.

-l Lista el nombre de todos los archivos del sistema de archivos.

-r Pregunta antes de reparar.

Ejemplo:

```
# fsck /dev/fd0
e2fsck 1.35 (28-Feb-2004)
/dev/fd0: clean, 11/96 files, 30/720 blocks
#
```

Para eliminar o reducir los problemas inconsistencias en los sistemas de archivos podemos hacer uso de sistemas de archivos transaccionales, como por ejemplo `reiserFS`, `ext4` o `xfs` entre otros.

Para ver la cantidad de espacio libre en disco podemos utilizar la orden `df` (*disk free*):

df

Sintaxis: df [-ih] [sistema de archivos]

Descripción: la orden `df` nos muestra, sin especificar el sistema de archivos, información sobre todos los sistemas de archivos. Los campos mostrados se refieren al nombre del archivo de dispositivo tipo bloque, número total de kilobytes de espacio en disco que ocupa el sistema de archivos, número de kilobytes ocupados, número de kilobytes disponibles, porcentaje de espacio en disco utilizado por los archivos y lugar donde está montado el sistema de archivos.

Ejemplo:

```
# df
Filesystem        1k-blocks     Used Available Use%   Mounted on
/dev/sda2         1616495 1414790     118167  92%   /
/dev/sda1          208592  170888      37704  82%   /dos
```

Con la opción `-i` aparecerán otros tres campos que tienen información sobre el número de *nodos-i* en uso, libres y % de *nodos-i* utilizados. Con la opción `-h` los tamaños se expresarán en kilobytes, megabytes, etc., facilitando así la legiblidad por parte de un operador humano.

```
# df -i
Filesystem        nodos-i   IUsed   IFree  Iuse% Mounted on
/dev/sda2          417792   55272  362520   13%  /
/dev/sda1               0       0       0    0%  /dos
#
```

Para ver cómo está repartido el espacio en disco entre los directorios utilizaremos la orden `du` (*disk usage*).

du

Sintaxis: du [-sh] [directorio(s)]

La orden `du` nos informa del espacio en bloques que ocupa el(los) directorio(s) que le hemos dado como argumento y todos los archivos y subdirectorios que cuelgan de él. Con la opción `-s` sólo informará del número de bloques total que ocupa el directorio, sin ver cómo se divide esta cantidad entre sus archivos y subdirectorios. Al igual que la orden anterior, esta admite el modificador `-h` para que los tamaños sean expresados en múltiplos de byte mejorando así la legibilidad.

Ejemplo:

```
# du -sh /bin /lib
4,9M /bin
786M /lib
```

12.6.5. El archivo /etc/fstab en Linux

Este archivo mantiene información relativa a los sistemas de archivos existentes en el sistema. El siguiente ejemplo muestra el contenido del archivo /etc/fstab para un sistema concreto.

```
LABEL=/          /              ext3    defaults          1 1
none             /dev/pts       devpts  gid=5,mode=620    0 0
none             /proc          proc    defaults          0 0
none             /dev/shm       tmpfs   defaults          0 0
/dev/hda3        swap           swap    defaults          0 0
/dev/cdrom       /mnt/cdrom     iso9660 noauto,owner,ro 0 0
/dev/fd0         /mnt/floppy    auto    noauto,owner      0 0
```

El delimitador de campo para este archivo es el tabulador o un espacio en blanco. Cada línea mantiene información sobre un sistema de archivos siguiendo la siguiente estructura.

```
fs_disp pun_montaje tipo_sis opciones freq sec_fsck
```

fs_disp indica qué dispositivo contiene el sistema de archivos. Puede ser un dispositivo físico conectado al ordenador, un dispositivo virtual, la ubicación de un sistema de archivos en red, etc.

pun_montaje indica en qué parte del sistema de archivos se montará el sistema de archivos en cuestión. Existen algunos valores especiales, por ejemplo swap indica que /dev/hda3 no tiene un punto de montaje porque se trata del archivo de intercambio del sistema.

tipo_sis indica qué tipo de sistema de archivos contiene el dispositivo especificado en fs_disp. Linux tiene la capacidad de manejar varios sistemas de archivos distintos, aunque esta capacidad depende de los módulos que tengamos cargados en el sistema. Los más comunes son:

ext2 es el sistema de archivos utilizado habitualmente en Linux.

ext3 es ext2 con soporte transaccional (*journaling*).

msdos sistema de archivos de MSDOS.

nfs sistema de archivos en red (*Network File System*).

iso9660 sistema de archivos de CD-ROM.

ntfs sistema de archivos utilizado por WindowsNT/2K/XP.

smb sistema de archivos en red Samba.

opciones es una lista de opciones separadas por comas. Existen un gran número de ellas que podemos utilizar para gestionar nuestros sistemas de archivos, entre ellas podemos destacar las siguientes:

auto/noauto indica si el sistema de archivos se montará cuando se invoque la orden mount -a. Suele ser habitual que durante el proceso de arranque se invoque mount de esta forma, con objeto de montar todos los sistemas de archivos necesarios.

async/noasyn indica si las operaciones de lectura y escritura sobre ese dispositivo deben realizarse de forma asíncrona o no.

exec/noexec permite o no ejecutar archivos binarios situados en sistema de archivos en cuestión.

user/nouser permite o no que el sistema de archivos sea montado por un usuario que no sea root. Si se elige user, el sistema aplicará por defecto noexec, nosuid y nodev, a menos que se especifique lo contrario.

nosuid hace que se ignore el significado de los bits SUID y SGID.

ro monta el sistema de archivos en modo de sólo lectura.

rw monta el sistema de archivos en modo de lectura y escritura.

defaults es equivalente a las opciones rw, suid, nouser, dev, exec, auto y async.

Habitualmente no se permite que un usuario (aparte de root, evidentemente) pueda montar sistemas de archivos. Por ejemplo, si el usuario jdp quisiera montar un sistema de archivos tipo ext2 residente en un disquete, en el directorio /mnt/floppy intentaría la orden

```
$ mount /dev/fd0 /mnt/floppy

mount: only root can do that
```

El administrador de sistemas puede autorizar a los usuarios a montar determinados sistemas de archivos haciendo uso de la opción user. Editamos el archivo /etc/fstab.

```
# vi /etc/fstab

LABEL=/           /               ext3    defaults        1 1
none            /dev/pts        devpts  gid=5,mode=620  0 0
none            /proc           proc    defaults        0 0
none            /dev/shm        tmpfs   defaults        0 0
/dev/hda3       swap            swap    defaults        0 0
/dev/cdrom      /mnt/cdrom      iso9660 noauto,owner,ro 0 0
```

/dev/fd0 /mnt/floppy ext2 user 0 0

De esta forma se autoriza a los usuarios a montar un sistema de archivos del tipo ext2 que se encuentre en la unidad de disco en el directorio /mnt/floppy. Ahora, si el usuario jdp intenta montar dicho sistema de archivos podrá hacerlo.

```
$ mount /dev/fd0
$ cd /mnt/floppy
$ ls -l

total 16
-rwxr-xr-x    1 jdp       Usuarios     13713 nov  8 15:22 miprog
-rw-r--r--    1 jdp       Usuarios        38 nov  8 15:22 miprog.c

$
```

Cuando el administrador autoriza a montar sistemas de archivos a los usuarios, éstos pueden llevar a cabo esta acción pero no pueden ejecutar programas que se encuentren en él (noexec) ni tampoco se hace caso de los indicadores SUID ni SGID (nosuid). Esta restricción tiene como objetivo evitar problemas de seguridad. Por ejemplo, supongamos que el administrador autorizara explícitamente la ejecución de programas en los sistemas de archivos montados por los usuarios, y que se interpreten también los indicadores SUID y SGID.

```
# vi /etc/fstab

LABEL=/           /                  ext3    defaults          1 1
none              /dev/pts           devpts  gid=5,mode=620    0 0
none              /proc              proc    defaults          0 0
none              /dev/shm           tmpfs   defaults          0 0
/dev/hda3         swap               swap    defaults          0 0
/dev/cdrom        /mnt/cdrom         iso9660 noauto,owner,ro 0 0
```

```
/dev/fd0 /mnt/floppy ext2 user,exec,suid 0 0
```
Ahora el usuario ya puede ejecutar programas desde el sistema de archivos montado por él.

```
$ ./miprog
Hola mundo
$
```

Si el usuario jdp se lleva el disco a un sistema en el que tenga acceso como administrador (en su casa, por ejemplo) podría hacer el siguiente programa:

```
$ vi troyano.c

int main() {

        execvp("/usr/bin/whoami",0);
}

$ make troyano
```

Este programa simplemente ejecuta la orden `whoami` para averiguar a nombre de qué usuario se está ejecutando. Como en ese sistema podemos acceder a la cuenta de `root`, cambiamos el propietario y el grupo de ese programa a `root` y activamos su indicador de `SUID`.

```
# chown root troyano
# chgrp root troyano
# chmod +s troyano
# ls -l troyano
```
```
-rwsr-sr-x  1 root      root         13714 nov  8 15:20 troyano
```

Ahora el programa `troyano` se ejecutará con los privilegios de su propietario, es decir, `root`. Si queremos irrumpir en el sistema, sólo tendremos que copiar ese archivo en el disco, sabiendo que el sistema al que vamos a atacar no sólo permite que `jdp` monte un sistema de archivos contenido en un disco, sino también ejecutarlos según el indicador SUID.

```
$ mount /dev/fd0 /mnt/floppy
$ ls -l

total 31
-rwxr-xr-x  1 jdp       Usuarios     13713 nov  8 15:22 miprog
-rw-r--r--  1 jdp       Usuarios        38 nov  8 15:22 miprog.c
-rwsr-sr-x  1 root      root         13714 nov  8 15:40 troyano

$ ./troyano
```

Evidentemente este programa es inofensivo, pero abre las puertas a que un usuario pueda ejecutar cualquier orden como si fuera el administrador del sistema. De este ejemplo se desprende que dejar que un usuario pueda montar un sistema de archivos puede ser peligroso, pero lo es más aún el autorizarlo a ejecutar programas que tengan activo el indicador SUID.

12.6.6. Creación de imágenes de sistemas de archivos

Cuando queremos reproducir en otro lugar el contenido de un sistema de archivos determinado, podemos realizar una copia de los elementos del sistema orginal al de destino. Esto implica crear el sistema de archivos en el lugar de destino, abrir el archivo original, leer su contenido, crear un archivo en el sistema de destino y copiar en él el contenido leído. En determinadas ocasiones este procedimiento resulta complicado. Si queremos que las dos copias sean realmente idénticas, ambos sistemas de archivos deben haber sido creados con la misma versión de software, con los mismos parámetros, incluso a la misma hora para que las fechas de creación y acceso coincidan. Además, por norma general el sistema de archivos no suele permitir el acceso a su metainformación, lo que imposibilita copia el MBR si así lo quisiéramos. En estos casos es más interesante copiar directamente los bloques de información del soporte que contiene el sistema de archivos, guardarlos generalmente en un archivo, leer dicho archivo en el destino y copiar los bloques desde él. A este archivo se le denomina imagen del sistema de archivos.

La creación de un sistema de archivos es realmente sencilla en Linux con la orden dd.

dd

Sintaxis: dd [opciones]

El propósito fundamental de esta orden es el de copiar literalmente bloques de datos desde un archivo de entrada a otro archivo de salida. También es posible realizar algunas conversiones entre los datos de entrada y de salida, pero para nosotros la utilidad principal será la primera. Haciendo uso del concepto de independencia de dispositivo de Linux, según el cual los dispositivos aparecen como si fueran archivos, podremos copiar literalmente bloques entre un dispositivo y otro o entre archivos y dispositivos.

Las opciones son pares del tipo **atributo=valor**. Los atributos más frecuentes son los siguientes:

if permite especificar cuál será el archivo de entrada.

of sirve para indicar cuál será el dispositivo de salida.

bs especifica cuál será el tamaño del bloque en bytes.

count para indica el número total de bloques que deseamos copiar.

Por ejemplo podemos crear una imagen del MBR del disco duro de nuestro ordenador. El MBR se encuentra situado en el primer sector del disco, es decir, los primeros 512 bytes del mismo. Supongamos que nuestro ordenador dispone de un interfaz SCSI donde está conectado el disco en cuestión y que dicho disco aparece como /dev/sda. Podemos utilizar dd de la siguiente forma:

```
# dd if=/dev/sda of=imagenMBR.img bs=512 count=1

1+0 registros de entrada
1+0 registros de salida
512 bytes (512 B) copiados, 0,0453802 segundos, 11,3 kB/s
```

Si todo ha salido bien, el archivo imagenMBR.img tendrá la copia del MBR, que incluye también la tabla de particiones. Entonces, los dos últimos bytes tendrán la marca 55 **AA** tal y como vimos en la página 298. Puede utilizar la misma técnica explicada ahí para comprobarlo.

También podemos utilizar esta orden para hacer una copia exacta de un disco duro completo en otro disco duro. Este procedimiento también se conoce como clonación de discos.

```
# dd if=/dev/sda of=/dev/sdb
```

Es evidente que que el disco de destino deber ser como mínimo del mismo tamaño que el disco de origen. Sin embargo, si el disco fuera de tamaño superior, al montar el sistema de archivos del disco destino, el tamaño de dicho sistema de archivos sería el del original, desperdiciándose parte del nuevo disco. Esto es así porque hemos hecho una copia literal de las estructuras de datos del primer sistema. La mayoría de los sistemas de archivos de propósito general que se utilizan en los ordenadores actuales permiten ser redimensionados (sobre todo si es para crecer), pero esta operación queda fuera del alcance de este libro.

Otro uso puede ser el de crear la imagen de un dispositivo de almacenamiento en blanco.

```
$ dd if=/dev/zero of=imagenDisco.img bs=1024 count=1440

1440+0 registros de entrada
1440+0 registros de salida
1474560 bytes (1,5 MB) copiados, 0,0184498 segundos, 79,9 MB/s
```

El dispositivo /dev/zero es un dispositivo curioso. Las lecturas de este dispositivo devuelven siempre cero. Se utiliza como fuente de datos para inicialización de datos, o como destino cuando queremos ignorar datos. Es importante limitar el tamaño en la orden dd con count=1440 ya que de lo contrario dicha orden no terminaría hasta que no se hubiera llenado por completo el sistema de archivos con un archivo gigante lleno de ceros.

Ahora podemos crear un sistema de archivos dentro de esta imagen.

```
$ mkfs -t vfat imagenDisco.img

mkfs.vfat 2.11 (12 Mar 2005)
```

Una vez hecho esto, podemos montarlo como si fuera un dispositivo cualquiera.

```
# mount imagenDisco.img tmp -o loop
```

Aunque efectivamente no es un dispositivo, sino un archivo con la imagen de un sistema de archivos dentro. Por eso es necesario invocar la orden mount con el modificador -o loop, con objeto de que dicha orden interprete imagenDisco.img como si fuera un dispositivo de modo bloque. De hecho este modificador encierra una potente técnica de Linux denominada *loop devices* cuyo objetivo principal es el descrito, pero permite además realizar algunas operaciones entre el archivo y el pseudo-dispositivo. La más importante es la realizar cifrado criptográfico de los datos, de forma que todo lo que se escribe en el pseudo-dispositivo se almacena cifrado en el archivo de destino. De esta forma, si alguien roba nuestro ordenador no podrá volver a arrancarlo porque para montar de nuevo los sistemas de archivos tendrá que proporcionar la clave con la que fue cifrado. El lector interesado en este tema deberá referirse a bibliografía especializada en la materia.

12.7.   Sistemas de archivos en red Samba

12.7.1.   Evolución histórica

A mediados de los años 80, IBM y Sytec desarrollaron un sencillo sistema para proporcionar servicios de red denominado NetBIOS (*Network Basic Input Output System*).

Dicho sistema estaba orientado a trabajar con pequeñas redes aisladas, sin capacidad de interconexión entre sí, en otras palabras, no contemplaba la posibilidad de encaminamiento de datos a través de redes. MS-DOS incluyó la posibilidad de redireccionar el sistema de entrada y salida de los discos hacia la interfaz de NetBIOS, de forma que el contenido de los sistemas de archivos fuera accesible a través de red. El protocolo para compartir archivos a través de la red se denominó SMB (*Server Message Block protocol*). Actualmente a este protocolo se le conoce como CIFS (*Common Internet File System*).

El siguiente paso fue ampliar los servicios proporcionados por NetBIOS para que pudieran operar sobre redes Ethernet y Tokenring. El resultado fue NetBEUI (*NetBIOS Enhanced User Interface*). También se desarrolló software para emular NetBIOS sobre protocolos de mayor nivel, como IPX o TCP/IP. Este último es muy interesante porque permite enviar paquetes NetBIOS a través de redes interconectadas mediante *routers* o encaminadores. NetBIOS se desarrolló para trabajar en pequeñas redes aisladas, así es que la solución fue traducir los nombres de NetBIOS (16 bytes para denominar un equipo) a direcciones IP. El mecanismo para llevar a cabo esta traducción está documentado en el RFC1001 y RFC1002. Más tarde Microsoft añadió alguna funcionalidad adicional al paquete SMB: el servicio de anuncio (*browsing*) y un servicio de autenticación centralizada denominado Dominio NT, que se incluyó por primera vez en Windows NT 3.51 (*Windows NT Domain Controler*).

En esa misma época, Andrew Tridgell estaba trabajando en un software que permitiera acceder con un PC con sistema operativo MS-DOS, a un sistema de archivos residente en una máquina Linux. Esa parte no era un problema porque existía un paquete para utilizar MS-DOS con sistemas NFS. El problema era la coexistencia en MS-DOS de dos protocolos de red distintos: NFS y NetBIOS. Andrew Tridgell escribió un *sniffer* de paquetes de forma que pudiera hacer ingeniería inversa sobre el protocolo SMB, ya que este protocolo era y sigue siendo propietario de Microsoft. Cuando las primeras versiones estuvieron disponibles, una compañía de software reclamó los derechos sobre el nombre dado a su sistema servidor de archivos (SMB). Para solucionar este problema, Andrew Tridgell buscó una lista de palabras que contuvieran las letras SMB, ése es el origen del nombre actual: Samba.

12.7.2. Servicios proporcionados por Samba

El servicio Samba está formado por dos programas que se ejecutan como demonios en el sistema: `smbd` y `nmbd`. Su objetivo es proporcionar cuatro servicios clave del protocolo:

- Servicios sobre archivos e impresoras.

- Autenticación y autorización.

- Resolución de nombres.

- Anuncio de servicios en la red (*browsing*).

Los servicios sobre archivos e impresoras los proporciona `smbd`. Éste también se encarga de proporcionar servicios de autenticación y autorización a través de dos modos de trabajo: modo compartido (*share mode*) y modo de usuario (*user mode*). El primero permite compartir un recurso utilizando una única contraseña para todo aquel que quiera acceder.

En el segundo cada usuario tiene su propia contraseña y el administrador puede autorizar o denegar el acceso a cada usuario independientemente.

El concepto de Dominio NT añade un mecanismo adicional de autenticación, que consiste en que un usuario se autentica una única vez y, una vez hecho esto, tiene acceso a todos los servicios para los que esté autorizado dentro de un dominio. Este servicio lo proporciona un controlador de dominio (*Domain Controller*). Así, un dominio es un conjunto de máquinas que comparten el mismo controlador de dominio.

Los otros dos servicios, resolución de nombres y anuncio de servicios, los proporciona `nmbd`. El objetivo es propagar y controlar una lista de nombres NetBIOS de equipos. La resolución de nombres se puede llevar a cabo de dos formas, mediante difusión (*broadcast*) y punto a punto. La primera es la solución más cercana a la implementación original. Cuando una máquina quiere conocer la dirección IP de un equipo, difunde su nombre a través de toda la red a la espera de que el aludido responda con su dirección IP. Esto puede generar algo de tráfico en la red, pero siempre confinado a la red local. El segundo mecanismo implica utilizar un servicio conocido como NBNS (*NetBIOS Name Server*). Microsoft llamó a su implementación de este servicio WINS (*Windows Internet Name Server*). Cuando una máquina arranca, registra su nombre y su dirección IP en este servidor, de forma que cuando quiere encontrar la dirección IP de una máquina a través de su nombre consulta en este mismo servicio. La ventaja de esta aproximación es que las máquinas situadas en redes distintas pueden compartir el mismo servidor NBNS, por lo tanto, el servicio no está limitado únicamente a las máquinas confinadas en la misma red local.

Por último, el anuncio (*browsing*) consiste en hacer saber a los demás participantes qué servicios comparte un determinado equipo. Inicialmente todos los equipos que componen una red llevan a cabo un proceso de selección para determinar quién será el encargado de llevar a cabo el registro de servicios. La máquina que sale elegida del proceso se autodenomina *Local Master Browser* (LBM) y se identifica mediante un nombre especial además del suyo propio. Su trabajo será mantener una lista de servicios que es el que acostumbramos a ver cuando utilizamos "Mis sitios de red" de Microsoft Windows.

Además de lo anterior, existe la figura del DMB (*Domain Master Browser*) que coordina las listas de servicios a través de distintos dominios NT, incluso a través de redes distintas. Utilizando el servicio NBNS, un LMB busca a su DMB e intercambia información con él. Actualmente, el mecanismo de sincronización hace que sea necesario bastante tiempo para que toda la información se propague por las distintas redes y aparezca de forma correcta en "Mis sitios de red".

12.7.3.   Configuración de Samba

Prácticamente toda la configuración de Samba en una máquina Linux parte de un archivo de configuración cuyo nombre es `smb.conf` y se encuentra en `/etc/samba`. Este archivo se estructura según secciones y parámetros para cada sección. Las secciones comienzan con su nombre entre corchetes `[nombre sección]`. Para asignar valores a los parámetros se utiliza el formato `parámetro = valor`. Tanto los nombres de sección como los parámetros se pueden escribir en mayúsculas o minúsculas (*case insensitive*). Las líneas que comienzan por `;` o `#` se consideran comentarios.

Los valores que se pueden asignar a un parámetro pueden ser cadenas de caracteres (sin comillas) o valores booleanos, que pueden expresarse como 0/1, yes/no o true/false.

Secciones

Las secciones comienzan con su nombre encerrado entre corchetes. Cada sección designa el nombre de un recurso compartido, regulado según una serie de parámetros de la sección. Existen tres secciones especiales llamadas [global], [homes] y [printers] que se tratarán más adelante. Los recursos compartidos pueden ser de dos tipos: directorios que los clientes podrán integrar en su sistema de archivos o impresoras.

Las secciones pueden utilizarse en modo invitado *(guest)*, de forma que los clientes no tengan que autenticarse para hacer uso de ellas. Para regular este tipo de acceso debe existir una cuenta específica de invitado en el sistema. Las secciones que no admiten modo invitado requieren un proceso de autenticación basado en un nombre y una contraseña. Los privilegios obtenidos dependerán entonces del nombre de usuario.

Por ejemplo, para crear un directorio compartido en el servidor denominado publico añadiremos en el archivo smb.conf las siguientes líneas:

```
#============= Definición de recursos compartidos===============
# Acceso público
[publico]
    comment = Archivos públicos
    path = /home/anonimo
    read only = no
    public = yes
```

Para comprobar que el archivo de configuración es correcto hacemos uso de la utilidad testparm. El resultado puede ser un mensaje de error o bien un volcado de los recursos exportados por nuestra máquina:

```
# testparm
Load smb config files from /etc/samba/smb.conf
Processing section "[publico]"
Loaded services file OK.
Press enter to see a dump of your service definitions
# Global parameters
[global]
        coding system =
        client code page = 850
        code page directory = /usr/share/samba/codepages
        workgroup = WORKGROUP
        netbios name =
        netbios aliases =
        netbios scope =
....
        fake directory create times = No
        vfs object =
```

```
        vfs options =
        msdfs root = No

[publico]
comment = Archivos públicos
path = /home/anonimo
read only = No
guest ok = Yes
```

Todos los valores que aparecen son valores por defecto, salvo las últimas líneas que muestran la existencia de un recurso denominado [publico] accesible de forma anónima (guest ok=yes) situado en el servidor en /home/anonimo.

Para probar nuestro servicio podemos hacerlo de varias formas. La primera de ellas es utilizar el cliente Samba de Linux. Este cliente smbclient, está incluido junto con el paquete Samba. Por ejemplo, para saber qué recursos exporta una máquina podemos utilizar la orden:

```
# smbclient -L tierra
added interface ip=172.29.16.58 bcast=172.29.19.255
nmask=255.255.252.0
password: pulsar enter para entrar como invitado
Anonymous login successful
Domain=[WORKGROUP] OS=[Unix] Server=[Samba 2.2.1a]

        Sharename       Type       Comment
        ---------       ----       -------
        textbfpublico              Disk        Archivos publicos
        IPC$            IPC           IPC Service (Samba 2.2.1a)
        ADMIN$          Disk          IPC Service (Samba 2.2.1a)


        Server                     Comment
        ---------                  -------
        TIERRA                     Samba 2.2.1a


        Workgroup                  Master
        ---------                  -------
        WORKGROUP
```

Podemos utilizar este mismo programa de forma muy similar a un cliente ftp

```
# smbclient //tierra/publico
added interface ip=172.29.16.58 bcast=172.29.19.255
nmask=255.255.252.0
Password: Dejar en blanco
Anonymous login successful
Domain=[WORKGROUP] OS=[Unix] Server=[Samba 2.2.1a]
\> ls
  .                       D        0  Mon May 05 14:17:22 2008
```

```
..                            D           0  Mon May 05 13:55:46 2008
manuales                      D           0  Mon May 05 14:17:10 2008
esquemas                      D           0  Mon May 05 14:17:15 2008
contratos                     D           0  Mon May 05 14:18:03 2008

        57690 blocks of size 131072. 38152 blocks available
\> cd contratos
\contratos\> ls
.                             D           0  Mon May 05 14:18:03 2008
..                            D           0  Mon May 05 14:17:22 2008
canutel.doc                              16  Mon May 05 14:17:45 2008
adsl.xls                                 20  Mon May 05 14:18:03 2008

        57690 blocks of size 131072. 38152 blocks available
\contratos\> mkdir loloTel
\contratos\> ls
.                             D           0  Mon May 05 14:19:19 2008
..                            D           0  Mon May 05 14:17:22 2008
loloTel                       D           0  Mon May 05 14:19:19 2008
canutel.doc                              16  Mon May 05 14:17:45 2008
adsl.xls                                 20  Mon May 05 14:18:03 2008

        57690 blocks of size 131072. 38151 blocks available
\contratos\> exit
#
```

Otra posibilidad es utilizar un cliente Windows para acceder a nuestro recurso `publico`. Esto se puede llevar a cabo de varias formas. La primera de ellas es buscar nuestro equipo dentro de "Mis sitios de red" de Windows tal y como se muestra en la figura 12.7.

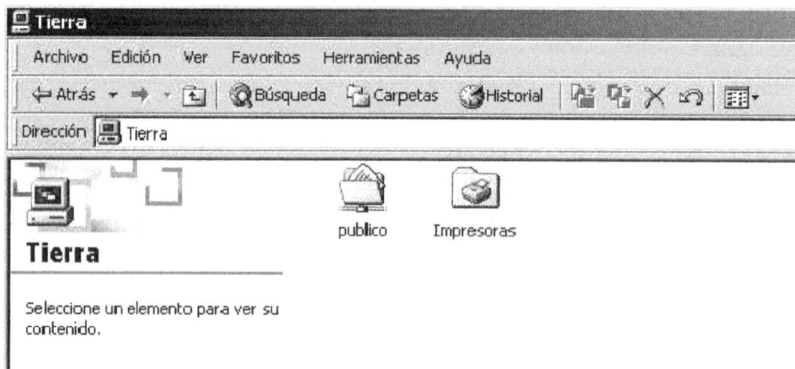

Figura 12.7: Aspecto del directorio compartido `publico`.

También podemos utilizar el intérprete de órdenes de Windows:

```
c:> net use z: \\tierra\publico
```

```
Se ha completado el comando correctamente
c:> z:
z:> dir
...
```

Esto funcionaba así en las primeras versiones de Win95, pero no en las siguientes. Uno de los primeros problemas relativos a Samba fue que, tanto el nombre de usuario como la contraseña, se enviaban sin cifrar, lo que constituía un serio problema de seguridad, por lo que se optó por cifrar dichas contraseñas antes de enviarlas por la red. Más adelante veremos cómo tratar esta particularidad en nuestro servidor Samba.

12.7.4. Autenticación de usuarios en Samba

Los usuarios de Samba pueden autenticarse de varias formas, aunque las más habituales son utilizar la base de usuarios de Linux (`/etc/passwd`) y, de forma más general, el sistema PAM (*Plugeable Authentication Mechanism*), o utilizar una base de datos propia (`smbpasswd`).

Inicialmente, el protocolo SMB utilizado por Microsoft enviaba las contraseñas sin cifrar, pero a partir del tercer *service pack* de WinNT, Win95b, Win95c, Win98, WinMe y Win2K se utilizan contraseñas cifradas. Para adaptarse a este nuevo cambio, Samba incluyó una base de datos de usuario propia donde almacenar las contraseñas. La forma de activar este mecanismo es añadir la siguiente línea en la sección global de `smbd.conf`.

```
encrypt passwords = yes
```

A partir de este momento todos los usuarios que quieran acceder al sistema a través de Samba deben existir en el sistema como usuarios Linux y, además, tener asignada una contraseña para el servicio Samba. Para facilitar esta operación se dispone de la utilidad `smbpasswd`.

smbpasswd

Sintaxis: smbpasswd [opciones] [usuario]

Para dar de alta al usuario `jdp` en el sistema ejecutaríamos la siguiente orden:

```
# smbpasswd jdp
New SMB password: no se muestra
Retype new SMB password: no se muestra
Password changed for user jdp
#
```

Para que esta orden tenga éxito es necesario que el usuario `jdp` exista previamente como usuario en el sistema. Puesto que el tipo de cifrado utilizado por Samba es diferente al utilizado por Linux, la orden `smbpasswd` gestiona su propio archivo de contraseñas. Dicho archivo puede encontrarse en `/etc/samba/smbpasswd`.

12.7.5. Macros

Samba permite utilizar un determinado conjunto de macros que se expanden apropiadamente en el archivo de configuración. A continuación se citan algunas de ellas:

%S el nombre del servicio actual.

%P el directorio raíz del servicio.

%u el nombre de usuario para el servicio.

%g el grupo principal de %u.

%U el nombre de usuario para la sesión, es decir, el nombre de usuario solicitado por el cliente, que no tiene por qué ser el mismo que el otorgado por el servidor.

%G el grupo principal de %U.

%H el directorio raíz de %u.

%v la versión de Samba que se está utilizando.

%h el nombre de Internet del equipo donde se ejecuta el servidor Samba.

%m el nombre NetBIOS del cliente.

%L el nombre NetBIOS del servidor al que el cliente hace la petición. Esta macro sirve para modificar la configuración del servidor en función del nombre de servidor enviado por el cliente. De esta forma el servidor puede tener "doble personalidad".

%M el nombre de Internet de la máquina cliente.

%a el nombre de la arquitectura de la máquina cliente. No todos los nombres obtenidos son fiables. Actualmente se reconocen los siguientes: Samba, WfWg, WinNT, Win95, Win2K, WinXP y Win2K3. Cualquier otra arquitectura se clasifica como UNKNOWN (desconocido)

%I La dirección IP de la máquina cliente.

%T la fecha y hora actual.

%$(var) el valor de la variable de entorno var.

Ilustraremos el uso de las macros creando un servicio Samba que ponga a disposición de los clientes una serie de *drivers* dependientes de la plataforma que esté utilizando el cliente. Cuando un cliente conecta con nuestro servidor Samba, le informa de la arquitectura que está utilizando a través de la macro %a, que puede tomar los siguientes valores:

Samba para clientes que utilicen Samba, generalmente sobre Linux.

WfWg Windows for Workgroups, también conocido como Windows 3.11.

WinNT para WindowsNT.

Win95 para Windows95.

UNKNOWN para otras arquitecturas.

Crearemos un directorio raíz para cada una de las plataformas, todos ellos a partir de /home/drivers de forma que el servidor nos conecte al directorio adecuado a partir de la información recopilada sobre la arquitectura que estemos utilizando. El árbol de directorios propuesto, a partir del directorio drivers, es el siguiente:

```
drivers
|-- Samba
|   |-- JDBC
|   |-- XWindows
|   `-- ZIP
|-- WfWg
|-- Win2K
|   |-- impresoras
|   |-- scanner
|   `-- video
|-- Win95
`-- WinNT
```

El archivo de configuración de Samba smb.conf debe incluir las siguientes líneas:

```
# Drivers dependientes de plataforma
[drivers]
    comment = drivers para  %a
    path = /home/drivers/%a
    read only = yes
    public = yes
```

Si miramos en el entorno de red de un cliente Windows2K, el resultado obtenido es el mostrado en la figura 12.8.

Observamos que el campo comentario, que es el que aparece en el marco izquierdo, dice "drivers para Win2K". Efectivamente, la macro %a se expande al nombre de la arquitectura utilizada por el cliente. Si picamos dos veces sobre el icono, accederíamos al directorio /home/drivers/Win2K, en el que habremos situado los *drivers* para dicha arquitectura.

Si ahora probamos con un cliente Samba bajo Linux, el resultado es:

```
Domain=[WORKGROUP] OS=[Unix] Server=[Samba 2.2.1a]

        Sharename      Type      Comment
        ---------      ----      -------
        publico        Disk      Archivos publicos
        drivers        Disk      drivers para Samba
        IPC$           IPC       IPC Service (Samba 2.2.1a)
```

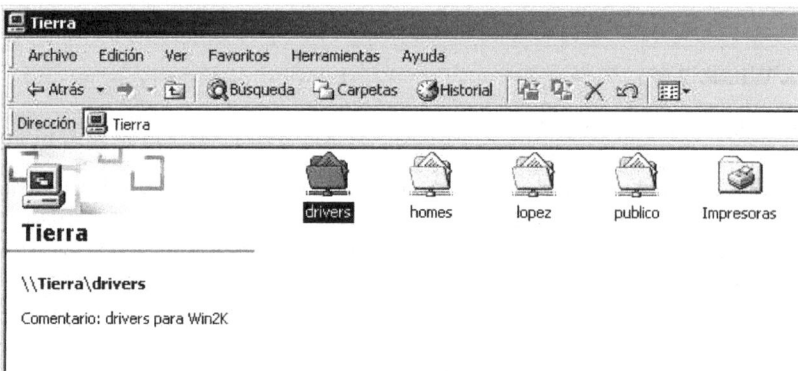

Figura 12.8: Aspecto del directorio `drivers` en "Mis sitios de red".

```
ADMIN$          Disk        IPC Service (Samba 2.2.1a)
Server                      Comment
---------                   -------
TIERRA                      Samba 2.2.1a

Workgroup                   Master
---------                   -------
MYGROUP                     AMIDALA
ORVITEK                     POLARIS
WORKGROUP                   TIERRA
```

12.7.6. Sección `global`

Los parámetros de esta sección se aplican al servidor Samba en general, tanto para modificar su comportamiento como a la hora de establecer valores por defecto que se aplicarán a otras secciones.

`netbios name` es el nombre NetBIOS que se asignará al servidor.

`server string` es una cadena de texto que describe al servidor. Se pueden utilizar macros para componer esta cadena. Por ejemplo, si queremos componer una cadena informativa que indique la versión del servidor junto con el nombre IP de la máquina en la que se ejecuta, añadiremos la siguiente línea a la sección global de `smb.conf`:

```
server string = Servidor Samba \%v en \%L
```

`workgroup` es el grupo de trabajo en el que se incluye el servidor.

12.7.7. Sección `homes`. Directorios de usuarios

El servidor Samba es capaz de generar recursos compartidos en el servidor en tiempo de ejecución. De esta forma un usuario Samba puede acceder a su directorio raíz en un servidor Linux. Para proporcionar este servicio es necesario que exista una sección [homes] en el archivo de configuración de Samba. Cuando un usuario intenta conectar con el servidor se inspeccionan todas las secciones para ver si alguna de ellas proporciona el servicio solicitado. En caso de no encontrarse el recurso, se comprueba si el usuario y su contraseña son correctas. En caso afirmativo, si existe una sección [homes] ésta se duplica con algunas modificaciones que dependen del nombre de usuario utilizado para la conexión. Dichas modificaciones son:

- El nombre del nuevo recurso es el nombre de usuario utilizado para llevar a cabo la conexión.

- Si no se proporciona el atributo, `path` se tomará por omisión el directorio de conexión (`home`) del usuario. En el caso de querer separar el directorio de conexión del usuario Linux del usuario Samba, el sistema pone a nuestra disposición la macro `%S`. Esta macro se expande al nombre de usuario utilizado en la conexión. Por ejemplo:

```
[homes]
     path=/home/usuariosSamba/%S
```

Algunos de los atributos más utilizados dentro de esta sección son:

`path` directorio que alberga el recurso compartido.

`guest ok (public)` si su valor es `true`, no es necesario que el usuario se autentique para acceder al recurso.

`comment` es una cadena de caracteres que describe al recurso.

`volume` es una cadena de caracteres con el nombre del volumen que aparecerá cuando un cliente basado en MS-DOS asigna al recurso una letra de unidad.

`read only` si su valor es `true`, el recurso se declarará como de sólo lectura.

`writeable` si su valor es `true`, permitirá el acceso de escritura.

12.7.8. Opciones de red

Samba permite implantar una serie de políticas de seguridad orientadas a conceder o denegar acceso en función de la dirección IP de la máquina cliente. Dicha dirección IP se puede especificar de varias formas:

- Nombres de máquinas, por ejemplo `PCConta`.

- Direcciones IP, por ejemplo `192.168.2.3`.

- Subredes IP, por ejemplo `192.168.2.` (precaución: existe un punto detrás del último dígito de la dirección de la subred).

- Nombres de dominio, por ejemplo `comercial.miempresa.com`.

- Nombres de subdominio, por ejemplo `.miempresa.com`.

- La palabra reservada ALL indica "todos".

- La palabra reservada ALL seguida de EXCEPT, para indicar excepciones a la cláusula ALL.

Los siguientes atributos se utilizan para llevar a cabo el control de acceso basado en direcciones IP:

`hosts allow` indica qué clientes están autorizados a utilizar un determinado servicio.

`hosts deny` indica qué clientes no están autorizados a utilizar un determinado servicio.

Por ejemplo, si queremos denegar el acceso a todas las máquinas como política general, en la sección [global] añadiremos:

```
hosts deny = ALL
```

Éste es un buen punto de partida para implantar una política de seguridad basada en la máxima:

Lo que no está explícitamente permitido está implícitamente prohibido.

Ahora podemos autorizar determinadas subredes, por ejemplo, la subred pública 193.146.57 y la privada 172.29.16.

```
hosts allow = 193.146.57. , 172.29.16.
```

También se pueden definir cláusulas de acceso para cada uno de los recursos compartidos. Para hacer esto es necesario que no exista ninguna otra cláusula de acceso en la parte [global] del archivo de configuración. Por ejemplo, podemos restringir el acceso a los directorios de usuario sólo a aquellas direcciones que se encuentren en nuestra subred privada:

```
#Acceso a los directorios de los usuarios
[homes]
    comment = Directorio personal de %u para el servicio %S
    #path = /home/usuariosSamba/%S
    read only = no
    writeable = yes
    public = no
    hosts deny = ALL EXCEPT 172.29.16.}
```

12.7.9. Servidores virtuales

Los servidores virtuales son un mecanismo por el cual se crea la ilusión de tener varios servidores cuando realmente (físicamente) sólo existe uno. La forma de conseguir esto es que un servidor Samba se registre con varios nombres NetBIOS distintos, pero asignados todos a la misma dirección IP. Samba permite que una máquina Linux registre varios nombres NetBIOS utilizando la cláusula `netbios aliases`. Esta cláusula debe estar situada en la parte `[global]` del archivo de configuración de Samba.

```
#============== Configuración global del servidor ===============
# Acceso público
[global]
    netbios name = tierra
    server string = Servidor Samba %v en %L
    netbios aliases = web conta factu
    workgroup = Canutel
    encrypt passwords = yes
    security = user
    log level = 1
```

Reiniciamos el servicio Samba y en el entorno de red de un cliente Windows obtendríamos el resultado que se muestra en la figura 12.9.

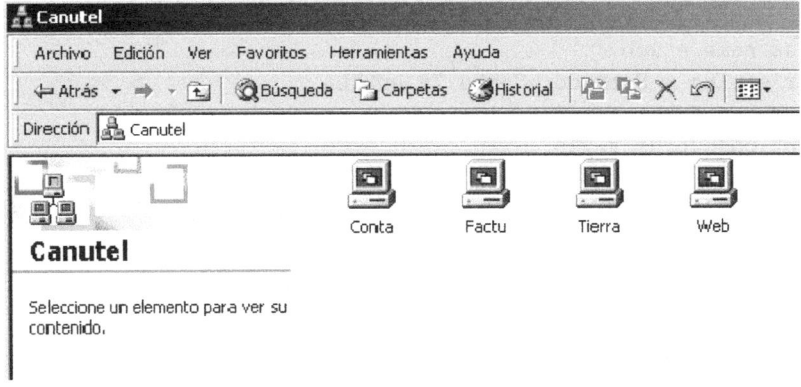

Figura 12.9: Aspecto de los servidores virtuales en "Mis sitios de red".

Ahora bien, sólo con eso no conseguimos nuestro objetivo, porque todos ellos apuntan al mismo servidor con los mismos recursos. Para que cada uno de nuestros servidores virtuales ofreciera servicios distintos tendría que haber distintos archivos de configuración para cada uno de los servidores, cada uno con los recursos propios de cada servidor.

Anteriormente vimos que existe una serie de macros que se expanden en función de determinados parámetros de la conexión. Concretamente %L se expande al nombre NetBIOS del servidor al que el cliente hace la petición. Por ejemplo, si un cliente conecta con el servidor virtual `Web`, %L se expande a ese valor. También existe una forma de incluir, desde el archivo de configuración de Samba, otro archivo de configuración. Con esto tenemos todas las herramientas necesarias para poner en marcha nuestro servicio Samba virtual. Crearemos tantos archivos de configuración distintos como *hosts* virtuales distintos tengamos:

```
smb.conf.web
smb.conf.conta
smb.conf.factu
smb.conf.tierra
```

Los anteriores son ejemplos, podríamos utilizar cualquier otro esquema. Ahora, el archivo de configuración `smb.conf` sólo contiene:

```
#============== Configuración global del servidor ===============
[global]
        netbios aliases = tierra conta factu web
        include = /etc/Samba/smb.conf.\%L
```

Dependiendo del servidor al que se acceda`%L` se expandirá a un nombre u otro y cargará el archivo de configuración apropiado. Por ejemplo, si el cliente intenta acceder a `web` se cargaría el archivo de configuración `smb.conf.web` que contiene, por ejemplo:

```
#============== Configuración global del servidor ===============
#==============                 WEB              ===============
[global]
    netbios name = web
    server string = Servidor Samba %v en %L
    workgroup = Canutel
    encrypt passwords = yes
    security = user
    log level = 1
#============== Definición de recursos compartidos===============
# Acceso público
[publico]
    comment = Archivos públicos
    path = /home/anonimo
    read only = no
    public = yes
    hosts deny = ALL EXCEPT 172.29.16.

#Acceso a los directorios de los usuarios
[homes]
    comment = Directorio personal de %u para el servicio %S
    path = /home/desarrolloWeb/%S
    read only = no
    writeable = yes
    public = no
```

12.8.   Ejercicios

12.1 Determine qué sistemas de archivos hay montados en su sistema Linux.

12.2 ¿Qué espacio queda libre en cada sistema de archivos montado?

12.3 Pruebe a crear un nuevo sistema de archivos en el disco flexible. Una vez creado, móntelo en un directorio denominado `/fd`. Pruebe a acceder al sistema de archivos recién montado.

12.4 Desmonte el sistema de archivos que acaba de montar.

12.5 Modifique el archivo `/etc/fstab` para que el anterior sistema de archivos sea montado de forma automática cuando se inicie el sistema.

12.6 Determine el número de bloques ocupado por el directorio `/etc` y `/usr`.

12.7 Compruebe el estado del sistema de archivos raíz y corrija los posibles errores.

12.8 Configure un servidor Samba para que ofrezca un directorio de acceso público llamado `mp3` a todos los usuarios. No se debe permitir que los usuarios escriban en este directorio.

12.9 Añada al servidor Samba del ejercicio anterior un nuevo directorio de acceso público donde los usuarios puedan dejar archivos.

Capítulo 13

Administración de la red

En el capítulo de servicios de red comentamos cuál era el formato de las direcciones empleadas bajo el protocolo TCP/IP. Cuando nosotros asignamos una dirección IP a nuestra máquina para conectarla a Internet, no podremos elegir una dirección aleatoria, ya que otra máquina podría tener la misma dirección y ello sería una fuente de problemas. Por este motivo existe una organización conocida como NIC o *Network Information Center* que asigna direcciones IP de forma centralizada.

Ya hemos indicado que las direcciones IP son de 32 bits, representados como cuatro dígitos decimales. El problema estriba en que con cada dirección hay que representar la red en que se encuentra el ordenador y el número de ordenador dentro de la propia red. Por este motivo, las direcciones IP constan de dos partes, una que identifica a la red, los bits de mayor peso, y otra que identifica al ordenador, los bits de menor peso. Dependiendo de la cantidad de bits utilizados para identificar la red tenemos básicamente tres tipos de redes: de tipo A, de tipo B y de tipo C. Las direcciones de tipo A son aquellas que comienzan por números entre 1 y 126. Utilizan los 8 bits de mayor peso (el primer octeto) como número de red y los 24 bits restantes (tres octetos) como número de ordenador dentro de la red. Estas redes son de gran tamaño, pero sólo podemos tener 126 diferentes. Un segundo tipo de redes es el B. En este tipo se emplean dos octetos para indicar el número de red y otros dos para indicar el número de ordenador dentro de la red. Los números asignados a este tipo de redes cubren el margen comprendido entre 128.1 y 191.254. Existe un tercer tipo, redes de tipo C, en las cuales, los tres primeros octetos identifican a la red y el último octeto identifica el número de ordenador en la red. Estas direcciones abarcan los números desde 192.1.1 hasta 223.254.254. Finalmente existen también redes de tipos D y E, la primera se emplea para mensajes de transmisión múltiple en la red y la segunda para experimentación. En la siguiente tabla se muestran los diferentes tipos de redes.

Clase	Id. de red (bits)	Id. de ordenador (bits)	Bits iniciales	Rango
A	8	24	0000-0111	0-127
B	16	16	1000-1011	128-191
C	24	8	1100-1101	192-223
D			1110	224-239
E			1111	240-255

Muchas organizaciones encuentran conveniente dividir su red en subredes. Por ejemplo, si tenemos una red de tipo B, ésta a efectos internos puede ser dividida en redes de tipo C. Con vistas al exterior, la red se sigue comportando como una clase B, pero internamente podemos tener distintas redes que se comportan como clase C, de este modo la administración resulta mucho más fácil.

Los números 0 y 255 tienen un significado especial y no pueden ser asignados a números de máquina. El 0 se reserva para máquinas que no conocen su dirección. Bajo ciertas circunstancias puede ocurrir que una máquina no conozca su propia dirección de red o incluso su dirección de ordenador. El número 255 se emplea para difusión (*broadcast*). Un mensaje de difusión es aquel que deseamos que sea recibido por todo el mundo. Esto puede ser interesante a la hora de preguntar por algo, de modo que en lugar de enviar un mensaje a cada ordenador de la red, se envía un mensaje de difusión que será recibido por todos los ordenadores de nuestra red. El número 127 tiene también significado especial y se emplea generalmente como dirección de bucle local (o bucle interno), utilizado en procesos de depuración y puesta en marcha, así como diagnosis de la red. La dirección de bucle local de la red es la 127.0.0.0 y la de bucle local de cada ordenador es la 127.0.0.1.

13.1.   Subredes

La división de una red en subredes es algo muy utilizado en distintas organizaciones. Esta división puede obedecer a distintas necesidades tales como facilitar la administración, utilización de diferentes medios de comunicación (por ejemplo, *Ethernet* y *Token Ring*), ubicación de máquinas pertenecientes a la misma red en diferentes edificios o laboratorios, etc. Cada una de las subredes se comunica con las otras a través de pasarelas o *routers*. Un *router* es una máquina que dispone de dos o más interfaces de red (tarjetas de red) y un software que permite transferir información de unas subredes a otras en caso de ser necesario.

Suponiendo que disponemos de una red de tipo C, la 193.146.9, ésta puede ser dividida en diferentes subredes. Por ejemplo, podríamos establecer cuatro subredes diferentes. Inicialmente cada dirección dentro de la red tendría el formato que aparece en la figura 13.1.

El número de bits empleados para identificar cada ordenador es de ocho, éstos son representados en la figura como HHHHHHHH.

Al establecer cuatro subredes, el formato de la dirección sería el representado en la figura 13.2.

Como queremos crear cuatro subredes, tenemos que reservar dos bits para diferenciarlas, éstos son los bits SS. En función de que valgan 00, 01, 10 ó 11 tendremos las cuatro subredes que deseamos. Al establecer subredes, tendremos solamente disponibles

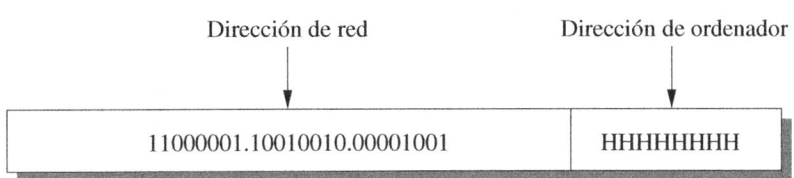

Figura 13.1: División de la dirección IP en dirección de red y dirección de ordenador.

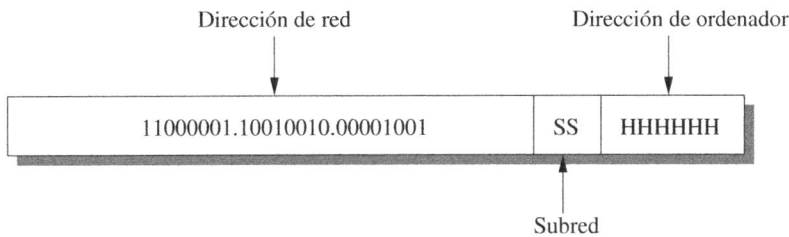

Figura 13.2: Establecimiento de subredes a partir de una dirección IP.

6 bits para identificar a cada ordenador en cada subred (HHHHHH). El rango de direcciones asignado a cada subred sería el siguiente:

Red	SS	Rango de # de ordenador	Rango de direcciones IP
193.146.9.	00	000000-111111 en binario	193.146.9.00 - 193.146.9.63
193.146.9.	01	000000-111111 en binario	193.146.9.64 - 193.146.9.127
193.146.9.	10	000000-111111 en binario	193.146.9.128 - 193.146.9.191
193.146.9.	11	000000-111111 en binario	193.146.9.192 - 193.146.9.255

13.2.   Máscaras de red

Cuando un ordenador se encuentra en una red debe conocer qué ordenadores forman parte de esa red y cuáles no. La forma de determinar qué ordenadores forman parte de nuestra misma red se basa en el empleo de máscaras de red. Una máscara de red mantiene a "1" todos los bits que forman parte de la red o subred y a "0" los bits empleados para identificar el ordenador. En el caso anterior, la máscara de red sería la mostrada en la figura 13.3.

Traducida a notación decimal, la máscara de red sería 255.255.255.192. Si no hubiésemos establecido subredes y operásemos únicamente con una red de tipo C, la máscara de red sería 255.255.255.0.

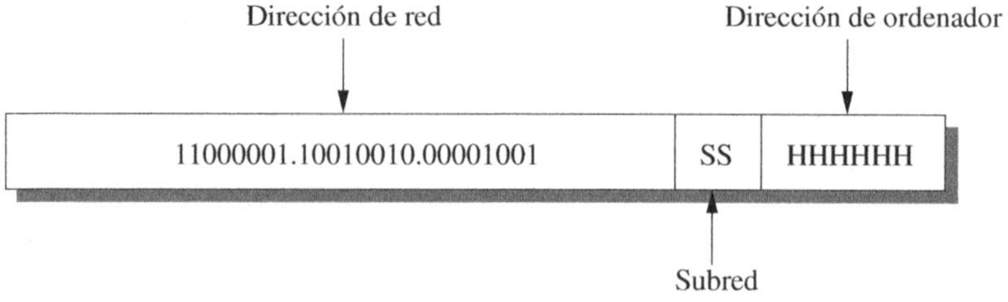

Dirección de red   Dirección de ordenador

11000001.10010010.00001001   SS   HHHHHH

Subred

Figura 13.3: Máscara de red.

13.3. Encaminamiento

A la operación de llevar un datagrama a su destino se la conoce con el nombre de encaminamiento. Muchos de los detalles del encaminamiento dependen de cada implementación; sin embargo, podemos fijarnos en ciertos aspectos generales.

Primero, es necesario conocer el modelo en que se basa el protocolo IP. Éste asume que el sistema está conectado a alguna red local y que se puede enviar mensajes a cualquier otro sistema de la misma red, éste es el caso de Ethernet. El problema se presenta cuando es necesario enviar un datagrama a un ordenador que no está situado en la propia red. Este problema es resuelto por los *gateways*. Un *gateway* es un sistema que conecta una red con otra u otras redes. Los *gateways* son normalmente ordenadores que tienen más de una interfaz de red. Supongamos que tenemos una máquina Linux con dos interfaces de red conectados a las redes 128.6.4 y 128.6.3. Esta máquina puede hacer de *gateway* entre ambas redes. El software de esta máquina debe estar configurado de modo que sea capaz de enviar datagramas de una red a la otra. Así, si una máquina de la red 128.6.4, envía un datagrama al *gateway*, y el datagrama está dirigido a una máquina de la red 128.6.3, este *gateway* debe transferir el mensaje de una red a la otra. La mayoría de los centros de comunicación disponen de *gateways* que permiten conectar un número de redes diferentes.

El encaminamiento de IP está basado por completo en el número de la dirección destino. Cada ordenador tiene una tabla de números de red. Por cada número de red debe aparecer un *gateway* asociado que nos permite acceder a la red indicada.

Cuando un ordenador desea enviar un datagrama, primero comprueba si la dirección pertenece a la propia red. Si es así, el datagrama puede enviarse directamente. De otro modo, el sistema espera encontrar una entrada donde se sitúe la red asociada a la dirección destino, y en este caso el datagrama se envía al *gateway* indicado en la entrada. Esta tabla puede ser demasiado grande debido al gran número de redes diferentes que hay en Internet. Así pues, se han propuesto diversas estrategias para reducir el tamaño de esta tabla de encaminamiento. Una estrategia muy empleada es la que consiste en emplear "rutas por defecto". En este caso, cuando no se encuentra una ruta para un determinado datagrama, éste se envía al *gateway* "por defecto". Este *gateway* puede respondernos indicándonos una ruta mejor para el datagrama que deseamos enviar (en caso de que existan varios *gateways* en la red).

Muchos expertos en IP recomiendan que los ordenadores individuales nunca tengan una visión amplia de la red. Deben ser los *gateways* los encargados de estas labores. Éstos deben tener amplias tablas de encaminamiento y algún protocolo que permita comunicarse entre ellos para encontrar las mejores rutas para cada datagrama.

13.4. Administración de la red

Poner en marcha una red con protocolo TCP/IP requiere conocer ciertos conceptos básicos que hemos tratado de resumir en los puntos anteriores. También es necesario saber cuáles son las órdenes y archivos de configuración relacionados con este tema.

En el capítulo dedicado a los servicios de red presentamos uno de los archivos de configuración, `/etc/hosts`, el cual contiene la equivalencia entre direcciones IP y nombres lógicos de ordenadores. Ahora describiremos otras órdenes y archivos relacionados con la puesta en marcha y conexión de nuestro sistema a la red.

ifconfig

Sintaxis: `ifconfig interfaz [-net|-host] IPaddr [opciones]`

La orden `ifconfig` se utiliza para iniciar las interfaces de red o para mostrar información sobre las mismas. Si se invoca sin argumentos nos mostrará el estado de todas las interfaces de red que el núcleo conoce. Las opciones `-net` y `-host` se emplean para que la dirección `IPaddr` sea tratada como una dirección de red o como la dirección IP del propio ordenador, respectivamente. El argumento `interfaz` se utiliza para identificar la interfaz de red que deseamos configurar o simplemente de la que deseamos obtener información.

Las opciones más comunes que suelen emplearse se citan a continuación:

`up` Con esta opción se activa la interfaz indicada.

`down` Sirve para desactivar la interfaz indicada.

`netmask mask` Se utiliza para definir la máscara de red.

`broadcast addr` Se utiliza para definir la dirección de difusión. Esta dirección será empleada cuando queramos que todos los ordenadores de nuestra red reciban el mismo mensaje simultáneamente.

`[-] allmulti` Esta opción se emplea para activar o desactivar el modo promiscuo de la interfaz. Cuando la interfaz opera en este modo, se recogerán todos los paquetes que vayan por la red aunque no vayan dirigidos a ella. Hay que tener cuidado con esta opción, ya que un ordenador de una red configurado en modo promiscuo puede ser utilizado para descubrir palabras claves o hacerse con información confidencial que comprometa la seguridad.

Para configurar una determinada interfaz de red, por ejemplo una tarjeta ethernet, es necesario que el núcleo reconozca dicha interfaz. Si no es así, nunca podremos poner en marcha los servicios de red.

Suponiendo que nuestra interfaz de red se denomina `eth0`, con la siguiente orden la configuraremos para que nuestra dirección IP sea 172.29.16.5, nuestra máscara de red 255.255.255.0 y la dirección de *broadcast* 172.29.16.255.

```
# ifconfig eth0 172.29.16.5 netmask 255.255.255.0 broadcast 172.29.16.255 up
```

Si ahora utilizamos `ifconfig` sin argumentos, nos mostrará la siguiente información:

```
# ifconfig
eth0      Link encap:Ethernet  HWaddr 00:0F:1F:2B:C5:48
          BROADCAST MULTICAST  MTU:1500  Metric:1
          RX packets:0 errors:0 dropped:0 overruns:0 frame:0
          TX packets:0 errors:0 dropped:0 overruns:0 carrier:0
          collisions:0 txqueuelen:1000
          Interrupt:11

eth1      Link encap:Ethernet  HWaddr 00:0E:35:94:44:4E
          inet addr:192.168.7.108  Bcast:192.168.7.255  Mask:255.255.255.0
          UP BROADCAST RUNNING MULTICAST  MTU:1500  Metric:1
          RX packets:16050 errors:0 dropped:0 overruns:0 frame:0
          TX packets:8466 errors:0 dropped:0 overruns:0 carrier:0
          collisions:0 txqueuelen:1000
          Interrupt:7 Base address:0x2000 Memory:faffc000-faffcfff

lo        Link encap:Local Loopback
          inet addr:127.0.0.1  Mask:255.0.0.0
          UP LOOPBACK RUNNING  MTU:16436  Metric:1
          RX packets:8416618 errors:0 dropped:0 overruns:0 frame:0
          TX packets:8416618 errors:0 dropped:0 overruns:0 carrier:0
          collisions:0 txqueuelen:0

#
```

La interfaz `lo` es la empleada para realizar pruebas en bucle local. Como podemos observar tiene asignada como dirección IP la 127.0.0.1.

route

Sintaxis: route [add|del][default][-net|-host]
         addr [gw gateway][metric n]

Esta orden se emplea para definir cómo deben encaminarse aquellos paquetes que no van dirigidos a ningún ordenador incluido en nuestra propia red. De este modo, el núcleo puede establecer estrategias como la siguiente: "para enviar un paquete a la red externa X, utilice como pasarela la dirección del sistema Y". Se pueden establecer diferentes modos de encaminamiento dependiendo de las redes destino a las que se envían los paquetes y también asignar un coste a cada una de las rutas. Siempre es necesario definir una ruta por la que se deben enviar aquellos mensajes que no coinciden con ninguna de las tablas de encaminamiento definidas en el núcleo, esta ruta es la que se conoce como ruta por defecto. En la mayoría de los casos no es necesario establecer una tabla de encaminamiento completa, basta con definir el encaminador por defecto o la ruta por defecto. Lo anterior sería equivalente a decirle al núcleo: "cualquier mensaje que vaya fuera de nuestra red debe enviarse a la dirección Z". Z sería la dirección de nuestro encaminador o *router* por defecto.

Si a `route` no se le especifica ninguna opción, únicamente visualizará la tabla de encaminamiento actual. Las opciones `add` y `del` se emplean para agregar o borrar las rutas especificadas, respectivamente. Seguidamente se resume la funcionalidad del resto de opciones:

`default` Esta opción sólo la emplearemos para definir (`add`) el encaminador por defecto.

`-net` Sirve para tratar la dirección indicada como una dirección de red.

`-host` Sirve para indicar la dirección indicada como dirección IP de un ordenador.

`addr` Es la dirección destino de la nueva ruta. Puede ser una dirección IP o una red.

`gw gateway` Con ello indicamos el encaminador que debe emplearse para el destino especificado.

`metric n` Indica el coste asociado a la ruta especificada. Estos costes podemos utilizarlos para determinar cuáles son los caminos óptimos para enviar los mensajes.

En el siguiente ejemplo definimos cuál es el encaminador por defecto en nuestro sistema:

```
# route add default gw 172.29.16.1
#
```

Si a continuación invocamos a `route` sin argumentos, nos informará sobre las tablas de encaminamiento actuales:

```
# route
Tabla de rutas IP del núcleo
Destino        Puerta de Enlace Genmask        Banderas Metrica Ref Uso Interfaz
192.168.7.0    *                255.255.255.0  U        0       0   0   eth1
default        192.168.1.1      0.0.0.0        UG       0       0   0   eth1
#
```

Un modo de saber la trayectoria que sigue un determinado paquete hasta llegar a su destino, así como los tiempos empleados cada vez que pasa de un sistema a otro, consiste en emplear el programa `traceroute` que describimos a continuación.

traceroute

Sintaxis: traceroute destino

Esta orden admite multitud de opciones que deben consultarse en el manual para poder obtener el máximo partido. El único parámetro obligatorio es `destino`, que identifica al ordenador con el que vamos a comunicarnos.

Ejemplo:

```
# traceroute garbo.uwasa.fi par
traceroute to garbo.uwasa.fi (193.166.120.5), 30 hops max, 40 byte packets
1 172.29.16.1 (172.29.16.1) 1.251 ms 1.098 ms 0.998 ms
2 irisgw.uah.es (130.206.82.1) 3 ms 1 ms 2 ms
3 S1-1-3.EB-Madrid3.red.rediris.es (130.206.207.13) 4 ms 6 ms 4 ms
4 A1-0-21.EB-Madrid1.red.rediris.es (130.206.224.65) 26 ms 13 ms 6 ms
5 A1-0-1.EB-Madrid0.red.rediris.es (130.206.224.69) 527 ms 82 ms 7 ms
6 madrid6.att-unisource.net (130.206.206.146) 5 ms 9 ms 6 ms
7 fr-se.se.ten-155.net (212.1.192.82) 103 ms (ttl=248!) 109 ms (ttl=248!)
8 sw-gw.nordu.net (212.1.192.154) 108 ms (ttl=247!) 106 ms (ttl=247!)
9 fi-gw.nordu.net (193.10.252.50) 111 ms (ttl=246!) 115 ms (ttl=246!)
10 funet2-a0005-funet1.funet.fi (128.214.231.14) 113 ms (ttl=245!)
11 funet3-fe000-backbone.funet.fi (193.166.4.3) 124 ms (ttl=244!)
12 uwasa1-a03-funet3.funet.fi (193.166.5.94) 120 ms (ttl=243!)
13 garbo.uwasa.fi (193.166.120.5) 123 ms (ttl=242!) 119 ms (ttl=242!)
#
```

En el ejemplo anterior se ven implicados 12 *gateways*, el número 13 es el ordenador destino. Aparecen también los tiempos empleados para transferir paquetes entre los diferentes encaminadores. Esta información puede utilizarse para ver dónde se encuentran los cuellos de botella en la transmisión y evitarlos si es posible.

netstat

Sintaxis: netstat [-acirv]

La orden netstat se emplea para comprobar cuál es el estado global de la red TCP/IP. Si se invoca sin argumentos, mostrará las conexiones de red activas en el sistema. La orden soporta muchas opciones, alguna de las cuales se resumen a continuación:

-a Muestra información sobre todas las conexiones.

-c Muestra de forma continuada el estado de la red actualizándose a intervalos de un segundo. Esto se repetirá hasta que la orden sea interrumpida.

-i Muestra estadísticas de los dispositivos de red.

-r Muestra la tabla de encaminamiento del núcleo.

-v Nos informa sobre la versión de netstat.

Ejemplos:

```
# netstat

Active Internet connections (w/o servers)
Proto Recv-Q Send-Q Local Address          Foreign Address       State
tcp       1      0 192.168.7.108:37090     ug-in-f111.google:pop3s CLOSE_WAIT
```

```
tcp       0       0 192.168.7.108:33185     ik-in-f83.google.co:www ESTABLISHED
tcp       1       0 192.168.7.108:32962     atc1.aut.uah.es:www     CLOSE_WAIT
tcp       0       0 localhost.localdoma:ipp localhost.localdo:35046 ESTABLISHED
tcp       0       0 localhost.localdo:35046 localhost.localdoma:ipp ESTABLISHED
tcp       1       0 192.168.7.108:36415     ug-in-f109.google:pop3s CLOSE_WAIT
Active UNIX domain sockets (w/o servers)
Proto RefCnt Flags       Type      State       I-Node Path
unix  2      [ ]         DGRAM                 8806   @/com/ubuntu/upstart
unix  15     [ ]         DGRAM                 15962  /dev/log
unix  3      [ ]         STREAM    CONNECTED   16056
. . .
unix  3      [ ]         STREAM    CONNECTED   16055
unix  2      [ ]         DGRAM                 16046
unix  2      [ ]         STREAM    CONNECTED   15734  /var/run/acpid.socket
```

13.5.   Resolución de nombres

En el capítulo dedicado a los servicios de red vimos las órdenes `nslookup`, `host` y `dig`, empleadas para realizar la conversión entre nombres lógicos de ordenador y direcciones IP, y viceversa. Estas órdenes comprueban si los nombres o las direcciones que deseamos traducir se encuentran en el archivo `/etc/hosts`, pero si no es así, no habrá más remedio que preguntar a un servidor externo que nos informe de la correspondencia entre nombre lógico y dirección IP. A estos servidores se les denomina servidores de nombres o DNS (*Domain Name Server*). El modo de indicar cuál debe ser el servidor de nombres de nuestra máquina se establece configurando adecuadamente el archivo `/etc/resolv.conf`. Este archivo contiene cuál es nuestro nombre de dominio y cuáles son nuestros servidores de nombres. Se puede especificar un servidor de nombres principal y otros secundarios. A continuación se muestra un ejemplo del contenido de este archivo:

```
# cat /etc/resolv.conf
domain aut.uah.es
nameserver 130.206.82.7
nameserver 130.206.1.2
#
```

La palabra reservada `domain` se emplea para especificar el nombre de nuestro dominio.

La palabra reservada `nameserver` se emplea para especificar cuál es la dirección IP de nuestro servidor de nombres o DNS. Se pueden especificar hasta tres servidores de nombres y éstos serán consultados en el orden en que aparecen en el archivo `/etc/resolv.conf`.

13.6.   Ejercicios

13.1 Compruebe cuál es la configuración de red de su sistema.

13.2 ¿Cómo puede dar de baja su interfaz de red? ¿Qué ocurre si da de baja su interfaz de red?

13.3 Visualice la tabla de encaminamiento empleada por el núcleo de su sistema.

13.4 Cambie el servidor de nombres de su sistema y ejecute la orden `nslookup`. Configure adecuadamente la resolución de nombres para que opere lo más rápido posible.

Capítulo 14

Parada y arranque del sistema Linux

Desde que encendemos el ordenador hasta que aparece el `prompt` del intérprete de órdenes (shell), se ejecutan varias tareas automáticamente que se conocen con el nombre de secuencia de arranque del sistema. El proceso de arranque incluye varias comprobaciones de sanidad, y con frecuencia tratará de reparar cualquier daño encontrado, especialmente daños en el disco duro. Normalmente el proceso de arranque es más rápido si la desconexión anterior fue correcta; es decir, fue realizada con la orden `shutdown`. Este proceso de arranque puede cambiar considerablemente de unas máquinas a otras.

Hay dos fases en la puesta en marcha del sistema: la primera de ellas es particular para cada máquina, y la segunda es característica del sistema operativo Linux. A ambas secuencias se las conoce como:

- Secuencia de arranque (*boot*) de la ROM.

- Secuencia de arranque del sistema operativo Linux.

14.1. La secuencia de arranque de la ROM

El programa de inicio de cualquier ordenador siempre está almacenado en una memoria ROM. Es en esta memoria donde el procesador comienza a leer código con objeto de ejecutarlo. Este código es característico de cada tipo de ordenador. El programa de arranque suele realizar una comprobación de todo el hardware del sistema. Si todo es correcto, lo que hará a continuación será leer del disco un programa cargador, que cargará en memoria el núcleo de Linux y finalmente le pasará el control. El archivo que contiene el núcleo de Linux normalmente se almacena en el directorio `boot` del sistema de archivos y suele denominarse `vmlinuz`. Puede ocurrir que no queramos cargar el sistema operativo desde el disco; por ello, la mayoría de los programas de arranque en ROM comprueban de algún modo si queremos hacerlo desde otro dispositivo (una cinta, una unidad de CD-ROM, una tarjeta de red, etc.).

14.2. La secuencia de arranque de Linux

El proceso de arranque en Linux es similar al de otros sistemas Linux. Inicialmente se realiza la secuencia de arranque de la ROM y seguidamente se carga el sistema operativo en memoria. Linux dispone de un gestor de arranque o *Boot Manager* que nos permite definir, en caso de tener varios sistemas operativos en la máquina, cuál es el que deseamos iniciar cada vez que ponemos el ordenador en marcha. Para las versiones i386 de Linux, los gestores de arranque más utilizados son LILO (*LInux LOader*) y GRUB (*GRand Unified Bootloader*). Una vez que optamos por iniciar Linux, saldrá por pantalla una ristra de mensajes similar a la siguiente:

```
Linux version 2.6.5-polaris2.6 (root@polaris)
(gcc version 2.95.4 20011002 (Debian prerelease))
#1 Wed Jun 2 12:23:55 CEST 2004
BIOS-provided physical RAM map:
 BIOS-e820: 0000000000000000 - 00000000000a0000 (usable)
 BIOS-e820: 00000000000f0000 - 0000000000100000 (reserved)
 BIOS-e820: 0000000000100000 - 000000003fff0000 (usable)
 BIOS-e820: 000000003fff0000 - 000000003fff3000 (ACPI NVS)
 BIOS-e820: 000000003fff3000 - 0000000040000000 (ACPI data)
 BIOS-e820: 00000000ffff0000 - 0000000100000000 (reserved)
Warning only 896MB will be used.
Use a HIGHMEM enabled kernel.
896MB LOWMEM available.
On node 0 totalpages: 229376
  DMA zone: 4096 pages, LIFO batch:1
  Normal zone: 225280 pages, LIFO batch:16
  HighMem zone: 0 pages, LIFO batch:1
agpgart: Found an AGP 1.0 compliant device at 0000:00:00.0.
agpgart: Putting AGP V2 device at 0000:00:00.0 into 2x mode
agpgart: Putting AGP V2 device at 0000:01:00.0 into 2x mode
cdrom: This disc doesn't have any tracks I recognize!
Debian GNU/Linux testing/unstable polaris tty1
polaris login:
```

Tal y como se puede apreciar, hasta que aparece el mensaje de *login*, se nos muestra gran cantidad de información relacionada con nuestro propio sistema. Un análisis de estos mensajes puede aportarnos gran cantidad de información en caso de que el sistema no funcione correctamente. La información mostrada en el arranque puede volverse a visualizar en cualquier momento utilizando la orden dmesg.

14.3. El archivo /etc/inittab

Para analizar el proceso de arranque del sistema operativo Linux examinaremos las entradas del archivo /etc/inittab, y a partir de ellas deduciremos cómo se lleva a cabo esta operación. Básicamente disponemos de la punta del hilo, y tirando de él desenrollaremos todo el ovillo.

En Linux el proceso `init` controla en todo momento el modo de funcionamiento del sistema global a partir del archivo de configuración /etc/inittab. A continuación se muestra un ejemplo del contenido de este archivo:

```
$ cat /etc/inittab
#
# inittab This file describes how the INIT process should set up
# the system in a certain run-level.
#
# Author: Miquel van Smoorenburg, miquels@drinkel.nl.mugnet.org
# Modified for RHS Linux by Marc Ewing and Donnie Barnes
#
# Default runlevel. The runlevels used by RHS are:
# 0 - halt (Do NOT set initdefault to this)
# 1 - Single user mode
# 2 - Multiuser, without NFS (The same as 3, if you do not have networking)
# 3 - Full multiuser mode
# 4 - unused
# 5 - X11
# 6 - reboot (Do NOT set initdefault to this)
#
id:3:initdefault:
# System initialization.
si::sysinit:/etc/rc.d/rc.sysinit
l0:0:wait:
l1:1:wait:
l2:2:wait:
l3:3:wait:
l4:4:wait:
l5:5:wait:
l6:6:wait:
# Things to run in every runlevel.
ud::once:
# Trap CTRL-ALT-DELETE
ca::ctrlaltdel:/sbin/shutdown -t3 -r now
# When our UPS tells us power has failed, assume we have a few minutes
# of power left. Schedule a shutdown for 2 minutes from now.
# This does, of course, assume you have powerd installed and your
# UPS connected and working correctly.
pf::powerfail:
# If power was restored before the shutdown kicked in, cancel it.
pr:12345:powerokwait:
# Run gettys in standard runlevels
1:2345:respawn:/sbin/mingetty tty1
2:2345:respawn:/sbin/mingetty tty2
3:2345:respawn:/sbin/mingetty tty3
```

```
4:2345:respawn:/sbin/mingetty tty4
5:2345:respawn:/sbin/mingetty tty5
6:2345:respawn:/sbin/mingetty tty6
# Run xdm in runlevel 5
# xdm is now a separate service
x:5:respawn:
$
```

Tal y como se puede apreciar, existen siete niveles de ejecución que citamos a continuación:

0 se utiliza únicamente para detener el sistema.

1 se utiliza para realizar labores de mantenimiento o corrección del sistema.

2 es un nivel de operación multiusuario en el que no se inicia el sistema NFS (*Network File System*) o sistema de archivos en red.

3 es el nivel normal de ejecución, en él se inician todos los servicios incluido NFS.

4 no se utiliza.

5 lo emplearemos si queremos iniciar el sistema con una interfaz gráfica.

6 se emplea para reiniciar el sistema.

Bajo la etiqueta `sysinit` y para todos los niveles de ejecución, se ejecuta el programa de shell `/etc/rc.d/rc.sysinit`. Analizando este archivo podemos apreciar qué operaciones se llevan a cabo. Básicamente estas operaciones las resumimos a continuación:

- Se define la variable `PATH` para establecer los caminos de búsqueda.

- Se comprueba si hay red instalada, y si es así, se activan determinadas variables que informan sobre el hecho de tener la red activada, el nombre del ordenador o el nombre del *gateway* entre otras cosas.

- Se activa el área de intercambio o *swap* con la orden `swapon -a`.

- En caso de disponer de una red se definen tanto el nombre del ordenador como el del dominio.

- Se realiza una limpieza del sistema de archivos en caso de ser necesario, por ejemplo como consecuencia de apagar el sistema de un modo incorrecto.

- Si el sistema de archivos raíz es correcto, se realizará un montaje del mismo.

- Se montan otros sistemas de archivos definidos en `/etc/fstab`.

- Se activan las cuotas de disco si las tenemos activadas. De este modo se puede limitar la cantidad de disco asociada a cada usuario.

- Se eliminan los posibles archivos temporales o de bloqueo que fueron creados en la última sesión.

- Se activa el reloj.

- Se inician las líneas serie.

- Se activa el generador de números aleatorios.

En el archivo `/etc/rc.d/rc.sysinit` podremos incluir cualquier otra orden que deseemos ejecutar, para todos los niveles, en el arranque del sistema.

Una vez procesado el archivo `/etc/rc.d/rc.sysysnit`, `init` continúa analizando las siguientes entradas. Estas entradas las forman una serie de líneas etiquetadas con `wait`, las cuales dependiendo del nivel de ejecución definido por la etiqueta `initdefault`, ejecutan el programa de shell `/etc/rc.d/rc` pasándole como parámetro el propio nivel de ejecución. Como consecuencia de ello, `rc` ejecutará otros programas de shell incluidos en los subdirectorios `rc0.d`, `rc1.d`, ..., `rc6.d`. Cada uno de estos subdirectorios contiene de modo específico cuáles son las órdenes que deseamos ejecutar para cada nivel de ejecución. Es posible añadir nuevas entradas (*shell scripts*) en estos subdirectorios para definir aquellas utilidades que deseamos activar en cada uno de los distintos niveles.

Bajo la etiqueta `once` se ejecuta el programa `/sbin/update`. Con él se optimiza el manejo de los *buffers* intermedios y con ello se mejora el rendimiento global del sistema.

La línea etiquetada con `ctrlaltdel` es exclusiva del sistema Linux. Cuando se pulsan simultáneamente las teclas Alt+Ctrl+Del, se invoca al programa `shutdown` que provoca la finalización del sistema. De este modo, tal y como ocurre con otros sistemas operativos que se ejecutan bajo plataforma i386, esta combinación de teclas provoca la finalización del sistema.

Las dos líneas etiquetadas con `powerfail` y `powerokwait` se emplean para invocar a la orden `shutdown`. La primera para apagar el sistema si se detecta un fallo de alimentación y la segunda para cancelar el proceso de apagado si se detecta que la alimentación está correctamente restaurada. Más adelante veremos un ejemplo de cómo utilizar esta funcionalidad.

Las seis líneas etiquetadas con `respawn` sirven para iniciar los terminales virtuales para diferentes niveles de arranque con la orden `/sbin/mingetty`. Los terminales virtuales de Linux son aquellos a los que se accede pulsando Alt+F1, Alt+F2, Alt+F3, etc. desde modo texto, no bajo X Window. El uso de terminales virtuales permite tener abiertas distintas sesiones Linux en un único ordenador. De este modo, en cada uno de ellos podremos realizar diferentes acciones.

La última línea se emplea para iniciar la sesión bajo entorno gráfico. En ella se arranca el programa `prefdm` que es un *shell script* que permite determinar cuál debe ser nuestro *X Display Manager* (`gdm`, `kdm` o `xdm`).

Nosotros podemos añadir nuevas líneas al archivo `/etc/inittab` para que el proceso de arranque sea el definido por nosotros. Por ejemplo, puede ser interesante colocar un terminal conectado a la línea serie. La siguiente línea sirve para permitir esta conexión de forma automática para los niveles 2, 3, 4 y 5.

```
S0:23456:respawn:/sbin/getty ttyS0 DT9600 vt100
```

14.4.   Identificadores PID y GID

Cada proceso en un sistema Linux tiene un número identificador denominado PID, el cual es único para cada proceso. Existe otro identificador denominado PPID que almacena el identificador del proceso padre. Ambos se almacenan en un área de datos del sistema operativo característica de cada proceso del sistema. Si nuestro proceso queda huérfano al morir el proceso padre, entonces el nuevo proceso padre será init (cuyo PID es el 1). Dicho de otro modo, init adopta a todos los procesos huérfanos. Muchas veces implementamos un subsistema como un grupo de procesos relacionados entre sí en lugar de un solo proceso. El núcleo permite a estos procesos relacionados entre sí estar organizados en un grupo de procesos, donde uno de los procesos será el líder del grupo y cada uno de los procesos que forman el grupo guardará el PID de este líder (denominado *process-group-ID*). Además, un grupo de procesos puede tener un terminal de control, que será el primer terminal abierto por el proceso líder del grupo. Normalmente, este terminal de control para los procesos de un usuario será el terminal por el cual inició la sesión. Cuando este proceso líder muere, envía a todos los procesos del grupo una señal de hangup, que, a menos que sea atrapada o ignorada, provocará la finalización de todos los procesos del grupo. Así, cuando un usuario provoca un *logout* (finaliza el proceso correspondiente al intérprete de órdenes, que es generalmente el líder del grupo de procesos), se limpia todo para la entrada del siguiente usuario.

14.5.   Parada del sistema Linux

La parada del sistema puede ser necesaria por diversos motivos; por ejemplo, si queremos desconectar el equipo totalmente o si necesitamos hacer una copia de seguridad de los datos del disco evitando mientras tanto que los usuarios puedan acceder a los archivos que vamos a guardar. Al proceso de pasar el sistema a modo monousuario (aparte de que queramos desconectar o volver a cargar el sistema) se le denomina parada del sistema. Existen varias órdenes y utilidades que nos permiten parar el sistema, aunque la más completa y estándar es la orden shutdown.

La orden shutdown provoca la muerte de los procesos que se estén ejecutando en el sistema y los programas de los usuarios, cambia el nivel de ejecución a monousuario, desmonta cualquier sistema de archivos que no sea el raíz (/) y vacía los *buffers* del sistema. Con esta orden podemos decirle, además, que después de la parada se vuelva a cargar el sistema o que se desconecte totalmente.

shutdown

Sintaxis: shutdown [-rhf] [-t espera] [Mens]

Ejemplo:

```
# shutdown -h -t 300
# (el sistema se detendrá totalmente a los 5 minutos)
```

shutdown provoca el cese de toda actividad del sistema. Para ejecutar esta orden debemos ser administradores del sistema.

Opciones:

-r Realiza una carga del sistema automáticamente después de la parada. Esta opción la utilizaremos cuando simplemente queramos reiniciar el sistema.

-h Desconecta el sistema después de la parada.

-t seg Número de segundos que debe esperar antes de realizar cualquier actividad.

NOTA MUY IMPORTANTE
**No desconectar nunca la máquina sin avisar antes al sistema con la orden
shutdown.**

Esta norma anterior es necesario respetarla por razones de seguridad, ya que el no hacerlo puede provocar la pérdida de datos. Además, si no desconectamos el sistema correctamente, cuando el sistema se inicie de nuevo se detectará que la última desconexión no se realizó bien y será necesario comprobar todo el sistema de archivos en busca de errores, lo cual provocará que el arranque sea más lento en el mejor de los casos. En el peor, podremos haber perdido información valiosa.

14.6.   Init y la gestión de energía

El proceso init está preparado para reaccionar cuando se detecta un fallo en el sistema de alimentación eléctrica del sistema. Si consultamos la página del manual de init (man init), observaremos que existe un procedimiento para gestionar dichos fallos de tensión. Si init no se encuentra en modo monousuario y recibe la señal SIGPWR, se procederá a leer el archivo /etc/powerstatus. Dependiendo de su contenido, init tomará una acción determinada:

F(FAIL) La tensión de alimentación ha fallado. Se entiende que el SAI está proporcionando en ese momento la tensión de alimentación necesaria para mantener el sistema en marcha durante un tiempo que depende de la capacidad del SAI. En estas condiciones init ejecutará las acciones correspondientes a las etiquetas powerwait y powerfail.

O(K) La tensión de alimentación ha sido restablecida. init ejecuta la acción correspondiente a la etiqueta powerokwait.

L(OW) La tensión de alimentación ha fallado y la batería del SAI se encuentra baja de carga. Es necesario que init detenga la máquina cuanto antes ejecutando la acción correspondiente a la etiqueta powerfailnow.

Si el archivo /etc/powerstatus no existe, se entiende que la tensión ha fallado, es decir, asume que el contenido del archivo es F(AIL).

14.6.1. Ejemplo de implantación de gestión de una SAI con init

Supongamos para este ejemplo que existe una tubería llamada ups desde la obtenemos información acerca del estado de un sistema de alimentación ininterrumpida (SAI). Para crear la tubería utilizamos la orden:

```
$ mkfifo ups
$ ls -l
prw-r--r--    1 oscar    usuarios         0 nov 18 12:45 ups
$
```

El hipotético fabricante de la UPS dice en su manual que su software escribe en esa tubería dos tipos de notificaciones:

FALLO Cuando se produce un fallo de alimentación.

REST Cuando se ha restaurado la tensión de alimentación.

Podemos escribir un shell *script* que se encargue de gestionar estos eventos y actúe en consecuencia.

```
#Comprobamos que no exista el fichero /etc/powerstatus
#Si existe lo borramos
[ -f /etc/powerstatus ] && rm -f /etc/powerstatus
while [ 1 = 1 ]
do
   RESUL=`cat ups`
   echo $RESUL
   case $RESUL in
        FALLO)
                echo "Fallo de alimentacion"
                echo "FAIL" > /etc/powerstatus
                kill -SIGPWR 1
                ;;
        REST)
                echo "Tension electrica restaurada"
                echo "OK" > /etc/powerstatus
                kill -SIGPWR 1
                ;;
   esac
done
```

Como se desprende del programa anterior, lo primero que se hace es comprobar que no exista accidentalmente el archivo /etc/powerstatus, y si existe se borra. Luego el programa, de forma indefinida, lee de la tubería ups y, dependiendo del valor leído envía la señal oportuna al proceso init.

14.7. Medidas de seguridad en un sistema Linux

Como administradores de un sistema Linux debemos mantener su seguridad global. Aparte de hacer que cada uno de los usuarios mantenga su propia seguridad (modos de permiso de sus archivos y directorios), el administrador debe controlar todo, los archivos más importantes, cambio de las claves de acceso, desconexión de los terminales si están desocupados, etc. Vamos a ver una serie de tareas para el mantenimiento eficaz de esta seguridad:

Protecciones de archivos

Se refieren al modo normal en que deben estar los modos de permisos de algunos archivos o directorios importantes:

- El directorio raíz (/) debe estar en modo 555 (`dr-xr-xr-x`), y a lo sumo en modo 755 (`drwxr-xr-x`)

- El archivo `/etc/passwd` debe estar sólo en modo lectura, esto es, en modo 444. Nadie debe poder modificar este archivo, excepto el administrador. Muchos de los ataques al sistema Linux se basan en la manipulación de este archivo.

- Poner los directorios del sistema, tales como `/usr`, `/lib`, `/usr/lib`, `/bin`, `/usr/bin` y `/etc`, con el modo 555.

- Poner el directorio temporal `/tmp` con el modo 766 (sin posibilidad de ejecución para el grupo del usuario y los demás).

Desconexión de terminales desatendidos

Un terminal desatendido es aquel que aunque está activo, la persona que tiene iniciada la sesión en él, se encuentra ausente momentáneamente. Existen dos modos para controlar este tipo de situaciones:

- Usar el valor de la variable de temporización `TMOUT` que provocará que finalice automáticamente una sesión después de pasar el tiempo que contiene dicha variable.

- Utilizar la orden `lock` o `xlock` que bloquearán el terminal o la sesión X hasta que se introduzca la clave correcta.

Seguridad para el administrador en cuanto a su terminal

Se refiere a que nadie, excepto el administrador del sistema, se introduzca como tal, aunque sepa la clave, desde cualquier terminal que no haya dispuesto el administrador en el archivo `/etc/securetty` (este archivo deberá tener el modo de permisos a 500). Por ejemplo, si quiero que el administrador sólo pueda entrar por la consola del sistema o por el terminal número 1, el archivo `/etc/securetty` será de la forma:

```
# cat /etc/securetty
console
tty1
#
```

14.8.   Observación de los archivos control

En Linux se mantienen de forma automática archivos que contienen información que nos permite detectar si ha habido intentos de romper la seguridad del sistema. El control de estos archivos se establece para averiguar si ha habido alguien que ha intentado entrar y no ha podido, las personas que han entrado al sistema, los que han intentado convertirse en administradores del sistema, etc.

En el sistema Linux los archivos que mantienen información relativa a intentos erróneos de conexión, últimas conexiones, sesiones con uucp o samba, etc., se almacenan en el directorio /var/log. Se aconseja vigilar los archivos contenidos en este directorio con objeto de detectar los posibles intentos de ataques al sistema, sobre todo en máquinas que se encuentren conectadas permanentemente a Internet o similar.

14.9.   Ejercicios

14.1 Inicie una sesión como administrador y determine si los subdirectorios /etc, /usr, /usr/bin y /usr/lib tienen los derechos adecuados cara a la seguridad del sistema.

14.2 Busque en todo el disco los programas que pertenecen al administrador, así como todos aquellos que tienen su bit de set-uid activo.

14.3 Determine el valor de la variable PATH para el administrador del sistema y compruebe si está activada con el valor adecuado.

14.4 Compruebe que todos los directorios del sistema estén habilitados correctamente en cuanto a derechos de acceso se refiere.

14.5 Busque en su sistema todos los programas ejecutables que tienen activado el bit set-uid y que pertenezcan al administrador de la máquina o root.

14.6 ¿Se puede activar el bit set-uid a un programa de shell o *shell script*?

14.7 Cree en el directorio /tmp un nuevo directorio denominado compartido al que pueda acceder cualquier usuario, pero que no pueda eliminar archivos del mismo.

14.8 Inicie la máquina y observe su secuencia de encendido. ¿Cuál es el PID del proceso init? ¿Qué ocurriría si eliminásemos este proceso?

14.9 ¿En qué nivel de arranque se inicia su sistema? ¿Cómo podría cambiarse ese nivel de arranque de forma definitiva para que por defecto se inicie siempre en el nivel especificado? ¿Cómo podría modificar el nivel de inicio momentáneamente sin que afecte al próximo arranque?

14.10 ¿En qué nivel de arranque se inicia por defecto el entorno de ventanas X-Window? ¿Cómo podría iniciarse de modo automático en el nivel 3?

14.11 Obtenga información sobre el proceso `init` para determinar la configuración particular de su sistema.

14.12 Detenga la máquina utilizando la orden `shutdown`, con los parámetros adecuados para que se espere dos minutos y se envíe un mensaje de finalización a todos los usuarios que se encuentren conectados en ese momento.

14.13 Verifique qué terminales son seguros y cuáles no, en su sistema. Modifique la política de seguridad para que el administrador sólo pudiese iniciar una sesión de forma local y nunca a través de una conexión remota.

Capítulo 15

Miscelánea

En este último capítulo vamos a tratar determinados aspectos, agrupados bajo el título de miscelánea. Nos vamos a centrar en concreto en la posibilidad de ejecutar programas a horas determinadas (procesos automáticos), en la realización de copias de seguridad (*backups*), en el sistema de registro de eventos (*logger*) y en la configuración de XDM (*X Display Manager*).

15.1. Procesos automáticos

Todos los sistemas Linux proporcionan la posibilidad de que los distintos usuarios puedan ejecutar determinados programas a ciertas horas. Haciendo uso de esta posibilidad, podremos ejecutar esos programas que cargan mucho el sistema, durante el fin de semana o a las tres de la madrugada, cuando no haya nadie, o casi nadie, conectado.

Los procesos automáticos son ejecutados por un proceso demonio de Linux denominado `cron`. Este proceso se encarga de ejecutar los programas que le indiquemos a determinadas horas. Para ello, `cron` consulta sus archivos de configuración que contienen la lista de acciones que deben ser llevadas a cabo, así como las horas a las cuales se deben ejecutar las acciones. Si la máquina, por cualquier motivo, no estuviese conectada a las horas que `cron` debiera ejecutar las órdenes especificadas, el resultado será que dichas órdenes no se ejecutarán nunca.

crontab

Sintaxis: crontab [-ledc] [archivo]

La orden `crontab` se emplea para manipular el archivo de configuración del directorio de `crontabs` asignado a cada usuario. El directorio de `crontabs` suele ser `/var/spool/cron/crontabs`. Con esta orden, podremos especificar un nuevo archivo de configuración, borrar el actual, editarlo, etc. A continuación se muestran los usos más comunes de la orden indicada:

`crontab archivo` Reemplaza el archivo de configuración actual por el archivo especificado en archivo.

`crontab -l` Lista el archivo de configuración del usuario.

`crontab -e` Permite editar el archivo de configuración del usuario.

`crontab -d` Borra el archivo de configuración del usuario. En algunas versiones de `crontab` se emplea la opción `-r` para borrar el archivo indicado.

`crontab -c dir` Permite definir un nuevo directorio de `crontabs`. Sólo el administrador puede hacer uso de esta opción con éxito.

Existen dos archivos denominados `/etc/cron.allow` y `/etc/cron.deny` para permitir o denegar el uso a los usuarios de la orden `crontab`, respectivamente. Si los archivos anteriores no existen, cualquier usuario podrá utilizar la orden.

15.1.1.   Formato de los archivos de configuración

El formato de los archivos de configuración de `cron` es bastante estándar. Cada línea consta de seis o siete campos, separados por espacios en blanco. El formato de seis campos por línea es el que se muestra seguidamente:

`minuto hora día mes días_semana orden`

Es posible también introducir líneas de comentarios, siempre que comiencen por el carácter #. Cada campo indica lo siguiente:

`minuto` Indica un minuto dentro de una hora. El rango válido va desde 00 hasta 59.

`hora` Es la hora del día. El rango válido va desde 00 hasta 23.

`día` Indica el día del mes. Su rango va desde 1 hasta 31.

`mes` Es el mes del año. Su rango va desde 1 a 12.

`días_semana` Indica un día de la semana. El rango válido va desde 1, que corresponde al lunes, hasta el 7, que corresponde al domingo.

`orden` Es la orden que debe ejecutarse.

Cada uno de los campos anteriores relativos a tiempos (los cinco primeros) puede contener lo siguiente:

- Un asterisco, indicando que el campo es válido para cualquier minuto, hora, día, etc.

- Un entero simple, que identifica a un único minuto, hora, día, etc.

- Una lista de enteros separados por comas, indicando que el campo es válido para cualesquiera de los enteros indicados.

- Dos enteros separados por un guión, con lo cual el campo es válido para cualquier entero comprendido en el rango indicado.

Ejemplo:

Vamos a crear un archivo de configuración que indique a cron que cada media hora, desde las 8:00 hasta las 22:00, durante el mes de mayo, nos envíe a un archivo información, indicándonos quién o quiénes están conectados al sistema. Para ello, el contenido del archivo de configuración debe ser el siguiente:

```
$ cat fich_cron
# minuto hora día mes día_mes orden
0,30 8-22 * 5 * who >> /users/chan/gente
$
```

A continuación, para colocar este archivo en el directorio de crontabs daremos la orden:

```
$ crontab fich_cron
$
```

La orden crontab renombra al archivo fich_cron con el nombre del propietario (en el ejemplo, el usuario es chan) y lo coloca en el directorio de crontabs. A partir de ese momento, cron comprobará si ha llegado la hora de ejecutar la orden, y si es así, lo hará.

Además del método indicado para ejecutar programas a determinadas horas, todos los sistemas Linux soportan la orden at, que permite también ejecutar programas de *shell* a determinadas horas. La orden at se encarga de copiar el programa de *shell* indicado en su directorio de configuración, normalmente /usr/spool/at. La ejecución real de la orden, cuando llegue su hora, la lleva a cabo otro programa diferente de at que se denomina atrun. Es responsabilidad de cron que el programa atrun se ejecute cada cierto tiempo. La forma de llevar a cabo lo anterior consiste en que el administrador del sistema en su archivo de configuración de cron incluya una línea donde se llame al programa atrun del modo siguiente:

```
0,5,10,15,20,25,30,35,40,45,50,55 * * * * /usr/lib/atrun
```

En el caso anterior, el programa atrun se ejecutará cada cinco minutos. No es muy recomendable definir intervalos de tiempo de activación de atrun inferiores a cinco minutos ni mayores que una hora.

El uso del programa at está reservado solamente para aquellos usuarios que aparecen listados en el archivo /etc/at.allow. Veamos seguidamente la sintaxis de la orden at:

at

```
Sintaxis: at opc1 hora[fecha] [+ incremento]
          at opc2 [trabajos]
```

La orden at ejecuta las órdenes que le indicamos desde la entrada estándar a la hora y fecha indicadas. El final de datos de entrada se marca con el carácter fin de archivo Ctrl-d. El campo hora puede darse de forma numérica o como palabra reservada. El campo fecha puede darse como un mes y una fecha, como un día de la semana o como una palabra reservada. El campo incremento es un número entero seguido de una palabra reservada. Veamos las opciones válidas para los dos modos que tenemos de invocar la orden.

opc1: `-f` **archivo** Ejecuta las órdenes contenidas en archivo.

   `-m` Una vez que el trabajo es completado, se enviará correo.

opc2: `-l` Informa sobre la lista de trabajos enviados por el usuario.

   `-r` Permite borrar trabajos que se encuentren en la cola. Para borrar un trabajo de la cola, debemos ser su propietario o el administrador del sistema.

En el campo hora definiremos la hora a la cual deseamos que se ejecute la orden. Tiene el formato `hh:mm [modificadores]`. Los minutos son opcionales y se pueden dar con uno o dos dígitos. Cualesquiera de las siguientes horas son válidas para at: 7, 7:15, 0715. Como modificadores, se pueden emplear las palabras `am` y `pm`. En este caso se asume que se trabaja con una hora basada en un reloj de 12 horas, en lugar de 24. Como palabras reservadas podemos emplear las siguientes: `midnight`, `noon` y `now`. Cuando empleamos la palabra reservada `now`, debe ir seguida de un incremento.

El campo correspondiente a la fecha tiene uno de los dos formatos siguientes: `mes num[año]` o `día`. El campo `mes` hace referencia a uno de los doce meses con su nombre completo o abreviado a las tres primeras letras. `num` es una forma de referirnos al mes de forma numérica, y `año` indica el año correspondiente dado con cuatro dígitos. Si se emplea el segundo formato, `día` indica un día de la semana dado por su nombre completo o abreviado por sus tres primeras letras. También se pueden emplear las palabras `today` y `tomorrow` para referirnos al día actual o al próximo, respectivamente.

El campo incremento especifica un incremento numérico relativo al tiempo actual. El número debe ir precedido de una de las palabras siguientes: *minute* (minuto), *hour* (hora), *day* (día), *week* (semana), *month* (mes) o *year* (año) o sus plurales. La palabra *next* se puede poner como sinónimo de + 1. Cualquiera de los formatos siguientes es válido para at:

```
at 8:30pm Feb 24
at 0930 tomorrow
at 14:20 Mon
at noon
at now + 7 hours
```

   Ejemplo:

```
$ at now + 20 minutes
warning: commands will be executed using (in order) a) $SHELL
b) login shell c) /bin/sh
at> who
at> ls -l
at> <EOT>
job 2 at 2001-06-21 18:47
$
```

   En el ejemplo anterior, las órdenes `who` y `ls -l` serán ejecutadas cuando transcurran 20 minutos. El número 2 es el identificador de trabajo que necesitaremos en caso de querer eliminar la solicitud. Existen otras dos órdenes relacionadas con at, empleadas para manipular la cola de solicitudes. Éstas son `atq` y `atrm`. Su sintaxis se muestra a continuación:

atq

```
Sintaxis: atq
```

Visualiza los trabajos que se encuentran en la cola sin haber sido ejecutados todavía. Normalmente se visualizan en el orden en que serán ejecutados. Los trabajos visualizados son los pertenecientes al usuario que invoca la orden, o todos los que hay en la cola, en caso de que el que ejecute la orden sea el administrador del sistema.

Ejemplo:

```
$ atq
1 2007-06-21 18:46 a chan
2 2007-06-21 18:47 a chan
$
```

En el caso anterior, tenemos dos trabajos encolados con identificadores 1 y 2.

atrm

```
Sintaxis: atrm [trabajo(s)]
```

Esta orden se utiliza para eliminar de la cola los trabajos especificados por su identificador de trabajo.

Ejemplo:

```
$ atq
1 2007-06-21 18:46 a chan
2 2007-06-21 18:47 a chan
$ atrm 1
$ atq
2 2007-06-21 18:47 a chan
$
```

Para eliminar un trabajo con `atrm`, es necesario conocer su identificador, cosa que podemos lograr haciendo uso de la orden `atq`. Como podemos apreciar, después de ejecutar `atrm` eliminamos el trabajo cuyo identificador indicamos.

Cualesquiera de las órdenes comentadas para ejecutar órdenes a un tiempo prefijado asumen que la hora del sistema es correcta. Sin embargo, por múltiples razones, la suposición anterior puede ser falsa. En estos casos es necesario modificar la fecha del sistema y para ello podremos emplear diversas órdenes, dos de las cuales comentamos seguidamente. La primera es la orden `date` que ya fue tratada en un capítulo anterior, aunque no comentamos nada acerca de cómo puede utilizarse para modificar la fecha. La opción -s seguida de la nueva fecha se emplea para este propósito. El siguiente ejemplo ilustra un caso particular:

```
# date
# date
jue jun 21 18:39:10 CEST 2001
# date -s "Jun 21 18:42:00 CEST 2001"
jue jun 21 18:42:00 CEST 2001
#
#
```

Es evidente que para poder modificar la fecha del sistema debemos ser administrado-res, si no es así la orden fallará. La segunda orden que vamos a describir y que también permite modificar la fecha es la orden rdate.

rdate

Sintaxis: rdate [-p] [-s] [servidor]

La orden rdate se emplea para determinar la hora de una máquina remota o también para sincronizar la hora del sistema local con el de una máquina remota. La opción -p se emplea para visualizar la hora de un servidor remoto y la opción -s se emplea para definir la fecha acorde con lo indicado por la máquina remota.

Ejemplo:

```
$ rdate -p www.cs.berkeley.edu
[www.cs.berkeley.edu] Thu Jun 21 18:44:37 2001
$
```

En este primer ejemplo hemos visualizado la fecha del ordenador remoto que ni si-quiera es de nuestro huso horario por encontrarse en Estados Unidos. La orden rdate se encarga de realizar de modo trasparente las traducciones pertinentes.

En el siguiente ejemplo vamos a modificar nuestra fecha para sincronizarla con la de un ordenador remoto:

```
# rdate ftp.fi.upm.es
[ftp.fi.upm.es] Thu Jun 21 18:45:23 2001
# rdate -s ftp.fi.upm.es
# date
jue jun 21 18:45:42 CEST 2001
#
```

En el ejemplo anterior, después de comprobar que la hora del servidor es correcta, sincronizamos la nuestra con la del ordenador remoto.

15.2. Compresores

Los programas compresores son herramientas que nos permiten reducir el tamaño de los archivos a partir de algún mecanismo de compresión de datos. Sin ninguna duda, los compresores más utilizados en el mundo Linux son `compress`, `gzip` y `bzip2`. Ambos basan su compresión en el empleo de un algoritmo adaptativo denominado algoritmo de Lempel-Ziv. La compresión de datos es un aspecto muy importante, puesto que permite aprovechar espacio en disco o, en el caso de realizar copias de seguridad, ahorra espacio y tiempo. Veamos seguidamente los dos compresores más utilizados.

`gzip`

Sintaxis: gzip [opciones] archivo(s)

La orden `gzip` se emplea para comprimir los datos de los archivos. Siempre que sea posible, cada archivo que tratamos con `gzip` es reemplazado por su equivalente comprimido, al cual se le añade la extensión `.gz`, manteniendo los derechos originales y la fecha.

Los archivos comprimidos pueden ser restaurados (descomprimidos) haciendo uso de las órdenes `gzip -d` o `gunzip`. `gunzip` también reconoce las extensiones `.tgz` y `.taz`, que son los nombres cortos de las extensiones `.tar.gz` y `.tar.Z`, respectivamente.

Opciones:

`-c` La salida de `gzip` va a parar a la salida estándar. Esta opción puede utilizarse para visualizar por pantalla archivos de texto comprimidos.

`-d` Descomprime archivos comprimidos.

`-l` Visualiza información de los archivos comprimidos.

`-q` Suprime todos los mensajes de atención.

`-r` Recursivo. Con esta opción, `gzip` se mueve recursivamente por los subdirectorios, si alguno de los archivos especificados desde la línea de órdenes es un directorio.

`-t` Comprueba la integridad de los archivos comprimidos.

`-v` modo verboso. Visualiza el nombre y el porcentaje de reducción para cada archivo comprimido o descomprimido.

`-1` Comprime rápido (la relación de compresión es menor).

`-9` Comprime mejor (tarda más tiempo en comprimir).

Entre el 1 y el 9 se pueden considerar todas las opciones intermedias. El valor utilizado por defecto es el 6 (equilibrio entre velocidad y porcentaje de reducción de tamaño).

Ejemplo:

```
$ ls -l iwooos96-ipc.ps
-rw-rw-r-- 1 chan users 219390 may 24 2000 iwooos96-ipc.ps
$ gzip -v iwooos96-ipc.ps
iwooos96-ipc.ps: 50.2% -- replaced with iwooos96-ipc.ps.gz
$ ls -l iwooos96-ipc.ps.gz
-rw-rw-r-- 1 chan igx 109129 may 24 2000 iwooos96-ipc.ps.gz
$
```

En el caso del ejemplo, el porcentaje de reducción es del 50,2 %, se pasa del tamaño del archivo original de 219.390 bytes al tamaño del archivo comprimido, 109.129 bytes. El porcentaje de reducción suele estar comprendido entre el 50 % y 70 % para archivos de texto.

Ahora, para descomprimir el archivo debemos emplear la orden siguiente:

```
$ gzip -d iwooos96-ipc.ps.gz
$ ls -l iwooos96-ipc.ps
-rw-rw-r-- 1 chan igx 219390 may 24 2000 iwooos96-ipc.ps
$
```

bzip2

Sintaxis: bzip2 [opciones] archivo(s)

La orden `bzip2` se utiliza para comprimir archivos. Al archivo resultante se le añade la extensión `.bz2`. Los archivos comprimidos con `bzip2` pueden ser descomprimidos con `bunzip2` o `bzip2 -d`.

Opciones:

-c Provoca que la salida de `bzip2` vaya dirigida a la salida estándar.

-d Descomprime.

-v Modo verboso. Cada vez que se comprime un archivo, se visualiza el porcentaje de reducción de tamaño.

Ejemplo:

```
$ bzip2 -v /home/oscar/Desktop/Permisos_2008.pdf
/home/oscar/Desktop/Permisos_2008.pdf:
1.298:1,  6.164 bits/byte, 22.95% saved, 124578 in, 95987 out.
```

Vamos a comentar a continuación un método bastante extendido, que se emplea para almacenar de forma comprimida, el contenido de todo un árbol de directorios en un único archivo. A esta técnica se la denomina archivado y, por lo tanto, a las herramientas utilizadas, archivadores.

15.2.1. Archivadores

Estos programas toman varios archivos de entrada y los combinan en un único archivo de salida. La idea es almacenar un archivo detrás de otro, incluyendo la metainformación necesaria para poder recuperar de forma individual cada archivo original, aunque esto suponga recorrer toda la información que se encontrara almacenada previamente.Antiguamente esto era muy útil para almacenar información en cintas magnéticas que tienen un marcado carácter secuencial. Aunque ya casi no se emplean cintas, esta técnica sigue siendo útil cuando queremos distribuir de forma sencilla un conjunto de archivos conservando además su estructura de directorios. Por ejemplo, suponga que tenemos la siguiente estructura de directorios:

```
documentacion
|-- diagramas
|   |-- evolucion.dia
|   |-- historico.dia
|   `-- tendencias.dia
|-- fotos
|   |-- invierno
|   |   |-- hielo.png
|   |   `-- nieve.png
|   |-- otoño
|   |-- primavera
|   `-- verano
|-- maquetacion
`-- textos
    |-- estaciones.tex
    |-- introduccion.tex
    `-- relaciones.tex

8 directories, 8 files
```

Podemos agrupar toda esta estructura de directorios en un único archivo utilizando la orden tar.

```
$ tar cvf miDocumento.tar documentacion
documentacion/
documentacion/textos/
documentacion/textos/introduccion.tex
documentacion/textos/estaciones.tex
documentacion/textos/relaciones.tex
documentacion/diagramas/
documentacion/diagramas/evolucion.dia
documentacion/diagramas/tendencias.dia
documentacion/diagramas/historico.dia
documentacion/fotos/
documentacion/fotos/primavera/
documentacion/fotos/verano/
documentacion/fotos/otoño/
documentacion/fotos/invierno/
documentacion/fotos/invierno/nieve.png
documentacion/fotos/invierno/hielo.png
documentacion/maquetacion/

$ ls -l miDocumento.tar
-rw-r--r-- 1 oscar oscar 10240 2008-04-20 17:15 miDocumento.tar
$
```

Los modificadores empleados con esta orden tienen el siguiente significado:

c (create) Indica que la operación que se desea realizar es la creación de un nuevo archivador. Más adelante utilizaremos su equivalente para extracción, la **x**.

v (verbose) Hace que `tar` imprima información con el nombre del archivo que se encuentre procesando en cada momento. Sin este modificador no habría salido el anterior listado de archivos procesados.

f (file) Hace que `tar` almacene la información en el archivo que se especifica a continuación. Si no se indica esto, `tar` entiende que se desea utilizar el dispositivo de cinta.

Ahora podemos utilizar nuestro archivador para reconstruir la estructura y los datos originales. Los modificadores son muy similares, salvo que en vez de utilizar **c** (*create*) utilizaremos **x** (*extract*). Por ejemplo:

```
$ tar xvf miDocumentacion.tar
documentacion/
documentacion/textos/
documentacion/textos/introduccion.tex
documentacion/textos/estaciones.tex
documentacion/textos/relaciones.tex
documentacion/diagramas/
documentacion/diagramas/evolucion.dia
documentacion/diagramas/tendencias.dia
documentacion/diagramas/historico.dia
documentacion/fotos/
documentacion/fotos/primavera/
documentacion/fotos/verano/
documentacion/fotos/otoño/
documentacion/fotos/invierno/
documentacion/fotos/invierno/nieve.png
documentacion/fotos/invierno/hielo.png
documentacion/maquetacion/
```

Es interesante resaltar que `tar` incluye información sobre el propietario, el grupo, así como otros datos que mantenía el sistema de archivos donde se hallaban los archivos originales. Esto hace que `tar` sea una herramienta utilizada con frecuencia para realizar copias de seguridad.

Una vez realizada la operación de archivado suele ser habitual comprimir el archivo resultante para que su almacenamiento ocupe menos espacio. Los compresores más habituales para esto son `gzip` y `bzip2`. Podemos ejecutar estos compresores manualmente sobre el archivador generado por `tar`, o bien pedir a `tar` que lo haga por nosotros especificando los modificadores **z** o **j**, según queramos utilizar compresión `gzip` o `bzip2` respectivamente. Existe un esquema de nombrado muy extendido para saber a simple vista si un archivador está comprimido y, si lo está, con qué sistema de compresión. El nombre de un archivador siempre termina en `.tar`. Si está comprimido con `gzip` terminará en `.tar.gz` o bien en `.tgz`. Por el contrario, si está comprimido con `bzip2` terminará en `.tar.bz2`.

Como era de esperar, los archivadores pierden su atractivo si la información que almacenamos es volátil o se accede a ella de forma aleatoria. Las operaciones de borrado implicarían el desplazamiento físico de todos los elementos consecutivos, o bien la inutilización del hueco generado por el borrado. Un archivo no puede crecer una vez archivado por el mismo motivo. Además, el acceso a un elemento concreto dentro del archivador requiere recorrer todos los elementos previos hasta llegar al que buscamos. Si partimos del hecho de que necesitamos almacenar información que se modifica con frecuencia entonces tenemos que cambiar nuestra estrategia y emplear alguna otra técnica, por ejemplo sistemas de archivos o bases de datos.

15.3.   El sistema de registro de eventos de Linux

Una de las tareas habituales de un administrador de sistemas es la monitorización del sistema. Linux utiliza un subsistema denominado `syslog` para llevar a cabo esta labor. `syslog` permite registrar los eventos que ocurren en un sistema (por ejemplo, el acceso de un usuario) clasificándolos según su origen (*facility*) y su nivel de prioridad o importancia (*level*).

Las entradas en los archivos de registro pueden proceder de varios subsistemas, concretamente:

`auth` para el sistema de autenticación.

`authpriv` para información relativa a la seguridad del sistema.

`cron` para el sistema de actividades periódicas `cron`.

`daemon` para los procesos que se ejecutan en segundo plano como demonios.

`ftp` para el sistema de transferencia de archivos.

`kern` para los mensajes del `kernel`.

`lpr` para el subsistema de gestión de impresoras.

`mail` para el subsistema de correo.

`news` para el subsistema de noticias.

`security` actualmente se encuentra en desuso y se considera seudónimo de `Auth`.

`syslog` para los eventos del propio subsistema de registro.

`user` para eventos definidos por el usuario.

`uucp` para el sistema `uucp` (*Unix to Unix copy*).

`local0-7` para registrar los eventos que ocurren durante cada uno de los niveles de arranque correspodientes.

Los eventos originados por cualquiera de los anteriores subsistemas pueden clasificarse según su importancia en un determinado nivel. Los niveles reconocidos por el sistema de registro son:

emerg (*panic*) mensajes relativos a condiciones que pueden hacer que el sistema no pueda utilizarse. Habitualmente los mensajes de este nivel se difunden a todos los usuarios.

alert condiciones del sistema que requieren una actuación inmediata, por ejemplo corrupción de una base de datos.

crit situaciones críticas, por ejemplo el fallo de un disco duro.

err errores generales, por ejemplo un fallo en el sistema de comunicaciones de una aplicación.

warning mensajes de advertencia general, por ejemplo la inminente falta de espacio en un sistema de archivos.

notice notificaciones generales.

info mensajes de carácter informativo, por ejemplo la entrega de correo por parte de ese subsistema.

debug mensajes de depuración, por ejemplo la activación de un determinado módulo en un programa.

15.3.1. Configuración del sistema de registro

La configuración del sistema de registro se lleva a cabo a través del archivo `syslog.conf` que se encuentra en directorio `/etc`. En él podemos establecer las reglas a seguir a la hora de registrar cada suceso. Cada regla contiene dos campos: un selector y la acción asociada a ese selector. Ambos campos se separan mediante espacios o tabuladores. El campo del selector contiene un par que especifica el origen y el nivel, siguiendo la sintaxis `origen.nivel`, al que se debe asociar una acción.

Las líneas que comienzan por un carácter `#` se consideran comentarios y por lo tanto son ignoradas por `syslogd`.

Selectores

Los selectores sirven para determinar el subsistema que origina el registro y el nivel de importancia de dicho registro. Se componen de dos partes separadas por un punto siguiendo la sintaxis:

```
origen.nivel
```

El campo `origen` puede ser cualquiera de los siguientes: `auth`, `authpriv`, `cron`, `daemon`, `kern`, `lpr`, `mail`, `mark`, `news`, `security` (sinónimo de `auth`), `syslog`, `user`, `uucp` y `local0` hasta `local7`

El campo `nivel` puede ser cualquiera de los siguientes: `debug`, `info`, `notice`, `warning`, `warn` (sinónimo de `warning`), `err`, `error` (sinónimo de `err`), `crit`, `alert`, `emerg`, `panic` (sinónimo de `emerg`)

Podemos utilizar el carácter comodín * para referirnos a todos los orígenes y todos los niveles dependiendo de dónde lo coloquemos. También podemos utilizar la palabra reservada `none` para referirnos a ningún nivel de un determinado origen.

Es posible especificar varios orígenes con el mismo nivel de prioridad, separando dichos orígenes con una coma. También se pueden escribir varios selectores para una misma acción separando los selectores con un punto y coma.

Acciones

Este campo determina las acciones que se deben tomar con cada registro dado por un selector. La acción más elemental es proceder a su registro en un fichero, pero también se pueden conseguir comportamientos distintos según sea la acción un:

Archivo convencional debe darse con el camino completo desde /. Todos los eventos del selector se registran dentro del archivo dado.

Archivos fifo Es posible utilizar una tubería con nombre como destino de los mensajes del sistema de registro. Para esto basta con colocar el símbolo "|" antes del nombre de la tubería.

Consolas y terminales El destino de los mensajes puede ser también un terminal, por ejemplo `/dev/console`.

Máquinas conectadas en red el demonio `syslogd` permite enviar los archivos de registro a otra máquina conectada a través de una red que disponga también de este subsistema. Si se desea enviar los registros de una máquina a otra simplemente debemos colocar, en el campo de la acción correspondiente el nombre de la máquina precedido por una @. Por su parte, la máquina que recoge los registros debe ejecutar el demonio `syslogd` con la opción `-r`, ya que por defecto dicho demonio no escucha la red (512/UDP)

Usuarios Se puede notificar la ocurrencia de un determinado evento a un usuario colocando en el campo de acción el nombre de *login* de dicho usuario o usuarios, separados por comas.

Todos los usuarios conectados Cuando ocurre algún suceso especialmente urgente, normalmente se notifica a todos los usuarios que se encuentren conectados al sistema. Para conseguir este efecto basta con colocar un carácter "*" en el campo de acción.

15.3.2.   Utilidades

Para que podamos enviar nuestros propios mensajes al sistema de registro de eventos, se pone a nuestra disposición la orden `logger`.

logger

Sintaxis: logger -p facility.level mensaje

Por ejemplo. Si queremos registrar el mensaje ''Reiniciando sistema de correo electrónico'' en mail con carácter informativo utilizaremos la orden:

```
# logger -p mail.info "Reiniciando sistema de correo electrónico"
#
```

Comprobaremos el resultado de esa orden inspeccionando el archivo de registro de correo electrónico /var/log/mail con la orden cat de la siguiente forma:

```
# cat /var/log/mail
Jun 15 13:35:33 ccplus oscarg: Reiniciando sistema de correo
electrónico
#
```

15.3.3.   Ejemplo de aplicación

A continuación veremos cómo configurar el sistema de registro para adaptarlo a nuestras necesidades particulares. Por ejemplo, si queremos que todos los eventos generados a través del origen user sean registrados en el archivo /var/log/sysconta añadiremos la siguiente regla al archivo de configuración /etc/syslog.conf:

```
# Save boot messages also to boot.log
local7.* /var/log/boot.log
#Registrar todos los eventos de USER al archivo sysconta
user.* /var/log/sysconta
```

Cuando un usuario abre un intérprete de órdenes se ejecuta el *script* /etc/bash.bashrc. Se desea llevar un registro de todos los usuarios que entran al sistema con su hora de entrada al mismo. Los registros se canalizarán a través del origen user y tendrán categoría info. Cada una de las entradas al registro estará etiquetada con la palabra clave ContaUser y se registrarán en el archivo /var/log/contauser. Cuando se realicen los cambios oportunos en el sistema de registro se deben conservar los realizados en el ejercicio anterior.

Los cambios a introducir en el archivo /etc/syslog.conf son los siguientes:

```
#Registrar todos los eventos de USER al archivo sysconta
user.* /var/log/sysconta
#Registrar user.info en contauser
user.info /var/log/contauser
```

Se tiene un pequeño sistema para servicios de Internet compuesto por tres máquinas. La primera de ellas es un servidor web, la segunda un servidor de base de datos y la tercera un servidor de correo electrónico. El administrador del sistema dispone de un ordenador en su despacho conectado a la misma red que las máquinas anteriores. El nombre simbólico de su ordenador es `Sysadmin`. Con objeto de facilitar la administración de los tres equipos es necesario que todas las máquinas servidoras envíen sus mensajes de registro al equipo del administrador según la siguiente tabla:

Máquina	Eventos	origen.nivel
Servidor web	Conexiones seguras	`local1.warning`
Servidor de correo	todos	`mail.*`
SGBD	Falta de espacio en disco	`daemon.alert`

¿Qué cambios deben realizarse en cada una de las máquinas?

- En el servidor web:

```
#syslog.conf del servidor web
daemon.warning @sysadmin
```

- En el servidor de correo:

```
#syslog.conf del servidor de correo
*.* @sysadmin
```

- En el servidor de bases de datos:

```
#syslog.conf del SGBD
daemon.alert @sysadmin
```

- En la máquina `sysadmin`:

  En la máquina `sysadmin` sería necesario ejecutar el demonio `syslogd` con la opción `-r` con objeto de activar la recepción de los registros.

15.4. Administración del sistema de impresión

Cualquier sistema operativo debe proporcionar las herramientas necesarias para permitir que los usuarios puedan enviar documentos a la impresora o impresoras presentes en el sistema, así como controlar la impresión de los diferentes trabajos. También debe proveer al administrador de las herramientas necesarias para poder añadir impresoras locales o remotas al sistema, eliminarlas, controlar las diferentes colas de trabajos, etc. En este capítulo nos vamos a centrar en el sistema de impresión utilizado en Linux.

15.4.1.   Sistema de impresión de Linux

El sistema de impresión de Linux está compuesto por un conjunto de utilidades y demonio de impresión encargado de manipular el sistema de *spool*Peripheral Operation On Line) fue empleado por primera vez por IBM en las máquinas IBM 360.de manipular todas las colas de impresión. En principio, para imprimir un documento bastaría con ejecutar una orden como la siguiente:

```
$ cat archivo > /dev/lp0
```

suponiendo que /dev/lp0 es el archivo dispositivo asociado a la impresora. A pesar de su simpleza, no es el mecanismo más adecuado cuando deseamos obtener el máximo partido a nuestro sistema, aunque es muy útil para comprobar si la impresora funciona adecuadamente o no. En caso afirmativo, lo mejor es configurar seguidamente el demonio lpd con objeto de que sea él el encargado de manejar las colas de impresión de los diferentes trabajos.

lpd

Sintaxis: lpd [-l]

El demonio lpd es el encargado de manejar todos los trabajos de impresión. Si éste no está activo, no se podrá imprimir ningún trabajo. Cualquier intento de impresión sólo provoca que los distintos trabajos de impresión vayan siendo encolados en el directorio de gestión de colas hasta que lpd sea activado. Esta activación se produce generalmente en el arranque del sistema. La opción -l se emplea para que se genere un archivo de registro con cada petición de impresión. Esto puede ser muy útil cuando estamos llevando a cabo labores de depuración.

El modo de operación de lpd está determinado por un archivo de configuración denominado /etc/printcap. Este archivo es un archivo de texto y su aspecto inicial es relativamente críptico, por esta razón lo describiremos paso por paso.

/etc/printcap consta de diferentes entradas, cada una de las cuales describe una impresora. Cada entrada consta de diferentes campos que definen el modo de operación de la impresora descrita: nombre lógico, archivo de dispositivo asociado, directorio de *spool*, archivo de registro de errores, filtro de los datos que se envían a la impresora, etc. A continuación describimos los campos más usuales empleados en cada entrada de descripción de impresora:

lp Este campo especifica el archivo de dispositivo al que se enviarán los datos para ser impresos. A no ser que vayamos a emplear una impresora remota, este campo debe tomar un valor, por ejemplo, lp=/dev/lp1.

sd Este campo se emplea para especificar el directorio de *spool* (*spool directory*) donde se encolan los trabajos. Un valor posible podría ser sd=/usr/spool/lpd/ibm4019ps. El directorio de *spool* es necesario que exista con objeto de evitar errores en la impresión. Esta operación debe llevarla a cabo el administrador siempre que añada una impresora nueva.

lf Sirve para especificar cuál es el archivo donde se registrarán los posibles errores. Este archivo debe existir, ya que si no es así, los errores no serán registrados. Una entrada válida podría ser la siguiente: lf=/usr/spool/lpd/ibm4019ps/Errores.

if Este campo especifica el filtro que será aplicado al archivo antes de ser enviado a la impresora. Es muy común aplicar un filtro a los archivos de texto ASCII cuando han de ser enviados a una impresora *PostScript*.

rm Especifica el nombre del sistema remoto de impresión. En este caso, el campo lp debe quedar vacío.

rp Especifica el nombre de la impresora remota. No olvide dejar vacío el campo `lp` en este caso.

Un ejemplo de archivo `/etc/printcap` podría ser el siguiente:

```
$ cat /etc/printcap
#
# Please don't edit this file directly unless you know what you are doing!
# Be warned that the control-panel printtool requires a very strict format!
# Look at the printcap(5) man page for more info.
#
# This file can be edited with the printtool in the control-panel.
##Impresora POSTSCRIPT 300x300 letter  PostScript Default
lp:textbackslash
:sd=/var/spool/lpd/lp:textbackslash
:mx#0:textbackslash
:sh:textbackslash
:rm=172.29.16.54:textbackslash
:rp=lp:textbackslash
:if=/var/spool/lpd/lp/filter:
##IMPRESORA IBM4019
ibm4019ps:textbackslash
:sd=/var/spool/lpd/ibm4019ps:textbackslash
:mx#0:textbackslash
:sh:textbackslash
:lp=/dev/lp1:
$
```

Las órdenes que vamos a comentar a continuación trabajan de forma predeterminada con una impresora denominada `lp`. En caso de querer trabajar por defecto con otra impresora, debemos iniciar la variable PRINTER con el valor deseado. Si por ejemplo queremos que la impresora por defecto sea `ibm4019ps`, deberemos incluir una orden como la siguiente:

```
$ export PRINTER=ibm4019ps
$
```

A partir de este momento siempre que mandemos imprimir un archivo éste será enviado a la impresora `ibm4019ps`.

lpr

Sintaxis: lpr [-PImp][-h][-#Num] [archivo(s)]

La orden `lpr` se emplea para enviar los trabajos especificados a la cola de impresión. Si a `lpr` no se le especifica ningún trabajo, leerá de la entrada estándar. Esta orden admite múltiples opciones. A continuación se citan las más importantes:

-PImp Permite especificar la impresora (`Imp`) a la que se enviarán los trabajos. Si no se especifica ninguna impresora, se empleará la que esté configurada por defecto.

-h Elimina la primera hoja de cabecera.

-#Num Con esta opción `lpr` realizará tantas copias del trabajo como las especificadas en `Num`.

Ejemplo:

```
$ lpr tlk-0.1-13-19.ps
$
```

lpq

Sintaxis: lpq [-PImp]

La orden `lpq` se emplea para analizar el estado de la cola de impresión. Por cada trabajo nos devuelve su identificador, el cual es necesario conocer si queremos cancelarlo. Además, `lpq` nos muestra un indicador que toma el valor `active` si el trabajo está en proceso de impresión o un número que nos indica su posición en la cola para el resto de los trabajos. La opción `-PImp` se emplea para especificar que deseamos conocer la cola de trabajos asociada a una determinada impresora.

Ejemplo:

```
$ lpq
ibm4019ps is ready and printing
Rank Owner Job Files Total Size
active chan 2 tlk-0.1-13-19.ps 28580 bytes
$
```

lprm

Sintaxis: lprm [-PImp] [-] [Trabajo #] [Usr]

La orden `lprm` se emplea para cancelar trabajos que previamente han sido lanzados a la cola de impresión. Para cancelar un determinado trabajo es necesario conocer su identificador de trabajo, el cual es devuelto por la orden `lpq`. Si queremos cancelar todos nuestros trabajos, especificaremos como identificador el carácter `-`. Las opciones más usuales son las siguientes:

`-PImp` Especifica la impresora (Imp) de la que deseamos cancelar el o los trabajos.

`-` Cancela todos los trabajos lanzados por el usuario. Si esta opción la emplea el administrador del sistema, se cancelarán los trabajos de todos los usuarios.

`Trabajo #` Especifica el número de trabajo de la cola. Este número es devuelto por la orden `lpq`.

`Usr` Esta opción la utiliza el administrador del sistema para cancelar los trabajos enviados por un determinado usuario.

Ejemplo:

```
$ lprm 2
dfA002Aa01958 dequeued
cfA002Aa01958 dequeued
$ lpq
no entries
$
```

lpc

Sintaxis: lpc

La orden `lpc` se utiliza para comprobar el estado de todas las impresoras, así como para controlar determinados aspectos relacionados con las mismas. Esta orden operará de modo interactivo en caso de no especificar ningún parámetro. Las opciones más comunes de esta orden son las siguientes:

enable {Imp|all} Esta orden se emplea para activar la cola de impresión de la impresora Imp o de todas las impresoras (all).

disable {Imp|all} Se utiliza para desactivar la cola de impresión de la impresora Imp o de todas las impresoras (all).

start {Imp|all} Con esta orden se permite que la impresora especificada por Imp, o todas ellas (all), comiencen a imprimir los trabajos que previamente han sido colocados en las respectivas colas.

stop {Imp|all} Se emplea para detener la impresora especificada por Imp o todas (all), pero se permite que los trabajos sigan llegando a las respectivas colas.

status {Imp|all} Muestra el estado actual de la impresora especificada por Imp o de todas las impresoras (all). La información que muestra es el estado de las colas, el estado de las impresoras y el número de trabajos que están esperando para ser impresos.

restart Se emplea para intentar reiniciar el demonio de impresión.

exit Se emplea para salir de la orden `lpc` cuando la empleamos en modo interactivo. Se puede emplear también la orden `quit` para este propósito.

Ejemplos:

```
# lpc status
lp:
queuing is enabled
printing is enabled
no entries
no daemon present
ibm4019ps:
queuing is enabled
printing is enabled
no entries
no daemon present
#
# lpc disable ibm4019ps
ibm4019ps:
queuing disabled
#
```

15.5.   Ejercicios

15.1 Cree un archivo `crontab` que permita eliminar todos los archivos que se encuentren en el disco cuyo nombre sea `core` y no hayan sido modificados en los últimos cinco días. Este programa debe ejecutarse todos los días, de lunes a viernes, a las 3 de la madrugada.

15.2 Haciendo uso de la orden `at`, deje preparado un mensaje para que sea enviado por correo a todos los usuarios de su sistema el día 25 de diciembre del presente año. Compruebe a continuación que el mensaje está en cola para ser enviado. ¿Cómo se podría eliminar dicho mensaje?

15.3 Utilizando la orden `tar`, introduzca todo su directorio `HOME` (incluidos subdirectorios) en un archivo denominado `datos`. El archivo debe quedar comprimido.

15.4 Extraiga el contenido del archivo `datos` en un directorio denominado `tmp` que esté en su directorio de arranque.

15.5 Haciendo uso del sistema `cron`, programe una tarea para que se realice una copia de seguridad del directorio `/home` todos los días a las 23:00. La copia de seguridad se realizará con la orden `tar`, estará comprimida y se almacenará en el directorio `/var/copias`.

15.6 Configure el sistema de registro de eventos para que todos aquellos relacionados con el correo electrónico se almacenen en el archivo `/var/log/email`.

15.7 Añada una entrada al archivo de registro utilizando la orden `logger`. La entrada deberá proceder del sistema de correo electrónico (`mail`) y tendrá nivel `info`. ¿En qué archivo quedará almacenada la entrada?

15.8 Programe una tarea periódica para que todos los días a las 21:00, se guarde una copia comprimida del archivo `/var/log/email` en `/var/copiasLogs`. Después de hacer la copia se vaciará el contenido del archivo `/var/log/email`.

15.9 Conecte su impresora y redireccione a su archivo de dispositivo correspondiente el contenido de un archivo de texto.

15.10 Antes de poner en marcha el sistema de impresión elimine cualquier petición que esté encolada. ¿Qué orden debe emplear para ello?

15.11 Ponga en marcha su impresora para que sea la impresora por defecto de su sistema.

15.12 Desactive momentáneamente la impresora y envíe un trabajo a la misma. ¿Qué ocurre?

15.13 ¿Cuántos trabajos están esperando a ser impresos?

15.14 Vuelva a activar la impresora. ¿Qué ocurre?

Parte III

Anexos

Bibliografía

[90-367-0385-9, 1994] 90-367-0385-9, I., editor (1994). *Design and Implementation of the Second Extended Filesystem.* Proceedings of the First Dutch International Symposium on Linux. Disponible en `http://www.mit.edu/afs/athena.mit.edu/user/t/y/tytso/www/linux/ext2intro.html`.

[Anderson et al., 1993] Anderson, C., Doucette, D., Glover, J., Hu, W., Nishimoto, M., Peck, G., and Sweeney, A. (1993). xfs project architecture. Technical report, Silicon Graphics.

[Bach, 1986] Bach, M. J. (1986). *The Design of the UNIX Operating System.* Prentice-Hall International Editions. Este manual describe con bastante detalle la arquitectura de UNIX System V de AT&T. No es un libro dedicado a programadores, ya que su enfoque es descriptivo, pero es esencial para conocer las ideas implicadas en la codificación del núcleo de UNIX. Debido a los derechos que AT&T tiene sobre el código del sistema, el autor no lo publica. Sin embargo, opta por incluir el seudocódigo de algunos de los algoritmos que describe.

[Bolsky and Korn, 1995] Bolsky, M. and Korn, D. (1995). *The Korn Shell Command and Programming Language.* Prentice Hall, 2nd edition. Es la referencia obligada de aquellos que quieren conocer a fondo el intérprete de órdenes Korn (ksh). Describe todas las peculiaridades de este intérprete de órdenes, así como su programación.

[Bovet and Cesati, 2002] Bovet, D. P. and Cesati, M. (2002). *Understanding the Linux kernel.* O'Rcilly, 2nd cdition. Es un libro que describe el núcleo de Linux en su versión 2.4. Cubre todos los aspectos de esta versión del núcleo excepto el sistema de red. No se trata de una descripción general de cada uno de los componentes constituyentes de este sistema operativo independiente de la arquitectura, sino que se centra en la arquitectura 80x86, ésta es su característica fundamental y su principal ventaja, pero también puede ser un inconveniente para aquel lector no interesado en aspectos de bajo nivel. La inclusión y descripción de código del sistema se hace con diferentes niveles de detalle en cada capítulo.

[Brooks, 1995] Brooks, F. P. J. (1995). *The Mythical Man-Month: Essays on Software Engineering.* Addison-Wesley, 20th anniversary edition. Es un libro sorprendente y pragmático sobre el desarrollo del sistema operativo OS/360 de IBM. En él el autor describe todas las peripecias, problemas y errores comunes en el desarrollo de sistemas software complejos con multitud de programadores. Es una lectura muy recomendable y amena.

[Burks et al., 1946] Burks, A. W., Goldstine, H. H., and von Neumann, J. (1946). Preliminary discussion of the logical design of an electronic computing instrument. Technical report, Institute for Advanced Studies. University of Princeton

[Burns and Wellings, 2001] Burns, A. and Wellings, A. (2001). *Real-Time Systems and their Programming Languages.* Addison Wesley Longmain, 3rd edition.

[Butazzo, 1997] Butazzo, G. (1997). *Hard Real-Time Computing Systems.* Kluwer Academic Publishers.

[Coulouris et al., 2005] Coulouris, G. F., Dollimore, J., and Kindberg, T. (2005). *Distributed Systems. Concepts and Design.* Addison-Wesley Publishing Company, 4th edition. Este libro proporciona una introducción a los principios utilizados en el diseño y construcción de sistemas distribuidos basados en redes de estaciones de trabajo y servidores. Algunos de los temas tratados en el libro son de importancia fundamental: llamadas a procedimientos remotos, servidores de archivos, transacciones atómicas, replicación de archivos y mecanismos de protección y seguridad. En esta tercera edición se centra mucho en sistemas de objetos distribuidos como CORBA y Java RMI.

[de Castro, 2001] de Castro, R. S. (2001). Linux 2.4 virtual memory overview. *Compressed Caching for Linux.* `http://linuxcompressed.sourceforge.net/linux24-cc/vm24/oom_kill.html`.

[Deitel et al., 2004] Deitel, H. M., Deitel, P. J., and Choffnes, D. R. (2004). *Operating Systems.* Prentice Hall, 3rd edition. Es un libro que aborda la temática de los sistemas operativos de una forma general, con gran cantidad de apuntes históricos. Ofrece una visión amplia de los sistemas operativos más comunes como, UNIX, Linux, Windows XP, etc.

[Fernández, 2004] Fernández, G. (2004). *Conceptos básicos de arquitectura y sistemas operativos.* Publicaciones ETSITM, Madrid, 5 edition. Simple y llanamente, un gran libro sobre conceptos generales de arquitectura y sistemas operativos. Es de destacar en él cómo paso a paso y desde una arquitectura simple llega a construirse un sistema operativo multitarea. Es un libro muy didáctico.

[Florido, 2000] Florido, J. I. S. (2000). Journal file systems. *Linux Gazette.*

[Gaffin and Heitkötter, 1994] Gaffin, A. and Heitkötter, J. (1994). *Big Dummy's Guide to the Internet.* Electronic Frontier Foundation. Ésta es una guía muy buena para aquellos usuarios que utilizan Internet. Esta guía puede obtenerse en la dirección `http://www.nas.com/bdgtti/bdg_toc.html`.

[Garfinkel and Spafford, 1996] Garfinkel, S. and Spafford, G. (1996). *Practical UNIX Security & Internet Security.* O'Reilly, 2nd edition. Es simplemente el mejor libro en el campo de la seguridad de los sistemas UNIX. Describe cómo se puede hacer que su sistema sea lo más seguro posible. Es una obra muy recomendable.

[Gillies, 2008] Gillies, D. (Accedido por última vez en mayo de 2008). *The Frequently Asked Questions.* Actualizado periódicamente. Se puede conseguir en `http://www.faqs.org/faqs/realtime-computing/faq/`.

[Gilly and Staff, 1992] Gilly, D. and Staff, O. (1992). *UNIX in a Nutshell (para System V y Solaris 2).* O'Reilly, 2nd edition. Es una excelente guía de referencia para la mayoría de las órdenes de UNIX junto con sus opciones. Además, incluye abundantes ejemplos ilustrativos que favorecen la comprensión del texto.

[Hahn, 1996] Hahn, H. (1996). *A Student's Guide to UNIX.* McGraw Hill, 2nd edition. Es un gran libro para aquellos que desean introducirse en el sistema operativo UNIX. El autor aporta todo aquello que un principiante desea conocer: órdenes, utilidades, intérpretes de órdenes, vi, X-Window, correo electrónico, noticias, etc. No es necesario tener experiencia previa para abordarlo. En resumen, es una obra muy adecuada para introducirse en estos temas.

[Hansen, 1973] Hansen, B. (1973). *Operating Systems Principles.* Prentice Hall PTR.

[Hedrick, 1987] Hedrick, C. L. (1987). *Introduction to the Internet Protocols.* Computer Science Facilities Group. Rutgers, The State University of New Jersey. Es un artículo de obligada lectura para aquellas personas que, sin conocimientos previos, pretendan adquirir unas ideas básicas de los protocolos TCP/IP. El documento puede encontrarse en distintas direcciones de Internet, a modo de ejemplo citamos la siguiente: `http://www.doc.ic.ac.uk/~ih/doc/pc_conn/tcpip/intro/intro0.html`.

[Härtig et al., 1997] Härtig, H., Hohmuth, M., Liedtke, J., Schönberg, S., and Wolter, J. (1997). The performance of micro-kernel-based systems. Technical report, Wiss. Beiträge zur Informatik, TU Dresden, Fakultät Informatik.

[Kehoe, 1992] Kehoe, B. (1992). *Zen and the Art of the Internet*. Prentice Hall, 1st edition. Se trata de una introducción a Internet. Aquí se describe todo lo que un principiante desea conocer para moverse con facilidad por Internet. La primera edición se puede conseguir en http://www.cs.indiana.edu/docproject/zen/zen-1.0_toc.html.

[Kernigan and Pike, 1987] Kernigan, B. W. and Pike, R. (1987). *El entorno de programación UNIX*. Prentice Hall Hispanoamericana, S. A. Traducción de la obra The UNIX Programing Environment. Prentice-Hall, Inc. 1984. Es un libro clásico sobre UNIX desde el punto de vista del usuario. Tiene un capítulo dedicado a la interfaz entre C y el sistema. El libro es especialmente sobresaliente describiendo el rico y variado conjunto de filtros de que dispone el sistema, así como la programación del shell. Otro aspecto que lo hace interesante son los capítulos dedicados al desarrollo de aplicaciones en UNIX.

[Kernighan and Ritchie, 1991] Kernighan, B. W. and Ritchie, D. (1991). *El lenguaje de programación C*. Prentice Hall Hispanoamericana, S. A., 2nd edition. La primera edición de este libro constituye una norma de facto que se ha venido aplicando para programar en C. El estilo de programación que define está hoy muy difundido entre otros autores que desarrollan software en C y en UNIX. La segunda edición aparece como consecuencia de la normalización del lenguaje por parte del American National Standars Institute y se ajusta a la definición del ANSI C. Aun a pesar de que la última palabra sobre el lenguaje la tiene la norma, el manual de Kernighan sigue siendo una obra de primera línea sobre la programación en lenguaje C.

[Liedtke, 1995] Liedtke, J. (1995). On micro-kernel construction. In *15th SOSP*.

[Mach, 1991] Mach, U., editor (1991). *Page Replacement and Reference Bit Emulation in Mach*. Proceedings of the Second USENIX Mach Symposium.

[Madnick and Donovan, 1974] Madnick, S. E. and Donovan, J. J. (1974). *Operating Systems*. McGraw-Hill International Editions. Éste es un libro antiguo, pero no por ello deja de ser interesante. En él se da una visión general de los sistemas operativos en sus distintos aspectos, tanto para los sistemas de esa época como las previsiones para sistemas futuros. Este texto ayuda a comprender muchos aspectos de los sistemas operativos, aspectos que hoy se dan por supuestos, pero que en aquella época no eran tan evidentes (debido sobre todo a la evolución de la tecnología).

[McKusick et al., 1996] McKusick, M. K., Bostic, K., Karels, M. J., and Quarterman, J. S. (1996). *The Design and Implementation of the 4.4BSD UNIX Operating System*. Addison-Wesley. Se trata de un libro excelente sobre la arquitectura y diseño de la versión 4.4BSD de UNIX. Está estructurado en partes que agrupan los módulos principales del sistema: visión global, gestión de memoria, subsistema de entrada-salida, procesos, comunicaciones en red y funcionamiento del sistema.

[Milenkovic, 1992] Milenkovic, M. (1992). *Operating Systems. Concepts and Design*. McGraw-Hill, 2nd edition. Es un libro general de sistemas operativos estructurado básicamente en tres partes: conceptos fundamentales, implementación y conceptos avanzados (sistemas multiprocesador y sistemas distribuidos). Es de destacar el desarrollo del sistema operativo K-MOS para IBM-PC, tanto en lenguaje C como en Pascal.

[Morgan and McHilton, 1987] Morgan, R. and McHilton, H. (1987). *Introducing UNIX System V*. McGraw-Hill. Éste es un libro que describe las órdenes de UNIX System V desde el punto de vista del usuario. Es recomendable para principiantes, puesto que viene a ser el manual de UNIX (man), pero con abundantes ejemplos y aclaraciones.

[Márquez, 2004] Márquez, F. M. (2004). *UNIX. Programación Avanzada*. RA-MA, 3rd edition. Es un libro imprescindible para todos aquellos que se dediquen a la programación en entorno UNIX, tanto System V como BSD. En él se describen todas y cada una de las llamadas al sistema (System Calls) de UNIX con abundantes ejemplos interesantes.

[Nemeth et al., 2006] Nemeth, E., Snyder, G., and Hein, T. R. (2006). *Linux Administration Handbook*. Prentice-Hall, PTR, Nueva Jersey, 2nd edition. Los autores de este libro han adaptado todos los aspectos ligados a la administración de sistemas UNIX al caso de Linux. Todos sus conocimientos reflejados en el clásico UNIX System Administration Handbook han sido adaptados a las diferentes versiones de Linux entre las que podemos citar, Red Hat Enterprise Linux, FedoraCore, SUSE Linux Enterprise, Debian GNU/Linux y Ubuntu Linux.

[Patterson and Hennessy, 1997] Patterson and Hennessy (1997). *Computer Organization & Design: The Hardware/Software Interface*. Morgan Kaufmann, 2nd edition.

[Patterson and Hennessy, 2002] Patterson and Hennessy (2002). *Computer Architecture. A Quantitative Approach*. Morgan Kaufmann, 3rd edition.

[Robbins, 2001] Robbins, D. (2001). Advanced filesystem implementor's guide. Technical report, IBM, `http://www-106.ibm.com/developerworks/library/l-fs.html`.

[Rusling, 1999] Rusling, D. A. (1999). *The Linux kernel*. Disponible en ftp://sunsite.unc.edu/pub/Linux/docs/linux-doc-project/linux-kernel/tlk-0.8-3.ps.gz. Aunque el libro no cubre la última versión del núcleo de Linux, es una referencia obligada para principiantes y entusiastas de este sistema operativo de libre distribución. El libro contiene multitud de figuras y estructuras de datos que ayudan en gran medida a entender el código del sistema.

[Silberschatz et al., 2004] Silberschatz, A., Galvin, P. B., and Gagne, G. (2004). *Operating System Concepts*. John Wiley & Sons, Inc, 7th edition. Este libro es una buena introducción para sentar las bases teóricas de los sistemas operativos. No tiene excesiva dificultad y al final añade algunos capítulos donde hace un estudio de los sistemas más empleados hoy en día, así como de las tendencias futuras.

[Solomon and Russinovich, 2000] Solomon, D. A. and Russinovich, M. E. (2000). *Inside Microsoft Windows 2000*. Microsoft Press, 3rd edition. Es sin duda ninguna una referencia obligada para todo aquel que desee conocer aspectos internos de diseño del sistema Windows 2000. El libro cubre todos los aspectos ligados a este sistema operativo desde el núcleo hasta el sistema de archivos NTFS, pasando por el sistema de red, la seguridad y el subsistema de memoria virtual. El libro incluye un CD con herramientas para poder obtener información interna del sistema, de entre todas ellas cabe destacar un depurador para el núcleo.

[Stallings, 2007] Stallings, W. (2007). *Operating Systems: Internals and Design Principles*. Prentice-Hall, 5th edition. Es un libro muy recomendable para aquellos que deseen introducirse en los conceptos relacionados con sistemas operativos desde un punto de vista genérico, así como una obra bien estructurada y amena que contiene abundantes ejemplos prácticos.

[Stevens et al., 2003] Stevens, W. R., Fenner, B., and Rudoff, A. M. (2003). *UNIX Network Programming, , Volume 1: The Sockets Networking API*. Addison-Wesley Professional Computing Series, 3rd edition. Este libro se centra en el desarrollo de aplicaciones que necesiten utilizar los servicios de red del sistema UNIX. Para su lectura es necesario tener un buen conocimiento del lenguaje C, así como conocer las llamadas al sistema UNIX, si bien en los primeros capítulos se hace un repaso de este segundo apartado.

[Tanenbaum, 1998] Tanenbaum, A. S. (1998). *Structured Computer Organization*. Prentice-Hall, Inc., 4th edition.

[Tanenbaum, 2001] Tanenbaum, A. S. (2001). *Modern Operating Systems*. Prentice-Hall, 2nd edition. El libro cubre la temática de un curso de introducción a los sistemas operativos. Cubre también aspectos relacionados con Windows 2000 y Linux, así como de sistemas operativos multimedia. Es muy recomendable el último capítulo dedicado al diseño de sistemas operativos.

[Tanenbaum, 2003] Tanenbaum, A. S. (2003). *Computer Networks*. Prentice-Hall, Inc., 4th edition. Éste es un libro excelente para introducirse en los conceptos que hay involucrados en la comunicación entre ordenadores. Esta tecnología ha experimentado un crecimiento muy grande y desordenado en los últimos años, por lo que es fácil perderse entre las muchas siglas y normas empleadas. El libro pretende hacer una exposición clara centrándose en la jerarquización de niveles conocida como Open System Interconection (modelo de referencia OSI).

[Timar, 2008] Timar, T. (Accedido por última vez en mayo de 2008). *The Frequently Asked Questions*. Actualizado periódicamente. Es un compendio de las preguntas más frecuentemente planteadas, junto con sus respuestas, acerca de UNIX. Este FAQ (así se denominan estos compendios de preguntas planteadas frecuentemente) se puede conseguir en `http://www.faqs.org/faqs/unix-faq/faq/contents`.

[Vahalia, 1996] Vahalia, U. (1996). *UNIX Internals. The New Frontiers*. Pentice Hall. El libro cubre los últimos avances en sistemas UNIX, incluyendo SVR4.x, Solaris y SunOS, Digital UNIX, 4.4BSD, Mach y OSF/1. Su lectura exige conocimientos previos de sistemas operativos, pero sin duda ninguna debe ser una referencia obligada para todos aquellos que deseen conocer aspectos internos de sistema UNIX.

[van Riel, 2001] van Riel, R. (2001). Page replacement in linux 2.4 memory management. Technical report, Conectiva Inc., `http://www.surriel.com`.

[Wurster, 2002] Wurster, C. (2002). *Computers: an illustrated History*. Taschen, 1st edition.

[y Albert S Woodhull, 2006] y Albert S Woodhull, A. S. T. (2006). *Operating Systems: Design And Implementation*. Prentice-Hall, 3rd edition. Este libro posee tres características que lo hacen aconsejable. Por un lado, expone ideas generales sobre sistemas operativos, particulariza estas ideas para el caso de UNIX y, dado que el código de UNIX es propiedad de AT&T, el autor implementa su propia versión de UNIX, a la que llama MINIX, y ofrece el código fuente para que el lector pueda estudiarlo, aprender sobre él y mejorarlo.

Índice alfabético

SÍGUENOS EN INSTAGRAM Y ACCEDE GRATIS A NUESTRA BIBLIOTECA DIGITAL DURANTE 30 DÍAS.

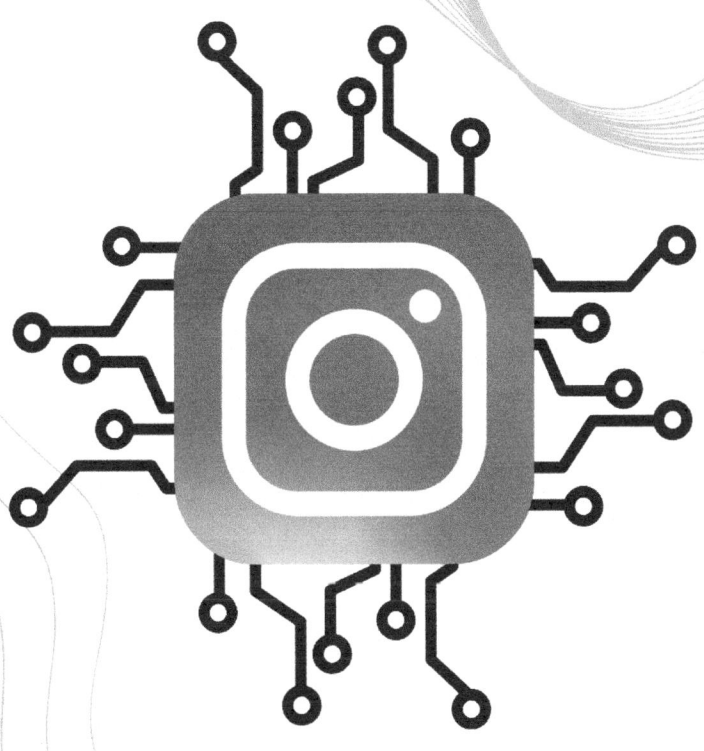

@grupoeditorialrama

¡ENVIANOS TU MAIL POR PRIVADO!

Grupo Editorial
ra-ma

40 ANIVERSARIO